心灵之约 （第二辑）

——大学生心理讲堂

章劲元　郭晓丽　雷光辉◎编

世界图书出版公司

广州·北京·上海·西安

图书在版编目（CIP）数据

心灵之约：大学生心理讲堂.第二辑/章劲元，郭晓丽，雷光辉编.—广州：世界图书出版广东有限公司，2017.4

ISBN 978-7-5192-2829-3

Ⅰ.①心… Ⅱ.①章…②郭…③雷… Ⅲ.①大学生—心理健康—健康教育 Ⅳ.① G444

中国版本图书馆 CIP 数据核字（2017）第 091450 号

书　　名	心灵之约——大学生心理讲堂（第二辑） XINLING ZHI YUE ——DAXUESHENG XINLI JIANGTANG（DI ER JI）	
编　　者	章劲元　郭晓丽　雷光辉	
责任编辑	刘文婷	
装帧设计	楚芊沅	
出版发行	世界图书出版广东有限公司	
地　　址	广州市海珠区新港西路大江冲 25 号	
邮　　编	510300	
电　　话	（020）84459702	
网　　址	http://www.gdst.com.cn/	
邮　　箱	wpc_gdst@163.com	
经　　销	新华书店	
印　　刷	虎彩印艺股份有限公司	
开　　本	787mm×1092mm　1/16	
印　　张	24.75	
字　　数	349 千字	
版　　次	2017 年 4 月第 1 版　2017 年 4 月第 1 次印刷	
国际书号	ISBN 978-7-5192-2829-3	
定　　价	75.00 元	

目 录

CONTENTS

☆ 心灵自由 ／ 李培根 1

☆ 人的现代化 ／ 李培根 14

☆ 闲话人格养成 ／ 李培根 33

☆ 我与你 ／ 李培根 48

☆ 通达梦想 ／ 罗崇敏 67

☆ 生命应当直面生存困惑 ／ 欧阳康 89

☆ 生命完满与破缺 ／ 欧阳康 章劲元 代国宏

沈斌心 李 玲 116

☆ 社会阶层对人心理行为的影响 ／ 郭永玉 137

☆ 理想、幸福与责任 ／ 徐凯文 149

☆ 认知与学习 ／ Karl Schweizer 174

☆ 压力应对与情绪管理　　/　　林宜君　181

☆ 抑郁症的临床治疗　　/　　熊　卫　194

☆ 大学生性心理健康　　/　　徐汉明　218

☆ 学业发展与指导　　/　　詹逸思　242

☆ 面向未来的规划　　/　　谭亚莉　262

☆ 犯罪心理学　　/　　刘子龙　277

☆ 性究竟是什么　　/　　彭晓辉　305

☆ 生命礼赞——自我超越，实现生命价值　　/　　代国宏　325

☆ 一物降一物，爱情为何物？　　/　　何红娟　338

☆ 人际沟通与亲密关系　　/　　魏　卓　357

☆ 健康管理与生活方式　　/　　惠　芬　375

心灵自由

华中科技大学　李培根

　　主持人："心灵之约"讲座在华中科技大学已经成为与人文讲座、科学精神与实践讲座三足鼎立、相得益彰、相互支撑、共同促进学生全面发展、健康成长的重要途径。在中国人的字典中，100象征着不平凡，象征着完满，也象征着新的开始。在"心灵之约"讲座第100期这个特殊的里程碑上，我们非常荣幸地请到了大家仰慕已久的偶像——根叔。今天，他将一如既往地以智慧、幽默、真诚的大家风范，带领我们扫清心中的迷茫，使我们的心灵在开放、交流、淬炼中变得自由、美丽。现在，让我们以热烈的掌声欢迎李培根校长带给我们第100期"心灵之约"讲座，分享他独特的心灵感悟和人生智慧。

　　同学们晚上好！非常高兴能跟大家相约在"心灵之约"。前不久一位同学给我发邮件，希望我能到"心灵之约"跟大家聊聊，当时我就欣然接受了。我也需要在跟同学们聊的过程中得到一些启示。今天，我先做一个发言，发言的题目是"心灵自由"。

　　从去年以来，整个中国都在谈论中国梦，世界也在谈论中国梦。那么具体到每一个中国人来讲，我们的梦是什么，你们的梦是什么？我相信很多人都在想这个问题。说到中国梦，希望国家实现现代化、实现民族复兴、中国崛起，是我们大家关于这个国家共同的梦想。但有一个观点：国家的现代化，其实需要人的现代化。很多有识之士提到这个观点，我认为这是对的。国家的现代化不仅仅是经济的现代化和国防的现代化，很重要的一点其实是人的现代化。我们的教育应该在"使人变得现代化"这方面扮演一个重要的角色。要使自己变得现代化，我们应该怎么样做呢？

人的现代化中有诸多因素，但最重要的是自由意识，这是我的观点。

大家从媒体上常看到学者们谈论，前总理温家宝也反复谈到，大学应该有独立之精神、自由之表达，这是从大学的精神层面来讲。我经常思考一个问题，教育的宗旨到底是什么呢？多年来党中央的教育方针是促进德智体全面发展，做有觉悟有文化的劳动者，成为合格的社会主义接班人。但是另一方面，这算不算是最高目的？我认为还应有更高的目的，因为这只是起码的要求。那么更高的目的是什么呢？就是让学生自由发展。

自由这个东西，大家听到的很多，谈论的很多。卢梭说过："人生而自由，却无往不在枷锁之中"，所以接下来的第一个话题会是"心灵羁绊"，第二个话题是"心灵役使"，第三个是"心灵自由"，最后一个是"自由的困惑"。

心灵羁绊

关于心灵羁绊，大家想想是不是在不自觉中会感到心灵被羁绊？比如教育本身对我们来说可能就是一种心灵羁绊，尤其是应试教育，特别是在中学阶段。同学们一定感受得到应试教育对自己的束缚，但又不得不去适应它，绝大多数学生很难逃避应试教育。我们到了大学，情况可能会比中学阶段好点，但仍会受到大学教育的羁绊。我想目前中国所有大学，包括重点大学，华中科技大学也不例外。我们的教育，从某种程度上讲其实是以教师为中心的教育，换句话说，我们的教师总是不自觉地把学生当成是教育生产线上的产品。大家想想，如果你只是教育生产线上的一个零件，你怎么可能会心灵自由，又怎么可能不受到教育流水线的羁绊？说夸张点就是工具意义上的教育。

我有一个观点，我们应该从人的意义上去理解教育。从工具的意义上讲，如果我们只是强调将学生培养成工具，那就值得思考了。我的意思并不是说工具是完全没有意义的，只是工具不应该是我们教育的最高目的。就像前面说的，我们要把大家培养成社会主义接班人，这是对的。但教育的最高目的是让学生自由发展，而工具意义下的教育，就一定会有更多的心灵羁绊。

在大学，同学们的心灵还会受到传统的羁绊，中小学都是如此。中国是历史悠久的国家，我们有灿烂的文化，但在这个辉煌的文化里，有好的传统，也有一些会束缚我们的传统。比如大家在启蒙的时候，虽然不读《三字经》，但《三字经》的影响还在。《三字经》里面提到：扬名声，显父母，光于前，裕于后。很多人读书只是为了光宗耀祖和荣华富贵。还有平时的俗语：书中自有黄金屋，书中自有颜如玉。这些都渗透在我们的传统文化里，成为我们的习惯性思维，同学们自然也会受到它们的影响。我们再往前看，孔老夫子讲"非礼勿视、非礼勿听、非礼勿言、非礼勿动"，中国的礼文化对人的束缚其实也很大。

今天当然没有封建时代的那种"礼"，但在现代社会中是否有另外某种形式的"礼"束缚着我们呢？比如物质的束缚。现在的同学会不自觉地受到金钱方面的束缚。比如最近有一个学生和他的家长到办公室找我。这个学生大一曾是班长，后来当过学生会的干部，但现在面临着退学的困境，我很吃惊当过班长和学生会干部的人怎么会沦落到这个地步？他家里的条件并不是很差，父母虽然只是普通教师但也算是体面的工作，可他觉得自己家境不是太好。想到日后结婚可能要面临的房车问题，于是就认为现在要有"经济头脑"，也因此把很多精力放在了思考怎么赚钱这方面。他的确赚了一点钱，但代价是多门挂科，面临退学。他的家长跟我说他是个很不错的孩子，希望我作为校长能够"网开一面"。当然我承认他是个不错的孩子，否则曾经怎么会做班长和学生会干部呢？可是我不能违反校规。我给他指了两条路：1.如果想继续读书，可以重新参加高考，同等条件优先录取，而且此前的学分照算；2.效仿比尔·盖茨和乔布斯，他们大学都没有毕业却是事业辉煌的成功者。可是这位同学的心理显然没有达到盖茨和乔布斯的那种状态。我讲这个例子，就是为了告诉大家：对于金钱物质，尤其是在学生时代，不能看得太重，不能受它们的束缚，因为这会影响到今后的发展。

我们的心灵经常受到的羁绊还有选择的苦恼，其实质就是选择太多。随着国家经济的发展、人民生活水平的提高，公民自由度比以前大大增加，人们的选择也越来越多。回忆我人生最快乐的时光，恰恰是我没有选择的时候，也就是在我上山下乡当知青的时候。无奈没有选择的同时，也是我最享受的快乐时光。当然，我这句话的意思并非是想要大家都经历那段没有选择的时光，而是想表达当我们面临的选择太多的确会造成很大的苦恼。比如你脑海中想着考研，但又在考虑本科毕业后找个好单位，早点拿薪水减轻家里负担也很好，同时你又可能在纠结其实出国也不错，等等。表面上看，有这么多的道路放在面前，你占据着极大的主动权，可事实上这时你是不快乐的。那么，为什么众多的选择却使我们苦恼呢？我认为症结在于个人过多地计较得失，以及想追求的东西太多。乔布斯曾经说过一句话：在我们的人生面临各种选择的时候，应该追随自己的心。当你计较个人得失的时候，你会纠结苦恼，相反若放开对得失的计较，看轻利益，追随自己的心灵，你会感到意外的轻松与愉悦。这种凭着感觉的状态有利于自己做出更好的选择，也就没有那么多的苦恼。

当今世界十分精彩，但往往有时候虚拟世界更精彩，它以一种无形却又强大的力量束缚着我们。在现实生活中，有极少数同学被网络给围住了。计算机网络和互联网技术作为20世纪最伟大的科学技术，毫无疑问，我们应该充分了解和利用，但不是盲目地沉迷。大概同学们都能够感到，你们身边也一定有沉迷于网络的人。我觉得同学们一方面要警惕自己沉迷于网络，另外一方面在看到有同学沉迷于网络的时候，也要及时帮助他们，能够把他们的心灵从网络的羁绊中拉出来。

心灵役使

第二个大问题，我讲心灵役使。我们的心灵是容易被役使的。首先，我们的心灵容易被权力役使。权力（power）是我们社会所需要的，社会如果没有权力就会混乱。但是，就像习近平总书记所讲，权力应该关进制度的笼子里，如果权力不关进笼子里，就很容易羁绊人的心灵。我们想一想，在某一特别时期，道德等这些东西在权力面前真的是不堪一击的。这个我深有体会，"文化大革命"期间，权力没有被关进笼子里，许多知识分子，甚至是很有名的大知识分子，在权力面前人格扭曲，而一般老百姓更不用说，他们的心灵也会被权力所役使。当然，我们希望也相信，这样的日子会一去不复返。

同时，心灵也很容易被宗教或意识形态的东西所役使。世界上现有的几大宗教，比如基督教、伊斯兰教、佛教等等，它们都提倡人心向善。但却有极少数人心灵被役使，比如恐怖分子，心灵被宗教役使。不是说宗教本身不好，而是他们没有能够正确地理解他们所信仰的宗教，心灵被役使而出现某种程度的状况。还有一种心灵被役使的情况就是斯德哥尔摩综合征。1973年8月，在瑞典斯德哥尔摩两个匪徒抢劫银行，劫持了四个职员，和警察僵持了六天。可是后来这四个人在法庭审判的时候都拒绝指控匪徒，其中一个女士甚至爱上了其中一个匪徒，最后他们在他服刑期间订婚了。社会学家分析发现，实际上在很多场合，从集中营的囚犯、战俘、受虐妇女与乱伦的受害者，都可能发生斯德哥尔摩综合征体验。这实际是心灵被役使被支配的结果。

我们的心灵被役使的另一方面表现在关系上。现在连外国人都不得不把中国的"关系"变成他们的外来语"guanxi"。的确，生活在社会之中每个人都逃脱不了人与人之间的关系。现在社会上出现一些情况，坦率地讲，我现在六十多岁，前六十年我从来没有听说过。比如路上有老人摔倒，你做好事把他扶起来，可老人却反咬你一口。今天社会怎么会有这样的事情呢？而且不是一起两起。不用我仔细分析评论，大家也可以体会到我们的社会互信程度降到何等低的位置。一个社会如此这般缺乏互信，是太糟糕了！而且越是在这种时候我们的心灵越容易被役使。当某一种情况发生的时候，良心告诉你应该做一点好事，但是马上另外一个声音会告诉你，做好事可能很可怕，会有什么样什么样的后果。所以当社会不能互信，我们的心灵，哪怕是善良的心灵，都有可能被役使。

当然在中国社会，人与人之间的关系还存在一个问题，那就是适当的人际距离。什么意思呢？我比较过中国和西方人际关系的差别，中西人与人之间的平均距离大概是相等的。但不同的是，中国社会中亲人朋友之间的距离太近，陌生人之间的距离太远。或者说在我们中国社会，距离近会失去原则。比如说朋友找你办一件什么事情，本来这件事情是不能办的，但因为是朋友，就给他办了，这种距离近就不符合原则。而我们在人际关系中的距离远，又不符合我们的道德良心。比如说看到陌生人危难之时不伸出援手，这也是一个问题。所以这些东西都会使我们的心灵受到某种程度的羁绊和役使。

心灵自由

第三个话题，我讲心灵自由。自由的含义是比较多的。17、18世纪西方启蒙运动的时候，自由、平等是他们一个基本的诉求和主张。那个时候，伏尔泰、康德、卢梭、洛克等这些思想家都强调自由，康德还特别强调了启蒙运动的自由和理性。应该说，启蒙运动对西方社会的发展，尤其是资本主义的发展起了很大的推动作用。甚至我认为，启蒙运动对西方现代化也起了很大的作用。而且实际上我们今天信奉的马克思主义也受到启蒙运动和自由的影响。之所以在这里提到马克思，是因为我要特别地告诉大家，马克思主义里面有些很精髓的东西，可能我们很多人都忘记了。马克思在共产主义宣言里讲："……在那里，每个人的自由发展是一切人自由发展的条件。"所以说，马克思强调的不仅是自由发展，而且是个人的自由发展。我认为这是马克思主义里面很精髓的东西。然而长期以来，大家好像都不自觉地认为自由是资产阶级的东西，其实不是。马克思还讲：一个种的全部特性、种的类特性就在于生命活动的性质，而人的类特性恰恰就是自由自觉的活动。可见马克思非常强调自由。

在中国的传统文化里，自由长期以来没有受到我们的重视，可能一直到今天都没有根本改变。严复有一句话："夫自由一言，真中国历古圣贤之所深畏，而从未尝立以为教者也。"这句话的意思就是说，中国自古以来的圣贤们，都害怕自由这个话，我们从来没有把自由作为教育的一方面。严复的话是事实，封建统治阶级不会讲自由。但我觉得严复的话只是基本正确，有一点是需要质疑的。孔老夫子是提倡过"为己之学"的。孔老夫子讲，"古之学者为己，今之学者为人。"孔子主张为己之学，大家不要理解为自私之学，不是这个意思，这实际上有点类似于我们现在的自由发展，就是成为更好的自己。这个学，不是为了达到别人的什么目的，不是为别人而学，应该是为己之学。我认为孔老夫子的这个思想闪耀着人性的光辉，它里面有自由的意思，至少有那么一点，但是我估计，后来历代的封建统治阶级没有学习这些。中国历朝历代，虽说提倡儒学，但并不是儒家所讲的都去提倡，最典型的是明朝。比如孟子有"民贵君轻"的思想，就是"民为本，社稷次之，君为轻。"孟子的这个思想是对的，但是明朝却把这个删掉了。所以，孔子"为己之学"的光辉思想，可能我们在几千年的社会实践中没有很好地传承下来。

下面我给大家讲自由是什么。

自由首先是一种权利，是我们每一个人都应该有的权利。伏尔泰主张天赋人权，认为人生来就是自由和平等的。关于自由的权利，他有一句很著名的话是：我不同意你说的每一个字，但我誓死捍卫你说话的权利。

自由是一种生活方式，我们应该把自由看成是我们理所当然享有的生活方式和生活习惯。只有在这种生活方式下，社会才有可能成为和谐社会。

自由也是一种人生态度，人生在世应该有对自由的不断追求。当然，更关键的是，人生是一种境界。关于自由发展，毛泽东曾有过从必然王国到自由王国的论述。其实，人的一生，应该是一个不断地追求从必然王国到自由王国的过程。这是一种很高的人生境界。

自由是一种人格，一个有健全人格的人是自由的，不仅自己享有自由，还非常尊重别人的自由。

我还认为，**自由是一种符合自然、符合规律性的状态**。比如说中国传统文化里庄子讲到：天地与我并生，万物与我为一。天地万物，物我一也。大家想一想，真到这种境界，人是很自由的，天人合一，物我一也。在这种意识上，也是符合自然性的、符合规律性的状态。

恩格斯有一段话："我们统治自然界，决不能像征服者统治异民族那样，决不同于站在自然界以外的某一个人，相反，我们连同肉、血和脑都是属于自然界并存在于其中的；我们对自然界的全部支配力量就是我们比其他一切生物强，能够认识和正确运用自然规律。"大家想一想，恩格斯说的这种状态，其实是一种很自由的状态。人和自然，人本身属于自然界，是自然界的一部分，一个很和谐的状态，这是自由的。所以我讲自由是一种符合自然规律的状态。

另外，**自由是一种发展方式**。我们每一个同学都希望自己有很好的发展，但是我告诉同学们，自由就是一种发展方式，就像是马克思所讲的——自由发展。我前面提到，我认为教育的最高目的就是让学生自由发展。怎么自由发展？以后有机会我可以和大家专门讨论这个问题。但不管怎么讲，自由发展包括个人的、社会的部分，自由发展本身就是一种符合规律的东西，符合规律才是自由发展，一切不符合规律的就不是自由发展。我们社会的自由发展，就应该是符合社会规律的发展。比如这次三中全会，党中央很英明，尽量减少政府对市场的干预，让市场去说话，我认为党中央在这一点上做得很好。这就是一种社会式的自由发展。反之，如果政府过度干预一些不符合经济发展规律和生态规律的东西，就不是自由发展。

当然，个人也同样有自由发展，它实际上是自身一种更和谐的发展。我强调自由是马克思主义，因为很长时间以来，可能存在误解，认为自由是资产阶级的，那是不对的。

"**自由是人民争来的**"这是毛泽东的话。

最后我还想说，**自由是无价的**。匈牙利著名诗人裴多菲说过：生命诚可贵，爱情价更高。若为自由故，两者皆可抛。

说了自由是什么，我再想提醒大家：自由不是什么。

自由不是资产阶级的，前面已说明马克思关于自由的态度，不再重复。

自由不是放任。从来也永远不会有绝对的自由，对自由正确的认识一定是尊重他人及社会的自由。

"**自由不是什么人恩赐的**"，这也是毛泽东的话。"自由是人民争来的，不是什么人恩赐的。"我希望大家记住毛泽东的这句话。

请大家要有从必然转化到自由的自觉。为什么自由状态是一种更好的发展方式呢？毛泽东有专门关于从必然王国到自由王国的论述。心灵被役使的时候，你是处于一种受约束的必然状态，但到更高级阶段的时候应该是自由状态。比如说在学习中，同学们要善于从必然状态转化到自由状态。有些课你不喜欢，在必然状态下学习，但是如果你善于转化，能够意识到这些课的知识会形成你今后的能力，尽管它们在以后的工作和生活中可能不会被直接用到，但对能力的锻炼是有好处的。明白这一点，你就会真正喜欢学习，效果自然会更好。所以同学们在学习过程中一定要记住我的话，将必然转化为自由。

另外我说一下**自由的途径、条件和手段**。首先是心灵开放。心灵开放我在开学典礼上谈到过，即对自己开放、对他人开放、对教育开放、对社会开放以及对未来开放。

知识是必不可少的。同学们可能有疑问，有些没有文化的人过得也挺自由，我们现在有文化了，面对这么多书反而觉得不自由。大家会有这个疑惑，但实际上这个理解是错的。没有文化，我们的心灵必然会被很多东西约束，那种自由是一种假性自由，其实是不自由。要想自由，本身一定需要理性，这个理性没有相应的支持，就很难做到。康德非常重视这个理性。启蒙运动强调自由和理性，而理性需要知识，既然需要知识，就说明我们需要不断地学习。在大学里，学习是最基本的东西，是千万不能忘记的，也是你们日后能否自由的先决条件。

再一个，自由需要我们经常观察，对社会方方面面的现象，需要留心去观察。生活中间，工作学习中间，与同伴相处的时候，旅游的时候，等等，什么时候都别忘了不断地观察。观察、体会和感悟是实现心灵自由的必要条件。你悟到更多的东西，你的心灵就会更自由。而善于观察恰恰是感悟的前提。

还有，我认为自由和自觉这两者是相互促进的。心灵自由可以使我们更自觉地去学习，自觉地去做一些事情，等等。我们更自觉，我们的心灵也就更自由，这两者是相辅相成的。我希望同学们注意学习中的自由发展，我们抽象地谈自由意义不是很大，它一定要和我们的学习生活结合起来。那么在学习中，我们该怎么样自由发展呢？其实，讲起来也很简单。我们要主动学习，主动思考，不能完全随着老师教的去转，老师教什么就学什么。即使是老师教的东西，也要去思考，尽可能提出疑问。

还有主动实践，我非常强调主动实践，我写过一篇文章《主动实践——创新能力培养的关键》。大学生，尤其是工科学生其实并不缺少实践，但我们的实践环节往往是被动的，这对我们创新能力的培养没有好处，如果我们愿意主动地去实践，才有利于我们学习中的自由发展。我相信很多同学在创新团队里，应该就有这样的体会。还有，我提倡要自由发展，主张培养自己的宏思维能力。我也写过一篇文章叫作《论专业教育中的宏思维能力培养》。从大的范围去思考问题，将整体联系起来，那你的思想本身就容易自由，这也使我们的心灵更加自由。同时我们也要关注人类发展的重大问题，比尔·盖茨就倡导这一点。实际上，这都有利于我们今后自身的发展。

再说说自由的抵达，我从大家自身而言谈自由的抵达。心灵自由可以帮助我们抵达事业发展的高峰，这个大家容易理解，因为自由本身就是一种更加和谐的境界，更符合发展规律的状态。对于你们来讲，你们今后很有可能抵达事业的高峰。再者我认为也很重要的就是自身和谐，这些年强调和谐社会。季羡林有一句话，主要强调的就是自身和谐，可以说，要达到自身和谐一定要心灵自由。我认为这两者是差不多的，我们强调的心灵自由是可以使我们达到自身和谐的状态，自身和谐将来才有可能发展得更好。大家应该可以体会到，一个人自身不和谐，很可能经常处于抱怨、怨天尤人的状态。看到的社会不是黑色的就是灰色的，而不是五彩缤纷的。实际上应该说社会本来就是五彩缤纷的，黑的也有，灰的也有，但美丽的色彩也有很多。

如何实现自身和谐，传统文化中间有一些好的东西是值得我们去学习的，比如中庸、中和。尽管中庸的思想也有某种消极因素，但在很多情况下它还是有积极意义的，尤其是对我们的自身和谐。中和思想，"中也者，天下之大本也；和也者，天下之达道也。"这些其实都是很好的思想。

再有，心灵的自由可以使我们抵达人格的高度，这个也很重要。心灵不自由，可能无助于我们人格的养成。一个人在社会中要真正发展好，真正成为对社会有大用的人，没有健全的人格是不可能的。

然后，心灵自由真正地使我们抵达我们自己。我说让学生自由发展，让学生自由发展的含义是什么？是我们能够更好地成为自己。对于我们每一个同学来讲，怎么能够成为更好的自己，这是非常重要的。

自由的困惑

最后一个话题，关于自由的困惑。第一个困惑就是自由地被役使。这句话听起来就很矛盾，但这是不是一种自由？我们举例看，前面提到的恐怖分子，他们的心灵是被役使的，但我们不得不承认那些恐怖分子真的是心甘情愿的，他们可以以生命的代价去进行恐怖活动。但你说他们是不是自由的呢？大家要明白，不是说只要是心甘情愿，就是心灵自由。我们讲的心灵自由，它实际上是什么？一定是理性的，一定是符合自然规律或者社会规律的，一定是体现社会或者自然和谐的东西。违背了这些东西，那就不应该是自由的。实际上，那些人的心灵是受控或者是被役使的，尽管他们心甘情愿。我们不需要那种失去理性的自由，那不是真正的自由。我又提到"理性"这个词，在这里不妨把康德的那句话说给大家听听。康德讲："这一启蒙运动除了自由而外并不需要任何别的东西，而且还确乎是一切可以称之为自由的东西之中最无害的东西，那就是在一切事情上都独有公开运用自己理性的自由。"可见康德非常强调理性，所以前面讲的那种形式的心甘情愿不叫真正的自由，那是缺乏理性的。

再一个，有的同学或许会讲，我自己跟自己在一起的时候最自由。这句话好像也有道理。当你一个人的时候，比如说我坐在家里一个人的时候，就可以脚朝天。我在办公室里头，跟别人说话可不能这样。但我们不能老是跟自己在一起，人一定是社会中的人，所以说到自由大家别忘了：离开社会的自由是没有意义的，那也无所谓自由不自由了。自由这个词本身只能是在社会中才有的。

还有呢，有的同学可能觉得学校或者社会有太多限制，那怎么自由？的确，学校是有很多限制，我也承认这一点。那从某种意义上讲，人从一出生到这个社会开始，就已经处于一种不自由的状态，绝对的自由其实就是人来到这个社会之前和离开这个社会之后，所以人总是会陷入某种不自由的状态中。说到这一点呢，再谈谈学校。的的确确，学校对学生会有很多束缚，但是我想聪明的学生一定会在束缚状态下尽可能自由地学习、发展，并且能够把必然转化为自由。当然，我承认这一点：对于天才而言，世界上任何一所大学对他都是桎梏。哪怕是什么哈佛、MIT之类的名校，对于乔布斯和比尔·盖茨等人来说，都是束缚。所以世界上不可能存在一所大学对我们完全没有束缚。

再有一点，同学们可能会想，讲了这么久的自由，我们什么时候才能够达到自由的状态呢？刚刚还说绝对的自由需要离开社会之后。我想大家要明白一点，我们讲心灵自由，实际上是一个不断完善我们人格、不断追求真善美的过程。我们使自己心灵自由的过程，就是完善自己人格和追求真善美的过程，而这个过程是一生的。所以心灵自由应该是一个毕生的过程。大家可能会觉得既然是一生的，那时间还长，我现在就可以不去追求了。但是你现在不去追求心灵自由，对自己没有任何好处，因为你的未来只能会有更多的不自由。

在这里我不妨把孔老夫子的话讲给大家听。孔老夫子说："吾十有五而志于学，三十而立，四十而不惑，五十而知天命，六十而耳顺，七十而从心所欲不逾矩。"这里的描述，孔老夫子从"志于学"开始，"而立""而不惑""而知天命""而耳顺"到"从心所欲""不逾矩"，这就是一个不断追求心灵自由的过程。所以在中国传统文化里，"自由"并不是不会涉及的内容，只是后来统治者抛弃了这一点。这么说来，大家就知道我们追求心灵自由的过程是长久的，也是艰辛的。那我们为什么要这样，其实就是为了找回你们自己！

李培根：中国工程院院士，原华中科技大学校长。

（第 100 期"心灵之约"讲座，2013.11.24）

人的现代化

华中科技大学　李培根

同学们晚上好！很高兴再次来到"心灵之约"，上次讲座中我提到人的现代化，答应有机会和大家再聊聊这个话题，那今天我就和大家谈谈人的现代化。

引言：国家现代化

关于人的现代化，教育应该做什么，我们怎样才能拥有现代化的意识呢？从去年开始，不仅是中国，全世界都在谈论中国梦，很多年前我们就想着实现中华民族的伟大复兴，实现现代化。学者们认为国家现代化的标志是什么？当然你可以认为是经济领域的工业化，政治领域的民主化，社会领域的市场化，而这个市场化自然和经济有关系，此外还包括国防现代化，尤其是像我们这样的大国。为什么有些学者不将国防现代化作为国家现代化的一个标志？因为一些小的国家，不大致力于国防现代化，但是不能讲它们不现代化，比如一些欧洲小国家，还有新加坡，它们也在致力于现代化，但并不重视国防，因为它们国家太小。还有一个很重要的原因是什么呢？就是价值观领域理性化。当然，这些在经济领域、政治领域、社会领域、价值观领域实际上是相互影响而不是相互孤立的。所以，不仅仅是这些领域的现代化，还包括它们之间的互动、相互促进的过程。还有一个很重要的是什么呢？跟所有这些都关联着的，就是人的现代化。所以，下面我就从五个方面来讲。

国家现代化需要人的现代化

首先，国家的现代化需要人的现代化。美国有一位社会学家叫英格尔斯，他 20 世纪 60 年代写了一本书，叫《人的现代化》。这本书有中译本，但这个中译本是 20 世纪 80 年代出的，实际他的书 20 世纪 60 年代就已经出版了。大家看一看他的第二段话："在整个国家向现代化发展的进程中，人是一个基本因素。一个国家，只有当它的人民是现代的，它的人民从心理和行为上都转变为现代的人格，它的现代政治、经济和文化管理机构中的工作人员都获得了某种与现代化发展相适应的现代性，这样的国家才可真正称之为现代化的国家。否则，高速稳定的经济发展和有效的管理都不会实现。即使经济开始起色，也不会持续长久。"他还讲，"一个国家可以从国外引进作为现代化最显著标志的科学技术，移植先进国家卓有成效的工业管理方法、政府机构形式、教育制度以及全部课程内容。但那些完善的现代制度以及伴随而来的指导大纲、管理守则，本身是一些空的躯壳。如果一个国家的人民缺乏一种能赋予这些制度以真实生命力的广泛的现代心理基础，如果执行和运用这些现代制度的人，自身还没有从心理、思想、态度和行为方式上都经历一个向现代化的转变，失败和畸形发展的悲剧结局是不可避免的。再完美的现代制度和管理方式，再先进的技术工艺，也会在一群传统人的手中变成废纸一堆。"

这些话说得也许有点极端，但还是有些道理的。同样，还有一些话是值得大家思考的。"一个国家要强大起来，需要的是全体公民的驯良和俯首听命，还是要求他们积极主动地参与国家政治经济活动？如果国家的领导人为的是自己一家一姓或一个阶层永享权力，当然无疑是希望国民鸦雀无声地顺从领导者的意志。但在发展中国家，尤其是那些渴望推进实现现代化的国家和政府，正在制定和贯彻加快社会制度和经济制度改革的政策，要求它的全体国民同心协力实现这种变革。在这种情况下，对发展中国家政府构成障碍和危险的不是具有改革倾向的现代人，而恰恰是那些固守传统、对社会改革采取敌视和抗拒态度的人。"英格尔斯的这些话，我不敢说全都是对的，但应该是有对的成分。所以，一个国家的现代化实际上也是一种文明的体现，这里面包括科技文明、科技水平，包括我们的工业化程度，包括国家的治理方式。自然少不了人，因为只有现代化的人，才使我们有相应的科学技术水平，相应的工业化发展、国家治理方式。英格尔斯等社会学家们觉得要有现代化的人，才能实现国家的现代化。

人的思维、心理、行动方式、习惯还有态度都和现代化有关系。欧美的现代化水平高，但并不意味着现代化就是西方化，这点我们一定要有清晰的观念，所以我们也不能只是在西方的影响下谈论人的现代化。国家的现代化需要人的现代化，但并不是要等到人的现代化才能进行国家的现代化，比如中国还没有完全实现人的现代化，但我国已经在现代化进程中走了很长的路。还有一点，我们要防止和避免现代化进程的中断，而人的现代化有利于防止国家现代化进程的中断。长远来讲，现代化进程已经开始，就不可逆转。但这个认识只能从长远去看，在某一段时期，现代化的中断是完全有可能的，就是说一个国家由于某种原因出现现代化进程的中断完全有可能。当然从长远来讲历史的潮流是不可阻挡的，那现代化进程就不可逆转。保证现代化成功的关键就是能否产生和建立维持现代化进程之间的调适关系。这个大家比较容易理解，我们国家现在就在致力于现代化，其实党中央非常强调稳定就是这个道理，现代化建设一定要社会稳定。怎么去建立和维持现代化和稳定之间的协调关系，也是一件不太容易的事情。当然人的现代化是其中的重要因素，建立和维持两者之间的协调关系涉及很多因素，人的现代化是其中的重要因素之一。

人的现代化教育很重要，这个大家比较容易理解。还有一些要注意的问题，比如我们不能仅仅寄希望于伟人来实现国家的现代化。伟人的作用是巨大的，但仅仅有伟人是不够的。一个国家，有一个学者、一篇文章，或者光有曼德拉和甘地是不够的。曼德拉刚刚去世，和很多人一样我也认为曼德拉是 20 世纪世界最伟大的人物之一。就算是中国台湾地区的蒋经国和韩国的金大中，也无法望甘地和曼德拉之项背。但是韩国和中国台湾发展得很好，至少比印度和南非发展得好，这难道能说曼德拉和甘地是错误的？所以我们不应仅仅寄希望于伟人。实现人的现代化有很多因素，印度可能在实现人的现代化这方面做得不够，比如在今天的印度种姓制度依然存在，说明这个社会缺乏平等。所以，务必要将民主的价值理念深入人心，让民主政治促进社会和谐。

总而言之，国家的现代化需要人的现代化，如果我们在现代化的进程中漠视人的现代化，轻则导致现代化进程不顺利，重则导致现代化进程的重创。一个国家怎样实现人的现代化，也就是怎样提高老百姓的平均素质。教育自然要起到关键作用，而且教育理所当然地对人的现代化有着重要的责任。对于大学来讲，更重要的是我们应该要有实现人的现代化的制度。

人的现代化要素

说了很久的国家现代化教育，接下来我们要讲一下人的现代化因素。英格尔斯在60年代先后出版了一些探讨个人现代化的著作，他在著作中谈到现代人的十二个特征：准备和乐于接受他未经历过的新的生活经验、新的思想观念、新的行为方式，准备接受社会的改革和变化，等等。我觉得计划、相互了解、尊重、自尊以及了解生态生产与过程等这些东西显得太普通了。我还可以举出比这些更重要的因素，主要是三个方面：首先是开放性，乐于接受新事物，再就是自主性、进取心和创造性，还有就是信任感，能够正确地对待自己和他人。这三个方面我认为都是很有必要的。人的现代化主要内涵还是人的观念和思想方式的现代化。这个价值观念主要是法权人格的现代化，思维方式、行为方式和生活方式的现代化。

另外一个学者，德国的社会学家和历史学家韦伯也被公认为现代化领域的重要奠基人。他认为现代化的核心，或者说最能够体现现代化的指标是理性化。他认为16世纪以来，全球日益推进的现代化运动，是一场西方式的社会理性化运动。我觉得他是受康德的影响，康德非常强调理性化，启蒙运动期间康德认为最关键的就是理性，所以有人认为启蒙运动很重要的就是理性主义。韦伯讲的这种现代化，我觉得有点像我前面提到的，我们不能仅在西方的理性中去谈论现代化，就好像只是模仿西方的理性。16世纪以来，日益向全球推进的现代化运动是一场西方式的社会理性化运动。当然我也认为理性是很重要的，但是可能不像韦伯说得这么重要。韦伯讲西方理性主义，或者说是新教的理性主义，是"入世而不属世"。相比较而言，儒教的理性主义，是"入世而属世"。也就是说，西方理性主义与现实世界保持高度紧张的对抗和征服关系，对现实世界是一种理性的征服。简单地讲，西方的理性主义始终保持对现实的批判。儒教的理性主义是以实现现实世界和谐发展为目标的，它对现实世界是一种理性的适应。这个说法很有道理。我们能够感觉到中国社会的儒家文化对社会批判比较少，它更强调对现实世界的适应。我认为我们应该将两者结合起来，折中一下。光儒教的只是对现实的理性适应显然不够，还应该有一定的批判；但若只是批判也有问题，因为它也需要对现实世界的适应。我认为中西结合还是挺好的。

人的现代化因素前面说了很多，比如英格尔斯现代人的十二个特征以及后来韦伯讲的理性等等。那还有什么因素呢？我觉得很重要的一点就是人性的自觉。人存在的价值到底是什么？我们从生存哲学的高度去理解，科学理性是很重要的。虽然高等教育目前在中国已经比较普及，但即使在大学生中间也不能说科学理性已经深深根植于他们的头脑中。引领精神也是需要的。美国人非常强调 leading，经常听到美国在世界中 play a leading role。美国人很有引领精神和冒险精神。这点咱们东方人尤其是中国人跟西方人相比欠缺很多。全球化思维要求任何一个国家的现代化都不能离开全球化的大环境，对于个人来讲，全球化思维是很重要的。并且对新技术的敏感、好奇程度我们也不如人家。还有信仰，实事求是地讲我们的确缺乏信仰。大家会问我们不是信仰马克思主义吗？但真正把马克思主义作为一种信仰的人还是少了一些。还有质疑和批判精神也是我们缺乏的，人的现代化需要它们。还有健康的人际距离，行事的规则、秩序等这些我都不再去详细地说明。

国民性现状与问题

第三个话题，我结合人的现代化要素来说一说中国目前国民性现状和问题。应该说我们很多国民的思想观念还不适应现代化进程，而思想观念是非常重要的。有一个尼日利亚人叫奥康内尔，他在一篇文章里说到：现代化是探索性和创造性思想态度的发展，它既是个人的思想态度，又是社会的思想态度。这实际上是在强调思想观念。大家注意，尼日利亚其实是非洲发展比较好的国家。他讲这个话的意思是说探索性和创造性思维态度很重要。个人也好，社会也好，都需要探索性和社会性思维。比如说印度，在印度文化中，老百姓中间有种姓制度，所以他们听天由命，觉得事情就是命中注定的，这是一种很消极的思想。而探索性、创造性的思想态度才是一种积极的现代的态度。

还有在中国的现代化进程中间，我觉得民众、官员都存在很多思想观念不适应的情况。这种现象在历史上很常见，在此我仅仅说一两点。比如说，很多官员有这样一种思想态度：他们觉得老百姓的幸福是官员和政府给的。这其实是有问题的。汪洋说过老百姓的幸福不是政府给予的恩惠。我们的民众也有很多思想观念的不适应，比如我们缺乏纳税人的意识。在西方国家纳税人的意识很强，政府用一笔钱做一件什么事情，都会考虑是不是损害了纳税人的利益，因为绝大多数普通老百姓都在纳税。在我们国家，纳税人的意识还远远不够。民众有些权利，该要的咱们没要，比如纳税人的权利是我们老百姓应该要的，可我们缺乏这样的意识。但有一些我们不该要却还乱要。在新闻中可以看到这种情况，比如存在很多不讲法制的诉求，这种情况在我们国家不少见，这都是思想观念的问题。此外，我们缺少多元的思想和文化。伟大的文化总是在其他文化中学习思想观念而形成的。其实中国文化也很伟大，也善于学习，比如佛教很明显就是外来文化。其他方面，自古以来，我们也向所谓的蛮夷，胡人那里学习。

今天我们既存在对强势文化迷信的现象，也存在对弱势文化歧视的现象。强势文化，如美国文化。咱们国家对西方文化，在社会之间存在两种极端的态度。我这里说的不是官方话，就是说在我们民间对西方文化存在两种极端的态度：一种就是全盘西化，西方什么都好，这显然是不对的；还有一种，我们民间有一部分人认为西方文化是一种阴谋论，把西方的什么东西说的都好像是西方的阴谋。或许有阴谋，但不是什么都是阴谋。咱们的社会还是需要那些了解、包容多重思想和文化的个人。

另外，谈到咱们的国民性，我想同学们仔细地想一想就大概都能认识到，我们可能很欠缺科学精神。欠缺科学精神的不仅有普通的工人农民，即便是在我们大学生中间，甚至在我们的教师中间，科学精神也不是那么强。尽管说这些年我们的大学，包括华中科技大学，科研能力都获得了突飞猛进的发展和提升，也得到了世界的瞩目，但同时仔细想想，就拿科研来讲，我们科研的动力何在？现在科研的功利驱动还是太多了，而功利驱动显然不是科学精神。为了名为了利而去搞研究，这本身就不是科学家的求是精神。所以说，科学精神里最重要的精神就是我刚才提到的求是。反映在其他领域，我们的求是精神更差。比如说在社会领域，我们的很多干部还不能够实事求是。要做到求是，是很不容易的。还有我们的法制观念淡薄，最近的三中全会中央会有新的举措，在改革方面，我相信未来会有很大的突破。

诚信不足，这也是一个很大的问题。在中华民族的传统中，诚信是我们文化固有的东西，但遗憾的是，这么些年来，看看我们的社会，应该说诚信问题是个相当大的问题。曾经有一个人问我："你认为中国未来社会，最大的问题是什么？"突然被问这个问题，虽然都没怎么想过，但我基本不假思索地讲："可能是诚信问题，制约着未来中国社会的发展。"

契约精神不够，和诚信有联系，和法制也有联系。我们商业活动中、社会生活中有很多不守约、不守规则的事情，实际上都是缺乏契约精神的表现。还有，我们的国民性中表现出来的某些人不守规则、不讲礼仪也是不符合现代性的，都是不够文明的表现。《南方周末》2006年9月28日有一篇文章《中国游客海外不文明的行为震动高层》，这种现象大概有很多。前几天我看到一幅图，看完之后很难为情，中国游客在海外坐长椅时，鞋子脱了放在地上，屁股倚着靠背，脚直接放在椅子上，有的人甚至还跷着腿，一排中国游客都是这个样子。这种景象实在是太普遍了。现在中国有钱人实在太多，出国旅游时总是可以看到不少中国人。前不久大概是在埃及，有中国人在一处景点写下"到此一游"，后来国内还把那个人给人肉搜索出来。这些都是很小的事情，但是从这些很小的事情里体现出什么？体现的是文明。我们不能小看这些事情，也不能说这些事情对现代化一点影响也没有。因为有些人一看到这种情况就不愿意跟你做生意，也不愿意到你这里来投资，诸如此类等等。所以说这样的事情对国家的发展肯定是有影响的，更不用说对个人发展影响了。以后你走上社会，这些小的地方不文明，别人瞧不起你还会跟你谈什么，这是不是影响你的发展呢？

一方面，不得不说我们的民主意识不足，比如我们的乡村干部选举，是直选。说到直选，很多人就开始塞两包烟，让我们投他的票，老百姓缺乏认识到民主是自己的一种权利的这种意识。这种神圣权利甚至是两包烟都可以买去，这显然是缺乏民主意识的体现。

另外一方面，我认为在当今中国社会中民粹意识已成为一个问题，民粹的苗头已经比较严重地显露出来。最近我读到梁文道的一篇文章，里面的有些观点还是比较赞同的。他认为：民粹主义最大的特点是结合了两头看似矛盾的极端，一方面是对"人民"和"基层"的无比推崇，另一面却又离不开绝对正确的教主和首领，两端之间是一条神妙而虚玄的红线。即一方面民粹对基层民众采取绝对推崇态度，对其诉求绝对满足，但另外一方面又表明基层必须存在一个绝对的教主和首领，并且绝对服从于教主和首领。梁文道的观点就是把这两点结合了起来，我认为还是有道理的。上个星期我在中央党校学习讨论中也提到了民粹主义，它是我们中国社会主义未来需要保持提防和警惕的方面。

另外人的价值尊严的缺失，就是人在价值尊严这方面的不自觉，缺乏开放意识。我认为开放意识缺乏最关键的一点是人与人之间的协同不够。这点也令我感到十分奇怪，按常理来看，在我们强调集体主义的社会主义社会中，人与人之间的协调程度应该是更加和谐的，而强调个人主义的资本主义社会人与人之间的协调会更少，但现实却恰恰不是这样。事实上，我国在人与人之间的协同程度方面甚至不如西方国家，并且人与人之间存在着十分严重的戒备。在我们国家，人与人之间的戒备比较厉害，这不利于协同。再者，机构与机构之间，比如说企业与企业之间，戒备也相当厉害，当然，如果涉及企业自身的商业秘密也无可厚非。但在现实生活中，很多时候并不是这样的。这说明了我们的思想还不够开放，竞争引领意识不强，而良性的竞争意识，是很好的意识。在我们的文化中，总是说：木秀于林，风必摧之。这些话告诉我们，不要冒尖，可是我们如果完全舍弃个人主义，也是不行的。

在我们的社会中，类似"恶老太"故意摔倒碰瓷诈骗的事件不止一两起，这是很令人担忧的现象。虽说每个社会都有人性之恶，但是我们的人性之恶会不会多了点呢？有人说碰到这种事情你绝对不能把她扶起来，你要把他扶起来也要先拍拍照、拉拉证人。我在想：如果真要这样做，等到那时候，人都完了啊！我们的社会到这种程度真的是很令人担忧的，每个社会都有人性之恶，可是我们现在的社会是不是多了一些？

教育的责任与作用

下一个话题是教育的责任与作用。戴维·艾普特是美国著名的政治学、比较政治学学者，他说：知识分子在现代化进程中能够发挥特殊作用，是因为他们最倾向于尊重自由的文化。知识分子是传统性和现代性之间的重要媒介。他强调知识分子在现代化中的促进作用，而教育当然是由知识分子担负起来的。在这里我简单说一下犹太民族，在犹太史上有所谓的犹太启蒙运动，在历史上被称作"哈斯卡拉"（希伯来语，意思是"启蒙运动"），作为一场规模广泛的理性主义运动，18世纪中后期至19世纪在中欧及东欧犹太人中兴起的一场社会文化运动。在犹太史上传统与现代性的关系成为他们的核心命题，犹太知识分子在犹太社会注入了启蒙思想，在"哈斯卡拉"过程中出现了犹太新阶层，这一新阶层又实践着新的思想和生活方式。犹太的"哈斯卡拉"运动证明了知识分子是现代化不可或缺的推动者。教育，知识分子肯定是离不开的，教育应该对人的现代化担当起责任。人的现代化涉及国民的整体素质，这就应该从小学甚至幼儿园抓起，比如培养一些好的习惯，还有公民的意识教育，比如公民的权利、义务、责任、公德等等。这些在学校强调得还不够。我不知道同学们有没有受过公民意识教育，但我感觉我们的公民意识教育应该是不够的，公民意识非常重要。

18世纪狄德罗说过："我是一个好公民，凡是和生活有关的一切对于我而言都有很大的兴趣。"为什么18世纪的时候就有"公民"这么激进的一个词，普通称呼应该叫什么？臣民，皇帝。其实像狄德罗这样的启蒙思想家强调的就是公民意识，对后来西方社会的发展起到了很大的推动作用。如果每个人都只关心自己的事情，那公民社会应该怎么办。公民教育是需要的。

讲现代化，大学在这中间应该起什么样的作用？我想大学重在独立思想，自由培养，这是教育阶段很多人的共识，在大学应该有独立思想与人文情怀。那么我们怎么培养学生好的人文情怀？我曾经提到人的价值，对这些东西的认识都是人文情怀，批判性的思维也是人文情怀。华中科技大学对学生批判性思维的培养做得还是不错的，尤其是我们的启明学院，近两年一直在请一些学者专家，给学生讲批判性思维的课程。还有责任感，华中科技大学创办的基本价值观：育人为本，创新是魂，责任以行。这个责任，一方面指大学应当承担的社会责任，另外一方面就是强调大学生应该有强烈的社会责任感。没有社会责任感，个人以后的发展也会受到限制。一个有高度社会责任感的人，他自己也会受到社会各方面的尊重，当然他的机遇也会很多，所以他自己的个人发展也会很好。我前天到杭州，与一个企业老板聊了聊，我发现他们的企业很有责任感，展现的是新一代企业家现代性的一面，这点是不容易的。希望中国以后有越来越多有强烈责任感、有创新精神的企业家。

说到多元文化，我觉得我们的教育也应该重视多元文化。比如文明的多样性，胡锦涛同志 2005 年 9 月份的时候在联合国成立六十周年首脑会议上有一句话说得很好，"文明多样性是人类社会的基本特征，也是人类文明进步的重要动力"，我们的大学生更应该认识到这一点。讲到多元文化，日本真的很值得我们学习。我觉得我们要客观地看待日本，某些日本人，尤其是某些日本政客，他们歪曲侵略他国历史的这种行径是令人憎恶的。但日本这个民族有一些东西，是值得我们去学习的。我们看日本，一方面它追求现代文化，另一方面一些传统文化也保留得很好。其中有一些还是来自其他地方的文化，比如日本的孔庙有 14 座，我不知道是不是比中国的还要多。孔子被视为日本国学思想的基础，中小学生至今还学习《论语》《诗经》等。我估计我们对他们的这一面还并不了解。即使是现在，日本与我国在某些政治方面有对立，但对中国文化的很多东西没有采取抛弃的态度。比如越南以前使用汉字，现在却把它抛弃了，朝鲜也早就不使用汉字了。我记得在美国留学的时候，看到一个韩国同学拿的报纸就有很多汉字，可现在却没了。而日本至今还有很多的汉字，他们始终没有丢弃中国文化，因为他们尊重多元文化。哪怕在政治上与中国对立，但它的文化之中，中国要素很多，并不像越南、朝鲜一样。

大学生的自教育

最后一个话题我讲一讲大学生的自教育。我认为在人的现代化这方面，自教育比学校的教育更重要。这样当然不是推卸学校的责任，是同学们自己要有这样的自觉，这是自身的需要。如果你还认为自己有理性的话，那你应该要有现代化的自觉。如果你还想适应现代化的进程，那你就要注重自身的现代化——思想、观点等方方面面的现代化。自身的现代化观念很多，需要我们自己不断地去学习体悟，而且体悟应该是无时无处不在的：在你们的学习过程中间、在你们的生活中间、在校内、在校外，甚至在家里，我们都应该常常有这种体悟。比如说现代人的习惯，这种事情不一定非要在校内，当然也可以在校外体悟。在现代化自觉方面我涉及的太多了，也不可能方方面面都给大家去谈。我个人觉得，有四个方面非常重要，这是我自己的一点体悟。第一个是融合传统与现代，第二个是全球化的眼光，第三个是现代人的素养，最后一个是善用现代之器。我只讲这四个主要方面，其他的方面就不再赘述了。

融合传统与现代，这句话的意思一共包含两个方面，一个方面是我们在传统中可以找到很多现代化需要的因素，另一方面我们在适应现代化的过程中，不能把传统丢掉。还有，我前面也提到，别以为"现代化的即是西方的"，这个是不对的，我再三地跟同学们强调，我们也要有这样的文化自信。梁启超有一句话，"能以今日新政，证合古经者为合格"，我理解他这句话说的是，我们能在传统中找到很多现代性的东西。我随便举几个例子。孔子的"为己之学"。上一次讲座我也专门提到这个问题，孔子的"为己之学"实际上闪耀着人性的光辉，它里面有自由发展的思想。我们实际上不是为别人学习，为了什么，我们是为了自己更好地成为人。这个与马克思的"自由发展"思想，不说一致，也至少有某种相通之处。如孟子的"民本"思想还有"天人合一"的思想等等。我们再说具体一点"以人为本"，这是今天我们大家都会提的。我们的传统文化中间，孟子"民为贵，社稷次之，君为轻"。孟子的"民贵君轻"思想，这不是以人为本的思想吗？管仲讲"夫霸王之所治也，以人为本。本治则国固，本乱则国危"，也强调以人为本。贾谊讲"民无不以为本也。国以为本，君以为本，吏以为本"。所以大家不要说我们在传统中间找不到现代性的思想，找得到。上面都是很好的证据。

说到生态文明，今天我们讲绿色、讲循环经济和低碳经济，这很现代。但再看看我们的老祖宗。孟子的话，"不违农时，谷不可胜食也；数罟不入洿池，鱼鳖不可胜食也；斧斤以时入山林，材木不可胜用也。"意思就是，你不可滥捕不可滥伐，这也是保护环境的主张。庄子讲"天地与我并生，万物与我为一。天地万物，物我一也"。更早的，《礼记》里面讲，"故作大事，必顺天时，为朝夕必放于日月。为高必因丘陵，为下必因川泽。"它也是在讲生态文明。但遗憾的是，我们过去，尤其是改革开放前那几十年，是一种"与天斗其乐无穷，与地斗其乐无穷"的状态。过分地强调了那些东西，缺乏"生态文明"的思想。而老祖宗告诉的很多东西我们都忘记了。

融合传统与现代，我觉得我们需要保留那些与现代性并不冲突的地方。前面讲的那些，不仅不冲突，而且和现代性很一致，比如说"以人为本""天人合一""生态文明"，它是符合的。但另一方面，还有一些东西，虽然不符合现代性的某些东西，但是也并不冲突，我认为我们也可以保留。比如说"礼"文化。有人认为，中国文化的核心，就是"礼"文化。"礼"文化中间的确有一些消极的东西，从人的生活习惯风俗到国家典制，都强调礼和秩序。但也有些东西是无害的甚至是有益的，如"和"，"君子和而不同，小人同而不和"；儒学强调"仁"，樊迟问仁，子曰"爱人"。"孝悌也者，其为仁之本也"。这些与现代化并不冲突，应该被保留下来。我再举个很好的例子，是一个叫涩泽荣一的人，他在日本有很高的地位。有人认为他是日本企业之父、日本企业创办之王、日本资本主义之父、日本产业经济的最高指导者、儒家资本主义的代表等等，他拥有诸多头衔，足见其地位之高。他说过一段话："谋利和重视仁义道德只有并行不悖，才能使国家健全发展，个人也才能各行其所，发财致富。"他将成功之道归结为"论语和算盘"。真的很有意思，这两个东西恰恰是咱们中国的。涩泽荣一参与创办的企业组织超过 500 家，涉及银行、保险、铁路、矿山、机械等等，还包括东京证券交易所。他把儒家精神与仿效欧美的经济伦理合为一体，所以我说他在融合传统与现代这方面是一个极好的例子。他曾经为了更好地了解西方工业社会而学习法语，他可以用法语和别人交流。他把工商看成是强国的大业，我们国家的传统文化是重农轻商。《论语与算盘》是他写的一本书，他的成功经验是既讲精打细算，赚钱之术，又讲儒家的忠恕之道。他说："算盘要靠《论语》来拨动，同时《论语》也要靠算盘才能从事真正的致富活动。"他对传统和现代的融合值得我们学习。但是他在甲午中日战争时支持日本政府并筹措军费。融合传统与现代，我们必然要提到忠恕与宽容。中国传统文化里面就有"己所不欲，勿施于人""己欲立而立人，己欲达而达人"等。现在想想刚刚去世的曼德拉，他真了不起，坐二十七年的牢出来却没有被狭隘的复仇心理驱使，很理性地面对过去和国家的未来，他的宽容对南非的发展起了巨大的作用。假如他处于复仇之中，那南非的整个社会肯定会被撕裂，国家会受到很大的伤害，甚至是战乱。整个国际社会不同种族不同社会制度的国家人民都很尊重曼德拉。

　　第二个我认为很重要的就是全球化的眼光。全球化给这个世界带来很多好处，资金、产品、技术等等，资源在市场的优化配置，提供物美价廉的产品和服务，它对发展中国家是机遇，也是挑战。它促进了世界大文化的发展，包括经济和科技领域等等。全球化有利于世界大文化的产生，促进贸易投资的自由化，促进国际间的政治协调等等。考虑到全球化的影响，霸权主义国家也不会为所欲为。当然全球化也会带来一些弊端，所以有一些学者反对全球化，但是我觉得反对也过于极端了。它的确可能加剧经济的不平衡，导致经济的不稳定，全球化的话语权以及一些经济运行规则可能有利于发达国家，而发展中国家的生态环境容易受到影响，中国就是一个典型的例子。我们国家这些年发展很快，发展很重要的一个目标就是寻求出口。为了出口我们实际上成了国外发达国家的生产基地，环境也受到了很大影响，现实情况就是这样。但这也不是别人强迫的，这是你自愿的，我们拼命想出口，美国人总讲贸易逆差问题来攻击我们。哈威尔实际上就批判过全球化，他有一篇文章提到："这个世界现在已陷入一个电讯的网络中，这个网络包含着数以百万计的'小丝线或毛细管'，它们不仅以迅雷不及掩耳的速度传递各种各样的资讯，而且还传递着一些一体化的社会、政治和经济行为模式。""在现代社会，这种全球文明出现在由欧洲文化、最终由欧美文化占领的土地上。……它还可以以一种前所未有的方式使我们更容易在地球上生活，它向我们敞开了迄今尚未探知的地平线，即我们对於自己的认识和对於我们生活其中的世界的认识。"前面看起来是讲现代化的优越性，但作者马上讲"本质上这种新鲜单一的世界文明表皮仅仅覆盖或掩藏的众多的文化民族、宗教世界、历史传统，要把现代文明当成多样文化和多阶文明来理解，要把我们的注意力转移到人类文化尤其是我们自己的文化精神根源。要从根源吸取力量，勇敢而高尚地创造世界新秩序。"总而言之，哈威尔实际上看到了全球化的问题。大家知道，哈威尔当过捷克的总统。但我想简单地说，全球化要理性对待，一味地反对它，这是不理性的，它毕竟是大趋势。当然我们要看到全球化给我们国家带来可能出现的问题，并且要有清晰的认识。再一个，我认为大家应该要有全球化的眼光，要有宏思维的能力，宏思维我以前在启明学院讲过，希望提高学生的宏思维能力。简单地讲，我们要去关注人类社会的重大问题，不要整天就是自己那点事情。还有我们要从整体联系上去认识一些事物认识世界，包括自己，包括自己的单位或者个人。比如说你以后有幸做一个单位的头儿，单位怎么发展，我们要从整体联系上来看。从新的历史起点上，从世界的大格局上，我们应该怎样去看问题。假设我们是一个企业，就算是领导一个很小的企业，甚至是某个企业里的单位、机构，你考虑发展、考虑问题也要站在世界的大格局中间的角度。仅从小的微观的方面去看是不行的，从大的方面去看问题，这样才有可能寻找到机遇。所以说有时候，或者说很多的时候，我们都需要一些大视野。哪怕你不是领导，就只是一个搞技术的，也可以想得长远一些，比如说人类社会现在面临的大问题：环境问题、能源问题等等。面对这些问题，以后社会的生产结构会发生什么变化，新能源将带来什么影响，这里面可以寻找什么样的机遇，这就是个人的发展。所以即使是个人的发展，也和世界的一些大问题联系起来了。还有责任、义务。

如何提高自己的国际竞争力？既然全球化是大趋势，同学们就要知道，以后的竞争力不仅仅是在湖北武汉这个地区，也不仅仅是在中国这个地区。

即使是服务于中国的某一个公司，这个公司未来还要向国际发展，所以很多场合需要的是什么？需要你的国际竞争力。

第三个重要的方面，我认为是现代文明素养，这个文明，梁启超讲，"拿西洋文明来扩充我的文明，又拿我的文明去补充西洋的文明，将他化合起来成一种新的文明。"当然梁启超在这里讲的文明是那种更大的，是国家的文明，但个人的文明素养，我觉得我们要有这种自觉意识，就是我们需要什么样的文明素养。我前面讲的，融合传统与现代、中国与西方的东西，如何才能把它们融合得更好。现代生态文明，也是现代文明素养中的一部分，包括饮食文化。就如我们的同胞吃东西，有一些东西越是稀奇越要吃，他们缺乏一种保护意识。

政治文明，我们每一个人，不可能完全地脱离政治。实际上咱们党中央的三中全会，也是努力地向着政治文明在不断地往前推进。改革中有一些，比如说我们现在要减少政府对经济活动的干预。下一步，中国的司法体制，这中间有一些可能要进行改革，这其实是政治文明。还有现代文明素养中对个人权利的尊重，也是很重要的。有些东西比如说同性恋，我们年轻的时候是非常鄙视的，但慢慢的现在我们也能理解了。有些东西，不管你自己喜欢不喜欢，都要尊重别人的权利。

现代文明素养，很重要的一点是开放。开放这个话题简单提一下。不管是对过去还是对未来，我们都应该开放。对过去开放意味着要记忆过去，现在大学生总是容易纠结过去的一些事情，怨天尤人，有些同学老是对这对那看不惯。我对这些同学有这样的建议：一旦你埋怨了，可以去看一看背一背美国第26任总统罗斯福的这么一段话，我觉得写得非常精彩。"荣耀并不属于吹毛求疵的人，荣耀属于那些真正置身于竞技场的人，属于那些不断犯错一次又一次失败的人。荣耀也属于那些懂得实干热情付出的人，属于那些埋头于伟大事业的人。"

今天下午我刚刚收到一位启明学院干部发来的邮件，邮件大意是有些人包括某些重要的人对启明学院存在着看法。我在回复的邮件中就引用了刚刚说的那段话，用来共勉。启明整个学院肯定存在着这样或者那样的问题，但是我们需要牢记，我们不是属于吹毛求疵的人，我们需要实干精神，并且在此过程中不怕走弯路。我认为，年轻人需要有美感，善于去发现身边人、身边事的美。生活中到处都有美的存在，若缺乏美感，你的眼睛所看到的非黑即灰。事实上，大千世界中存在着很多很多美好的事物。就像我前面说的，我们的社会有很多人性之恶，但不能只看到这些，学会放下一些事情，是很重要的。

现代文明素养另一个很重要的方面是"引领"，批判性思维很重要，我们要有正确的竞争意识：公平竞争，尊重对手，要辩证地看待个人主义。不得不承认个人主义对西方的发展起了很大的作用，过分地强调个人主义显然是不对的，但是只知道批判个人主义也有问题。这些是有前车之鉴的，在我们这一代年轻的时候，受到的是压抑个性的教育，整体上来讲这是不利于社会发展的。因为个人的潜力得不到充分的发挥，国家的发展就会受到影响。"诚信，天道唯诚，人道之本。"孟子说："诚者，天之道也；思诚者，人之道也。"荀子说："夫诚者，君子之所守也，而政事之本也。"总而言之，"诚"在和谐社会中是非常重要的。而我们的社会在这方面的表现是令人担忧的。比如学术诚信、商业诚信，什么都需要诚信，近年来也发生了不少学术不端的例子。而关于商业诚信我很感慨，八十年代末期，我那时在企业里从事和企业信息化有关的工作，搞企业管理的人知道"MRP"，意思是物料需求计划。"M"指"Material"，R指"Requirement"，P指"Planning"，后来"R"变成资源，也就是"Resource"。有个外国公司的"RMP"系统想要在中国企业间推行，有个中国企业想购买他们的软件，但外国公司发现中国企业还不具备购买条件，比如人的素养还不行，管理也不够完善，所以他们不卖给中国公司。如果在中国只要能卖出去甚至靠忽悠都可以，但是在外国只要条件不够，别人要买，在某种情况下他会说"你现在不能买我的MRP"。仔细想一想，他们这是一种更高境界的诚信，而且这种诚信是更聪明的。为什么呢？

其实他们也是在为企业着想，企业把这个系统买回去可能发挥不了作用，所以我建议你不买。这种诚信对他本人、公司还是有利的，别人会对这个公司更加信任。所以说我们有时候要从长远、从大局上去考虑诚信，这就是更高境界的诚信。

守规则讲礼仪，这其实是影响现代化的，我们谈商业，只有这样人们才愿意跟你谈。我讲一个小例子，最近我一个德国朋友，慕尼黑大学的副校长，他说："我所在的慕尼黑工大医学院的肝脏移植中心在安排手术顺序时出现了优先照顾某些病人的现象，其主治医生尽管医术高明并对医学做出了巨大的贡献，但仍被当众撤职。"我真的很感慨，他只因为优先照顾了某几位病人被撤职，大家想一想如果在咱们国家，又会是什么情况。我想大家听了这个多少会有一些感慨。我觉得守规则讲礼仪，不能以自己的方便破坏整体的方便，自己的效率破坏整体的效率，这些事在我们社会上是很常见的，比如我们过马路闯红灯，虽然个人方便了，但却导致了整体的不方便。这都是缺乏现代性的表现。我们自己想一想，在大学生中间有没有这种类似的情况。还有，我们不能因为亲朋坏了规矩，在这方面我们国家做得还不够好，而西方国家比我们做得好很多。这些现象反映了个人的文明素养，对于国家来讲，也是一个民族整体精神面貌的体现。

最后一方面，要善用现代之器，现代有很多好的工具，大家要善于运用，网络就是一个很好的例子。网络不光是用于一般的上网娱乐工作，有创新精神的人也会用它做出很多有新意的东西。比如我们的校友——张小龙创办的微信，就是利用网络进行了创新。马云，也是利用网络发展他的事业。3D打印技术，中美差异很大，这种差异不在技术本身，而是在怎么去利用3D打印技术上。再比如商业模式，美国人就很善于创立新的商业模式。还有，我们不能做器的奴隶，比如沉溺于网络。

国家的现代化需要人的现代化，现代化进程中漠视人的现代化，容易导致现代化进程的中断。政府要有致力于人的现代化的主动意识，教育起关键作用。对个人来讲，我们应该适应现代化的自觉。要有全球意识，要注意自己思想观念的改变，注意自身修养、提升现代文明，善用现代工具。还有没有关键的？还有最重要的就是现代人格，有机会我们下次再讲。

李培根：中国工程院院士，原华中科技大学校长。

（第 103 期"心灵之约"讲座，2013.12.18）

闲话人格养成

华中科技大学　李培根

人格教育的重要性

今天的题目是"闲话人格养成"。我估计关于人格这方面大家听到的话题可能比较多，不知道你们听过的是什么角度，我想每个人讲的也都会不一样，今天就从我理解的角度去讲。几乎古今中外的教育家，从苏格拉底、孔子到近代教育家，比如杜威，甚至爱因斯坦都非常强调道德教育，而这其中人格是最重要的。咱们看古训，"大学之道，在明明德，在亲民，在止于至善"。大家已经背得很熟了。杜威是美国实用主义教育家，他强调教育即"生活""生长"和"经验改造"。他讲教育无目的论，当然他的意思不是说教育没有目的，他认为不是要把大家培养成专业人才，道德才是教育的最高和最终目的。苏格拉底认为"美德即知识"，这是他的哲学和教育思想主题，努力成为有德行的人。爱因斯坦是大科学家，非常强调关于伦理教育。"在我们的教育中，往往只是为着实用和实际的目的，过分强调单纯智育的态度，已经直接导致对伦理教育的损害。"而且爱因斯坦强调青年人在离开学校时是作为一个和谐的人，而不应该只是专家。做和谐的人，道德人格是非常重要的。

美国前总统罗斯福讲，"教育一个人的知性，而不培养其德性，就是为社会增添了一份危险。"大家体会这句话，如果一个人学了很多知识，但是德行不好，对社会的破坏是很大的。仔细想想是这样的，那些有知识而缺德的人，做出的事情会对社会产生很坏的影响。

我们看一看杨杏佛，此人在民国也算是名仕之一了。他一九三几年就去世了，当时只有30多岁，很年轻。他有一篇文章《人格教育与大学》，我读了之后很感慨。他讲"今日为国中祸乱之原者，不在不知有格之愚陋阶级，而在知有格而不能为人之知识阶级"，这是什么意思呢？他说今天咱们祸乱的根源，不在于那些没有文化的老百姓，而在于某些有知识有文化的知识阶级。咱们当代的大学生以后不能成为那样的人，说道理都懂，但又不能为之，这样国家就没有希望。杨杏佛看得很清楚。所以他说，"故欲挽狂澜正风俗当自大学有人格教育始"，就是说大学要有人格教育。上面这段话说的是当年民国时候，但现在我们是不是也同样能问一问今日之大学校长、教授何如？"野心者奔走权门，藉教育为政治之工具，自好者苟全性命，以学校为逐世之山林，本无作育之心，何能收感化之效？"当我读到这些话的时候都很有感慨，不知道诸位同学看到这些是不是也想问一问咱们今天的大学校长、教授。当然了，我也是其中一员。

几种常见的"恶"

"恶"是我们都不愿意讲的话题，但是我讲的很多东西都是你们能感受到的。

一种是"平庸之恶"。"平庸之恶"表现在很多方面，比如说冷漠、麻木。当前在我们的国民之中，可能包括我们大学生，冷漠、麻木，是不是存在？而且冷漠表现在很多方面。在社会上我们常常看到的一些现象，大家也能感觉到世风日下，这就是冷漠、麻木。还有消极，一方面我们能看到社会上方方面面的问题，这样那样一些不好的现象。但我们不是积极、批判地去对待，甚至自己有时候也这样，这种现象在我们大学生中时有出现。消费至上就是消费主义，年轻的这一代就是物质上的东西想得太多。比如享乐主义、自私、没有责任感等等。所以现在有些人讲"年轻人之恶"，我不知道这个提法对不对，我在这里是转述给同学们的。在你们看来，我们现在年轻人中间是不是存在某种"年轻人之恶"？有一位叫刘洪波的人提到所谓"沙粒化倾向"。他首先讲青年，真正社会和政治意义上的青年是什么？是与新文化、社会思潮、社会行动力、社会理想与抱负连在一起的群体。换句话讲，青年应该崇尚新的文化、新的社会思潮，有行动力、有抱负、有理想。他认为这种群体是与初升之阳、朝气蓬勃的意象相连，与国运民瘼同在的群体。但他感慨现在青年不是与新文化、行动力、理想抱负等等联系在一起，从此不再有青年问题，只有年轻人问题。意思是什么？我们现在没有真正意义上的社会政治青年问题，只有年轻人的问题；不再有理想问题，只有谋生问题；不再有青年社会，只有青年消费等等。我个人认为目前没有这么严重，不至于我们的年轻人都到这种地步了。我相信我们大多数人还是有理想有抱负的。但是不管怎么讲，他所描述的这种现象是值得我们警惕的。也就是说，在我们青年中间，在我们大学生中间，至少有一部分人，可能不是极少数的人缺乏理想抱负等。

再有一种就是历史上的"平庸之恶"，这种恶就比较大了。我举一个例子：汉娜·阿伦特是20世纪很著名的一个哲学家，是一个犹太人。她1933年被逮捕，后来逃往法国，又到美国。但1961年时，她在美国听说以色列政府派出特工从阿根廷秘密逮捕了纳粹战犯艾希曼，就向一个杂志《纽约客》请缨，希望深入报道这个审判。后来她在1962年发表了一份报告，就是《耶路撒冷的艾希曼：关于平庸的恶的报告》。艾希曼，是"二战"时期臭名昭著的战犯，是党卫队的中校，侵袭犹太种族的指挥家。据说在奥斯维辛集中营屠杀生产线每天要杀害12 000人，到"二战"结束的时候有580万犹太人因此丧生。阿伦特说，"艾希曼不是恶魔，也不是虐待狂。在他身上，体现出的是平庸的恶。这种恶是现代性的产物。现代社会的管理制度，将人变成复杂管理机器上的一个齿轮，人被非人化了。人们对权威采取服从的态度，用权威的判断代替对自己的判断，平庸到了丧失独立思想的能力，无法意识到自己行为的本质和意义。"阿伦特认为艾希曼不是恶魔，也不是虐待狂。但我觉得这有点过于为他辩护，毕竟他杀害了那么多人。

说到"从众之恶"，比如"扫四旧"，很多文化古迹遭到破坏。再比如反日游行的时候，看到日本车就去砸。还有网络上从众的快意，讲极端的话，觉得很痛快。我经常在 BBS 上看到大家的批评等等，毫无理性，更谈不上什么责任感。

还有一种恶是"工具之恶"。具体分为两种不同情况：一种是心甘情愿地沦为别人的工具，比如在"文化大革命"时期，就有很多人心甘情愿地沦为某种工具。当然有些人是由于蒙蔽，在誓死捍卫无产阶级革命和誓死捍卫伟大领袖毛主席的旗号下心甘情愿地沦为某种工具；还有一种就是被迫地成为某种工具，是很无奈的。但不管是哪种情况，都属于没有独立人格。

我在这里举几个例子：1986 年的时候，三位我国的著名人士发出了四十多封关于《"反右运动历史学术讨论会"通知》的信，这三个人其实都当过右派，吃过不少苦头，所以想开展一个关于"反右派"的研讨会。我们某一位著名的科学家就收到了这封信，他把这封信交给了中央和当时的国家最高领导人，并附了自己的一段话："方×× 是一个政治野心家，他自称是中国的瓦文萨；我的问题虽然没有完全解决，但与他们是不同的。"把这封信给了中央之后不久，他被增选为政协副主席。那位科学家是我们从小就很敬仰的，但是他的行为让我觉得很不解，如果你不愿意参加这个研讨会，不管是因为不同意这个研讨会的观点，还是怕惹火烧身，你都可以丢掉这封邀请信当作没看见，或者找个借口推拒掉，怎么就能像告密一样地向上级反映呢？

后来我查到"监视告密"这一现象在我国的历史上很早就存在了。据说我国第一个监视"告密者"是商纣王时代的崇侯虎，当时纣王任命西伯昌（即周文王姬昌）、九侯、鄂侯为三公。九侯的女儿被纣王纳入后宫，因"不喜淫乐"，被纣王杀害，并将九侯也剁成肉酱，鄂侯争辩了几句也被剁成肉酱制成肉干，西伯昌听说之后感叹了一声。"西伯昌闻之，窃叹。崇侯虎知之，以告纣，纣囚西伯羑里。"（《史记·殷本纪》）西伯昌感叹之声并非当着纣王面，但是崇侯虎将此告诉了纣王，后来纣王就把西伯昌囚禁在羑里。这便是历史上有名的"文王被囚羑里"的故事。原本西伯昌在崇侯虎面前发出如此感叹，应该说这二人关系不错，可耻的是崇侯虎竟然告了密。

这样的事，"文化大革命"中有很多，我们的历史运动中都有这样的人。我衷心希望同学们可以多了解一下我们国家的历史，包括我们从"文化大革命"到"反右"等，对这种历史不了解、没有记忆，对咱们国家没有好处。我所说的这些，我们可以看一下历史上一些有名的人：流沙河，他的亲弟弟曾为了表现自己的积极态度以子虚乌有的事告发了他；大画家黄苗子向公安局告密，得到了公安局长罗瑞卿"关于整治王八蛋"的批示，却直接导致诗人聂绀弩入狱并被判无期徒刑；冯亦代被要求做卧底。

工具之恶还表现在没有独立的人格，没有独立人格在很大程度上是基于一种利己人格。"批林批孔"时，很多大知识分子充满矛盾和焦虑，比如梁漱溟和冯友兰，作为大学者他们对孔子是充满敬意的。但是在 1973 年"批林批孔运动"开始后，冯友兰在报纸上公开发文，由一贯的"尊孔"转变成"批孔"，这在当时产生了很大影响。而相反，梁漱溟始终不表态。我认为梁漱溟是很令人尊敬的。当然我们不能苛求像冯友兰那样的学者，因为他当时也承受着巨大的政治压力，但无论怎么讲，客观上像冯友兰这种情况，实际上是在行工具之恶。

当制度使某些人人格扭曲的时候，制度是主要原因，但是话说回来，还是跟自身的人格有关系，为什么梁漱溟就能做到？如果广大的知识分子都有独立人格的话，事情其实未必有那么可怕。我注意到一个现象，某种特定的时候，中央要如何如何，但是我发现很多的文化名人有他们自己的独立思考，并不顺着杆子往上爬，也没有发生什么事情。尤其是现在，比起"文化大革命"，政治清明了很多，希望以后不要再出现这样的历史悲剧。

还有"损人利己之恶"，钱理群这句话大家应该都熟悉，"现在一些大学在培养'精致的利己主义者'，他们高智商，世俗，老道，善于表演，懂得配合，更善于利用体制达到自己的目的。这种人一旦掌握权力，比一般的贪官污吏危害更大。"

我们身边也有这样的现象，比如说占座。我到食堂里，看见有东西在桌子上面，但是那个位置半天都空着。我们仔细想想，其实这也是损人利己的事情，食堂的座位、教室的座位，你把东西搁在那里实际上就是降低了使用率，浪费学校的公共资源。我不知道同学们之中有没有这个现象，就是类似于告密、谄媚、谗言之类的。我觉得如果你对一个同学不满意，直接跟他讲，用正确的方式，当面批评。而如果不提醒他，却在领导那里告发，我不提倡这种行为。有些学校会监控网上的一些言行，我不太支持这种事情。社会上损人利己的事情是很严重的，比如食品安全，像三氯氰胺或者有些地方农民自己种的东西自己都不敢吃。

另外一种是"痞子之恶"。一位年轻人，摸了宠物狗一下，就被狗的主人逼得下跪；酒吧里一个人看了另外一个人一眼，被打成重伤。

还有"人格分裂之恶"，清华大学学生刘海洋把硫酸泼到狗熊身上；长沙某高校的学生与班上两名女生发生恋情，造成感情纠葛，后来把其中一个女生杀害，并且碎尸、抛尸。

接下来，我想谈谈"滥用权力之恶"这一话题。某县建设局局长竟因家中的一块瓷砖被农民损坏而串通交警部门对其开出一张巨额罚单。大家耳熟能详的薄熙来和王立军事件在此我也不一一赘述。他们滥用自己手中的职权给自己和国家造成了严重的后果。浙江海康威视的董事长也是我们华科的校友，他曾就王立军事件和我交流了些许。海康威视作为中国电子集团下的公司为政府提供产品和安装服务，曾在重庆为政府部门安装安防设备。在安装过程中，安装小组由于噪音过大遭到王立军的训斥与责骂，并在安装人员争辩解释时将几名工作人员强行带走。最后，在军方高层介入后，几名工作人员才得以释放。由此我们可以看出，王立军等人竟因这点小事而滥用职权侵犯其他公民的自由。现实生活中少数人仍然对薄熙来和王立军存在赞赏和尊敬的态度令我十分费解。由薄熙来事件可以很容易联想到"文化大革命",专制之恶是大恶。另外,前不久金正恩处死张成泽引起了轩然大波。金正日葬礼上扶灵七老目前只有两位还活着,其余都已离世。真可谓:鸟尽弓藏,兔死狗烹。

当今社会的恶我们或许已经亲身经历,历史上的恶我们也有所耳闻,那么我们需要思考:恶可以被分为大恶与小恶两类,有一些恶在法律上是难以惩治的,但我们该怎么去避免这各种各样的恶?如何避免平庸带来的恶?又怎么去避免我们自己可能存在的人格上的"平庸"?大学生都应该去思考,如果我们绝大多数老百姓都有健康的人格,那么实际上也不容易形成专制的土壤。反之,我们的国民中,如果很多人都有着不健康的人格,那么在这样的土壤上也很容易形成专制。所以我们所有人都有一份责任,人格的重要性是毋庸置疑的。

现代人格的主要成分

现代人格的主要成分,大家从一些书上可能有所了解,比如心理学把人格划分得很细,而我今天主要讲我们大学生需要什么样的人格。它主要分为三个方面:法权人格、政治人格与君子人格。法权人格,就是一些基本的东西,即人生而平等。我们要理解与尊重人的生存权,从西方启蒙时代开始那些思想家就在追求自由、平等,马克思也强调自由、基本的人权、人的尊严等等。今后你们一部分人可能从政,即使不从政,但是对从政的人要要求他们具有什么样的政治人格。中央有个经历过"文化大革命"的老领导,他反思觉得共产党也要讲政治伦理。以前"文化大革命"中的刘少奇,作为前国家主席,落到那样的下场,这是毫无政治伦理的表现。在"文化大革命"期间完全丧失政治伦理的事例太多了。不管怎么讲,政治人格是现代文明的重要组成部分。

说到政治人格,我想拿一个人作为例子:去年去世的曼德拉,我发自内心地敬重这位了不起的人。在南非的原住民中,他算是出身高贵的。他坐了28年的牢,一般的人,哪怕是很有才华的人,坐28年牢后出来,都很难想象会变成什么样子。但是曼德拉坐牢28年,其间受到很多非人的待遇，他坚强的意志一直支撑着他，真的使人佩服。他那个时候请求监狱为他在院子里开辟一块小菜园，并且坚持锻炼，做俯卧撑等等。这还是次要的，更令人钦佩的是他出狱之后，说过这么一段话："当我走出囚室迈向通往自由的监狱的大门的时候，我已经清楚自己若不能把痛苦和怨恨留在身后，那么我其实仍在狱中。"当他要出来的时候，他的思想很清醒，就是一定要把痛苦和怨恨留在身后。如果他出狱的时候想的就只是要报复之类的，他认为这会使自己的心仍然在牢狱之中。他说，"压迫者和被压迫者一样需要获得解放，夺走别人自由的人是仇恨的囚徒，他被偏见和短视的铁栅囚禁着。"

政治人格中很重要的一点是"尊重少数人的权利"。曼德拉说，"我为反对白人统治进行了斗争，我也为反对黑人统治进行了斗争，我怀有一个界定民主与自由社会的美好理想，在这样的社会里，所有的人都和睦相处，有着平等的机会。"这也是一种以人为本的思想。政治人格以人为本是非常重要的。几千年前，管仲就讲过：夫霸王之所始也，以人为本。本治则国固，本乱则国危。

另外，政治人格中非常重要的一点是理性，然而现实却有许多非理性的事。"大跃进"的时候，农村把家里的锅什么的都砸掉去炼钢铁，然后讲我们炼出了多少钢多少铁，太荒唐了。非理性就很可怕。金正恩，现在联合国说他反人类，并且前几天联合国文件还在讲这件事，大体意思是金正恩对朝鲜的反人类罪是负有直接责任的，这是肯定的。而我们讲曼德拉、甘地等，这都是理性的代表。理性就会有民主，会有宽容。当然政治人格的理性还会影响到社会，理性当然会符合社会规律和自然规律，也会有利于竞争发展，这也是社会和谐的象征之一。

还有一方面的政治人格是忍让。邓小平是忍让方面一个很好的例子。比如说邓小平曾经的确表示过永不翻案，但实际上后来他翻案了。有的人也讲，这实际上是一种政治斗争，如果他当初不表示永不翻案的话，可能不能够复出。曼德拉的忍耐是另外一种，我觉得他是很理性的。当然，咱们中国传统文化里有一种忍耐，我不太提倡。举个例子，武则天时候，她的宰相是娄师德，娄师德的弟弟要去做官，娄师德就问他："你要去为官，是不是准备好了？"他弟弟说："我准备好了。"他说："你怎么准备好了呢？"娄师德的弟弟就讲："别人要是往我脸上吐唾沫，我只是把唾沫一擦，不去跟他一般见识。"娄师德说："这还不行，你不要擦，就让那个唾沫自己干掉。"这个，有点太过了。韩信胯下之辱，勾践卧薪尝胆，这都是历史上著名的故事，当然有一种政治人格的大气，这就很了不起，曼德拉也是大气，这种大气是政治家非常宝贵的一种品质。不说政治家，就是一般的领导，也要大气。

我讲历史上一个显示大气的故事。吴越王战败的时候，宋朝皇帝赵匡胤的臣子就告诉他，吴越王是有谋反证据的。后来吴越王去觐见宋太祖，宋太祖很客气，并且礼遇他，还交给他一封信，说这封信现在不要打开，回家了再看。吴越王离开的途中，打开一看，信上写的全是他谋反的证据，他自己心里很清楚，那讲的是事实，但是赵匡胤却礼遇他，没有杀他，他很感动。所以，后来赵匡胤的宽宏大量就使得吴越王非常忠心。所以有时候，大气是很有用的。

另外一个是李世民的例子。玄武门之变后李世民靠政变上了台，他以前不是太子，太子本来是李建成。政变之后有人向李世民告魏征，说魏征以前参加过李密和窦建德的起义军，李窦失败之后，魏征就在太子李建成的手下，并且他还劝李建成要杀掉秦王李世民，这样看魏征显然是李世民的仇人。后来历史上是李世民用了魏征，而且魏征经常敢于直言，李世民讲，"魏征往者实我所仇。"就是说过去魏征的的确确是我的仇人，"但其尽心所事，有足嘉者。"怎么理解呢，就是他跟李建成的时候，为李建成尽心，这有值得称道的地方。李世民是这样理解的，"魏征每犯颜切谏，魏征每犯言劝谏，不许我为非，我所以重之也。"而魏征也说，"陛下导臣使言，臣所以敢言。"所以说大臣敢不敢说实话，关键是领导敢不敢说实话。

彭德怀说了实话，结果如何？所以大家都不敢说实话了。我觉得胡耀邦还是很大气的，清华大学的蒯大富"文化大革命"的时候是清华造反派的头头，蒯大富造反的时候我怀疑胡耀邦也受到过冲击，胡耀邦是共青团中央的。对待蒯大富，胡耀邦说：之前我不赞成把他捧得太高，现在我也不赞成把他整得这么狠。1986年胡耀邦任总书记时，蒯大富在青海，胡耀邦还对他表示了关心。这样的政治人物的确让人佩服。

第三个方面，重要的人格是君子人格，君子人格是中华传统文化，儒家等很多地方都谈到了君子人格。君子人格最核心的就是"忠恕"思想，中心为忠，如心为恕。"己所不欲，勿施于人""推己及人"等等，我觉得这是传统文化中最光辉的地方。仁的本质是什么？"爱人"与"孝悌""克己复礼"，学者们认为礼文化是中国文化的核心。我们讲做人要知耻，有羞恶之心，朱熹和顾炎武等对其作了深刻阐述。龚自珍提倡"士皆知耻，则国家永无耻矣；士不知耻，为国之大耻"。前几年，胡锦涛讲"八荣八耻"，如此普通的东西为什么仍然要总书记去讲呢？大家要理解这良苦用心，因为在这个社会上，不知耻的人不在少数，尤其是读书人更应该知耻，读书人都不知耻，国之大耻。君子人格中讲诚信，我们不得不承认，在诚信这方面我们与西方某些国家相比做得远远不足，并不是说西方什么都好，只是说我们在某些文明程度上的确不如人家，诚信就是一个很重要的方面。我曾说影响中国未来社会发展的一个重要方面就是诚信，大家不要小看这件事情。大家想一想，我们现在讲中国崛起、中国梦，希望中国成为工业化、创新型国家。把这个事业做大、做强不靠诚信靠什么？

现代人格养成之关键

最后一个话题，我说一下现代人格养成的关键。首先说我们怎么去养成现代人格。我分别从下面几个方面去谈：懂得人的意义；人格与事业的关系；在独处中练就；在现代科技发展中去升华；在与别人的关系中去养成自己的人格。那么人活着的意义到底是什么？这个涉及我们的价值取向是什么，我们自己的价值是什么，我们还得尊重别人的价值，真正人的尊严在哪里？独立、自由。其实独立、自由本身也是人的尊严。大家想一想，如果人没有独立、自由，就算有尊严吗？我们吃得饱穿得暖就有尊严吗？不是的。我看到一个澳大利亚残疾人，很受感动。前年他到武汉做过讲座，他说他爱自己、爱别人。现在他也算世界上一个有名的人。

对我们大学生来讲，要懂得人的意义最好业余读一些书，比如说雅斯贝斯的《生存哲学》，就是从更深、更高的层次去理解人的意义、活着的意义。雅斯贝斯的《生存哲学》主要有三个部分，一部分是存在论，一部分是真理论，还有一部分是现实论。《生存哲学》就是关心人的精神生活和价值体验。比如分析什么是人的自由存在。这个自由存在很重要，哲学是以一种科学思维所无法达到的思维方式来把握自由存在，使人自由或者说使我回到自身。我在学校里讲以学生为中心的教育，目的是希望学生自由发展，让同学们更好地成为你自己。雅斯贝斯讲实现人的自由或者使我回到我自身，那么生存的真理就是突破一切世俗的存在，发现我自身以及你的自由存在是什么。当然哲学这个东西有时不是一说大家就能很明白，但我觉得你们有时间可以回去看看，哪怕似懂非懂，但多少是有点好处的。人是有限的，但是要超越有限去达到无限；人是暂时的，但是又期待超越暂时去达到永恒。人是世界的一部分，但是又渴望去超越部分达到整体。当然，人们在超越世俗世界的同时又必须在世俗世界中才能实现自我，我们不可能完全脱离这个世俗世界。但是，你又要试图在相当程度上去超越世俗世界，我觉得只有这样你才能去体验人活着的真正意义。

再一个话题呢，我讲一下人格与事业。这就不那么抽象，简单地说，就是我们在自己的事业当中去完善自己的人格，同时你也要以健康的人格去成就你的事业。我以一个例子来说明——日本人涩泽荣一，这个人可以讲是"日本近代工业之父""日本资本主义之父"，他在日本名气很大。1867 年时他到法国参加巴黎世博会，感到西方列强与日本之间有强烈的反差，比如法国的政府官员与商人之间没有什么高低之分，他们关系是很平等的。但是日本不一样，日本跟中国的传统文化有一点相似，日本幕府、官僚、武士与商人的社会地位有天壤之别，商人见到幕府、官僚、武士无不点头哈腰。直到中国今天，很多做得很大的企业家见到官员也是点头哈腰的。所以涩泽荣一那时痛切地认识到要想使日本兴盛起来，就必须打破官贵民贱的旧习，排除轻商贱商的思想。

那么，他是怎样在事业中完善自己的人格呢？他有一本书叫《论语与算盘》，从中我们也可以看出日本文化深受中国文化的影响，他们也学《论语》。他说："算盘要靠论语来拨动，论语也要靠算盘才能从事真正的致富活动。因此可以说论语与算盘的关系是远在天边，近在咫尺"，"缩小论语与算盘之间的距离是今天最紧要的任务"。我读到这些很有感触，《论语》里头讲很多东西，那是谈为人处事的，如人、君子等等，一个日本人把论语和他的事业结合起来，显然验证我开始讲的那句话，一个健全的人格可以帮助自己的事业变得辉煌，人也在事业中奠定自己的人格，这就是事业与人格的关系。同学们毕业之后走向社会，你们无论是做学问，还是从商从政，都有这个问题。虽然涩泽荣一是讲论语和算盘，算盘代表商，但你做别的，做学问、做学术、从政一样也有类似的情况。要让健全人格成就事业，同时在做事业的过程中不断使自己的人格完善。

再说一个人，李嘉诚，他是我非常敬重的一个人，因为我和他也有过多次的交情。大家仔细想一想，李嘉诚事业做这么大，真的说明了人格能够成就事业。他创业初期的时候，资金非常少。他早期做的是塑料花生意，开始的时候，有一个外商要大量订货，需要有富商作担保，李嘉诚跑了几天，也没找到担保人，于是他以实相告。那个外商看他这么诚实，决定不必担保就和他签约，但李嘉诚讲："虽然先生你这么信任我，但我还是不能和你签约，因为我的资金真的有限。"外商听完后不仅和李嘉诚签了约还预付了贷款，帮他解决了流动资金的问题。所以这一笔生意为他奠定了后来发展的基础。李嘉诚的成就不是靠忽悠别人，而是靠真诚，这是人格的力量。

另外，我觉得人格养成很重要的一方面在于独处的练就。大凡优秀的人都善于独处。一方面同学们要善于与人相处，人是社会中的人，不可能不和人来往。我们要善于与人相处、与人协同、与人合作，但是每个人毕竟都有独处的时候。是否善于独处也很大程度上体现了一个人的素质，或者说你独处的时候可以干什么，当然独处的时候我们可以干很多事，比如说我们读一点书，这是很好的习惯。但是独处的时候，练就自己的人格更重要。孔子云：吾日三省吾身。反省自己的时候，总是在独处的时候。曼德拉说：尽管我是一个喜爱社交的人，但我更喜欢孤独，我希望自己左右自己，自己做计划思考。还有四书五经中的"慎独"一说，《大学》里说"小人闲居为不善，无所不至，见君子而厌然揜其不善而著其善"。意思是别人看不见的时候，有的人会做一些不好的事，而在人前则会隐藏他们不好的一面，这某种意义上是人性使然，但绝非君子所为。真正的君子在独处的时候更要审视自己的人格。《中庸》里头有段话讲得很好，"是故君子戒慎乎其所不睹，恐惧乎其所不闻，莫见乎隐，莫显乎微，故君子慎其独也。"意思就是说，别人看不到，听不到的时候，我们做事情都要讲道德，所以独处的时候是考验自己道德的时候。另外呢，独处的时候，仔细去思索更容易有自知之明。有时候，自己一个人仔细想想，你会发现只有独处时才能够更好地认识自己。认识别人不难，难的是认识自己。曼德拉是有自知之明的，他后来当了两年时间总统，就辞去了非国大的主席，举荐姆贝基担任总统。这在当时是令整个国际社会感到震惊的一件事，这就是人有自知之明。

再一个就是我们养成的现代人格应在现代科技发展中升华。为什么讲人格会扯到科技发展呢？我想还是有关系的。比方说，我们现在能源环境与人的生存关系，生态伦理也是现代人格中间的一部分。如果我们真的去完善自己人格的话，你可以想想虽然对雾霾没有什么办法，但是不等于说我们在生态伦理方面一点事都不能做。其实每一个同学你们都可以做一点点事情，我举例子，比方说，水，尽量节约一点；电，尽量节约一点；纸张，尽量节约一点，这都有关系。我们想想，现代人格应该成为每个公民人格中的一部分。哪怕在宾馆中，我离开房间时一定会注意关灯，这是很小的一件事情。我不关灯不会多收我一分钱，关灯不会奖励我一分钱，但我绝不会因为得不到奖励就不关灯，我觉得这总有一点好处。

还有科技中的以人为本，这方面东西太多了。我提到过比尔·盖茨搞的微软"创新杯"，就是资助大学生的科技创新活动。他强调大学生要关注社会发展中的重大问题，很多主题都是以人为本，他就把以人为本和科技创新活动联系起来了。所以我觉得比尔·盖茨这样做也是一种现代人格的体现。再一个呢，我希望大家关注一个问题，就是我们现在科技发展中的人文拷问。我最近在《中国科技报》上面看到一篇文章，一位叫俞强的先生写的，我是在 2013 年 12 月 16 日的《中国科技报》上看到的，两个月前读到的。他讲怎样把"智基因"和"勇基因"放在一个人身上让他成为智勇双全的人。

生物学上有一个现象叫基因连锁，就是"智基因"和"勇基因"同在一个染色体上，并且很靠近，这样，在精卵细胞分裂的时候，智勇两基因会同时存在于一条染色体上，并传给下一代。当人类对智勇基因很清楚，知道怎么把智勇基因放到一起时，世界上智勇双全的人就多了，到那时，每一个国家的领袖都是哲学家加政治家。"英特纳雄耐尔"就一定会实现，世界和谐的理想国就一定会实现。这，就是文化生物学的社会学意义。我不知道大家听到这个有什么感觉，我认为这是胡说八道。这到底是不是人类所需要的，就我们科技的进步而言，当然我不懂生物学。但我相信，就是他讲的基因连锁在技术上都是可以实现的，但我显然不相信到那个时候"英特纳雄耐尔"就一定会实现，世界和谐的理想国就一定会实现。有这个可能吗？不可能的。所以说，我觉得对科技发展，尤其是生命科学发展，可以说包括人工智能之类的，就有很多东西我认为是需要进行人文拷问的。那科学所描绘的这个世界，是否值得我们生存呢？前面讲现代人格我们要懂得人的意义、活着的意义。那我问一个问题，就某些科学家，他所描绘的世界是值得我们生存的吗？我们某些科学发展，它的意义到底何在？在这个世界上，我们讲人的意义、生存意义，生存在这样的世界上是不是有意义的？所以，如果说某些技术，它本身就是在改变自然界施加的一些自然规律的话，或者说违背这个自然界本源的规律，我觉得是值得我们思考的。以前有人讲第六次科技革命中探究人的永生，我觉得这些东西本身是违反自然规律的。

当然人格的养成，还有一个很重要的事情就是和别人的关系，我们要养成自己的现代人格，也要在与别人的关系中练就我们自己的人格。这个我今天就不讲了，下一次有机会再给你们讲"我与你"。

李培根：中国工程院院士，原华中科技大学校长。

（第 105 期"心灵之约"讲座，2014.2.26）

我与你

华中科技大学　李培根

　　决定一个人发展的重要因素是情商，而情商主要表现在与他人的关系上。人是不可能脱离他人而存在的，人总是要生活和工作在与他人的关系之中。

　　下面我从四个方面讲。

忠恕

　　"忠恕"之道是儒家理论的核心，也是我们传统文化中的闪光点，我不妨先说一下外国人是怎么评价的。瑞士有个神学家和哲学家孔汉思，德国图宾根大学教授，他1995年发起创立了"世界伦理基金会"。他讲过，"只有回首反思自己令人钦佩的伦理传统，中国才能在未来国内外事务面临的种种艰巨任务中发挥更大的作用。"他还认为：中国伦理是世界伦理的基石，尤其是儒家伦理中的"仁"和"恕"。其中，"恕"更是成了世界伦理的黄金法则。可以看出他对"忠恕"理论的评价非常之高。孔汉思还和库舍尔合编了一本《全球伦理——世界宗教议会宣言》，书中有这样一段话，"数千年以来，人类的许多宗教和伦理传统都具有并一直维系着这样一条原则：己所不欲，勿施于人！或者换用肯定的措词，即你希望人怎样对待你，你也要怎样待人！这应当在所有的生活领域中成为不可取消的和无条件的规则，不论是对家庭、社团、种族、国家和宗教，都是如此。"孔汉思是一个汉语学家，非常精通汉语，所以他对汉文化的了解也非常深。由上面的例子可以看出，有些外国人把儒家的"忠恕"理论看得多么重要。

最早将"忠恕"联系起来的是曾子。孔子说自己的道是"一以贯之"的，那是什么"一以贯之"呢？曾子讲："夫子之道，忠恕而已。"就是说，孔子之道，核心就是"忠恕"。《周礼·大司徒》里讲道："中心为忠，如心为恕。"中心就是指要把自己的心放得很正，而如心呢？就是将心比心。

"忠恕"理论是儒家处理人际关系的基本原则之一。《论语》里面还有这么一段话，子贡问曰："有一言而可以终身行之者乎？"子曰："其恕乎！己所不欲，勿施于人。"所以这就是为什么孔汉思讲"恕"更是伦理的黄金法则之故。另外，讲到仁，"夫仁者，己欲立而立人，己欲达而达人"，这是"仁"的基本要求。宋朝的朱熹，也对"忠恕"做过一些解释，他认为："尽己之谓忠，推己之谓恕。"而"忠恕"之道里，"恕"又是最基本的，有"恕"则能做到"己所不欲，勿施于人"，才能"己欲立而立人，己欲达而达人"。

当然，也有人认为"忠恕"之道存在着实践困境。因为人们的欲望、愿望、情感、目标、理想等都不太一样，道德价值标准也呈现多元性的特点。如果不讲共同遵守的原则，仅根据自己的所欲判断是非，的确会有问题。明代儒者吕坤曾说："好色者恕人之淫，好货者恕人之贪，好饮者恕人之醉，好安逸者恕人之惰慢，未尝不以己度人，未尝不视人犹己，而道之贼也，故行恕者不可以不审也。"这句话似乎是对忠恕之道的一种批判，但也不无道理。他的意思是指：好色的人就会宽恕别人的淫欲，好财之人就会宽恕别人的贪欲。比如现在有些贪官，希望自己不受到惩罚，也希望其他贪者不要受到惩罚。常常有些人失去原则，以自己的喜好或价值标准来判断，也许这也是中国社会中存在很多无原则现象的原因之一。但尽管如此，我个人的观点是：不能因为这些情况的存在来否定忠恕的积极一面。总的来讲，如果我们把善行作为共同价值标准的话，在承认共同价值的前提下，那么"己所不欲，勿施于人"就是绝对正确的。但是如果把恶也划归进来，情况就并非如此。因为恶人并不是以善为出发点。所以"己所不欲，勿施于人"还是有积极意义的，从善出发，这是基调。另外，我们可以对自己要求很高，但是在现实生活中对别人要求也很高可能就会有问题。如果把自己置于一个道德高地的话，现实中有时是会碰壁的。

"我与你"

我与大家说一说第二个话题"我与你"。先来说一说马丁·布伯。他是近代著名宗教哲学家，犹太人，早期他在法兰克福大学任过宗教哲学教授与伦理学教授。希特勒上台后，他成为犹太人的精神领袖。1938年，他移居巴勒斯坦，任希伯来大学宗教社会学教授。他曾是以色列科学与人文学院的首届主席。1923年，他出版《我与你》这本书，随后在1947年出版《人与人之间》，这本书可以说是《我与你》的续篇，简单来讲就是关系哲学。其实他的《我与你》这本书就是研究人与人之间的关系的，但是这本书比较难读，我读过这本书的一部分，读起来也是比较费力的，有的部分文字很优美，但是并非读一遍就能懂，往往需要反复读几遍才能慢慢明白其中的意思。

笛卡儿有句话，"我思故我在。"但马丁·布伯认为：真正决定一个人存在的东西，绝不是"我思"。之前我们有很多人将"我思故我在"看作一种唯心主义，认为我在思考所以我存在，但有的学者也不这样认为，在此我们不在哲学意义上讨论。马丁·布伯认为不是"我思"，也不是与自我对立的种种客体，关键是个人同世界上各种存在物和事件发生关系的方式。马丁·布伯用两个原初词："我—它"与"我—你"来表达关系。他认为"我—它"不是真正的关系，因为"它"（客体）只是"我"（主体）感知和认识的一个对象。他主张的是"我—你"，并且"我—你"才是真正的关系。简单地讲，前面的"它"只是主体感知的对象，"我—你"中间的"你"才是一种真正神性的存在，像我一样的存在。哲学方面可能比较拗口，等一下我慢慢说，大家会明白一些。"我—你"是完全的、纯粹的、自然的存在，是人与自然的融合，而"我—它"就不是与自然的融合，是与自然的分裂。

马丁·布伯认为经验世界届从于原初词"我—它"，就是说我们凭自己的经验感知世界。这个对象，不一定是一个真正存在的存在，或者说不是神性存在的东西，而已经加入了你主观的某些东西。简单地讲，不一定是一个完全真实的存在。那么，只有"我—你"中的"你"是真正的、存在的、神性的东西，这才是创造出真正关系的始祖。他引用了一个犹太教的格言，"人于母体洞悉宇宙，人离母体忘却宇宙"。开始看到这句话会觉得奇怪，但仔细想一想是有一定道理的。为什么呢？因为人在母体内的时候，没有经过任何外界的干扰，只有在母体里面的感觉是完全纯粹的，没有任何不真实的部分。人离开母体的时候，被外界的某种东西干扰，感觉到的就已经不是一个真实的宇宙了。

这些东西说得有点生涩，可能大家以后会慢慢明白一些。马丁·布伯还讲到教育的意义和真正的师生关系。"教育的目的不是告诉后人存在什么或必会存在什么，而是晓喻他们如何让精神充盈人生，如何与'你'相遇。"这个"你"不是同学们一般理解的"你"，而是一种纯粹的存在。教育的目的主要不是告诉人存在什么，或者以后必然会存在什么，而是让他们知道与"你"相遇，与纯粹的、神性的存在相遇。人存在于社会中，一定是体现在关系之中的。也就是说，教育的目的就是要让人明白"我与你"的关系。真正的师生关系就是一种真正"我与你"关系存在的表现，把学生视为伙伴与之相遇，根据对方的一些因素来体会这种关系。我们作为教师，如果只把学生当作实现职业生涯的一个载体，只是一个工作对象，以此为生，靠这个赚钱，那教师和学生之间就很难真正建立"我与你"的关系。因为我们没有把学生当成一个神性的存在，缺乏对生命的敬畏、尊重，只是把学生当成一个对象或工具，这就是马丁·布伯不提倡的关系，也就是"我与它"的关系。如果真正出于对生命的尊重，把学生看成神性的存在，建立伙伴关系，才能实现真正好的教师和学生的关系。

我觉得马丁·布伯的话对教育有很大的积极意义。他还讲，"自由人知道人生的本质便是摇摆于'你'与'它'之间，他懂得此中蕴含的奥谛。他不可能永驻于圣殿里，故尔他必得反复踏入圣殿的门限，然他以此为满足；他不得不一次次重返人世，但这正好向他昭示了人生之意义与天职。

在彼岸，在圣殿门前，回答、精神在他心中不断复燃；在此岸，在这卑微但必不可少的世界，火种长存不灭。"这段话写得很优美，到底是什么意思呢？从前面可以看出来，马丁·布伯讲"我与你"和"我与它"，真正在现实生活中，"我与你"的关系是理想化的。他自己也意识到了，一个人不可能长期都驻存于"我与你"这种关系里，现实只可能摇摆在"我与你"和"我与它"的关系中。有时候，我们和别人的关系处于"我与它"的关系，但是作为有教养的人，我们要时时体会到"我与你"的关系，实际上这也是自己成长的需要。所以人就是反复踏入"圣殿的门限"，但却"一次次重返人间"。当我带着预期和目的去和一个对象建立关系的时候，这个关系即是"我与它"的关系，不管那预期和目的看起来多么美好，这都是"我与它"的关系。因这个人没被我当作和我一样的存在看待，他在我面前沦为了我实现预期和目的的工具。就像我在前面提到的教师和学生的关系一样，如果我作为一个教师，把学生看成是和我一样神性的存在，这是"我与你"的关系。但是，如果我只是把学生当成了实现我职业生涯的预期和目的的工具，那就是"我和它"的关系。

有时候，有些目的和预期可能看起来非常美好，在某些情况下我们完全不必怀疑某些关系中一方的美好愿望。比方说最典型的妈妈和孩子的关系，我们毫不怀疑妈妈对孩子的爱是绝对真诚的。但即使如此，她和孩子的关系也未必建立在一个"我与你"的关系上。因为有时候母亲对孩子的真实存在不了解或不关心，孩子有时候成了她表达爱的工具，有时候她按照自己的预期和目的让孩子做事情，这还是"我与它"的关系。我深有感触的是，我有个小外孙女，她非常可爱，每次回家我总想逗她玩。但她有时候不耐烦，我就问她："外公这么喜欢你，你怎么还对外公发脾气呢？"她说："外公呢，有时候挺好，有时候呢，有点矫情。"当然，她的词语不一定表达得准确，但是她把意思说出来了。她是说其实我不懂得她的真实存在，至少在那一刻她在想什么，我没有去试图理解。我爱她，我的目的显然是好的，可不管我的目的多么好，她仍成为我表达爱的工具，在这个时候，我和她的关系是一个"我与它"的关系。

马丁·布伯在讲"我与你"的关系时提到：太多的理想主义者极力推行自己的理想时，不过是将其他人和整个社会当成了实现自己所谓美好目标的对象和工具。希特勒就是典型，把其他人和整个社会当成实现自己美好目标的对象和工具。很多人讲理想主义可能是好的，但是专制乃至大屠杀很容易在理想主义的幌子下出现。马丁·布伯认为理想主义一开始就是可怕的，它不过是一种极端的"我与它"的关系而已。当我放下预期和目的，以我的全部本真与一个人或者是一个事物建立关系的时候，我就会与这个存在的全部本真相遇。简单地讲，"我与你"的关系就是我的全部本真和你的全部本真相遇，这里面没有掺杂任何目的和预期，是比较纯粹的关系。

虽然我们上述所说的都是比较理想的状态，但是人与人之间的交往还得朝着这个方向去努力，这才是我们所需要的。简单而言，我们必须要看到并尊重对方真实的存在、神性的存在，这是基本的。"我和你"之间的相遇实际上是我的本真与上帝相遇，这句话带有一些宗教神学的味道。当我们揭开宗教神学的神秘面纱时可以发现这句话还是有一定积极意义的。我们与他人建立关系的前提是看到并尊重对方的真实存在，不带有任何的预期和目的。比如日后你们走上工作岗位，哪怕就说现在与同学之间的交往，不带有任何功利性的目的和预期，并且尊重对方真实的存在，这才是一种美好的关系。假如我和他之间只是经验的和利益的关系，我作为世界的主体、世界的中心，而他就作为我感知的对象，而非是一个真实的存在，此时我与他之间的关系是不平等的，我是主动者，他是被动者，是我作为一个主体去经验他。

关系

接下来要讨论的第三点才是最关键的，并且着眼于我们一般意义上的关系。每个人都必须活动、生存于关系之中，因为每个人都不能脱离关系而独立存在。如今关系二字在中国已具有特殊的含义，西方甚至将关系作为外来语放入了他们自己的语言之中。这表明西方人在与中国人打交道的同时了解了关系的重要性。

关系可能影响每个人的未来发展。而关系在我们的现实生活之中是真真实实存在的，每个人怎样去看待关系的存在，这是关键，也是每个人都无法逃脱的问题，必须要正视。有些人可能会选择庸俗地看待关系，而有些人可能会把某些关系看得非常神圣，从庸俗到神圣之间对于关系两种截然不同的态度可以反映出一个人的心理健康程度。因此希望同学们对此问题加以了解与重视。

马克思曾说过："当人同自身相异化的时候，他也同他人相对立。"马克思分析资本主义社会剩余价值的时候将资本视为劳动的异化，与此同时导致了人与人之间关系的异化，并且最终上升到了资产阶级与无产阶级之间的斗争。当然，今天我们不会用阶级去审视人与人之间的关系了。马克思说："一个人的发展取决于和他直接或间接进行交往的其他一切人的发展。" 就是你的发展取决于与你直接或间接交往的一些人。"社会关系实际上决定着一个人能够发展到什么程度。"可见马克思也理解关系对人来说是多么重要。

德国当代重要的哲学家哈贝马斯也有交往理论，他认为人的行为分为：一、目的行为，也就是说人的行为在现实中往往都是具有目的性的；二、规范调节行为，即群体成员为遵循共同价值规范为取向； 三、戏剧行为，也就是在公众或社会面前有意识地表现自己的行为，以形成自己的观点和形象，即使平时三三两两聊天，也是表现自己；四、交往行为，两个或两个以上具有语言和行为能力的主体间通过语言或其他媒介达成相互理解、协调一致的行为 。交往之中也体现了关系。

我再说说中国的一些文化名人是怎么描述关系的。林语堂说过："中国人是把人情放在道理上面的。"也就是说中国人把人情看得比道理重要，不是说中国人不讲道理，而是说道理次之。举个简单的例子，就学生向教授申请推荐信上，中西方做法就存在较大差异。在西方，人们把这看成是一件很严肃的事；而在中国，某些教授往往会因为人情和面子给出和实际情况有出入的推荐信，这种差异就体现了中国人是很爱面子的。

梁漱溟有本书叫《中国文化要义》，在这本书中，他将社会与个人的关系分为个人本位、社会本位。他认为中国既不属于个人本位，也不属于社会本位，而是关系本位。西方强调个人自由和个人独立性，这属于个人本位；按理说中国这个社会主义国家，似乎更应该强调社会本位。但是，现实情况并不是这样，中国之伦理只看见此一人与彼一人之相互关系，而忽视社会与个人相互间的关系。这就是说，不把重点放在任何一方而从乎其关系，其重点实则放在关系上了，也就是关系本位。

中国社会和西方社会在人际距离上是有差别的。就我个人观察而言，在中国社会和西方社会里，人与人之间的距离表现是不一样的。如果从平均距离的角度上讲，两个社会中的人际平均距离是相等的，但是如果具体到其中的某一方面，在两个社会中就有很大的不同。中国社会中亲人朋友之间的距离明显要小于在西方社会中与亲人朋友间的距离。在中国社会中，朋友之间的距离可以很近，甚至可以牺牲原则；在西方社会中，与朋友相处的原则就比我们要强一些，更有分寸。而在中国社会中，陌生人之间的距离明显要大于西方社会中陌生人之间的距离。在我们的社会中，如果出现了一些状况，周围的人很麻木，对陌生人的事情置之不理。这样的例子太多了：小孩子掉到湖里头去了，没有人愿意去救；老人摔倒在地上，也没有人愿意去扶。陌生人之间的距离是显示社会文明程度的一个很重要的方面。在"9·11事件"逃生的过程中，并不是每个人都只顾自己拼命地跑，而是让妇女儿童先撤离。在我们的社会中能不能做到这一点，我是很怀疑的。你说西方社会虚伪，但是要真正做到这个程度是不容易的，这的确体现了社会的文明性。西方社会中陌生人之间的关系，显然比我们社会中要近一些。按理说，我们国家是社会主义社会，应该要更好一些，遗憾的是现实并非如此。

有人说，西方人重视平等，中国人重视合理的不平等；西方人重视法律，中国人重视道德。前半句是毫无疑问的，但是我怀疑我们还是不是这么重视道德呢。西方人之间是利害关系，中国人之间是势利关系。西方人讲利害是很直白的，他们会据理力争，很直白地表达自己的想法。中国人表达起来很含蓄，实质上却很势利。西方人觉得某一个人不符合我们公司的要求，对我们公司的利益有损害，这是利害关系，那对不起，请你走。咱们呢，我们考虑的因素很多，这样做有可能得罪人，说不定这个人还会有七七八八的关系，没准我不光得罪那一个人，可能还得罪跟他有什么关系的人，于是多种考虑使得我势利。西方的人际关系相对单纯，而中国人的人际关系相对复杂，应该是基本事实。

我再说说在咱们现实中，国人在关系上的一些误区，或者说有一些观念甚至成为我们的文化。比如说"害人之心不可有，防人之心不可无"。读研究生的时候，我一个同学多次和我讲："培根啊，防人之心不可无。"我的观点和他不一样，也就是说事先不去提防人家。我不会想他可能会怎么怎么样，更不会从坏的或者说不好的方面去假设，没必要。如果以后的事实告诉我，他这个人究竟怎么样，那是另外一回事。但我们在一开始的时候，没必要做这种假设。然而在我们的社会中间，很多人好像总是在提防着人，太缺乏互信。这就不太容易使我们在关系中表现出一种比较真的感情，你如果提防别人就不可能表现得很真。

再一个就是利用，我前面花很大的篇幅提马丁·布伯。马丁·布伯提倡"我与你"，"我与你"的关系就是不能够带着自己的预期和目的，我不能够利用别人去实现我的利益和目的，这种关系不可能是真诚的。但我们现实生活中的确有相当一部分人是这样的。大家肯定会说，别人都这样的时候我肯定也这样，但我劝大家其实还是不必，因为你真的对别人很真诚的话，最后你还是会赢得多数人的好感。

现实关系中还有一些不好的倾向。一个就是对关系对象的过度依赖，或者说给予关系对象过多的责任。比如说在我们大学里就会碰到很多例子，尤其是研究生和导师，有的研究生给予导师过多的责任。关于依赖我等一下还会说到。还有溺爱，我们年轻的同学中间肯定很多人会感受到溺爱，因为都是独生子女，这和我们的国情有一定关系。再一个问题呢，就是现代年轻人之间的关系有虚拟化的倾向。我前不久听到一个小故事，是一位同事告诉我的。她的孩子在美国念书，她去美国看孩子，有一次跟孩子走在街上的时候，孩子告诉她："那个是我的同学，我看到我的同学了。"他妈妈就说："你跟同学打招呼呀。"他不当面打招呼，结果却在手机上聊得很热乎的样子。我不知道这个现象在现在年轻人中间到底多不多。原来没有这种虚拟手段的时候，我们的关系多建立在直接的面对面的沟通和交流上。现在有了这个之后，我们用虚拟的手段去交流。但是我的观点是不能以虚拟手段替代面对面的交流。我们不能否认虚拟手段在建立关系时的作用，但是过分依赖虚拟手段则可能导致现实关系恐惧。

马丁·布伯讲"我与你"的关系是一种理想的关系，但是他也意识到现实世界中实际上很多情况下还是"我与它"的关系。他说"人呵，伫立在真理之一切庄严中且聆听这样的昭示：人无'它'不可生存，但仅靠'它'则生存者不复为人。"意思是说如果你仅仅停留在低层次交流中，"我与它"的关系中，那就不是一个真正的人。现实生活里，少数年轻人，尤其在没有踏上工作岗位的时候，甚至在大学念书的时候也表现出一种关系恐惧，怕与别人建立关系，这对自身的发展是很不利的。当然关系恐惧有时候原因很多，比如早期关系受挫，缺乏家庭温暖，潜意识中缺乏安全感，还有童年时候曾被伙伴或者好友伤害等等，还有其他的一些原因。

有的年轻人缺乏人际沟通技巧，难于把握交往的尺度。有些人总是担心别人占便宜，其实你想开点，别人占便宜就让他占点便宜，没什么了不得的。让别人占便宜你吃不了大亏，那个占便宜的人终究也不会占到大便宜，只能占小便宜。还有一种情况是清高，以为自己很了不起。这些都不利于建立正常的关系。

中国是熟人社会，现实中的的确确存在强烈的关系依赖。骆家辉评价中国人时说到一点："能通过关系办成的事，绝不通过正当途径解决。"可能在座的有些同学当年高考之后，家长就开始找熟人了，有太多类似的事情。社会上的不良风气也助长这种关系的依赖。比如，在学校里头，教授做学问，按道理讲是不需要依赖太多的关系，但是现在尤其在年轻的一辈中，就表现出对关系很大程度上的依赖。现实生活里也的的确确存在那种现象，因为关系好，得到的学术资源多一些，拿到的课题多一些。所以前两年我提到希望在学校里学气重一些，江湖气少一些。但现实情况是今天中国的大学里江湖气的确比很多年前要重一些，这也是整个社会的不良风气在学校的反映。

再说几种重要的对象关系。你们以后要走上工作岗位，对发展来说最重要的是同事关系。隔壁左右上下都是同事，必然跟发展联系在一起。对生活最重要的关系——恋爱对象或配偶，还有家人。我不知道大家现在谈恋爱的情况，但讲了马丁·布伯"我与你"的关系，都应该尽量把恋爱关系建立在"我与你"的关系上。真正地把对方看成一种神圣的存在，哪怕是他的缺点，不要带着掺杂的其他一些目的，更不要只是出于生理方面的考虑。配偶也好，恋爱对象也好，我告诫大家一句可能一辈子都很适用的话：不要试图改变对方。在恋爱的时候，你最好可以明明白白地看到他（她）的缺点。恋爱时候的人不清醒，看不到对方的缺点。但当你看到对方缺点的时候，就要理性地承认并尊重存在那些缺点的他（她），不要试图按你的方式去改变，要改变也是对方觉得自己应该要改变。人的本性是最难改变的，俗话说，江山易改本性难移。

与孩子的关系方面，未来生活中，你们都会有孩子，对待他们不要完全以给予的形式，这也是我们前面举的母亲与孩子的例子。

当然对我们的成长来说，很重要的应该是师生关系。

从关系性质来讲，还有另外几个比较重要的关系，如：契约关系、情感关系、合作关系和上下关系。关于**契约关系**，英国著名历史法学家梅因在其传世经典《古代法》一书中，将"到此为止"的所有社会运动，概括为"从身份到契约"的过程。也就是说从原始社会开始，就是身份在起作用，但越是到现代社会，我们越看重契约关系。这也是人类社会从自然经济到商品经济转变的必然趋势，商品经济的一个重要特征便是"契约自由"。我建议大家要有契约这方面的观念和意识。普通的契约可以自由协商，到了现代化社会就会采用定型化的契约，或者说格式合同，尤其是商务来往的时候，就是用格式化合同来规范双方的关系。先小人后君子，这是可取的。但很多时候我们表现的是先君子后小人，结果闹得不可开交。

协同关系非常重要。大家应该注意到，可能现在做事只有在很少的情况下才不需要协同。陈景润做事只需要一个人，但这只是少数情况，更多情况下还是需要协同的。即使从事科学研究，我们也需要和别人协同。做一个实验，从实验方法到实验装置是很麻烦的过程，有很多实验装置可能是你能力之外的，这时候你就需要别人帮助，就需要协同。工程更不用说了，基本上没有一个工程是不需要协同的。荀子有一句话说得非常好，"人力不若牛，走不若马，而牛马为用，何也？"曰："人能群，彼不能群也。"这句话的意思是说一个人力气比不上牛，走路也没有马快，但是牛马皆为人所用，这是什么原因呢？因为"群"，也就是协同。牛马不能够协同，在动物世界里，一只老虎可以使一群牛落荒而逃，试想牛如果能够协同，一群牛难道连一只老虎都对付不了吗？马化腾非常强调开放协作，主张最大程度地扩展协作，很多恶性竞争都可以转向协作型创新。所以现在搞企业，协作是很重要的。

"上下关系"是每个人将来都会碰到的，你走上工作岗位，会碰到你的领导。若干年以后，不仅上面有领导，可能下面还有下属，所以说上下关系是大家始终回避不了的。在上下级关系中，好的下属要善于发现问题。因为领导在上面，他很难发现下面存在的很多具体问题，所以这就需要下级善于发现问题。但是你发现问题还要想怎样解决问题，你要把自己的思想变成领导的思想。什么意思呢？很多人自己有点想法就自以为了不起。尽管是你发现的，你还要善于把它变成领导的思想。我向来不主张虚伪，不是要大家虚伪地迎合领导，而是从有利于事情推进与执行的角度考虑。领导因为在更高的位置，所以他的思想更有利于一些事情的推进。虽然你可能和他一样也有思想，但是思想从你口中出来显然没有从领导口中出来作用大，这是现实，这是实际的存在，你必须尊重这种存在。另外一方面，你要善于把领导的思想变成行动，领导的思想是要靠人去执行的。我们很多领导有好的思想但是下面没有行动，那好的思想便失去了价值。如果你能把领导的思想变成行动，那么领导会认为你有执行力，自然你也更容易得到领导的信任。更重要的是，放低自己，垫高领导，当然这是从下属的角度出发的。但是如果你作为领导，不能这样要求下属，你要豁达一些，这样才能从下属那里得到更多的尊重。

古时候，齐景公的宰相是晏婴，《论语·公冶长》，"晏平仲（婴）善与人交，久而敬之。"司马迁："假令晏子而在，余虽为之执鞭，所忻慕焉！"为什么晏子被这样敬重呢？讲一则小故事，晏子出使鲁国返回后，一些人向其诉苦，齐景公欲再造宫殿。晏子进言不妥。景公纳言后，晏子即赴工地，鞭劝其进谏之人，故意骂他们不为景公着想。后景公到，下令停建，百姓皆悦景公。尽管百姓皆言景公英明而认为晏子不好，但景公心中有数，这就是晏子的聪明之处，懂得放低自己，垫高领导。我不是说现代社会要做到如此地步，但放低自己，垫高领导的含义正在于此。孔子这样评价："古之善为人臣者，声名归之君，祸灾归之身，入则切磋其君之不善，出则高誉其君之德义"，善于做臣子的人，把声名归于君王，把祸灾归于自己。"入则切磋其君之不善"，这一点很多现代人都做不到。他讲的是，私下对国王讲他不好的地方，我们现在很少有下属敢讲领导的不好，很多是阿谀奉承。晏子他可以直指景公哪里做得不好，但是在外"高誉其君之德义"，在外面赞扬国王的德义，这是很了不起的。

同样是晏子，我们再来看看作为上级他是怎么对待下级的。"晏子为齐相，出，其御者之妻从门间而窥其夫，其夫为相御，拥大盖，策驷马，意气扬扬，甚自得也。"晏子是齐国的相公，出去的时候，车夫的妻子从门间看到她的丈夫，赶着快马，很是得意。后来赶车的人回去，他的妻子自请离开，车夫就问原因，妻子说"晏子长不满六尺，相齐国，名显诸侯。今者妾观其出，志念深矣，常有以自下者。今子长八尺，乃为人仆卿，然子之意，自以为足，妾是以求去也"。意思是，晏子个子不高，他作为齐国的相公，名满诸侯，今天我看他出去，把自己摆在很低的位置，但是你高有八尺，作为车夫却自以为是，所以我要离去。车夫非常羞愧，觉得妻子说得很有道理。后晏子发觉车夫的变化，问他原因，车夫以实相告。后来晏子"荐以为大夫"，推荐他做了大夫。他能看到自己下属身上贤良从善的一面，这是晏子作为上级很好的地方。所以说，晏子对上下级的关系处理得非常好。

我觉得同学们中以后肯定有一部分人是要成为领导的，希望你们有人成为大领导。作为一个领导，在上级对下级的关系上，尽可能不要做下面人能做的事情。一是你会很累，二是下面人会觉得你不够信任他。放手让下属做他能够做的事情，你也不那么累，他还觉得你信任他，他反而很高兴，这是一定要注意的。

领导要容忍不完美。没有完美的人，更不会有完美的下属，所以要容忍不完美。还有一个更难的是要容忍小聪明，现实社会中有一些下属会玩小聪明。玩弄小聪明一般来讲当然不招上面喜欢的，你玩那么一点小聪明上面领导多半是看得出来的。但是作为领导，作为大气的领导，你要容忍下属玩弄小聪明，你装糊涂一点，这样对事业是有好处的。因为你总要有人做事，完美的人不是那么好找的。那就让下属玩弄一点小聪明，只要不影响大局，这也能体现领导的大气，也有益于事业的成功。当然，作为下属来讲，还是不要玩弄小聪明为好。领导不是傻瓜，不可能看不出来。但是我告诫同学们，能够真正容忍要小聪明的下属的大气领导很少，多数领导并不大气，即使是很高层的领导。从不同的角度看，作为领导，就多容忍下属的小聪明；作为下属，就别玩弄小聪明。

当然作为领导，还有一个重要的品质，要善于听谏，就像齐景公和晏子。还有我们历史上更好的例子——李世民和魏征。为什么呢？因为魏征实际上是李世民的仇人，早期的时候，魏征侍奉过窦建德，还有李密，后来又跟李建成。因为太子是李建成，李世民是通过政变上位的。魏征跟着太子的时候，曾进谏李建成把李世民除掉，否则"终有祸害"。事实证明，从李建成的角度讲，魏征是对的，真除掉李世民，李建成就当了皇帝，那就没有李世民的份。但是李建成没听魏征的，最后李世民政变成功。从这个意义上讲，魏征是李世民天大的仇人，还不是一般的仇人，按常理李世民必对他杀无赦。但是后来李世民不仅没有杀他，而且还重用他。魏征上谏李世民就直接讲他哪里做得不好，直言相谏，李世民却依从，这就是大气。大凡大气的领导，都是能干大事业的，你们之中未来有想干大事的一定记住要尽可能锻炼自己大气的一面。

回到现实

最后一个话题，回到现实。

马克思说："人的本质是人的真正的社会联系，所以人在积极实现自己本质的过程中创造、生产人的社会联系、社会本质，而社会本质不是一种同单个人相对立的抽象的一般的力量，而是每一个单个人的本质，是他自己的活动，他自己的生活，他自己的享受，他自己的财富。因此，上面提到的真正的社会联系并不是反思产生的，它是由于有了个人的需要和利己主义才出现的，也就是个人在积极实现其存在时的直接产物。"可见，社会联系对个人的存在与发展多么重要。

大家总要与他人在一起，你们要在与他人的关系中修炼自己。同学们之中有些人害怕与他人交流，这是不对的。如果一个人一直逃避与他人建立关系，那么他以后的人生肯定是不顺利的。人的事业、情感、生活、学习，都在与他人的关系中。

前几年我在我们的BBS上看到一个帖子，是一个研究生发的。他是这么说的："读了几年之后，赫然发现，导师确实更像老板。现在每个导师手下少则十个八个，多则十几二十个研究生。人多了导师就管不过来，并且他们为了赚钱，猛拉项目，学生自然就成为他们的廉价劳动力。而且导师主要想的还是学生为他做了多少事情，而不是他为学生付出了多少精力。这样的师生关系，使得学生毕业后不知道还有多少人会感激他们的导师。"

因为帖子是匿名的，我也不知道这个导师是谁。我想从两方面来讲这个问题。现实中，有少数导师确实有做得不好的一面，这种情况是存在的，这里我主要说另外一个方面。有些同学似乎赋予了导师过多的责任，就像我前面所说的"过分的关系依赖"。我在这里读的硕士，在美国读的博士。我们在这里的时候，没听说过把导师叫老板，而我在美国的时候，大家都把导师叫老板。所以老板这个称呼，是从国外传过来的。但遗憾的是，"老板说"被炒得变了味道。在美国，"老板"这个称谓是非常中性的，大家平时聊天的时候都把导师称为老板。但是在中国，老板这个词被炒得变了味。那位同学说道，每个导师手下的研究生少则十个八个，多则十几二十个。那么我给大家介绍一下我的导师，说一说我的老板的故事。我的老板是华裔美国人，那时候他在 Wisconsin-Madison（威斯康辛·麦迪逊）大学，是机械系的教授，是全世界机械制造领域鼎鼎有名的学者。我们国内"少则十个八个，多则十几二十个"的研究生，那他有多少呢？那个时候他带的研究生大概五六十个，再加上访问学者，一共有七八十个人。这不是比我们这里这更像老板吗？我的老板比中国的导师严厉很多，甚至当时也有学生在背后说他坏话。但是我认为我的老板其实是很好、很优秀的导师。我们今天的社会，似乎更容易展示丑陋，人们往往带上有色眼镜去看待一些事情，包括"导师与老板"这个事情。其实，在人与人之间的关系中间，你要善于感受到美的体验。美其实无处不在，要善于发现美。要从平凡的事物之中去找到美、从平凡的人身上发现美、从平凡的过程中去感受美。

前两年在上海交大举行一个纪念我的导师的会，我受邀参加。我的那个导师就是我在美国时的那个老板，他是华人，新中国成立前在上海交大毕业。我作为他的弟子代表在会上发言。我发言的题目是《贤哉，师父》（我导师叫吴贤铭）。我当时讲的时候，很多人都很感动。我的师母也在场，她似乎更感动。我说，勤奋之如此，贤哉，师父！他每天晚上基本到十二点，甚至是过十二点以后才离开实验室；教学相长，贤明之如此，贤哉，师父！他经常问学生，向学生请教。他本科不是机械，学的是数理统计方面的东西，后来等于是转到机械的。所以机械很多基础知识方面有欠缺之处。但他善于向学生学习，就是教学相长；智慧之若此，贤哉，师父！能够把方方面面的知识融会贯通，天文、地理、工程、金融等，信手拈来，皆成学问；定力之如此，贤哉，师父！在美国很多大学有"象牙塔"习气，但是他非常注重和工业界的联系。后来就是我毕业的那一年，他从威斯康星大学转到密歇根大学安娜堡分校。这是美国非常有名的学校，它的工科绝对是前五名的，在美国的前五名，是很厉害的。但是他到密歇根去之后，密西根机械系有教授就抱怨他破坏了那里的学术气氛，因为还是有一些学者是崇尚"象牙塔"习气的。但是我们的先生不为所动，他有定力，依然面向工业中的实际问题。实际上，他的弟子中间，也就是我的师兄弟中间，有一些人在背后常有恶语。可能同学们会说，肯定导师特别喜欢我。说实在的，我还真不是导师很喜欢的学生。这就是说我们要怎么去看一个人，在关系中，一定要善于有美的体验，这对于成长是非常重要的。我希望同学们一定记住我的话。不管是读研究生，和导师之间的关系，还是走上工作岗位，和领导同事的关系。希望大家体会我说的话，怎么去发现别人身上的美，怎么去尊重别人神性的存在。这是心智健康的一个很重要的方面，也事关你们未来的发展。

我举一个反例，前不久大家在报纸上可能看到某大学医学院有位院士被他的学生举报，最开始我觉得是不是这个院士干了什么不好的事，最后调查认为举报这个院士的事基本不属实。大家想一想，我觉得这个学生以后会很艰难，你们相信吗？倒不是说这个院士会报复他，那位院士的学生去其他地方，别人怎么看他，他自己的这种心智，对于他今后在社会上的发展是很不利的。我举的正例反例，不是要同学们丢弃原则，真正邪恶的事情即使发生在老师身上，我也赞成揭露。但是一般情况下，希望同学们要去体验关系，善于发现其关系中美的方面。

要学会在孤独中体验。马丁·布伯讲："难道孤寂不也是一扇门户？在幽深寂寞中，不是常有玄妙直观？"人在社会上与其他人总是有着或多或少的关系，但是每个人也有自己独处的时候。在我们的传统文化之中，有"慎独"一说，就是在别人看不到你、听不到你的时候也能对自己的行为加以规范。这是一个人修养很重要的一个方面，也是人与人关系很重要的一个方面。历史有个故事，杨震去荆州就任，在途经山东昌邑的时候，当地的县太爷王密（当初是受过杨震举荐的）为了感激杨震，揣着10斤黄金去报答。杨震拒收，说当初举荐你是因为了解你，你现在这么做真是太不了解我了。王密说："暮夜无知者。"杨震说，天知，地知，你知，我知。王密听到后羞愧不已。也就是说在平常独处的时候中经常审视一下自己，这样在现实中方能保持自己完善的人格，保持自己神性的存在。

传统文化里还讲到法天贵真，如果能做到这一点，不愁与其他人建立不了好的关系。下面我说一下李嘉诚先生，他这个人真的很了不起。他母亲跟他说过一个故事，潮州一个寺庙里的住持叫作云寂和尚，他知自己时日不多，准备将位子传下去，所以想在自己的两名弟子一寂和二寂中挑选一名。他拿来两袋谷子，分别给他们二人，对他们说："你们把这谷子种下去，等成熟了再来找我，谁收的谷子多我就把住持的位子传与谁。"结果一寂带来一大堆成熟的谷子，二寂则什么都没有。云寂大师看后，将住持之位传与了二寂。为什么呢，因为那些谷子都是煮过的，根本发不了芽。显然二寂很真。李嘉诚自己的故事也说明真诚对于事业的重要性。他在自己事业之初做塑料花生意。有一次一个外商要来订货，不过他有一个条件，要有担保人。当时李嘉诚没有什么名气，没人愿意给他做担保，迫于无奈，他只好跟外商实话实说。外商觉得这个人很诚实，就说不用担保。但李嘉诚表示自己还是不能接，因为流动资金不太够，外商为他的真诚感动，就先预付了款额。这对李嘉诚后来的发展起了很大的作用。有时候一些人不真不诚，或许能得志于一时，发一点小财，但是却很难把事业做大。

要注意在与陌生人的关系中间磨练自己，怎么去尊重与自己没有任何利害关系的人，这是体现自己修养和文明程度的重要方面，也是修炼自己的重要方面。另外在中国这样一个"熟人社会"里，我们要在与熟人的关系中去审视自己，是不是把别人作为实现你预期与目的的工具，要避免这样。简单地说，陌生人间需要拉近距离，而熟人之间有时候也要保持距离。

人在社会中间最困惑、最纠结的关系是什么？马克思主义讲了阶级关系，实际上大家想一想，今天我们基本上不大谈阶级关系，令大家困惑的也不是阶级关系。按马克思主义来说，我们现在似乎也存在着阶级，但最令人困惑的不是阶级关系，甚至都不是与领导的关系，更多的是与同事的关系，因为同事之间存在着竞争关系，这往往是大家纠结的问题。我希望你们以后不要过分混淆公事关系与私人关系。你将来走上工作岗位也会有朋友，完全把这两者撇得干干净净也不太现实，要注意的就是不要把私人关系带到工作中去，至少不能影响工作，那是犯忌的。

人虽然是生活在关系中的，但不必生活在别人的看法中。你如果生活在别人的看法与评论中，就会很痛苦。关系不是一切，关系不是设计出来的，简单也是一种关系。我在学校里一直提倡简单的关系，一个人很复杂，很精明，可能就很难与别人建立好的关系。

再一点就是竞争与较劲，我觉得竞争应该是公开的、阳光的，就像我们在田径场上赛跑一样，这是正常的关系。但在生活中间，在社会中间，存在很多暗中较劲。这一点我相信国内、国际社会都会有，但是中国更甚。我提倡公开的竞争关系，不提倡暗中较劲。

用马丁·布伯的一句话作为结语。"完整的相互关系并非为人际生活所固有，它本是一种神赐，人必得时时祈望它，虔心等待，但它决不会轻易惠临。"我今天就说到这里，谢谢大家！

李培根：中国工程院院士，原华中科技大学校长。

（第 105 期"心灵之约"讲座，2014.6.12）

通达梦想

罗崇敏

　　走进华中科技大学这所全国著名的大学，我感到非常高兴，应邀来做演讲也是很愉悦的事。首先我要祝贺华中科技大学多年发展取得的成果，也为我们的老师、同学们成为这所全国著名大学的主人而感到自豪。说实话，我是非常向往华中科技大学的，在 1983 年到 1985 年近三年的时间里，我在云南玉溪江川的一所中学里做炊事员，因为对华中科技大学的招生广告充满期待，所以打了很多面浆，华中科技大学因此也在我的记忆里留下了很深刻的印象。此外，由于我对湖北和武汉的向往，华中科技大学在我心中也增添了神秘感。我十四岁步行至北京时路过武汉，当时我完全可以选择其他线路，但是由于武汉无论是从历史还是到现在，都发生了很多重要事件，对我影响很大。尽管因为"文革"的到来我只上了一年初中，但是在小学的课本和我后来阅读的书籍里，我知道了众所周知的武昌起义、张之洞的洋务运动、二七大罢工等。我的老师曾讲过苏联专家研究的武汉长江大桥，当我第一次到武汉看到长江大桥时，激动不已，那种心情你们是永远也无法理解的。

　　在华中科技大学和老师、同学们在一起交流，我非常高兴。多年来，贵校开展了生命教育、生存教育、生活教育等活动，我今天看到了"三生"教育发展的过程，感到很开心。值得一提的是，华中科技大学在科研、人文、人才培养方面在全国独树一帜，所以我高度关注其学科建设、教师队伍建设、学校管理等方面。我非常自觉地在云南推广你们的经验，将高效的管理模式付诸实践。我今天是带着一颗谦卑的心、一种学习的态度和对你们的感谢来的，华中科技大学为我们云南培养了很多优秀的学生。我在任教育厅厅长时，经常向欧阳书记和贵校领导请求，多到我们云南来招生。

到底交流什么内容呢？我想已经有个名字叫做"通达梦想"。现在，使我们的青年人特别是大学生，开拓实现梦想的道路、畅通地实现目标是全社会和我们的大学、老师、家长以及学生自己的希望，所以我就以这个为主题，来与大家进行交流。当然我是长期做地方工作的，我到教育厅工作的时间四年多不到五年，但是我觉得由于我对教育挥之不去的情感，还有我对知识的渴望、对智慧的追求，使我们的教育能有革命。我相信我们的交流应该是非常融洽与真诚的。在正式交流之前，我想先放一首专门写给大学生的歌，名字叫做《他是谁》。

（四分半钟的歌曲）

我当时就想创作这样的一组歌曲，一首是献给学生的，一首是献给老师的，还有一首是献给我们的父母的。我首先要把这首歌献给在座的大学生，因为我觉得你们有指点江山的手、丈量地球的脚，更重要是你们有平视的眼。你们在平视一切，所以我说研究之前先把这首歌献给大家。

大家知道，我们这些当代大学生都有很多梦想，在座的各位你们都有很多的梦想，但是真正梦想成真的没有很多。人生的两大不幸，一是天天在做美梦，但是梦想以后还是在床上，找不到通达自己梦想的道路，特别是找不到支持自己梦想的力，梦醒以后，还是在原地踏步，或者是走老路。这有很多原因，但是我认为最根本的是价值问题，当然这个问题欧阳书记更有权力来讲，但是我可能从另一个角度来讲价值问题。

现在的大学生都存在一种价值自卑、价值迷茫，当然我们华中大很好，我到很多大学，包括到北京大学、清华大学、人民大学，有些人都读到了硕士、博士，但是自己的价值取向和价值目标却还是比较迷茫的，这严重影响我们大学生实现梦想。有很多人到大学时，就为自己今后怎么实现自己的梦想思考，但是到他毕业走上社会时，梦想是什么还没有一个准确回答。我认为实现梦想就要增强大学生的价值自信，培养我们的价值自己，营造我们的价值尊严。大家都知道，人类的社会活动从根本上讲都是价值活动，都是为了建设人的价值，实现人的价值最大化。人类的社会活动，无非就是以人为主体，将资源转化为财富，实现人类自由全面发展的过程而已。也就是说，我们整个人类社会的活动都是人类活动，就是把我们的资源，包括自然资源、人文资源、人力资源转化为财富，转化为物质财富和精神财富，来实现人类的自由全面的发展，实现人的价值最大化。

因此我们对教育有了一个新的理解，教育是什么？教育是发展人的生理、生存、生活，实现人的价值，引领人类实现文明进步的过程，整个教育就是在构建人的生理价值、生活价值、生存价值。正因为这样，我觉得教育价值高于一切价值。当时我在省委进行中外交流时说：各位领导，你们的帽子戴得比我高，但是你们不要忘记，是教育成就了你们，所以你们要承认教育价值高于一切价值。有些领导不同意，说因为你是教育厅厅长，所以你这样讲，如果你不是教育厅厅长，你就不会这样讲了。我说我还会这样讲，因为我的家庭、我个人的事业。一些伟人和一般的工人，他们为什么能实现幸福呢？是教育使他们实现幸福，教育使他们实现价值。道理很简单，我们在这里交流，这里的椅子、凳子，你们用的拥有人的劳动价值的一切产品，都是人的价值的外化，包括经济价值、政治价值、文化价值、社会价值，都是人的价值的外化。那么，什么塑造的人的价值？是教育。当然我说的教育是广义的教育，包括学校的教育、家庭的教育、社会的教育、劳动实践的教育。当我提出这个观点以后，我们教育协会的会长说，罗厅长，你是不是说教育是万能的。我说教育不是万能的，但教育是唯一的，因为教育，创造了人的价值，因为一切产品都是人的价值的外化。刚才我一直强调，我说的教育是广义的教育，所以我个人不主张讲教育为经济服务、为政治服务，为这服务为那服务。教育为什么服务？教育为人的自由全面发展服务，教育为实现人的价值服务。因为政治价值与经济价值、文化价值，政治建设与经济建设、文化建设都是人的建设，它们的价值都是人的价值的外化而已。所以我认为，教育创造了人的价值，教育价值就是要高于其它价值。

那么我接着来阐述一下人类社会的本质和最高目标的追求。大学生的梦想，它是由人类社会活动的本质和教育活动的价值所既定的。你既然进了大学学习，你既然已经完成了二十多年的教育历程，那么就一定要使教育价值转化为自身的价值，转化为自身的生命价值、生存价值、生活价值，你才可能通达你的梦想，你才可能实现你的梦想。

那么，人们该思考的问题又是什么呢？到底我们大学生该成为什么样的大学生？今天我不是来说教的，我是来和大家一起探讨的。我认为我们大学生就是应该把自己培养成为富有独立之人格、自由之意志、创造之能力、民族之情怀、国际之视野的当代大学生。大学生，大就大在人格，大就大在思想，大就大在能力，大就大在价值。非常遗憾的是，现在我们的教育，从进入小学就主张对目标进行确定，然后不断地在讲规划人生。说实在的，我本人从来没有规划过人生。人，是在一定的环境中来不断地调整自己，但不管你怎么调整，你的价值倾向不要改变，这才是真正的人生规划。现在，我们一般是把教育作为吃饭谋生的工具，我们大学生，进了大学，就是想找一份工作，就业，去吃饭谋生，教育机构又把我们的教育作为赚钱发财的功绩，管理者又把教育作为管理的功绩，然后家庭又把教育作为光宗耀祖的功绩。一个孩子上了大学，家长不考虑这个孩子将来到底要走什么路，以上了这个大学为荣耀，马上大摆宴席。至于这个孩子上了清华北大以后，就不管他了，就算得了神经病也不管。反正我们的孩子考上大学了，光宗耀祖了，反正可以找饭吃了。这样一种功绩化的贬低教育价值的社会现象，是我们民族的悲哀。钱学森说："为什么新中国成立六十年，没有大师出现。这个是必然的，因为我们的教育失去了教育价值的本真，因为我们的教育失去了正确的价值倾向。我们不肯定中国六十年来教育的丰收成果是没有良心的，但是，你不看到教育现在存在的危机，是没有良知的。"所以我一再强调要正本清源,要建设教育价值,要实现教育的本真的回归。

人们要通达梦想,首先要有价值自信。这样说可能有点抽象,同学们、老师们,人们各人追求的老师的表扬、领导的欣赏、同事的肯定,还有他人的赞美,都是对价值的认定。在别人的重视下,才富有人生的价值意义。人都是希望自己在他人的心目中有分量,在自己的团队中有威望,还有在自己的同事里面也要有分量。这个分量并不是别人给你的,而是你自己为自己争取的。如果说你很自信,有独立的见解、独立的人格,自然就成为大家心目中的权威或榜样。你可以小看别人,但一定不要轻视自己。你要一边赞美别人,一边欣赏你自己。你既然是华中科技大学的学生,你要学会欣赏你自己,你在羡慕别人优势的时候,也不要忘记发现自己的潜能。你要学会欣赏你自己、喜欢自己、发现自己、尊重自己。当你在不知不觉中关注自己、审视自己、判断自己的时候,就是你价值自信的开始。当然,这个自信是理性的。

我们心目中的伟大人物、历史人物、东西方人物,以及现实中的榜样人物,他们都有着强烈的价值自信。比如,毛泽东出生于一个穷乡僻壤的小乡村,他曾在北大担任一个临时图书管理员,如果他不自信,如何能成为一个领袖人物?虽然之后他的行为也存在不自信的怀疑,他后来从未去过北大。我曾经就这个问题多次考证,为何毛泽东为北大题字写了七遍,而且未曾再去北大?但是他的自信仍然使他成了一代伟人,他的名言就是"人生自信两百年,会当击水三千里"。曾经一个人,他出自赤贫家庭,父母双亡,妻子有外遇,孤苦伶仃,当过小差役,如果不是有自信,他不会成为明朝的开国皇帝。大家熟悉的诺贝尔奖获得者莫言,他出身于农民家庭,只上到小学五年级,后来去部队当兵,如果不是他的自信,他又怎么会拿到诺贝尔奖?莫言书中的价值观是广泛而又深刻的,正是由于这样的价值自信,他才能走到今天。他在20世纪九十年代有一部作品叫做《丰乳肥臀》,当时是在一本杂志上发表的,刚发表的时候我就读了他的作品,但是后来就被封了，杂志社说是他的价值观不对，当时还有政府官员反对他的价值观，但是他的坚定不移的价值自信使得他最终获得了诺贝尔奖。

我自己的人生经历也可以说明一些问题。我在一岁的时候就因为疾病被放弃生命了，等待第二天被掩埋。第二天早上的时候，我母亲发现昨晚放我的位置有东西在动，于是母亲又把我抱回家去，我又重新获得了生命。第二次则是大饥荒，那是 20 世纪六十年代，我因为营养不良得了水肿病，全身浮肿，而且农村卫生情况差，我又得了其他病，我连赶走脸上苍蝇的力气都没有了。后来我的父亲回家发现了我的情况，急忙送我去了当时的联合诊所，在打了几天点滴后我才恢复健康。第三次是在我十四岁的时候，我参加大串联从武汉走去北京，我走了四个月零二十四天，当时是冬季，我出门上厕所时误被关在门外，外面是漫天大雪，气温在零下一二十度，由于无法开门，我在外面被冻了三小时。后来发高烧，就躺在那里不会动，第二天早上，里面的工作人员出来看到门外有个孩子在外面睡着冻僵了，把我及时送到当时的中苏人民医院，然后我又复活了。到那儿我第一次喝了牛奶，第一次喝了豆浆，第一次吃油条，第一次吃馒头，我们云南，没有麦面，那个时候不兴吃馒头。因为上帝不召唤我，使我幸存下来。我三十岁读初中，因为"文化大革命"，我读了一年的初中，"文化大革命"就来了，来了你就不能读了。当时有指示说：罗同学，你于 1965 年到 1968 年在江川中学读书，积极参加"文化大革命"，根据伟大领袖毛主席的指示，支持青年到农村去，特批准知青下乡。后来一直到 1980 年的时候，"文化大革命"结束了，这时候我需要补课，我说我不补了，我就开始读书了。我三十岁半的时候拿起初中课本开始学习，一直读书，读到 54 岁，我拿到了本科、硕士、博士的证书。我 56 岁的时候开始带学生，实现了我当老师的梦想。我跨学科了、带一些博士生，比如说公共管理的、医学管理的，因为我自学过中医、西医。16 岁的时候我就接生孩子，我的第一个孩子是我接生的，就在家里接生的，所以我现在还带着医学管理的博士。我还带着哲学的博士、经济学的博士，因为我的博士学位是经济学，我的硕士学位是应用社会学，我考了三次没有考上，最后考上了经济学的博士。我38岁从炊事员转为干部，当时的干部就是老师，我38岁以前在江川中学煮饭当炊事员。我这样的经历，说实在话，现在走过来想想，我不成功，但是我有价值自信。不管在什么岗位上，我都坚持自己的价值自信，哪怕是做炊事员，我也在其间受到了表彰。有了这个机会以后，我就去上党校，去读书了，如果不是因为价值自信，我怎么会去当县委书记，当教育厅厅长。我走过来都是价值自信在支撑我。

那么怎么来培养我们的价值自信呢？

第一，我们要培养自己的主体价值，坚信自己是人类社会活动的主体之一，是人类社会活动的一份子。你们现在就是我们华中科技大学的主人之一，不管是在什么岗位上，今后你们走入社会，一定要自信自己的存在。你们就是社会主体之一，这一点你们任何时候不要改变。你们就是国家民族的主人之一，世界上没有神仙皇帝，没有救世主，自己的思想，自己去主宰；自己的人生，自己去书写；自己的生活，自己去创造。老师和家长，亲人和朋友，是能伴随你的成长，但不能取代你的成长。国家和学校，是能支持你的发展，但不能取代你的发展，更不能控制你的发展。这就需要我们大学生要增强自信，克服奴性。我们的幸福生活，不是别人给的，也不是党和政府给你的，是你自己创造的。党和政府为你创造幸福生活提供社会条件，但是并不是给你的，所以我也反对，这边唱《东方红》——中国出了个大救星；那边唱《国际歌》——从来没有救世主。这些都是矛盾的，你们一定要注意，你们是大学生，要有自己独立之人格、自信之价值、自由之意志。这对同学们是非常重要的，你们想想，你们走到今天，谁没有期待你们，都要靠你们自己，你们现在在学习，学习各种知识，在增长你们的智慧。老师永远在服务你们，期盼你们、支持你们。

第二，要发现自己的潜在能量，每个人的遗传基因不一样，你们学习和生活的环境也不一样，所处的时代也不一样。所以，即每个人的潜在能量不一样，你们的个性优势也不一样，永远不要拿自己的短处跟别人的长处相比。我经常说，取长补短这句话是有问题的，你拿别人的长处来补你的短处，有也补不了，你只能把你的长处拉长，来相对缩短你和别人的短处，你一定要张扬你的长处，发现你的潜能。每个人都有自己的优势，有自己的劣势，你绝对不要拿自己的劣势去比他人的优势，你一定要发现你的优势。

第三，对任何人都要平视，人都是平等，不管是领袖还是平民，不管是上级还是下属，都要用平等的眼光去对待。对老师，对上司要尊重；对同学，对下属和周围的人，更要尊重。不能像如今社会上一些不好的现象一样，对上面是一副奴相，对下面是一口霸气。这实际上是失去自我，没有了价值自信。在这一点上，我走到今天一直都是这样坚持的。不是因为我现在不在实质领导干部的位置上，有这番腔调，而是因为我受过这样的打击。我原来在学校做炊事员的时候，有一个老师去世了，我就到县政府找一辆车接一下他的爱人和家属，他们让我到县政府办公室，我当时年龄不大，胆子倒不小，就跑到办公室，找到办公室主任。办公室主任高跷着二郎腿说没有。后来我从楼上下来，遇到我之前的一个同事，他就在那里开车。我说你能不能悄悄地把你的车借我一下。他说，不能，这是县政府的车，是县政府县长坐的。我说我有个亲戚去世了，用你的车去接一下他的家属。后来他跟负责人解释后就用了他的车。但是我们这个老师的尸体也要找车去送，叫了很多车别人都不答应。我在半路拦了一辆拖拉机，给他六块钱都不拉。因为是尸体，大家都很忌讳。所以我前几天接受记者采访时，在《中国周刊》上登了这件事情。我说在中国建立服务型政府是很难的，因为我们好多人是用狗眼看人的。所以，价值自信一定要有平视的眼光，只有用平视的眼光才能增强自信。

第四，要坚守价值信仰，在求职、学习、生活、事业上，都会遇到这样或那样的坎坷或挑战，有时有顺境，有时有逆境，但你们始终要有"穷则独善其身，达则兼济天下"的胸怀，要有"贫贱不能移，富贵不能淫，威武不能屈"的情怀。一句话，不改变自己的价值信仰。如果没有价值信仰，只要环境一改变，你的价值就流失了，你会迷茫，甚至走向歧途。你们看中的事情一定要义无反顾地坚持到底。比如大学生的爱情价值，它不是两眼相对，而是两双眼朝着一个方向相望。谈恋爱不是两个人对对眼，而是一定要有共同的价值倾向，朝着一个共同的目标奋斗。这样，你的爱情价值才能真正地体现。

第二点，通达梦想应增强价值自觉。价值自觉是每个人内在的自我价值的发现、外在价值创新的自我解放意识，是人类在自然进化过程中，通过内外矛盾分析发展而来的基本属性，是人的基本人格，是人对一起事件行为的本职规定，表现为人对价值存在的自我维持和发展。每个人自我价值的维护和发展是实现每个人自由全面发展的根源，我们价值的迷茫、流失，除了是因为价值的自信不强外，最根本的是没有价值自觉。没有价值自觉，我们就丢失了基本的人格，没有基本的能力和基本的行为规范，更没有人生的智慧。我们从幼儿园到大学，受到过二十多年的教诲，但是对于最基本的价值的标准，我们都应有一个理性的判断。现在存在的价值的迷茫、价值的流失、价值的异化等问题，除了价值自己不强外，最根本的是没有价值自求。没有价值的自求让我们丢失了基本的人格，没有接班的能力，没有基本行为的规范，更没有人生的智慧。现在我们从幼儿园到大学受过二十多年的教育，但是起码好坏的价值标准，都没有一个理性的判断。这不仅是在我们学校里，在社会上这样的例子也是很多的，由于时间关系，我就不讲了，大家去感悟一下。现在我们最基本的生存和生活能力都不健全的现象随处可见，职业选择或无主见，精神生活无所适从，给社会释放的是负价值能量，最可怕的是我们现在用知识、用智慧去残害生命，用智慧去危害社会。这个我们不能简单地去指责我们的大学生，这跟我们整个社会、整个人类的教育价值的变异有很大的关系。现在人类社会有一个悖论，就是对社会危害最大的往往是富有智慧的人。你说希特勒他有没有智慧？你说本拉登他有没有智慧？有啊！我们的教育既培养了希特勒，又培养了丘吉尔；既培养了本拉登，又培养了布什。这里我们就要反思我们教育上的价值问题。那怎么来培养我们的价值自觉？价值自觉的培养关键是把价值、信仰内化为我们的知识智慧，外化为我们的能力习惯。能力一旦变成习惯之后才会强大，我们的知识一旦变成智慧以后它才有力量。这就希望我们从幼儿园到大学自觉地接受生命教育、生存教育、生活教育。通过生命教育使我们受教育者知道生命的价值，从而珍爱生命、敬畏生命，不但知道生命的自然价值，还要知道生命的社会价值、精神价值。通过生存教育，使我们受教育者，特别是大学生知道生存的意义，怎么来适应生存、了解生存、适应生存、学会生存、挑战生存、尊重生存的权利。通过生活教育使我们受教育者，我们的学生知道什么是生活，什么是有意义的生活，怎么热爱生活、主动生活、幸福生活。总之，通过生命、生存、生活，我们简称"三生"教育使受教育者认识生命的价值，遵从生存的智慧，培养生活的信仰，实现人生的幸福。

　　教育如果不能使人们实现幸福，这个教育就没有了价值，没有了存在的意义。现在反思一下我们的教育往往给我们的受教育者带来多少的痛苦，因为好多特别是中小学阶段学了多少无用的知识，把我们的思维搞变形了。所以我提出来，缩短我们的学生整个从小学到高中10年的道路，都削个两年，因为大家知道高三都是在复习，复习把我们学生的思维都搞变形了，本来在高中阶段，特别是同学们进入大学的时候对知识的渴望，对知识的信心是特别大的，但是由于在高中阶段，尤其是在高三阶段反反复复的复习使你对知识没有信心了，然后到了大学又搞公共课，本来大学首先要学的应该是专业知识，要用专业知识去刺激你的中枢神经，使你对专业产生热爱、产生信心、产生渴望、产生憧憬，但是我们今天的大学还搞各种公共课，把学生的信心都搞没了。本来到大学的求知欲望是很强烈的，但是到大学搞一年的公共课，又把信心搞没了。本来在高中的时候对知识没有了渴望，到了大学第一年又这样做对你们的成长是极其不利的。所以我说通过"三生"教育对个人的价值而言，使我们正确地树立为真、为智、为使、为公的人生价值，就是要为真呀！要追求真理、崇尚真理、捍卫真理、践行真理；要培育爱心，爱自己、爱父母、爱他人、爱家庭、爱社会、爱人类、爱自然、爱国家，然后要爱智慧。如果你不爱知识，知识怎么爱你，就像谈恋爱，男同学不爱女同学，女同学怎么会爱男同学，是相互的。你爱知识，知识才会爱你，你爱智慧，智慧才会爱你，才会伴随你。另外还有为实、为公、为和，这样一种人生价值使我们真正成为幸福的人，成为有价值的人。我们所说的幸福，包括个人的幸福、家庭的幸福、团队的幸福、国家的幸福、民族的幸福、人类的幸福，还有自然的幸福。教育，就是要使人幸福。

三生教育已经在云南实施了五年了。在云南，从幼儿园到大学都进行三生教育。我们以前讲素质教育，素质教育是个口号，喊得震天响，但是很多没有付诸实施。素质教育是个筐，什么都往里面装；素质教育是面旗帜，但是它是插在沙滩上的旗帜，经不起风吹。因为我们的素质教育从某个方面讲，就是一种功绩性的素质教育，不是目的性的素质教育。真正的素质教育需要从每一个鲜活的生命，从每一个同学自身，每个老师自身接受教育，这种教育是自己要接受的，跟自己的发展，跟自己的前景，跟自己的成长是密切相关的，这样的教育才是真正的素质教育。所以三生教育是素质教育的基本要求，就是要通过三生教育使你产生对生活的信仰。我个人认为，政治信仰及其他信仰，要从每个人的生活信仰入手，如果我们没有生活信仰，那些信仰都是口号式的信仰。大家知道，穷，穷不出精神；富，富不出素质。现在好多人腰缠万贯，但是却一点爱心都没有，好多人还非常贫困，但他们一天还要喝个烂醉。我长期在地方工作，我们国家确实发生了翻天覆地的变化，但是有的地方，农村里还没有公厕，大小便是提着裤子满山跑，我这个州书记下乡也是这样，后来我就建议换个厕所，他们却感到很奇怪。五千年文明历史的泱泱大国，大小便还要满山跑，这样的一种生活方式，你说它是幸福吗？不是。有些人有钱，你说他幸福吗？不是。所以我说，三生教育实际上是在构建教育的价值，在构建国家的核心价值，在构建人类的共生价值。

现在三生教育在云南实施五年多，得到了广泛的认同。我们从幼儿园到大学开展三生教育，根据不同的年龄阶段对学生采取不同的方式进行教育。比如说我们在学生高二的时候叫他们写遗书，假若你现在就要去世了，你怎么跟你的父母写遗书。但是好多人反对，说罗厅长，你这样不就是鼓励学生去自杀吗？我说不是，我们要面对生，也要面对死，要有一种正确的生命态度。有些遗书写得很感人，特别是有的女同学的遗书，给人一种洗礼的震撼。这个遗书是对生命的一种敬畏，生命的价值这样就得到大大的提升，他就更加珍惜生命。比如说我们在小学五年级的时候就给每个同学系一个沙袋，沙袋里面放一个鸡蛋，24小时不能解下，这是给他做感受母亲怀他时候的体验，来感恩父母。我们所做的事情很多，比如我们建的三生教育体验场馆，体验场馆里有五十多个甚至上百个项目，从小学一年级一直到初中毕业都可以到里面做项目体验。在价值自觉方面，古人有很多例子可以很好地证明增强价值自觉的意义。罗素曾经说过：成功的秘籍，不过是凡事都要达到极致的表现而已。大家都熟悉的乔布斯，刚刚出生就被还在念书的父母遗弃，后来也没有受到完整的教育。但他凭借敏锐的直觉和过人的智慧，不断创新，引领了电子产品简约化、平民化的潮流。让曾经王贵稀罕的电子产品，成了现代平民生活的一部分，他是改变世界的天才。他有句名言："我来过世界，我改变过世界。"大家再看看熟悉的奥巴马，在种族歧视仍然非常严重的美国，成了历史上第一位非裔总统，他出生在一个破碎的单亲家庭，他的肤色备受嘲笑，前途无望，要前往成功，路都没有。奥巴马十几岁的时候，和其他的黑人青年一样，逃学，吸毒，泡妞，一件不落。他的同学甚至如此对老师说："美国五十个州的监狱都对他敞开大门。"但是他的母亲教育他："做人要有追求，要做自己喜欢的事情，对他人有意义的事情，这样你才能得到真正的快乐。过去始终是过去，你还是要看到你的未来。"然而就是他妈妈的那种精神，那种自信，这种价值自觉，感召了他。所以他心想：虽然我是个黑人，虽然生活在美国，但我一定要赢得别人的尊重，一定要赢得世人对我价值的认可。就是这样的价值自觉成就了奥巴马从黑人不良青年到合众国总统的道路。

所以，所谓价值自信，是基准。价值自觉，是关键。一个人，必须要把他的价值、追求变为他的能力、智慧与生活的方式。这样才能永不疲倦地奔跑在通往梦想的大道上。这是我想分享的第二点。

第三点，通达梦想应该有的价值自尊。所谓价值自尊，是对个人、社会而言的。例如学生，要有尊严地学习，要获得有尊严的职业，要过有尊严的生活，要成为有尊严的公民，成就有尊严的一生。前两天，在长春，一个父亲开车带着两个月的孩子，到了家门口，父亲心想着先把孩子放在温暖的车子里，先给家里升升温再把孩子抱进去，粗心之下没锁车门就进家门去了。但这时候，小偷来盗车，开了一段，发现了孩子，就把孩子掐死，扔在路边，然后跑了。虽然父亲最后报案把杀人犯抓住了，但一条鲜活的两个月大的生命，却离开了。我再说另一个例子，去年发生在美国纽约，和上述的案件情节大体相似，车主夫妇二人去商店购物，把八个月大的孩子留在车里，车门也没锁，小偷上车就把车开走了，到半路也发现了孩子，但是这个小偷发现之后，把车停了下来，报警自首。这个八个月大的孩子的生命被保留了下来。两个故事开始的情节类似，而结果却不同，我不禁想到古人的一句话：盗亦有道。那时候还未开化的美国人，现在却尊重着我们先民的智慧，而我们现代人，却为了小小钱财，弃之于脑后。如果社会都是这样，我们民族的尊严，从何谈起？所以我们的哲学家卢梭曾说过这样一句话："每一个真正的人，都应该维护自己的尊严。"还有俄罗斯伟大的现实主义作家屠格涅夫，把价值、尊严，作为一种力求完善的动力，一切伟大事物的渊源。可见一个人赢得价值尊严的极端重要性。

一个人是否有价值尊严不是社会说了算，而是社会历史对自己的评价。正因为这样，我们要把个人的尊严融入到民族尊严之中，现在我们就要按中央提出的二十四字社会主义核心价值观努力地追求民主、平等、自由、人权、法治、和谐、幸福的人类的共同价值。我把它们称之为共生价值。我们要维护我们的尊严，我认为必须要去承认或培养人类的共生价值、国家的核心价值和自我的人生价值。三者价值融为一体，现在一提到价值，就回避，但是人类一定是有共生价值的，如果没有共生价值，人类是不需要回避的。一个民族维系下去是要靠共同价值的，一个家庭要靠我们的共同价值，一个机构、一个大学，我们也要有我们的共同价值。这样我们才可能在一个很好的正确价值体系的环境里面，来塑造自己，实现自己的梦想。要赢得价值尊严，必须将个人价值与社会价值，现实价值和理想价值，人文价值与科学价值，物质价值和精神价值融为一体。特别是我们的华中科技大学，我们的科学价值和人文价值要融为一体，你的人生的梦想才能更好地实现。这个比如说，我们自身价值的实现，必须要融入到我们振兴民族的过程之中，我原来虽然是个州委书记，但是我就是要以国家的理念治理一个地方。我在那里进行了七个方面的改革，包括当地的医疗改革，就是要进行身份的社会化、管理的法制化，还有服务的公共化等这些改革。这些大家感兴趣的话，可以在网上看看，我进行这些七个方面的改革，前面困难大。因为我们国家的改革，总是雷声大雨点小，所以我在网上就批评，政府最大的失误就是改革不到位，特别是教育方面。现在我们教育方面还出现一个问题，就是制度涉及的问题，改什么？改就是改体制。在洪湖州的时候，我是以国家的理念来履行我这个州委书记的职责的；然后到了教育厅，我又是以人类教育的理念来履行我这个厅长的职责的。我提出价值主义教育思想，提出三生教育，现在得到了国内国外广泛的认同，前几天我和美国的一个大学教学的院长在一起探讨，他就说一定要到他们学校，他们那个大学是知名大学，有全球三生教育研究所、全球价值主义教育研究所两个研究所。我带着这些观点到了普林斯顿大学，到了哈佛大学，到了哥伦比亚大学，到了剑桥、牛津、帝国理工去演讲，他们非常赞同，他们感到很兴奋。我去哥伦比亚大学讲的时候，当时他们很奇怪，说你为什么要跑到我们哥伦比亚大学做这个演讲。我说，当年杜威就是从哥伦比亚大学到中国去演讲他的实用教育思想的。我虽然没有像杜威那样的哲学家、教育家的思想高度，但是我有我的思想，我从中国来，到走出去的地方传播我的价值主义教育思想，还是有意义的。

当时来了好多人，还有一些很知名的教授，然后他们就问："为什么你长期在地方搞管理工作，到教育厅那么短的时间，为什么你会做那么深入的研究。"现在我出版了"教育四部曲"，即《教育的智慧》《教育的价值》《教育的逻辑》以及《三生教育》。当然我还要继续进行创作，来比较完整地阐述我的价值主义教育思想和"三生教育"的理念，所以我始终是用人类的教育思想指导我做教育厅厅长的。所以当我离开红河州、离开教育厅岗位的时候，他们有些人就说："你做了一个州书记本不该做的事情，你做了一个教育厅厅长本不该做的事情，你太累了。"但我不觉得累。我搞改革惊动了中央，中央九个政治局常委有七个做了批示，有的批示说需要进行处理，有的批示就批得很好，最后就没有处理我。他们说我的改革是违法的，当然我知道是违法的，但是"宪法"也需要修改啊。他们还说我的改革是违反党章的，我也知道是违反的，但是党章也需要修改啊。如果我不去实践，始终是会有人实践的。我以我个人离职的经历和同学们在一起交流，是想说明，你们的价值实现，一定要以国家、民族、人类的共生价值、核心价值融为一体，看准的事情要坚定不移地去做。我没有大的追求，我善于从熟悉的环境中走出来，去发现新的开始，我并不是去研究"众人所见"，而是去研究"众人所见，但众人未思的问题"。我扫厕所，都想比别人扫得更干净一点，这就行了。另外呢，我始终坚信：担当生前事，何计身后评。有好多人对我说："你的官还可以做得大一些。"是的，人人都想做大官，特别是在中国这么一个官本位社会。官做得大一点，也更能做一些大事。但是官当得大不大，不是只看你个人能力的，它还受到很多条件的限制。但是事情做得好不好，就是你个人的事情了。所以要想使我们的人生有价值，那我们就要做有价值的事情。

在这个方面，接下来我想从民族层面来讲。大家都知道，犹太民族是一个了不起的民族，犹太民族的价值取向是始终不移的，它把价值取向始终贯穿在民族的智慧生成过程中。所以，现在大家都知道，犹太人只占世界人口的 0.2%，但是犹太籍的诺贝尔奖获得者却占所有获得者的 20%，例如广为人知的马克思、弗洛伊德、爱因斯坦等都是犹太人。犹太人爱智慧爱到什么程度呢？就是他的母亲把他生下来以后，那个用乳汁喂他的时候，她就拿一本《圣经》，《圣经》上涂一点苞米粉，让孩子舔米，给他吃的知识是舔米的，你永远爱知识。然后《圣经》里面有很多故事，特别是有一个故事，就是一个海盗把船长和他的父亲还有老师三个人在一艘船上抢走了，抢走了以后，他的家里面只有赎回父亲一个人的钱，后来，他的父亲就说："孩子，你不要赎我，把你的老师赎走。"那个船长说："我要把父亲先赎走。"船长的父亲说："不行，你要把老师先赎走，赎走老师你带走了智慧，智慧伴随你一生。"然后犹太人在睡觉的时候喜欢把书放在他的床头，我是到过犹太人家考察过的，犹太人去世后用书陪葬，不是像我们现在这样给死人烧别墅，烧美元，甚至还要烧"小姐"。这个就是价值的反映，这个就是智慧价值的不同。刚才我说了一个民族，大家知道的社会主义三大空想者，其中，一个就是罗伯特欧文，我们现在谈起罗伯特总是说他是空想社会主义，因为我们讲起马克思主义时总是排斥其他主义。因为我们所说的空想社会主义，是否定阶级斗争的，是否定推翻资本主义制度的。实际上欧文是一个实干社会主义家，他母亲是一个富豪的子女，他父亲也有自己的商铺，但他十岁就离开家去当了学工，然后他十四岁就办起了自己的企业，办了企业以后，他开始认真读书，读了书以后，他就开始设想社会主义，然后在他的工程里面特意搞了一个社区，另外还建了一所学校，进行社会主义的实验。他就是一个实干家，他就是用自己的钱来做这方面的实验的。做了这个实验后，他成了一个思想家、教育家、企业家、管理学家。现在的大学生，毕业后总说创业，特别是我周围有些大学生。举个例子，我认识的一个学生，他本来是搞艺术的，在学校教书，他事业很有成就，画也画得好，后来他看到养猪能够赚钱，他就去养猪了，不过他养猪也养得好，他养了120多头猪，他母亲就问他，那你还搞不搞艺术，他说不搞了。然后我就说可惜了，养猪现在是赚钱这是对的，赚了钱你再搞艺术追求不是更好吗？但是这个大学生就不这么干，太可惜了，太悲哀了。但是在养猪这一方面我问他你能不能有大的追求，能不能养到

1000 头猪，能不能养到 2000 头猪？他说没有必要了，反正我明年就要娶媳妇了，现在我养了 120 头，再养个 200 头，完全可以了。

所以说我们要成就我们的梦想，必须要增强我们的价值自信，要培养我们的价值自觉，要赢得我们的价值尊严。这样，不管你是在哪个人生阶段接受教育，在学校获得了智慧，你才能真正变成一种力量，才能真正地认识你生命的价值，或者遵循你自己生活的智慧培养起你自己的生活的信仰，才能实现你人生的幸福。

提问环节

学生：罗老师您好，我不知道该怎么称呼您，可能叫老师更亲切一些。我有两个问题想要问您一下。我刚刚从手机上已经看到您简历上的一些资料，看到您在云南省全省取消了中考这个长期以来的制度。那么我想问的第一个问题是您是基于什么样的想法来取消中考的？取消之后又用什么方式来替代？并且这样的取消方式有没有可能推广到以后的高考？第二个问题是您刚提到您进行了很多方面的改革，但我也看到网上关于您的一些评价，说您在实行一些改革的时候并没有很深入，之后这些改革的内容可能有些面目全非，您是怎么评价您的这些改革的？

罗老师：感谢这个同学提的两个很好的问题。第一个问题，在云南省进行的全面取消中考的教育形象制度的改革。这个改革是基于这样一个观点：用高考和中考来全面评价一个学生的学习过程是不公平的，不客观的。从表面上看，初中升高中，一张试卷把他决定了，高中升大学，一个分数把他决定了。浅在地看来像是很公平的，其实是极不公平的，因为第一，用一个分数对学生十多年的学习、成长过程进行评价是不公平的；第二，用分数对学生的个性特点、创造特点进行评价是不公平的；第三，现在教育资源都集中在城市，这些资源都是有关高考的，它们集中在城市，使农村的孩子得不到需要的教育资源。所以你们看一看，考上名校的所谓的农村孩子有几个。所以，这样的制度是不公平、不客观、不科学的。它的根本问题所在是把手段当成了目标，本来我们要培养德智体美全面发展的学生，而现在我们用考试作为目标，把我们学生的创造力、创造个性、学习兴趣都扼杀了。正因为这样，所以我们现在说，整个教育有创造力歧视。创造力歧视带来的还有一个问题，即价值流失。那么作为教育厅厅长，我没有权力进行高考制度的改革。但我有权力依靠班子里的同志在云南省进行中考制度改革。这个是我改革的动机。那么怎么改呢？就是变一次考试录取为过程考试录取，变一张试卷评价为综合素质评价，就是这么变。那么具体怎么变呢？我们高中学习的时候，看他三年的成长记录，看他的综合素质评价，包括"三生教育"，然后再加上他的毕业考试，用这样三个因素来决定是否录取他。那么肯定有同学问了，你这样做，公不公平，会不会弄虚作假。会的，但是也有办法来维持，来消除。老师们，同学们，教育始终是引领社会的事业，不是迎合社会，现在我们社会不诚信、腐败滋生的问题是存在的，但不要因为社会不诚信我们就去助推不诚信，我们要从教育开始遏制不诚信。所以我们搞了一套监控系统，即学校的成绩客观记录，记录了之后如果家长、学生有意见，可以申诉，如果发现有弄虚作假的行为可以举报。并且我们专门弄了一个网络，有组织网络和信息网络，来进行监控。这是我要回答学生提出的第一个问题。第二个问题：我不管在什么岗位上，都以发展作为第一要务来发展我们在自己岗位上的事业，包括发展经济和社会事业。但我始终没有忘记改革，我始终在抓改革开放。我原来在红河州和后来到教育厅所进行的改革存在着一个问题："人走政细"。比如我原来在红河州推行了七个方面的改革，后来我走了之后基本上就没有了。我在十年前搞的公民迁徙自由的改革，一直到十年后的今天，温家宝才在报告里面讲到要为公民自由迁徙创造环境。我当时在红河州就搞了两个证，一个是公民身份证，还有一个是红河居民证。在红河州，我就在大量城市实行公民迁徙自由。不管是全国任何地方迁到洪河都是可以的，城市的也可以迁到农村。当时我记得是搞了两年，从城市迁到农村的有273人，从农村迁到城市的有13 000多人，后来我走了，就不搞了。我始终认为个人在书写个人的历史，别人怎么做我管不着，我只能担当我该担当的事情，至于后人怎么评价是他们的事情，所以我感到很欣慰。但我坚信我所做的改革是我们国家今后必然要走的路子。因为我有正确的价值取向，我改革不是为了自己，是为了这个名族、这个国家，甚至于是为了人类。包括我提的价值与教育思想，就遇到过很多阻力，有人发短信给我，说这个价值与教育思想背离了马克思主义价值观。领导找我谈话，我说："你相信我，虽然我罗某能力不行，但绝对是一个负责任的教育厅长。"

学生：罗老师，见了您非常亲切。我记得您2010年12月参观过山东省昌乐二中。您的"三生教育"我在高中的时候就已经很关注了，您也知道我们学校有一种教学模式叫"271课堂"，您有印象吗？您对这种271教学模式有什么看法，这种教育模式是否能推向全国呢？

罗老师：271模式我非常赞同。我一个教育厅厅长那时候跑到外省去，在山东昌乐二中听了一个上午的课，很多人不理解。我就赞赏这个教育模式，这个教育模式反映了"三生教育"里边"培养人的主题价值"这一点，使学生有价值自信。在这个课堂上，学生非常活跃、自信，是探究式的课堂，是相互交流、启发的课堂模式。我已经把这种模式移到云南，它体现了"三生教育"的基本思想。现在在全国好多地方有这种模式。"三生教育"要始终贯穿在课堂之中。

学生：罗老师，我想问一下您以后的梦想之路是什么？

罗老师：我今后的梦想就是要做世界公民，其实是一个并不高的梦想。同学们，我现在很困惑或者说是很痛苦，如果让我回到大学时代，我还是要做一个世界公民。当然这不是口号，你要跟着我要学习语言，研究价值主义教育思想，推动"三生教育"的实施，研究地方政府治理。我在云南大学成立了地方政府治理研究中心，我在重庆西南大学成立了价值主义教育研究中心，我在北京成立了汉语智慧研究会，我重点是要做三个方面的研究和推广。"三生教育"里面的价值主义教育思想、地方政府治理、汉语智慧三点是有机联系的。因为我在地方搞过工作，所以我要研究地方政府治理，特别是制度建设。价值主义教育我已经跟大家说过了，然后还有汉语智慧。汉语智慧在人类语言智慧里面是最大的智慧，同学们不妨也注明一下，我（如何）通过一个字、一个词、一个句子，一篇短文，来阐释政治智慧、经济智慧、文化智慧、医学智慧，包括爱情智慧和商业智慧等等，这个是很有意义的。我的梦想就是那么一点，但是我只能尽力而为了。我认为六十岁是很年轻的，我六十岁就要退居二线，心里很不能接受。我现在是两个孩子的爷爷，但是他们叫我爷爷的时候我就感觉不舒服，我总觉得自己是个中年人，才四十岁。我和普京同龄，都是1952年出生的，但是普京做了两届总统了；希拉里今年也六十多岁了，但她四年后还要竞选总统。虽然我们没有他们的条件，但是我们也要有自己的心理安慰和健康的心态，我就是四十岁而已。我儿子从北京回家，我告诉他什么叫珍惜生活，简单地说就是珍惜生命，就是珍惜时间。生命无非就是一段旅程，要珍惜时间，今天能完成的事情不要拖到明天，上午能完成的事情不要拖到下午，这样就足够了。这就是我的一点想法。

学生："罗老师您好，请问您的思想是否可以分为意识的教育和知识的教育？

罗老师：我的学习分析研究了古今中外通行的二十多种教育思想，包括实用主义，构建主义，马克思主义，人文主义的，科学主义的，而这些教育思想都是看重价值这个灵魂，如果我们没有价值主义的各种思想，我们就会抱着先人的指南针，却迷失我们的方向。而价值主义最核心的是对两个问题的质询：什么是教育，怎么发展教育。教育就是发展人的生理生活，实现人的价值，引领人类社会进步的活动过程。

"你们用你们的眼睛去平视世间万物，平视一切。"我想把这句话献给大家。当代大学生每个人心中都有自己的梦想，可是这么多的梦想能够实现的却不是很多。人生的一大不幸就是天天犹如在美梦中，可是一醒来惊恐地发现原来那是一场梦，并且自己怀疑是否能够实现梦想。梦醒后回到现实中，人还是在原地踏步或者走老路。梦想不能实现的原因有很多，其中最根本的我认为还是价值问题。这个问题本来由欧阳康书记来讲更有权利，更合适。但是我想从价值取向这个角度来谈。不管你承认也好不承认也罢，目前大学生中相当一部分人普遍存在价值自卑、价值迷茫、价值变异的问题。华中科技大学在这一点做得很好。我去过北京大学、清华大学、中国人民大学等高校，虽然学生都在努力学习，攻克至硕士，甚至是博士，但是他们的价值取向和价值目标还是很迷茫的。正因为这样，价值取向问题严重地影响了大学生踏上自己心里梦想的通途。实现人的价值，积累人类文明进步的社会活动发展过程。这就是我们说的，什么是教育。这样的解释就跟别的解释不同了。我们现在所讲的教育，是教书育人的社会工作。教育就是为了实现人的价值，是引领人类先进文明。但是现在教育的价值改变了。已经不是引领社会新势力了，现在我们把金钱和权力作为我们生活的全部和人生的全部追求，是荒唐的。刚才我提的那个欧美的例子，就是想批判我们现在这种教育市场。但是教育思想20世纪20年代引进来以后，我们国内出现了一些教育家，比如说叶圣陶、陶行知等等。引进来以后后来又变异了。教育就是强化它的实用性而不是忽视它的理性或者价值性。所以我提出的教师教育主义思想就是在原来各种教育思想上的一种继承，也是批判原来教育中不合理的理念。至于它正确与否，有待时间的证明。我希望我过十几年甚至几百年以后再来证明。

还有一些人士，讲他们自身的生存、生活、认知，还有体验的过程。这样就使之成为一种感悟，慢慢就会形成一种价值取向。我们如果在权力、金钱、智慧、真理和爱情之间让大家做一个选择，做这个实验的在中国是十二个考上北大清华的高中生，在美国是十二个获得总统奖的学生。美国学生选择的是真理和智慧，中国有十一个选择了权力和财富，有一个选了爱情。这是很可怕的，正因如此，希拉里在哈佛大学讲到，未来二十年中国是最贫穷的国家。她说一个国家如果把金钱和财富作为每个公民生活的全部和追求，这个国家必然是腐败、堕落和欺诈的国家。

但是同学们在其中一定要思考这样一件事：如果你们一直追求着真理，不断地增长智慧，那么财富和权力自然会产生。我在三十岁时候的梦想就是想在江村一中当一个老师。因为之前我在化肥厂当工人的时候是三个人的师傅，被人叫师傅的这种感觉很自豪。但是到学校被别人叫罗师傅就不同了，只有在食堂打饭的时候别人才会叫你罗师傅。在那个年代拿到专科就可以转干，当时我就暗自下定决心要改变我自己，我要想办法读书。那是在改变身份、改变职业、改变命运——将师傅变成老师。当时很多人说我："都三十岁还有像个孩子一样的稚气，想着当这当那。"可是当时我不过是想当一个老师，有一些尊严，虽然煮饭也有一定的价值，但是我始终觉得抬不起头。我是在那样一种环境中读书的，而且一读就一发不可收拾，我是到三十八岁才转干的。后来沉淀下来了，就去当教育厅厅长了，沉淀了就沉淀了，老叫你去改革，不改革你没有机会。

同学们，有时候，人生有时候不要沉于策划什么，走一步看一步，当然你要有你的价值追求，最大的追求就是价值追求，你不要改变你的价值倾向，坚定不移地往前走，至于走到哪一步呢，不好说，一直读书就是在长智慧呀。是不是？然后我坚信我的价值取向就是追求真理。从这条线走过来的，那么当然我后来就有了钱了，但这钱也不是我个人的，也是人民赋予我的，我的工资也过了八九千块，然后灰色收入还会有些。当然不是受贿呀，我说的灰色收入，比如说科研奖励、计划生育奖励、项目开发奖励，搞搞比我的工资还多。实际上工资表上就有七千，但总共加起来却有十万到十五万。当了教育厅厅长就少了，就八九万。你有钱了嘛，你有了财富了嘛，可以了呀，你还要什么？你吃得好，西装也可以穿得笔挺一点了，是不是？所以同学们，追求嘛，真的，你还是要选择智慧、真理和爱情。

罗崇敏：曾任云南省教育厅厅长。"三生教育"首创者。

（生命教育系列讲座，2013.3.7）

生命应当直面生存困惑

华中科技大学 欧阳康

生命教育如何更好地来开展？我觉得最重要的是面向生存困惑，怎么样来帮助大学生度过大学阶段的生命困惑，这是我们的生命教育能否获得成功，能否取得实效，尤其是能否得到学生认同的非常重要的方面。我也加了一个副标题——生命教育的前提性反思。这是我们搞哲学的一个习惯，讲一件事情首先要把前提搞清楚。大家知道中国的逻辑学讲大前提、小前提，然后才有结论。

作为一个导言，我想谈这么几点感想，生命是一个需要倾注全部智慧与热情的话题。今天也是一个特别的日子——"六一儿童节"，一大早起来就接到了很多的"六一"节日祝贺。其实我参加的微信群基本上都是成人，成人为什么要庆祝"六一"，当然大家都有自己的孩子，可能很多人的孩子也过了应该享受"六一"的年龄了。但是我觉得我最重要的体会就是，每一个人都有自己的成长，随着年龄的增长就离孩童越来越远。那么能不能保持一个童心基本上是决定人能不能保持生命的青春与活力的一个方面。有一个说法叫做返老还童，实际上我说的是在我们的生命历程中不断地回到他的原初的一种状态，在某种意义上，就是一种超越。那么，生命就是这样一个历程，随着生命的不断增长，不断发展，不断遭遇到困惑，不断获得成功，我们实际上在其中展示着我们的智慧和热情。

我自己回顾一下我对生命的历程的感悟，其实也是一个非常复杂的、认知的、感悟的过程。我现在研究哲学，但实际上很多老师和同学问我，你当年为什么搞哲学？我说实际上是因为我有过对死亡的恐惧。当年我还是小孩的时候，曾经差点被淹死了。后来在农村插队的时候，又由于长了痄子得了病，赤脚医生一针就把我扎假死过去了。我当时就在想，如果我当时死过去了，我就永远也不会知道这个世界有多么美丽了。当时我就在体会永远，结果我发现我的智慧不够，我永远达不到永远，于是我就觉得很悲哀。所以有一段时间里边，我有很强烈的死亡恐惧，我曾经有时候在睡着的时候突然一下惊醒过来，我觉得如果我今天晚上这一下睡过去，明天早上再醒不过来，这个世界我就永远不知道了，当时觉得很悲哀。随着年龄的增长，走进哲学以后，我对死亡有了一番另外的感悟，我意识到了对于永远的追求实际上是人类的一个无限的追寻。后来我经过读书，当了学士硕士、博士，然后到博士导师。我曾经指导一个叫李强的博士曾经写过一篇叫做《大学生命教育论》的论文，他是华中科技大学教育科学研究院教育哲学研究方向的一个博士生，我当时在那个地方带博士。在指导他的过程中间，我注意到了这样一个问题——大学生命教育中间有很多缺失与困惑。后来作为学校党委副书记分管学生工作，我管了有好几年。大家都知道华中科技大学有很多学生，当我开始管的时候是每年招八千六百名本科生，后来逐渐降到了七千五百名，硕士生的数量没有太多的变化，大概是六千人，博士生是一千五百人，每年大概是一万五到一万六的学生进来。学校的一个党委副书记的分管工作从招生，一直到整个过程中间的教育管理，包括危机事件的处理。这个事情给我一个极大的考验，我们学生战线的工作人员努力为我们的学生做工作。我觉得我在这一个时期最大的收获就是，我了解到了一个全面的学生群。我过去作为老师，或者我自己作为学生的时候，作为学生当一个好学生，作为老师我立志当一个好老师，但是当我作为一个学校党委副书记来看待这一万六千人的时候，我发现一个非常奇特的现象。一方面是他们都非常卓越，卓越到什么程度，我想我们学校的同仁是知道的。微软创新杯每年都会举行，基本上一百多个国家每年各国选赛区第一名然后到代表国家去参赛。我记得从我接手学生工作这一年，我们是一口气到现在，年年是中国赛区第一名。年年到首尔、马德里等地方去拿大奖。但是我很遗憾，我也看见了学生中的问题。甚至说，在某种意义上学生中的问题更吸引我。

我想在座的诸位都会比我更了解，我们招进来这么多优秀的学生，最后到毕业的时候总是有那么一些学生不能够和其他同学同时毕业。那么一些人要么由于考试不及格、挂科，然后被推迟毕业或者是学位论文的答辩。有的人甚至很早就离开了学校，比如说极个别的学生考试作弊、违反校纪校规等。更让我们感到遗憾的是，还有极个别的人，甚至没有能够熬到毕业就离开了这个世界。这些事情恰恰就是我们心理健康教育要极度关注的事情，所以在这个过程中我是对生命问题有了特别的领悟的。

后来我参加了云南省教育厅的一个叫"三生教育"的培训，就我所知，全中国地方教育部门抓生命教育抓得最好的大概是云南省教育厅。云南省的一个大学曾经出了一个人杀了四个同学的事件，这一件事情引起了高度的关注。后来有一个叫罗崇敏的同志当了厅长，他从一个州委书记来到了教育厅，他就全力抓这一件事情。我正好有机会从他的第一次活动参加，到他离开这个岗位。第一次我记得是在人民大会堂，当时专门请了一批人，大概八个发言人，谈生命生存。后来继续北京论坛、杭州论坛、昆明论坛、香港论坛、台湾论坛等等，一路走下来。前不久我和章劲元老师去参加了海峡两岸又一届的会议，在此过程中我写了一本书《大学文化人生》，主要内容是我作为我们学校党委副书记和一名大学教师在学校管理工作中对一些理论的探索与追问。此外，还有作为独生子女的家长的一种体验。

我自己是新中国成立以后出生的一代人，基本上和共和国一道成长。晚婚晚育、独生子女的时代都让我赶上了。我女儿在美国哈佛大学读博士后，发展得还不错。但是我也有一种特别的体验：她成长以后基本上远离家庭，虽然有微信等聊天工具，但由于暗藏的地理空间，并且随着年龄的增长，她的学业及工作任务越来越重，与家长、亲友间的联系逐渐减少，我从而感受到一种特殊的思念。所以我自己对生命的关注建立在以上这些生命的体验与经验之中。

这段时间以来我思考过一些问题。中国大学视频公开课中有我主讲的哲学导论十六讲，其中有一讲专门讲生命哲学，是对生命比较深度和系统的思考；还谈了大学与人生、生命教育与大学生全面发展，包括生命意识、生存智慧、生命教育等。回顾这个历程发现个体有自发的改变：从自己的生命体验，到一种理论的自觉，继而更多的是担负着的社会的责任。作为一名老师，今天在这里把自己的生命体验和思考分享给大家。在座诸位在各自的工作岗位上都承担着非常重要的使命，又因为大家都这么年轻，所以承担着双重责任：一方面是怎样走好自己的生命，这并不是每个人一开始就能解决好的一件事；另一方面也是更重要的一方面，从各自职业的角度来看，大家要用自己的生命去点亮和引领他人的生命。因此，生命的多重意义展现得非常突出。

在这样一个背景下，我就想跟大家讨论以下几个基础性的问题：

第一，生命教育为什么必须直面生存困惑。关于生命教育及其成效，我们需要进行追问。首先是"我们尽力了吗？"，这非常重要。如果我们没有尽心尽力，那么我们的生命在其他老师、同学的生命历程中留下的痕迹就会比较浅、少和模糊。事实上，即便我们做了最大的努力，也还会面临一个问题，即"满意与不满意"。这来源于多方面：首先是自己满意不满意，如果自己觉得满意，那么这件事应该是成功的；其次是其他人满意不满意，尤其是我们所要教育和影响的对象，他们在生命历程中究竟受到我们多大的影响。在这个回答上，我相信大家都很难说。就我自己而言是永远都没有满意的时候的。因为生命在不断地延展，而且在其延展过程中还会产生很多新的问题。如果我们又不努力，又不满意，那么我们的问题出在哪里？这是需要我们深度观察和思考的。我希望我们在座的诸位老师和同学千万不要拿着生命教育来混饭吃，如果要混，到其他地方去混。就这件事而言，如果大家要混饭吃，那么有人的生命一定会因此受到我们的忽略或伤害。

以我六十二年的生命经历，我认为专业教得好与不好是无所谓的，但是如果一节生命教育课教得不好，那肯定是非常糟糕的。所以希望大家对此引起足够的重视，因为在这个问题上，我们来不得半点虚假。事实上，即便我们付出 200% 的努力还不一定有成效，所以如果我们仅花费 80% 的努力是绝不可能把这项工作做好的。

那么，为什么即使我们尽了最大的努力后还会存在偏差？我认为，迄今为止，我们的生命教育存在三个根本性的问题：

其一是我们习惯以普遍性的生命理解去面对极度特殊的生命化教育。何谓普遍性的生命理解？如果大家都像我这样来给所有的对象讲生命的哲学，这就是比较普遍的。包括我哲学导论里的生命哲学在内的很多事物讲起来都是非常宏观的，而我们的生命健康教育或心理健康教育或大学生危机干预对象一定是一个一个的人，一定是极度特殊的个性化的生命。这种理解在某种意义上决定着我们工作的成败。每个人的心理困惑都是非常不一样的，譬如我自己，我是从自己的生命中体验过的，这就是为什么一开始我就跟大家讲生命体验。在我看来，如果没有足够的生命体验，那么要去理解生命是很难的。所以在我们的实践中，生命对于每个人来说都只有个体，没有超越个体的生命，即使要超越也必须以个体为基础。在这个层面上来讲，个体的特殊性决定了其生命困惑、生存困惑、心理困惑的特殊性。那么普遍性的生命理解有没有意义呢？答案是肯定的。普遍的生命理解给了个体一个基本的方向，但是如果个体已经产生困惑，这种困惑一定是由一个极特殊的原因、场景引起的，而我们能否抓得住这个场景和问题？所以，生命教育的普遍性是必要的，但也是有限的。我们要以普遍性做引领，但我们绝不能仅仅只有普遍性。在某种意义上，面对一个又一个存在着生命困惑的大学生，在座诸位如何找到他们生命困惑的症结所在是我们全部问题的关键。

其二是我们习惯以理想化的人生价值去指导面对复杂挑战的现实世界问题。我们现在有以马云、马化腾为代表的一堆又一堆专门的伟大的企业家、政治家、思想家、科学家等。我们习惯把他们作为榜样来教育我们的同学。我们从小就受这样的教育，如"钢铁是怎样炼成的"等。理想对于人生是有积极的引领意义的，但是每一个人在现实生活中遇到的复杂挑战，在挑战面前每一个人的感受度以及每一个人的灵感性是不一样的，所以人生具有极为多样的和多层次的内涵。如何从现实人生出发去帮助他人实现自我理想是生命教育成败的关键。我觉得我们的理想所具有的引领意义只体现在宏观及长远的趋向层面，所以尽管它是有积极意义的，但是仅仅具备它是不够的，从某种意义上来说，我们更多的是要帮助他人认识到现世的损害性。我们的学生往往把理想看得过于理想，甚至进入到虚无缥缈的境界，结果就是当他们走进社会时，会四处碰壁撞得一塌糊涂。在现实生活中，即便就是一所大学、一个班级、一个社团也能给人很大的挑战，每个人一进校就面临着诸多挑战。之前我每年都要在华中科技大学的光谷体育馆给我们的新生作报告，每次我都会在一开始告诉他们他们有多优秀。我说，从湖北来的考生你们有多优秀呢？你们是湖北五十几万考生中的前5 700名至6 000名；其他省份来的学生你们有多优秀呢？你们是各个地方高出重点线几十分的人。但是对不起，到现在为止，从此刻开始，你们过去所有的成就都要清零，你们现在要站在同一起跑线上来迎接你们将在大学期间遭遇的人生挑战，这就是现实！为什么？因为如果他们抱着过去那种天之骄子的想法来到华中科技大学，第一天就会撞得头破血流。他们很快就会发现自己身边高手如云，这就是人精，人精在一起后就看谁更人精。这就是现实生命的挑战。客观一点来说，考进大学很难，走好大学生活的每一步更难。

其三是我们习惯以规范化的人生模式来引领单一的不可逆的过程性人生。何谓规范化，就是大家都一样的，即普遍化的、规则化的、逻辑化的。作为一个孩子正常的生理、心理、社会、文化成长的模式，我们都是能够感受到的，它在每一个人的人生中都有普遍意义。但是，人的生存不是按照这个模式来走的，每一个人有自己的模式。人生最大的特点是单一不可逆的，譬如我刚才讲到的儿童节，儿童节离开我们越来越远了，我们只能在心中保持一颗童心，这说明人的成长和他的原出点之间实际上有一个不断地从内触发向外又返回的过程。因此，规范化的人生引领是有价值的，其更重要的意义是帮助我们的大学生走好眼前的每一步。我们的很多大学生不顾眼前，考试作弊、打架斗殴，贪小便宜、小偷小摸，以至于放弃自己的生命。

就是这三个根本性问题妨碍了我们的生命教育。

第二，大学生会面临哪些生存困惑。既然我说大学教育或生命教育要直面生存困惑，由此可见，这种困惑是非常之多的。生存困惑存在于人生的所有领域，所有阶段，所有环节都会存在。首先有一个问题，要认识人性与大学生的局限性。我认为这是全部问题的关键。大家知道在这样一个问题上，我们可以回到东西方文化的源泉之上。到底是原罪说，还是性善说。西方文明强调的是原罪说。亚当和夏娃在伊甸园偷吃了智慧果被贬斥到了人间，到人间以后一只脚在天堂的门口，另一只脚在地狱的门口。一不留神进了天堂，一不留神下了地狱。人如何去赎罪这是西方文明讲得非常多的问题。我们东方文明崇尚性善说，认为人之初，性本善，性相近，习相远。但是我们现实生活中真的发现，观察我们身边的孩子很难有真正的是原罪还是性善。你是性善还是恶，原罪还是天使？其实都是在社会中生存。在某种程度上我们看到现在的每一个孩子的成长历程，他的家庭、他的父母、他的老师、他的学校、他的社会，都给他今天的生命留下了困惑。我们要善于去寻找他们心灵中的每一个闪光点所具有的人性的基础和他们心灵中所具有的每一点邪恶所具有的人性基础和社会基础。找到了这样的一个东西，我们就会看到另一个东西。那就是到了大学人的可塑性。

开放性给我们提出的最严峻的挑战是什么？大家都知道人是所有动物里面最需要时间来成人的。人到了18岁之后才讲成人。而且，没有哪一种动物需要十几年之后才被称为成人或不成人。我们这里所讲的成人是指成为社会的文化人、自觉的人，这个过程中充满了可塑性。成人以后也可以进行自我塑造，这就给了我们极大的挑战。一个人可以学好也可以学坏，在这个时候是好的力量还是坏的力量成为主导他的力量，这就成为社会给我们每一个生命教育工作者提出的，当然绝不仅仅是生命教育工作者，一个严峻的挑战。我们学校要求所有的任课老师都要搞文化素质教育，要带着其对生命的理解去教学生。我充分地意识到，我们在座的诸位的努力有时候是很脆弱的，我们讲了许多很重要的东西。但是这些顶不过他身边的专业课老师、实习老师一不留神的几句抱怨、一不留神的几次不经意的喜怒。但从总体上来看，一个向上的健康的环境和各种力量都会成为生命中间积极的一面。所以，我们经常要追问的是我们的孩子、我们的同学的两门在哪里？哪里是通向天堂之门，哪里是通向地狱之门。哪一些东西促使我们同学自觉不自觉地选择了天堂、选择了地狱，选择海水、选择火焰，选择魔鬼，还是选择圣女。这件事情对我来说有非常重要的意义。这里面当然有一些先天的因素，但是在我看来，先天的因素都在后天的塑造中受到了影响。比如还有一些外在的教育和自我教育的相关性。

我觉得最重要的就是认识大学阶段的生命科学。当年我在人民大学读博士的导师贾盛涛教授曾经主编了一本书《认识发生论》，这是中国学者所写的第一本书。当时我的任务就是研究"个体的发展对人类原始发展的一种重演"，由此发现了一个规律叫重演律，就是人类从精卵结合，然后胚胎孕育，不断地成长直到呱呱坠地。这整个学习的过程就是人类几十万年的生命孕育、逐渐地进化，从原始到自觉的历程的缩写。而且这个缩写的形式是非常之鲜明的。到了大学之后要干什么？大学里学生要成为一个完全的、独立的主体。这个时候是人类全部知识、智慧、热情、社会经验与文化特征汇聚为一个完整的独立的人的阶段。这个时候汇聚好了的，走向社会就会成为一个比较完整的主体；这个时候如果出现了破缺，情况就会非常复杂，他们会带着不完整的知识、不完整的心理、不完整发育的思维和不够健全的交往走向社会。所以，我说认识大学阶段的生命及其特征对我们搞好大学生素质教育是一个非常重要的前提。

在这样的前提下，大学生会产生非常多的困惑。我认为最大的困惑当然是学业的困惑。我曾经有一个很大的困惑，比如说我们每年招到8 600人，毕业的时候为什么总有这么一些人不能够按时地拿到学位证书？我们在一段时间甚至都不太敢公布这个数字。有一次在学生的毕业典礼上，我们副校长宣布这个东西。一不留神，把我们授予学位的决定念出去了，就被媒体曝出去了，然后就吵翻了天。为什么？人家说华中科技大学招进了这么多优秀的学生，现在还有这么多人，剩下的都干什么去了？他们注意到一个差别，入学时候的人数和从毕业生的人数在同一级是不一样的。这个事情就变成了一个很大的问题，这些人没有在规定的时间内完成他们的学业。为什么这么优秀的、能够考进来的同学没能够完成他们的学业？难道他们不会学习吗？学习面临着一个从中学应试教育到大学的自主学习教育的革命性转变，这个转换如果搞不好的话，后面基本上都很难搞好。所以，既有自我的懈怠，也有对学习的恐惧。有的人恐惧到了什么程度呢？我自己曾亲手处理过一件事，有一个同学一到考试时间就会出现自杀的倾向。每到考试期间，他就要把手腕割一下。我们当时就参与了处理，最后我们到医院去看他。因为考试焦虑、考试恐惧，他想通过这样的行为来避过这样一次大考，心理上能够稍微释放一下，然后再回来补考。大家知道为什么会有这么多人作弊吗？其实就是考试恐惧的一种表现。如果没有一个更强的力量驱使他，诚实地去面对考试，他一定会面对许多恐惧。所以，学习的压力对学生是最大的，因为学生在校期间的核心任务就是学习。

除了学习的压力，对于不同的同学来说还有一些其他的问题。比如说有的同学学习本来很不错，但出于热情、社会的需要，因为种种原因需要承担各种社会工作。结果过度的社会工作影响到了学习，由此产生焦虑。所以，过去，在对我们的学生会团委还有社团的一些干部在一起座谈时，我永远告诉他们，如果你学有余力的话，就去做社会工作。这是一个能力很好地展现与提升的机会。但是如果你的学力不够，那么赶快退出，首先退出社会工作。我不是教他们明哲保身，只是让他们要明确自己的一个主要任务。如果你在学业上成功了，其他的都好做。如果其他的成功了，而学业失败了，那你就彻底失败了。但这里面产生的问题也是非常之多的。所以，面对学业的困惑，最关键的是什么？不浮躁、不焦虑，快乐地学习，品味学习的快乐。同学们对此会有许多问题，比如说争强好胜、好高骛远、追求高分等等。在学业方面如何帮助我们的大学生快乐地学习，把学习作为一种乐趣，这是解决全部问题的关键。

第二个困惑，很多的是来自情感方面的。大学生正好是生理已经成熟的时期。十四五岁时人的生理已经有了男女有别的一些现象。甚至有大学生说，如果在大学没有吸烟，没有一场轰轰烈烈的恋爱，大学基本上不能够算是成功的。但是这件事情对每个同学来说是很不一样的。我曾经在我们的学校说过，男生和女生的比例大概是三七开。那就是说，有 40% 的男生是没有机会恋爱的。对于这件事情如何看待？其实不在于有没有机会，而在于有没有可能，有没有真正在情感上怦然心动的这样一些人？在这个方面，大学生恋爱有一个很大的问题，由此产生的同学之间的一些纠葛甚至极端现象。天涯芳草哪里寻？这件事情可能是大学生心理健康教育中面临的非常重要的一个方面。我认为首先我们自己要敢于追求，但也要善于放弃，最重要的是我们的自尊，还要勇于承担一些相关的社会责任。

第三方面的困惑就是疾病的困惑。这对于一般大学生来说是不常有的，但对于一些特殊的大学生是经常会有的。前不久，章老师曾经邀请代国宏来到华中科技大学给大家做讲座。我深深地被他所感动，当然他是一个非常好的例子，而且不是一个单一的例子。在四川汶川大地震中他失去了双腿。他的双腿被压住，救出来的时候必须被割掉，基本上从大腿的根部就没有了。面对生命的挑战，应该说他经历了一个非常痛苦的过程，他选择了奋起，学习游泳。最后他获得了全国冠军，成了一个身残志坚、自强不息的人，成为非常可贵的案例。我被他打动的是他脸上永远的灿烂的笑容。那真是永远都是灿烂的。我觉得那真是让我们自己都很难想象的。

当时我、章老师与其他老师做了一个访谈，说这是生命的完满和生命的破缺，我们每个人都向往着生命的完满，结果有的人天生机体就不完满，有的人机体天生完满但是后来遭到挫折。在这样的情况下如何去面对？我始终忘不了华中科技大学曾经的一个学生叫徐小军，他是一条腿来到了华中科技大学的，那天在迎新的时候学生处处长给我打来电话，说一个学生只有一条腿，拄着拐杖来的，我马上送了他一辆电动自行车，解决了确保他在华中科技大学占地 7 000 余亩的校园里能够生存下来的一个前提。然后我去了他的宿舍，我问他一条腿能不能爬上高架床，要不要给你换一个平床。他说不用，他要像其他的大学生一样完成自己的学业，到三年级的时候，他拄着拐杖去了北京，接受了中央领导给他颁奖。到他四年级的时候，东京大学给他全额奖学金，他现在还在那里工作。一想起他，我就想到这样一些极端的案例。其实我们每个人的身边都会有各种各样的问题——如何真正在身体上、心灵上进行互动，超越一些性格差异给我们带来的问题。疾病有很多种，身体方面是一种，心理方面尤为重要。我的身边有一些同事，包括我的学生，朋友的孩子都遇到过这种问题，怎么办？我也曾经在"心灵之约"写过一篇序，如何把挫折转化为人生财富，这是需要每个人认真思考的。我们的作用就是帮助他们完成这个转化，帮助他们解决在身心可能遇到的艰难与困惑。

第四个方面是关于人际交往的。在华中科技大学调查的诸多学生心理困惑中，交往方面的困惑所占的比例最高、人次最高，这是为什么？后来我想通了，我觉得这就是一个独生子女社会带来的问题，在独生子女社会环境中，每个独生子女都是家中的小太阳，每个家庭都围绕小太阳转。独生子女就会认为所有的父亲母亲、爷爷奶奶、姥姥姥爷，包括一些叔叔阿姨围绕他转是正常的，这是一件理所当然的事情。一直都是父母帮他们做事，从来没想过他们帮父母做家务，这也是所有家庭关爱的一种体现。但是这种东西一不留神就会带来一种自我中心化，这种自我中心化在大学一定会产生一种多中心的碰撞，所以他们会产生各种各样的人际关系的困惑。过去都是处于中心，现在所有的中心都平衡了，所有的中心都产生碰撞。

在这样一种变化背景下如何自然与平衡，有些同学存在很大问题。一见人，要么自傲，要么自卑。从北京、上海来的城市人面对农村人，农村人面对城市人，农村人又是来自不同的家庭，在这种背景下如何消除自卑，避免自傲，形成一种平等的、积极的、开放的同学关系？其实我们发现真正有才华的人，不是源于出身，而是取决于本人的表现。但这种交往非常重要，在军训时期会建立一种班级秩序。在这个过程中，领头羊出现了，副领头羊出现了，你在这个班级总共三四十个人中处于什么样的地位也固定了，除非以后出现什么变化打乱了这个体现。比如辅导员变化可能引起体系的变化，原来比较受老师宠爱的，老师走了之后就改变了；原来和班主任关系比较疏远的，在换了一个班主任后可能有新的表现，这都是一些比较微妙的变化。他们帮助同学建立起一种最直观、最简洁、最值得信赖的关系，我觉得重要的是尊重与自重。

第五个方面的困惑是专业选择的问题，这个问题在两个方面最突出。大学新生一年级，专业不是他喜欢的专业。比如华中科技大学是严格按照分数来的，电脑中有一个程序，绝对的分数优先选专业，这个时候有很多退选的或者不是自己喜欢的专业。这个时候就有一种感觉：我来到了一个好学校，但为没有进入到一个好院系感到遗憾。在这个背景下，在就业的时候这个问题又展现出来了。我是考这个专业的研究生，还是考另一个专业的研究生，还是到这一类的企业事业单位就职还是其他的，这是一个很大的困惑。研究生专业实际上是第二次择业，这个时候如何帮助他们有个长远的规划是很重要的。对于所有人来说，没有不能学的专业，只有自己是否好好学的专业，当然也有一些人是具有天生才华的。对于绝大多数的同学来说，只要好好脚踏实地，不好高骛远，就一定会成功。我们大学开了一门职业规划和生涯指导帮助同学们做出更好的选择。

现在我们回到最初的主题——生命。其实，我相信绝大多数的大学生不会一直问"我为什么要活着？"。按照学校的规定，上课、学习、晚自习、做实验、参加各种社会活动等等，他就成功了，可以走向下一段人生。

有的同学会产生困惑，尤其在一些极端的情况下。这时我们要解读一件事，生的价值和死的权利。我们为什么有必要一定要活下去，而且要活好。我们大学生心理健康教育一定要提升到生命教育的层次，能够从根本上解决生存的价值的困惑，这些要渗入我们的心理健康教育的细节。所以，我们的心理健康教育既要提升，又要下沉，在这两者的关系中找到一个平衡。其实我们要追问的是，我们的生命是属于谁的，我们个体有放弃生命的权利吗？一些比较极端的人可能很难做出一些比较健康的回答。我很欣赏一部电视剧《士兵突击》，里面有一句口号叫"不抛弃、不放弃"。不管遇到多么强大的敌人，不管是面临成功的喜悦还是失败的困惑，我们都要学会把挫折转变为人生的财富。这些都是一般的困惑，哪一个问题都有可能与我们生命息息相关，但是我们要更加关注极端生命困惑和特殊生命教育。生存困惑分为很多层次，有的睡一觉就会忘记，有的会积累下来。

追求卓越会出问题吗？追求卓越不排除会出问题，这种极端生命现象是我尤其关注的。有一些典型的案例，比如长江大学多年以前的15个人阶梯救人，这15个人后来受到了表彰，被评为感动中国人物。其实在他们之前也有很多这种事，我当年在读研究生的时候，西安第四军医大学有一个大学生叫张晓，他曾经跳到粪坑里边救起了一个老人，自己却牺牲了。当时社会上引起激烈的争论，大致意思就是说，好不容易培养出了一个大学生，当时这个大学生已经3年级了，一瞬间就没有了。国家并没有花很多钱去培养这个老农，就算救起来也并没有多大的价值，这件事到底划算不划算？最后大家讨论的结果是划算，因为这样一种精神值得表彰。华中科技大学经济学院有一个叫胡吉伟的人，有一次在辽宁葫芦岛上救了一个落水的儿童，却牺牲了自己的生命。到现在为止，经济学院都在争创两年一次的胡吉伟班。我曾经去给他们授过旗，参加过讨论，经济学院有那么多旗，那么多班，那么多年级，最后哪一个班能获得本年度的胡吉伟班称号，才能够把这个红旗持续挂在他们班级里面是很不容易的。华中科技大学青年园里有胡吉伟的雕像，这也是华中科技大学永远的记忆。当时长江大学印象群体出来的时候，我也应邀参加过好几个会。我们在讨论这件事情的时候发现，这种精神值得张扬，但案例应该减少。

关于这个事，我当时谈论得非常坦率。我说只有大学生在学会保护自己的时候，才能去救人。大家可以看见飞机的安全标语，如果飞机上空气施压的时候，救生的东西会掉下来。我们首先要带好自己的安全装备，再去帮助别人，这才是一个正常的程序。在这个背景下，我们一直在关注这个问题，后来这件事情也一直在发酵。安徽省几个小学生手拉手救一个落水儿童，结果却都溺亡了。这是一群连保护自己的能力都没有，只有满腔热情的学生。他们当时来不及思考，精神让我们感动，但这种事情绝对不能提倡。仔细找或许能发现，这样英年早逝的例子太多了。我们可以列举历史上的焦裕禄、邓丽君、李媛媛，包括华中科技大学的陈金亮。我还在学校宣传思想工作的时候，陈金亮是非常优秀的一个人，42岁就离开这个世界。对于能不能够挽救他的生命，我们并不知道，但是这件事情给我们留下了一个极为深刻的印象。这种事情在社会上越来越多，很多的演员、很多的导演、很多的教授，这种事情确实很遗憾。这些事为什么会引起大家的关注？其实是因为追寻卓越。

我曾经面对一个大学生，仅仅因为一门考试挂科，就想结束自己的生命。为什么？因为他的理想就是要保研。按照华中科技大学的规定，如果有任何一门课挂科就不能保研，如果不能保研的话，他觉得自己天都塌了，生命也失去了意义，甚至想放弃自己的生命。我想告诉他：不保研可以考研，不考研可以工作，不工作也还有生命中很多其他精彩。但是在一定的时期对某一个突出价值的专注，会带来所有价值体系的失衡，这就是我们今天要讲的卓越人群及其生命现象。

这些人最大的特点是什么？其实就是他的生存价值，目标非常清晰。比如要当工程师、要当科学家、要当运动员等，因此他的生活动力极为强劲。早上大家还在睡觉的时候，他已经起床去跑步、去学习、去背单词、去阅读了；等大家都休息了，他打着应急灯在被窝里面继续读书。这么多的付出，就是为了得到他认为的成效，这件事也就变成了一个决定他生命意义的事情。所以他的生活内容非常充实，但他的生命负担却很重。这些人每天都为了特定的目标而奋斗，而活着。当他的目标受到挑战的时候，就会造成严重的价值体系的崩溃。我曾经说过，要防止一种卓越，失去灵魂的卓越；要防止一种卓越，失去生命汲取的卓越，这是我们全部都能做的事。

那么对于卓越的追求，在什么条件和程度上才沦为生命的障碍，这是我想讨论的问题。不能简单地说你要追求卓越，有时候这个问题非常复杂。我们有时候也有困惑。追寻卓越是一个很好的事情，如果人们都不追寻卓越了，一个民族、一个国家、一个政党又如何去追寻卓越？

追寻卓越在什么力度下是健康的追寻？有时候一不留神追寻卓越的力量就可能变为破坏的力量。这个问题需要我们讨论，当然这个问题也非常的复杂，涉及我们的生命哲学、生命教育等一些根本问题。首先是生命长度、宽度、厚度之间的辩论。什么叫长度？一个人能活多长。这件事情比较容易感性谈到，宽度、厚度其实是讲生命的内力。你是否有足够的、厚重的生命意义和价值？在你有限的生命中如何去创造最好的价值？我们应当为厚度和长度付出多大的努力？它们之间是一个怎样的比例？有时候我会问第二个问题：生命的目标是清晰些好还是模糊些好？一般说来，在正常的心理状态下，清晰些是比较好的，但是如果过度清晰，就会变成一种负担。这个时候就会非常麻烦，当目标不能实现的时候，整个人生价值体系都会崩溃，这会变成一个非常可怕的事情。人追求价值分为核心价值、终极价值、最高价值。当他把最高价值毁灭的时候，其他价值就没有了，但其他的价值也是有价值的。在这个时候，如何帮助大学生找到生命价值中分阶段的、分层次的、分程度的价值是非常重要的。

生命理想的超前应如何治理？如果理想过度超前就会变成幻想，而且这种幻想可能会带来现实的破灭，这就是理想与现实之间的冲突。比如我们国家一般做 5 年计划，是可以看得见，摸得着，走过去的。而 100 年很明显没有什么意义，50 年也没有什么实质意义，10 年还可以给我们一定的指点。在这个意义上，超前度应该是适度的。很多人问我："你想过现在这些事吗？"我说没有，这些事都是我一步一步走过来的。我觉得人生中最重要的一件事就是一步一个脚印地做好眼前的每一件事情。每一个现实的选择都是一个议题，比如关于设计一个宏大的目标，我当时从来没想过我会上大学，我觉得我能够当农民就很不错了；如果当个工人，我就把工人当好。但当我上大学的时候，我也没想过我会去读硕士，当我读硕士的时候我才想到我要去读博士，还好一路比较顺利地读下来了。但这条路并不是事先谋划好的，我读完博士的时候没想过一定要去当法学的教授。我到现在还记得，毕业的时候有个同学给我留言："抓住眼前这一秒"，把眼前这一秒抓住了，你就抓住了未来。解决现实困惑比追求远大理想合理一些，这件事情对我们在座的各位老师可能有一些启发。

我有一个伟大的目标，但现实中也有很多困惑，首先要解决现实困惑。现实困惑是决定未来的，远大的理想在现实困惑面前是卑微的。你也可以说我用远大的力量来引领现实的恐慌，但不要过度地辩解，这个问题还值得一些讨论。如何让卓越变成一种习惯，一种常态？我觉得这件事情需要深入讨论，所以我们要关心卓越的同学。我曾经说过，一个同学要寻求卓越，如果没有外力的帮助是不可能实现的。如果老师们不给他创造机会，如果辅导员不给他机会，不给他特殊的条件环境，仅仅靠个人的力量，卓越很难实现。这是老师需要关注的问题，把对卓越的追寻控制在一个适度的范围，这是非常重要的。

第二个问题可能比较刺激我们，即邪恶心理、仇恨心理。我们在人世中并不少见，但是在大学生中极为特殊，这是另外一种极端状态。在某种意义上，我进入到生命教育领域，就是因为这个事情。如果一个学生杀害了自己寝室以及旁边寝室的同学，学校却在第二天才知道，那么学校的确需要负极大的责任。而这件事情在高校界引起了极大的反响，当然这个人最后也被执行了死刑。

这种案例我还知道几个，我常常会困惑于要不要拿出这个案例来举例。

在同一个学校，不久之后，又出现了这种事，这一次更加严重，而且是一个女生，一个很漂亮的女生。她甚至于曾经被人包养，但是她后来对此不满，就和她的男朋友一起杀了那个人，之后亲手把人碎尸两百六十多块。我简直无法想象碎尸两百多块是一个什么情形，而且是曾经一起生活过的人。

我后来研究过人的心理，我认为一旦人的心里没有了道义，就会变得比禽兽还要禽兽，还要残忍。在这件事情出现之后，我的这位朋友就不再从事教育，本来他应该有一个更好的前途的。

我们大家也可以看到，这些案件不仅仅发生在中国，在国外也常有这种极度恶性的案件，比如当年23岁的韩国留学生赵承熙，杀害了32位师生。但是让我感动的是，当时美国人在纪念32位师生的时候点起了33盏灯。他们认为赵承熙也是受害者，这就与我们的理解不一样了，在我们看来这种人绝对应该下地狱，不可原谅。

同时这样的案件还在不停地发生，前不久复旦大学的林森洁博士投毒杀害了自己的舍友，用这种险恶的手段，而唯一的理由就是对方太优秀。而且林森浩还亲自为病中的黄洋做过 B 超检查。人的心理冷酷到了这程度也是超过了我的预期，我所知道的，他应该已经被执行了死刑了。

这就说明人的邪恶是不分年龄，不分学历，不分层次的。但是更高层的人却会用更加险恶的手段来做这种事情，这的确会超出我们的想象。

还有那个危害全球的恐怖组织，当年"9·11"那些恐怖分子开着飞机要去撞世贸大厦的双子楼时，难度大概相当于开着汽车以六十公里每小时的速度撞两个烟头，这种事情真的很难，而他们就能脸不红心不跳地完成这件事情。他们是抱着决死的心理完成这个惨绝人寰的恐怖袭击的。这是人类社会中最邪恶的部分，可是它们却披着神圣的外衣。以无辜剥夺他人生命作为任务甚至以此为乐，来导致社会恐慌。恐怖组织如今甚至已经笼罩了一些国家，在这样的背景下，我们需要主要研究如何才能使人珍惜生命。

我非常欣赏马丁·路德金，一个著名的黑人演说家，他曾说黑暗不能驱走黑暗，唯有光明才能驱走黑暗。这句话很好理解，只要在黑暗中点亮一盏灯就可以驱走黑暗，人性中有了黑暗，那么怎样才能点亮生命中的那盏圣灯。这就是拯救生命最核心的问题。同样的仇恨不能驱走仇恨，只有爱心可以，但是在人类历史上我们可以发现，仇恨总是越理越乱越来越强，不断交织，无法解决。

习近平总书记也曾经这样说过，光明前进一步，黑暗后退一步。我想这就和我们在黑夜中行路时打灯是一样的。所以只能由光明来驱散黑暗。这都是简单易懂的，问题是光明在哪里，我们心中的光明又怎样才能被唤醒。

这便是我们的职责，我们应该了解人性的复杂与多变。我向大家推荐一本书书名为《自私的基因》，它告诉我们所有的生命都是自私的，因为生命为了自己的存活一定要吸取外部的物质。同理，人也需要争夺各种生活资源，所以人从生物学角度来看就会有一种天然的自私倾向。不过这种欲望是可以被道德所支配所约束的。这就变成了与我们生命健康教育息息相关的问题了。故我们要如何约束我们心中的兽欲，发展人性，甚至还有牺牲的情感。因此一个好的社会环境与制度就十分重要，这可以帮助我们抑制我们心中的邪念。

我们要研究这些畸形的思想，尤其是极易被利用的极端个人主义。我们就可以做好积极的思想准备来面对这些邪念。

在这种背景下，我们就来讨论第三方面的问题，即悲观心态与恐生心理。我们在生活中会经历各种悲欢离合，这就会不可避免地产生悲观心态。这就要谈到自杀这个方面了，自杀率即使是看过时的数据也是十分惊人的。从全球来看，自杀在各种死亡率中占据第十三位，2000年有一百万人自杀，每四十秒就有一个人自杀身亡，每三秒就有人尝试自杀。2003年9月10号，世界卫生组织与国际自杀预防协会将其确定为全球第一个预防自杀日，同时这也是我们中国的教师节，所以我们中国的教师在这一天有一个特别的责任，就是做好这方面的教育。而在中国，自杀率排名第五，远高于世界上的第十三位。甚至是年轻人群的第一大死因。每年有27万人自杀身亡，最少有两百万人经历过一次自杀。今天，中国的自杀现象十分严重，其中甚至还包括官员，也许是因为罪孽深重或是对未来的逃避。中国每两分钟有人自杀身亡，八人自杀未遂。中国在全世界人口占五分之一，而自杀人数只占十分之一。

从自杀当中衍生出来的厌生或是恐生心理，我们的生命谁做主，生存和死亡由谁决定，有人认为是我做主，那是不是简单地由我做主？这件事情其实也是一件非常复杂的事情，我的感觉是，进入到生命教育都是带有被动性的。由于具有生存被动，人们在选择的时候往往会陷入困境。在困境面前，哪一种力量能够把他引导到一种面向未来的更加健康的方向，这是我们在座诸位的责任，当然每一个人都有自我寻求的责任。死亡的恐惧到底是有还是没有，我坦白地告诉大家，我小时候也有过对死亡的恐惧。有死亡恐惧可能对生命没什么影响，如果死亡恐惧过度就会严重影响人的生存质量。如果始终处于恐惧之中，如何保持一种态度，让死亡的恐惧变成一种珍惜生命的健康的力量。促使生命在有限的期间中增加厚度、广度和它的厉害，就是一种积极的健康。我们当然不主张仅仅为了生命残部而活，当然也不主张仅仅为了生命的所谓瞬间意义而活。所以这个问题确实是需要我们深度地讨论。到底是恐惧生还是恐惧死，说老实话，对我们搞心理健康教育的人来说，这个问题对我们每一个人也都是一个很大的考验。当我们在分享他人的生存和死亡经验的时候，如何更好地保护好自己也是一个非常大的问题。来生的观念到底是有还是没有？大家都知道，像有的恐怖袭击，他们所秉持的就是一种有来生的观念。三十年后又有一条好汉，这就是中国人经常讲的一个东西，但我们现在还没有找到关于它的足够的科学证据。

死亡的路线是清晰好还是模糊好，我前些时间给我们的同学做过提问、调研，到底是每个人知道自己的路线在哪里好，还是不知道为好，这是可以去讨论的一件事情。要是真的每个人都知道自己在哪一天死亡，我不知道对之前的生命是更有意义，还是没有意义，可能取决于你的态度。所以在这种前提下，我要如何把每个人的生命进行到底，尤其是让生命赋予意义。选择结束自己的生命是一种非常艰难的过程，但有的人把这种艰难的过程处理得如此平静，超出了我们的想象。这里面有一种生命在生与死之间的一种强烈的冲突。所以在这个问题上，我们需要做出很有深度的探讨。

我们再讨论一个问题，探索多层次的生命教育。在这样的背景下，面对这样的生命困惑，我们的生命教育如何更好地培养。我的一个很朴素的想法就是，我们的生命教育应该是顶天立地的，顶了天又立了地，生命教育应该要有它广泛的适应性。所谓顶天就是要有高端的价值，让我们的生命能绽放出最为靓丽的光彩，产生出宏大的健康的社会效益，展示出生命的光辉。所谓立地，就是我们底线的价值，能够帮助我们所有具有生命困惑的人消除困惑，能够挽救生命，保全家庭与社会。这个方面有很多案例，这件事情需要家庭积极的配合。曾经有这样的案例，有的人得了病被送入医院，治疗很有成效，但家长一直不接受把孩子送入医院，然后再把他接出来，非要把他接回家。结果一顿午饭还没有吃完，孩子在他们眼前放弃了自己的生命，这是非常惨痛的。怎么样来保全他们，需要指导生活，帮助人们很好地快乐地工作，促进社会和谐。我们生命教育也要有一些独立的、走向健康的、辉煌的未来；要放飞理想，贴身竞技的，让人们更加自觉地创造生命的价值。所以，我说要达到一种极限，生命的长度是有限的，但厚度是可以无限的，宽度是可以无限的，当然这个无限也是在有限时光中展示的。这其实就是一种文化的意义和价值。

当年华中科技大学的老校长曾经写过一篇短文，也就是后来教育部部长周济曾经写过一篇短文，"爱与责任"是"师德之魂"，我是非常认同的。其实不光是师德之魂，也是为人之魂。大家想想，我们之所以成人，是因为有了爱心和履行了自己的责任。我们中国传统文化讲求忠孝仁爱，另一种说法是礼义廉耻，国之四维，这是宏观上的生命意义的价值。我特别认同我们华中科技大学中国科学院的院士裘法祖老先生，他讲到医生的时候，说德不近佛者不可以为医，才不近仙者不可以为医！用我们的生命来点亮更多的生命，给他们光辉，给他们以引领，让他们能够更好地成人。在这里面我特别欣赏冯友兰先生的人生事迹，我们所有人都属于自然，我们受到我们思考的困惑，受到了冷暖的困惑等等。我们也有功利，每个人不为功名利禄，也不太可能生活在现实社会。但是，我们最少要成为一个有道德的人，我觉得这件事是十分重要的。我前段时间和研究陶行知的朱小蔓会长有很多的联系，我们一起去了中国台湾，又在一起开会。我感受到了她的生命所具有的一种力量，这种力量来自对陶行知先生的敬佩。陶行知，我们中国伟大的教育家。她专门有一篇文章讨论陶行知的生命教育，她强调要有三命：性命、生命、死命。其实我们的性命、生命最终服从于死命。她又强调生存生活，如何有一个品质人生，这对我们都是一个启示。

第二个方面是底线教育，这可能是我们大家考虑比较多的，危机干预是最主要的。危机干预最重要的在哪里，就是如何帮助我们的朋友们，大学生们因为挫折去珍惜生命。大家对生命的底线是不同的，有的人高，有的人低。有的人觉得不能够好活就不活，有的人觉得赖活我也要活着。我们要擅长发现每个人的极限值在哪里，帮助他们抑制在特定的场景中可能产生的某一些冲动。我觉得生命教育在底线上具有关键和主要的问题。弗洛姆曾说，尊重生命、尊重他人、也尊重自己的生命是生命进程中的伴随物，也是心理健康的一个条件。尊重他人也是尊重自己，从底线上来讲，首先是尊重自己，连自己都不尊重的人是不太可能尊重他人的。那么如何把尊重自己放在一个恰当的位置，有的人为了面子，有的人为了很小的一件事情就放弃了自己的生命，这就是过度。所以我们说，珍惜生命，善于把挫折转化成自己的人生财富。当然，这有点复杂，需要从社会学、心理学的角度勇敢地应对挫折，而最关键的是要积极发展自己。有这样的说法，什么叫惩罚？就是不要拿别人的错误来惩罚自己。我记得台湾一个非常著名的教授，他强调在别人需要的地方发现自己的责任，从某种意义上说，别人的生存需要就是我们在座诸位最大的责任。所以底线教育是我们教育中十分重要的一环。

第三个方面是终端教育，它是面向大众的。这个方面面向的人数很多，群体很大，它涉及最广泛的大学生生活。怎样帮助大家热爱生活，快乐地成长。现在我们的工作就是让这代人活得快乐，活得有意义。就是生命品质和生命价值不断地提升。陶行知先生曾经这样说，我的一个学生也曾经讲过类似的话，要有面对一丛野菊花而怦然心动之情。我的学生毕业时，我问他们学过哲学有什么感想，有两个同学给我留下了很深刻的印象。一个同学说："学过哲学后，我学会了从容地对待身边发生的一些事情。"另一个同学说："学过哲学后，我发现我对生命的萌发充满了好感和热情。春天野草发芽时，我就会感受到一种特殊的欣喜。"我认为这就是人与自然生命的一种脉络，那么如何达到这种从容，如何从容地面对生活呢？

我觉得人生的境界，强调的就是勇于坚持和善于放弃，同时要懂得知足常乐。在这里我又要讲到裴老师，裴老师说，做人要知足，做事要知不足，做学问要不知足。这对我们有非常重要的启迪作用，如何让我们的大学生活变得更加丰富多彩，更加顺利快乐地完成大学生活呢？这一点我有特殊的感受，那就是生命教育的关键是自我教育。我们最重要的事情是什么，我们绝对不能像一个牧师，讲完了之后学生爱听不听；我们应该像一个教练，让我们所有的对象能够更加自主地变成一个运动员，去发挥他生命的价值，去创造最好的成绩。

苏霍姆林斯基是前苏联著名的教育学家，他说只有激发学生进行自我教育的教育，才是真正的教育。也就是说我们的教育其实就是帮助我们的对象更好地认识真理，尤其是我们的生命教育。美国的心理辅导专家哈德森曾经讲过，生命健康教育应该协助受教育者成为一个负责独立，且能够自我实现的，有能力对自己的行为做出决定的人。

我们华中科技大学当时一再强调，我们的学生工作最重要的是激励全员制度，当初我在分管学生工作的时候，有一个口号就是全员育人，全员治理。我们曾经编过一本书叫《自主成长与人文情怀》，汇集了学校各方面包括心理健康教育在大学生文化素质教育上发挥过积极作用的精华。生命健康教育必须以个体生命体验作为基础，所以我一开始就给大家汇报我自己的生命体验，从那个时候走到现在。同时，生命活动既是个体的也是社会的，关键在于认识自己和他人、整个社会的关系。这对于我们所有带有生命困惑的人，尤其是我们从事生命健康教育的老师，具有非常重要的意义。

生命的价值在于贡献与创造，因此只有通过个人的自觉和努力才能够实现。所以生命教育最重要的是认识极限，超越自我，认识生命的极限在每一个人生命历程中、每一个阶段的表现和形式。在这样的背景下，我认为生命教育的全部问题就是帮助大学生认识自己。

接下来给大家看两张图，左边这个是希腊的德尔菲神庙。我三次去希腊开会，两次去了这个神庙，每次都舍不得离开。希腊有很多神，也有很多神庙，其中有一尊神是最崇高的，叫太阳神。太阳给了我们自由，给了我们温暖，给了我们光明。但是太阳神庙为什么到现在还受到人们的推崇呢？因为在太阳神的庙前曾经刻写了五个大字"认识你自己"。这就把当年古希腊哲人苏格拉底、柏拉图、亚里士多德反复强调的话以神的口吻讲出来了。人崇拜神，其实是希望一个完满的自我，但是人又做不到完满，于是就有了对生命的困惑，对神的礼拜。而希腊人的智慧就在于，借助最高级别的神的力量，告诉所有来拜神的人们一句话：认识你自己。这就是希腊人的智慧，全部生命教育的根本就是认识你自己。

右边是美丽的斯芬克斯，这是所有斯芬克斯的照片中我最喜欢的一张。更重要的是，斯芬克斯应该是古埃及的，而我是在古希腊拍的。这是当年在德尔菲神庙发掘出土的重要文物，表明了在古希腊和古埃及之间有深度的移植性。大家应该听说过斯芬克斯之谜：有一种动物早上四条腿，中午两条腿，晚上三条腿，这种动物是什么。回答正确就可以通过，回答错误就会被吃掉，很多人都命丧于此。俄狄浦斯猜出了答案是我们人自身。当我们还是婴儿的时候用四肢爬行，当我们长大后两腿直立行走，当我们晚年腿脚不便时就会拄上拐杖，变成三条腿。这个故事家喻户晓，它告诉我们，人对自我的认识从启智人类学、社会人类学、语言人类学到工具人类学等经历了很多阶段。

今年元旦我第一次去了古埃及，看到了传说中真实的斯芬克斯，令我感慨万千。我当时在微信上留下了一段感叹：古埃及给我们留下的最宝贵的、最有启示意义的无疑就是斯芬克斯，我终于来到了斯芬克斯和胡夫金字塔。胡夫金字塔中有三代法老，为了保护三代法老的遗体，在胡夫金字塔前面修了一座狮身人面像。斯芬克斯吸收了万兽之王的狮身力量和万物之灵的人性智慧，忠实地保护着三代长老，拷问着人类自己。

古希腊德尔菲神庙前的认识你自己与斯芬克斯之谜如此异曲同工，引领着西方文明的前沿发展。不幸的是，时至今日，人们在认识自然方面的巨大成就与认识自我方面的巨大迷茫形成了巨大反差，造成了全球性的困惑，这种困惑也使我们人类面临着很大困惑。社会的问题会在我们心里有投射，而我们又以自己的心理来看社会，会把社会更加复杂化，更加多样化。在这样的背景下，我们面临的心理健康和生命教育最重要的是帮助我们所有人，包括我们自身，珍爱生命、快乐学习。我们要认识到生命价值的重要性，真正的生命教育首先是让大家进入到火热的生命历程、生命故事中，所以很多生命教育是要讲故事的。其中有几个重要的方面：强健的体魄是生命多样性的基础和表征；惊奇与求知为生命过程引领方向。像亚里士多德所讲的，哲学产生于三种条件：闲暇、惊奇和自由。闲暇才有了宁静的心理；惊奇让我们知道对于未知世界的无知和渴望认识世界的冲动；自由给我们的生命价值以追求；热情与意志为生命发展提供动力，唤醒生命的热情，这一点令所有的生命教育者都非常关注。台湾有一个松山高中，被称为"一所有温度的学校"，在城镇上有专门教育犯错误的青年的学校，使他们在牢狱中正常地读高中，这为他们的生命发展提供了很重要的帮助。

最后我要说的是爱智、求真、向美、崇圣，这就是哲学所教给我们的东西。大家有兴趣可以多学一些哲学，哲学其实是人生智慧的一种汇集，它帮助我们把自然社会、人类社会，与人的交往等这些整合起来形成一种价值取向：爱智慧，追求真理，向往美德，追求美好，崇敬神圣。这种神圣刚刚宗教也有涉足，我说这是我们生命境界的价值取向，帮助大学生在时代精神的领悟和校园生活的参与中发展自我，提升境界。这样大学生在进入火热的大学生活中时，一定能感受到生命的价值，也一定能走得更好，走得更远。谢谢大家！

现场老师提问一：我来自武汉轻工大学，前几年也听过欧阳康教授讲解党的十八大报告，非常敬佩您。我想提个问题：请您谈谈对生命教育和心理健康教育这两者异同点的看法。

欧阳康：过去都是讲的心理健康教育，在我看来这是一个比较小的话题，而且它针对的是心理不健康，我们国家心理健康教育的产生是对于大学生心理中间出现的问题，我们把它叫做不健康，然后出现心理健康，在我看来都是比较小的领域。生命教育是很大的一个领域，在这里面有心理健康与不健康的东西，而且不仅仅如此。比如说台湾，它在两个层面展开。比较直接的是预防，我们去到台湾护理大学，院长被称为自杀的守门人；更广泛意义上叫做生命教育，所以后来生命教育实际上是从云南那个地方扩散开来，不仅仅将心理健康教育，而且讲生命、生存、生活。这样把心理健康教育涵盖进去，因为心理健康教育仅仅解决了一部分心理不够健康有一定困惑的人，而生命教育范围更大，带有非常强的哲理性思考，带有更广泛的意义。我是主张要扩展，不仅仅搞心理健康教育，更要以生命教育为背景。当然生命教育也要通过比较具体的技术性措施来帮助出现心理问题的人解疑释惑，走向心理健康。

现场老师提问二：我是中国地质大学的，听了您的讲座，我真的是受益良多。我心中一直有一个困惑，可能也是很多学生都有的困惑。首先要在你学有余力的情况下再从事一些社会工作。社会上给我们的大学有一个就业率的要求，我不知道华中科技大学有没有这样的担心，但是我们地大是有这样的担心。以我所带的学科为例，我是学地质资源勘查的，现在国家整个大的环境变化，投入地质勘探行业的经费大量减少，造成我们这个行业就业萎缩特别厉害。学生会有很多困惑，会给我讲就业率这么差，我学的有什么用。最直接的表现是旷课比较多，课堂上基本上玩手机，课余有很多学生会去参加非常多的社会工作。其实我内心也有这样的困惑，我觉得在这样就业形势下滑的情况下，学生如果不去做一些学生工作，他们的工作能力和竞争力肯定也是不强的，最后的就业肯定是有一定困难的。刚刚听到您讲的时候，内心特别触动，希望您能解决我心中的疑惑，谢谢。

欧阳康：这个问题其实是中国社会转型带来的，传统专业与新兴专业之间的矛盾与冲突，不同的学生置身于转型中不同的地位或者是转型旋涡中不同的位置的时候，会有不同的感受。这个问题要从几个方面来讲。

第一，国家方面。我注意到国家考虑到专业的设置和调试问题，能够贴近社会的需求，这是一个大前提，每一个人的命运在某种程度上很大成分是和时代命运、时代社会转型联系在一起的。

第二，在转型中的智慧有人有区分。比如说转型这个过程中间，有些人进校的时候还是热门，离校的时候已经不行了；毕业的时候还是热门，工作一段时间已经不行了，甚至还没进校已经不行了。这种情况，我们要引领这些人恰当地认识社会的转型，一个好的、健全的社会应该是给这些人更多的机会。

第三，如何应对这些转型，倒是我们的一个很大考虑。如果真的有类似问题，我觉得取决于每一个人的生涯规划。因为国家不会简单地抛弃任何专业和领域，个人在里面很难继续往下做。我觉得所有人，即使是最火的专业也有人会跳槽，其实就在于这个专业、职业、领域是否真正适合你，或者你是否真正喜欢它。有了一段时间的学习之后，应该有一个意向，比如说我以后准备考研、硕士博士，那就应该绝对无条件的把课程学习好，然后为其他相关的人学习，搜集资料包括做实验。如果他已经不准备在这个专业继续学习，这是他的一种选择，他就要尽快地学习新的领域。即使在这个学堂上没有好好学习，也要在别的课堂上好好学习，关键是时光不要虚度。如果他已经决定彻底离开这个专业，这不排除他恰当做出一些选择，这个对于他未来职业生涯规划是合适的。再一个是参与更多的社会工作，在这种背景下，我觉得这就是独特的生命教育。关键的问题是他决定好自己未来要做什么事，根据这一目标来选定现在的行为方式。我们不能简单要求每一个人把所有专业都学好，不能简单要求每一个人都要有最强大的社会工作能力，而是对应于他未来的需要。所以生命的教育我觉得最重要的是他未来的需求，对应需求来设置他的知识、交往、工作、技能、实践等，这样可能是比较合适的一种方式。

欧阳康：华中科技大学国家治理研究院院长，哲学博士，党委原副书记，哲学研究所所长。

（湖北省高校心理健康教育与大学生心理危机干预培训班，2016.6.1）

生命完满与破缺

欧阳康　章劲元　代国宏　沈斌心　李玲

欧阳康：非常高兴代国宏和他的教练沈教练来到华中科技大学，这是一个非常难得的机会。几次跟国宏的接触都给我留下了非常深刻的、难忘的印象。我觉得这一件事情对于他的人生、他对自己人生的态度和他在遭遇灾难以后的生命的奋起，应该说也让他经历了非常痛苦的一个过程。最终他作了这样一种选择，经过很多的努力变成现在的样子。我觉得今天非常高兴，他的教练在他的人生走向巅峰的时候，让他获得了这么一个非常难得的帮助。这是一种缘分，也是一种生命的特殊的力量。

那么今天借此机会，我想我们就来讨论一个小话题。这个话题就是我从国宏的生命历程想到的一个问题，就是生命的破缺与生命的完满。实际上，现在科学上有一个破缺理论。什么是破缺理论呢？就是没有一件事情是完整、完好的，总是有很多缺陷。这个世界创造出来了一个美好的自然界，自然界中有很多美好的东西，也有很多丑恶的东西，这样就构成了一个生命链。人世间也是这样，它创造出了美好的人，但是人又充满邪恶；它创造出一个完美的人的机体，但是这个机体要么有机体本身的弱点，要么有心灵方面的一些问题。即便在正常的生命状态下，也会如此。有时候又会让一些生命遭遇到一些麻烦、遭遇到挫折、遭遇到不幸，甚至是毁掉生命。所以，在这个情况下，我们就把它叫做生命的一种破缺。

其实，每个人可能都是追求完满的，但实际上，生命总是在不完满中展开的。而且整个的无论是从它的机体的生长过程，还是从它的精神成长的过程，还是从它的精神的自我追求的过程看，它往往都是在这两者之间的一种挣扎。经常人们向往的是完满，但往往遭遇到的、落下来的是破缺、是困难和问题。所以在这一种背景下，这对于所有人都是一个非常普遍的话题。但是，对于像国宏这样的人，在一个特殊的自然灾害面前，瞬间毫无思想准备就失去了自己完整的身体。他们遭遇到的痛苦和后来他在奋起过程的精神、机体，包括他的社会、家庭，遭遇到各种各样的复杂的问题。这个实际上对我们来说，都有一种既有常人之中的共同的、普遍的方面，也可能会有特殊的、个性化的方面。我算是一个搞哲学的，你是一个生命的强者，应该说是非常成功的。但是国宏的强势，恰恰是以极度的痛苦在一个更低的起点上上来的。那么沈教练作为国宏的教练见证了他的成长；章劲元老师是我们大学生发展研究与指导中心的主任；李玲书记在学院分管学生工作。所以，我们五个人正好从不同的角度来讨论一下这个事情。

今天难得有这样一个机会让我们就这个问题畅所欲言。我想，首先邀请代国宏先生来谈一谈你在这些困难问题面前是如何来思考的。当然可以是这个问题，也可以是其他相关的你想谈的所有问题。不设边界，只是说在这样一个题目下把它统摄起来思考一些问题。

代国宏：其实，因为 2008 年虽然说给我造成了很多的伤害，但是也让我成长，也让我得到了很多的机会。也可以说从那次灾难之后，我人生的路实际上发生了一个特别大的改变。我在想，如果我小时候还是从我们那个农村考出来上大学，然后找一份简单的工作，也许就过着简单而平静的生活。有时间我就这么想，我的灵魂里面有另外一个我。如果我有双腿，我是正常的，那么到了这个年龄，我在做什么，我在想什么。有时候就是有双生的这种感觉。

其实我觉得我能够有现在的心态和现在想要去做的事情，与从小到现在的成长经历、家里对我的教育以及我到社会上遇到的那么多人，有很大的关系。从小我的母亲对我的影响特别大，小时候我住过半山腰，也住过寺庙。我考上初中的那一年，当我把通知书拿到家里的时候，我第一次看到我母亲哭，因为在我之前，我的哥哥也把通知书拿了回去，但是我母亲不得不跟他商量，要把读书的机会让给我。因为我的成绩稍微好一点，家里承担不起一个儿子上高中、一个儿子上初中的负担。我母亲对我的教育一直就是让我遇到所有人都要乐呵呵地打招呼，要有礼貌，所以促成了我现在每天都是以笑来面对任何事情。

在高中的时候，一切都特别的平静，每天除了学习就没有很多其他的事情要去做，就是想要快一点考上大学，然后去工作。后来"5·12"就改变了这一切。以前我在学校的时候可能不会想太多，而且我从小接受的教育也就是要好好努力，好好学习，然后成长，所以就没有经历过在社会中会遇到的很多复杂的问题。当我第一次来到这个社会当中的时候，我遇到的也是特别多的关心我的好心人，他们给我的感觉就是我做任何事情都是有可能的。从他们给我灌输的理念中，我觉得这个社会上所有的一切都是美好的。也就是说我没有经历过社会上任何一些复杂的东西。所以其实那个时候我还没有真正地来到这个社会当中。

我在医院的时候第二次经历了我母亲哭泣，她看到我当时那个样子她就受不了，没有办法，所以就只能在过道里面哭。我第一次安上假肢的时候，我发现我的母亲没有那么难受了，她可以坐在病床前跟我聊天，当时我就觉得我为什么不去这样做，这样可以让自己的母亲不再哭泣，所以我就下定决心要戴着假肢走好路，让她不再哭泣。到现在，我的母亲可以特别自豪地跟邻居和她的朋友来讲她儿子在做一些特别有意义的事，我觉得这是特别好的。

当我真正来到这个社会当中的时候，其实我也遇到了很多很多的问题：我每天要使用轮椅，要到很多地方；早晨起来的时候，我要想，如果这个地方没有马桶我要怎么办；我每天会遇到很多的台阶，很多的斜坡。其实自己以前也担心和害怕过，但后来我就发现，通过自己的尝试以及与不知道我们需要这样的东西的人沟通之后，这些东西就有了，所以我发现沟通是特别重要的。

其实，我在运动队的时候也经历过一次特别大的打击。不仅比赛场上有，在恋爱时也有。因为我特别真心地去对第一次遇到的那个女孩，但最终却是上当受骗，被骗了几万块钱。也是因为这个原因，赛场上的那次比赛没有比好。那个时候我也特别痛苦。我也到过公司上过班，但我觉得每天除了和他们聊天以及做一些简单的事情之外，他们都会认为我到这个公司来就是因为国家的减税政策。在公司里就像这个样子，我觉得很压抑。

我不想过这样的日子，于是我又重新回到泳池当中，进行再一次拼搏。这一次拼搏可能和以前不一样，这一次拼搏我特别用功、用力，把所有能够练到的都练到，哪怕是胸口特别痛我都是能够坚持。但是，四年下来，去年的比赛又是因为评分级别的问题，别的级别调到我们的这个级别里来。本来我是很厉害的，在我的这个级别里是稳拿第一的。但是调了很多人过来我就没有办法在这里面去战胜他们，所以我也看到了这里面的很多阴暗的东西。当然，我觉得游泳是我生命中的一部分，我喜欢它，并把它融入到我的生命当中。我觉得喜欢它就好了，竞技体育太残酷了，也会给自己很多不好的思维和想法，我不希望很多事情都是这个样子。

后来，我们决定要做生命教育，因为之前也有很多人找过我，我也到学校里做过很多分享。分享之后我才发现，考上北大的那个同学跟我发信息，他说你那次给了我很大的鼓励。我还有去参加节目，他们会给我发邮件说："我正想要跳下去的，看到你这样的人都可以活得这么好，这么勇敢，为什么我不可以。"我看到了有意义的东西，我觉得太好了。无论什么我都可以去面对，我都可以找到方法去解决。这让我很正常的、很自然地融入到这个社会里面。就像我上次去杭州给他们做了一个生命教育的研讨会，我自己一个人从成都打车到机场，从机场飞到上海，再从上海买动车票到苏州，从苏州到南通，再从南通返回上海，再从上海飞往成都，我觉得一切非常自然地就做到了。所以，我觉得这种状态是很好的。欧阳老师刚刚提到的这个问题我还没完满。其实我觉得每个人都是不完满的，所以我们每个人都要用完美的眼光去看待每一个并不完美的人，我觉得是这个样子的，谢谢。

欧阳康：因为这个话题其实是一个挺复杂的问题，我们从哲学的角度来看，它实际上就是人生最大的一个挑战。下面就请帮助国宏走出自己的困惑，而且有了相当成功的沈教练来谈一谈。你既可以从你的人生谈，也可以从他的发展中间来谈。

沈斌心：从破缺和完满的角度来谈，我先总结一下我自己到现在的完满。我觉得破缺就是完满的一部分，因为有了破缺才会有完满。国宏刚讲了几件事情，其中一件是他在感情上的失败，关于这件事情他给我打电话的时候，我的第一反应是高兴。因为他的这种情况在当下社会当中很容易成为不好的人欺骗的对象，他出现的这种情况很容易让他成为一个受害者。我认为，如果他没有经历过这种破缺，没有经历过这次被骗，他永远都不知道什么是被骗，可能还会有更糟的情况出现。当他拥有了这一段经历以后，才能真心懂得谁是真正爱他的人，这是完满当中不可缺少的破缺的成分。

其实那个工作是我帮他找的一家台湾企业，那是一家招募残疾人可以免税的企业。因为他们刚好需要一个残疾人，恰巧我有一个朋友在那个公司，就这样介绍他去了。我希望他有一定的社会阅历，考虑更多的也是他们应该怎么样去面对今后的生活。因为残疾人跟我们不一样，不一样的是他们缺少机会。我希望我能够在他们的生活中帮助他们一点，帮助他们抓住一点机会。但国宏觉得那个工作索然无味，这个也是很正常的。毕竟他是一个有理想的人，他不希望自己过得很平庸，那个工作可能只能给他带来很平庸的社会状态。

关于运动队比赛，我也多次跟他开玩笑说：这块金牌是你的，是我做的不好的地方。因为我给了他太多好的预期。我学到的知识里面有一个叫做无常，解释起来就是真的会有想象不到的事情出现。不管出现任何情况的时候，你都要知道无常就是这样。你要面对的是今后的状态，而不是当它来的时候就被它击垮了。所以，我觉得破缺就是完满的最好的一部分。

我跟国宏这几年深入地交往，我们在一起这么多年受了他很多影响，也收获了很多。我自己这几年也经历了人生的高峰与低谷，对我自己现在来说，我是很满足的，也是很知足的，也明白我将要做什么。对于未来我不能说成是信心，应该是放心。我觉得自己现在的能量挺大的、心量也挺大的，需要我做的事情我有勇气去面对。这就是他的破缺给我带来的完满，我的破缺给自己带来的完满。

欧阳康：我觉得国宏在您的指导下能够走向成功，自有其必然性。第一个是他自己的努力，另一方面就是沈教练的思想。下面有请我们章老师谈一谈。

章劲元：关于破缺，其实我很小就有这种感觉。我父亲是残疾人，他在 3 岁多的时候患了小儿麻痹症，只有一条腿是健全的，另一条腿因患病萎缩很小，跟我们的胳膊差不多粗。所以走路的时候就会很不方便，一瘸一拐。那个时候给我最大的一个印象就是：我很担心别人会怎么看我爸爸，我会怕被他们笑话。就像欧阳老师刚才讲的，那个时候就是我对破缺的第一个印象。很多人看了我父亲的生辰八字，说他一定要破相，也就是说这似乎是命中注定的。所以，这种破缺在他的人生中也带来了很多痛苦，但现在过得比较安稳，安度晚年，也还蛮好的。他自己并没有经常把这个事情挂在嘴边。

第二个就是我自己，可能在座的各位很难想象，我的右耳几乎是没有听力的，我得过 20 多年的中耳炎，也就是说鼓膜没有了。但是我在跟学生咨询，包括在跟大家交流的时候，我会很用心地去听，我觉得这并不能成为一个我人生的障碍，它的这种残缺我能够接受。当然不能跟贝多芬的去比，在耳聋的情况下还能够创造出名曲。但我觉得，我还是可以去帮到我身边的同学，让我的家庭过得比较幸福，尤其是对于我们家以前很贫困的那种状况，我可以去改变。

然后就是我身边的一些学生，事实上，如果能够用正确的心态去对待的话，他的破缺可能不会成为人生的一种障碍。欧阳老师您刚才所讲到的去日本的那个学生，我没跟他直接接触过，我接触过的我们学校的这么几个学生。有一个学生，他的视力是 0.07，基本上看不见。他在高考、考研究生的时候，要用一个仪器放在试卷上，才能够看到放大后的的字，他才能够去填、去看书，但是他能够考上大学，考上我们学校的研究生，我觉得这个学生真的是太了不起了。还有就是有一年，省民政厅到我们学校资助一批有残疾的学生，有的是眼睛看不见，有的是身体上的其他的问题。我们在一起座谈的时候，我一个最大的感受就是，他们把自己当成一个正常人，他们没有觉得跟别人有什么不一样。他们那种自信、笑容真的跟代老师有点像，他们不会自卑、不会抱怨生活和上天。

还有一个女孩子，她的脸上有一个很大的胎记，在我们眼中可能比较丑，但她反而很开朗。我曾经询问她怎么做到不介意，她表示并没有介意这一点，她说这是因为真主爱她，所以才给她打的印记。这些事例让我看到生命中有许许多多的缺憾或者不完美，但是用不同的人生哲学、信仰或者是心理状态来对待，就会有不同的结果。

最近几年有一些由于无法毕业、身体有慢性疾病、情感、声誉上出现问题而自杀的同学，他们就是因为无法接受这种不完美才会做出这些举动。我最近也在思考这个问题。根据佛家来看，人生就是一段痛苦的过程，毕竟最后你还是会死去，要离开这个世界。但是不管生老病死，佛家认为身体只是一个皮囊而已，人最重要的灵魂只是寄托在其中而已，这是佛家的哲学。关于道家，我很喜欢看庄子的书，他的书里有很多的故事、各种奇怪的人或是树。但是在其中没有用的人或树却可以颐养天年，道家认为这就是他们的价值所在。并不是所有的树都需要长成参天大树，它可以成为对人们毫无用处的树，它在人类眼中是不完美的，但对于与它们自己来说反而是完满的。它们可以不用像其他树一样拿去做桌子或是其他什么东西。我也去了解过基督教的一些教义，他们对于这些不完美的东西的态度是，只要去做好你自己就好了，不用去管其他的东西，将它们交给上帝就可以了。他们认为苦难是上帝对你的考验，有的人可以坚持住，并且继续信仰上帝；而有的人却不可以，去做一些不好的事情，可能会自杀或是放弃上帝，这些都是不可以的。综合来看的话，我认为所有的人生都会有不完美，关键取决于心态还有你对生命的看法。在人生哲学这个方面有许多的派别和宗教，但总体是鼓励你珍惜生命，去接受和面对困难。

心理学也有很多这方面的理论，我想讲两个，一个是行为主义的心理学理论，他们认为人的各种缺陷都是因为后天各种环境的影响而造成的。比如华生，他说："你给我一打健康的小孩，我可以把他们训练成医生、法官、律师，也可以把他们训练成小偷、强盗等等。"所以他认为个人的心理缺陷也是后天别人对他的影响造成的，这是一种理论。另外一种理论，比如人本主义心理学认为，每个人内心都有一种向上的力量，不管遇到什么情况，都会有内在的生命的活力。有这样一个例子，有一个地窖里有一个土豆，但大家都忘了这个土豆的存在，就把它一直放在地窖里。土豆就顺着窗户，顺着阳光一直长，长得很好。这让人非常惊叹。生命可能会有各种缺陷、会有各种不完美的东西，但这种向上的力量会一直都有。哪怕生活中遇到看起来十恶不赦、无可救药的人，他内心一定有善良的、本真的东西。所以，我们做咨询的一个目标就是要去发掘他的善、发掘他的力量。可能刚开始时，他自己把这种力量忘了、丢了。但你帮他慢慢找回来，去让他相信自己、相信他自己内心的感受、去相信他自己看世界的方式。他就会逐步形成独特的自我。

所以，我觉得认识你自己的同时也是成为你自己。每一个人都是独特的、不可替代的，因为在这个世界上，没有任何一个人可以代替你。对于家庭来讲、对于父母来讲，你这个人不管有多大的缺陷，甚至做了什么坏事，有多么的不完美，父母都是可以接纳的。如果你自己都不接纳自己的话，怎么让别人接纳你呢？所以破缺与完满是对立统一，并且取决于环境的因素、他自己心理的因素、信仰的因素。

所以，我觉得今天欧阳老师提出这个话题是特别有意义的，不管是对于人生来讲，还是对于国家来讲。就像我们这个社会、这个国家，发展非常快，但也有着各种问题。但是如果你天天都去想这个问题，就会悲观失望、抱怨，甚至是愤世嫉俗。我们看到它的好，把它建设得更好，就会更加有力量，就会有一种更好的心态去看待它。就像我们说的，你的心有多美，我们的世界就有多美。

李玲：今天下午我在听代老师的报告的时候就在想一个问题，代老师在遇到这么大的一个困难时仍然可以乐观地活得很精彩，这究竟是怎么样的一个力量在支撑他？我从 2002 年就开始做学生工作，也碰到各种各样的学生。有的学生可能有这样的家庭背景、生活经历，有一些这样的生活方式，但是后来，这样的共同因素却导致这两个学生截然相反的人生选择。让我印象很深的是，我有两个学生，其中一个学生在他三岁时，父母出车祸去世了。但是这个孩子过得很乐观，他相信这个世界是很美好的，他后来以专业第一的成绩保研。另外一个孩子也是一个孤儿，被一个家庭收养。但这个孩子过得很不开心，他感受不到爱，总是觉得别人要抛弃自己。所以他在出现学业问题时采取了结束自己生命的极端的方式。人生的破缺有时会成为追求完满的动力，有时又会成为毁灭人生的力量。究竟是什么样的因素在影响呢，我们今天提到了乐观的心态，包括代老师今天分享的家庭的教育。父母对他的教育，是他如此乐观、坚强地生活的动力。

当学生无法把破缺转化为完满时，可能会想从另一方面来弥补，使人生完满。但每个人定义的完满是不一样的。我有个学生患有小儿麻痹症，他每天的教室都在五楼，光是上楼就要半小时，从寝室走到教室也要十五分钟，其他同学可能七点四十左右才从紫荆晃悠到西十二，也不会迟到，但他每天都要比别人起得早。不过他的成绩非常优秀，后来被保送到了复旦大学。在与他交流时，他告诉我，虽然他身体上有缺陷，但他要把人生过得更美好。因为身体上的缺陷是无法改变的，但是他可以通过其他方面达到人生更高的高度。相反，有的学生身体没有任何问题，有很健康的身体、很温暖的家庭、可观的家庭经济支撑，他们反而享受着生活的完满，这时很多动力也就消失了。所以我们看到，在学业困难的群体当中，有很多属于父母很成功，家庭条件也很好，从小到大一帆风顺的孩子。到了大学，他们发现自己现在所处的状态已经十分完满，已经没有动力去追求一个完满的人生，或者说他们已经不需要再付出多少努力，就可以满足自己物质生活的需求，这些学生可能就会厌学，对生活没有多大的兴趣。

所以我觉得，这种破缺会有两种极端，它有时会推动人们去追求人生的完满，有时却会成为一种毁灭性的打击，再也无法恢复。我今天很想问代老师一个问题，如果你的人生没有经历过这次大地震，那么你理解的完满应该是什么样的。人生的破缺、挫折是由很多部分构成的，在某一个部分破碎了，我们会在另一个部分填补起来。

欧阳康：可以啊，国宏你可以继续回答李玲老师的问题，我觉得挺好的。

代国宏：我刚刚也在想，如果真是正常状态，也就是说我还有双腿，没有经历过大地震。我觉得我要思考的问题就不会是现在这样的问题，各种方面可能不会有太大的改变，包括家庭和自己的人生。有时候自己还是有点庆幸遇到这样一场大地震，受到那么多的关注，让自己成长了不少，其中思考问题的方式也与以前有很大的不同。我有思考过自己能够给后代留下一些什么东西，就像我奶奶看到我觉得我能改变一大家子人的命运，我想真的只能改变这么一点吗？挣一些钱回去，在家里修一栋房子，只能这样吗？我都不知道我爷爷的爸爸叫什么，是做什么的，我的家庭是没有文化底蕴的，没有任何可以传承的东西。我经历过这样一段人生之后，我想要努力做一些事情，让家里人知道有这样一个人曾经为这个家庭很努力地付出过，能够让他们记住的一些东西。我不想我的孩子像我这样没有太多的文化，没有一些可以传承的底蕴的东西，我是觉得传承很重要。

欧阳康：挺好的，我觉得刚刚讲到的东西各有各的视角，这个东西确实是一个非常复杂的问题。首先从国宏这里他谈到两种人生，如果没有灾难你会怎么样。按照正常的轨迹，读完高中考上大学，现在可能是在科技、人文、社会领域的一个白领，但是会不会有这样的知名度呢？这样一种知名度是以一种超常的代价付出的，不管是从身体的残缺还是后来精神和体力上的付出来说，要游出金牌是需要付出巨大的努力的。在我们中国文化里，有一种祸福转化的概念，刚才李玲老师问到了什么东西让它变成了积极的力量？又是什么东西让它变成消极的力量？这可能是最关键的。刚才章劲元老师也讲了好几种理解。我觉得对这个问题回答的关键取决于一些基础性的东西，比如说，是不是每个人都是不完满的？无论是上帝造人说还是自然进化论中，每个人都是不完满的，每个人是有差异的，有高有低，有胖有瘦，智慧有高有低，情感上有人比较强烈，有人比较淡漠。各方面汇集起来，他的性格特征、人际交往都会产生一些差异性。在过去，这些差异一般不被当做破缺，就是当成一种差异性。但如果真要做一种横向的比较的话，它就变成了一种破缺。有的人这方面的能力很强，有的人那方面的能力很强，有的人家庭出身很好，有的人可能处于贫困、疾病、灾难之中等等，有的人是生理方面的不完整，有的人是家庭关系结构的不完整，有的人可能是心智的不完整，有的人可能理性很强但情感不完整。《最强大脑》中就经常有那种生活能力很差但在某方面表现出超常的能力的人。在我们搞哲学的人来看，破缺是一种普遍现象。但是否承认就因此产生了更大的差距呢？到底是一种合理的还是不合理的？公正的还是不公正的？为什么有的人愤世嫉俗，有的人逆来顺受？有的人就此消沉，有的人幡然奋起？这就涉及对这个问题的深度认识，这个认识可能使人变得消极也可能使人变得积极。有可能他觉得自己还要抗争，也有可能就此放弃了。

这个问题确实需要来讨论，接下来的环节我们讨论对于后天的破缺如何应对？破缺有的是天生的，有的是后天的。比如国宏之前是有腿的，但是后来失去了；比如一个社会地位很高的人突然降落下去了。失去本来拥有的东西，这种后天的破缺更让人难以接受。我常对我们的大学生讲，你们过去都是天之骄子，但是一踏入校门，你们就都站在同一起跑线上，原先在高中你们可能是佼佼者，但是到大学里来，你会发现所有人都跟你差不多，甚至比你更强，高手如林。所以他马上就失落了。在这种背景下，人们如何去应对是很重要的。所以，这一些东西，自然涉及一些自我的比较和社会的比较。但是，这样的一番比较之后人们可能得出完全不同的结论。

我们可以探讨一下，其实这个问题是没有一个固定结果的，到底是什么因素可以让他走向比较积极、健康的方面，而到底是什么因素让一些人走向堕落、颓废，甚至放纵？我们就这个问题，大家来谈一谈想法。我觉得国宏是不是特别有发言权，因为你的特殊的人生。你选择奋起，但其实汶川有多少人能真正这样走出来了呢？

代国宏：谈到这一点，就像当时地震的时候，其实我并不是被媒体关注的。也就是说不管是让路的、喝水的都没有经历过这样的事情，那我是什么样子的呢？还是母亲从小对我的教育、在我性格上的培养、我自己跟哥哥的感情在影响着我。我当时被救出来之后，特别想见他一面，也许我就这样离开了，也就没什么牵挂。但他回来之后给了我一个特别大的信心，我可以继续走下去了。

而且，我在受伤的过程中，可能是因为天灾的缘故受到的关注太多太多，所以每天都有好多好心人来看望我们。这一点我也想到了，如果是这样的一些先天的孩子，他们可能不会受到社会太多人太大的赠与和很多很多的关爱。之前我自己也总结过一句话，伤残孩子的内心是永远需要安抚的，不管看他们表面看起来再强大，他们的内心永远需要一个可以跟他沟通交流心灵的老师。我觉得这些对他来说特别特别重要。

在地震发生之后，那些孩子受到了特别大的关注。当时间渐渐地远去，也许他们受到的关注会越来越变小。我不知道他们怎么面对这样一件事情。但我通过自己一点点的努力并慢慢得到认可和受到关注之后，我也是慢慢地、一点点地通过自己的努力成长起来的，可能会跟他们有一个反差。所以，我觉得从内心来讲，我是一点点从痛苦或者是从自己内心坚定的一个想法——自己要去做并把它做成功成长的。我在内心和身体上都有一个成长。内心上，我可以慢慢接受这样一个事实，我觉得我还可以去做更多的事情；身体上，我从 50 多斤变成 100 多斤，这样不停的变化。所以，我觉得自己有能力、有这样好的身体支撑起自己去做这样的事情，我觉得非常好。因为很多做节目来邀请我时都会跟我讲，他们邀请那些突然垮下来的人来做节目，真的不像你这个样子。因为你经历过这样的事情，你的表达特别真实，你的每一句话都是有画面感的。所以在医院康复的过程中，我在这个群体里面看到别人比我更严重的，他都可以那样好好去做，为什么我不可以？所以，我就下定决心好好去做，我一定要超过他。

欧阳康：实际上，对于是后天形成的残疾人来说，第一时间给他的信息、能量是非常重要的。如果他是被遗忘了、冷落了，或者可能他得到的就是负面的东西，就此沉落下去。但是因为他一直就处在关注之中，当时全社会的关爱，给了他一种积极的力量，再加上治疗也比较及时，是最好的条件、最好的手术、最好的康复医生，包括心理健康的辅导。估计这个可能是一个非常重要的，就是他的家庭第一时间给他灌注了一种积极的力量，这个是比较重要的。

代国宏：我当时就是不想穿假肢，北京的一个尹奶奶说："我可以给你跳一段舞吗？"我说："你跳吧，有什么嘛，跳一段舞还很简单的。"

但是当她慢慢地、慢慢地露出她的假肢给我看的时候，我被震惊了，原来还可以这个样子！所以我就愿意去学这个东西。其实当时也有心理老师到病床前来给我讲什么，我说："你又不是这个样子，你站着说话又不痛。"就是这种感觉、这种心态。还有一个李叔叔是信息科的主任、博士老师，他每天下班以后什么都不做就跟我聊天，先跟我聊我想要说的话，然后他会分析我说的话，我觉得分析得特别有道理。然后他慢慢地再讲到他的那一边，给我讲佛学、讲茶道。我觉得跟这样有智慧的人交流，是好有魅力的一件事情，自己也好想去达到他这样的高度。所以，我自己就会慢慢去思考这样一些问题。在到达康复中心的时候，你慢慢地去超过他们。在里面变得与众不同之后，你还想要更进一步，再进一步。真正到这个社会当中来。

欧阳康：其实在我们教育学里面做好孩子的愿望会越来越强烈，它是往上走的，战胜了一些其他苦难和障碍。

代国宏：其实我有思考过，在医院里关心我的人、了解我的人都知道我是怎么样一个人、怎么样的性格，但是我到了社会当中来，又该怎么办？我当时其实也挺惶恐的，那些师傅不搭理我，这个样子就坐不到车。我每天都会遇到这种事情。我每天一出门就会遇到有人问我是不是火车撞了、大巴撞了、自行车撞了等各种我被什么都撞过，但我会很乐意跟他们沟通，用一种特别有意思的方式。就像我跟小朋友说："你们知道我是谁吗？其实我是有脚的，我只是把它放在家里了。"我会把照片翻出给他们看，我穿上假肢说自己其实是变形金刚，然后我还会跟他们讲《熊出没》里面为什么李老板一直没有出现？因为李老板没有脚，他去不到森林里面，所以只有打电话让光头强快点做事情，所以小朋友每次都特别喜欢我。就像沈老师的女儿一样，她说："叮当猫叔叔我想你，我爱你。"有时候我们在外面待久了，他会打电话给我讲："叮当猫叔叔，你一定要听话哦，听妈妈的话哦。"我觉得特别有意思。

我有记录一些东西，我差不多每个月的十二号都会写一篇日记，我也在想 2018 年，十年后我要写一本书叫《震后十年》，在这十年中我都干些了什么、做了些什么，把这个历程记录下来，时间会结点。

欧阳康：沈教练，你觉得呢？怎么样来实现这样一种转化？我觉得这个转化是最重要的，其实每个人都会有挫折，我记得我给劲元他们曾经有一次写过一个序，那个题目大概就是要善于把挫折转变为人生财富，挫折可能毁掉一个人也可能反而让你成功。如果没有这个挫折你就是一个很普通的代国宏，现在你成了一个名人代国宏，当然这并不是说我们都希望这样来处理，可能你就是一个成功的，你也还有另外一种可能。当你有了这一场灾难以后你就不是这样一个人了，你完全就是一个很堕落的、很消极的、很愤世嫉俗的，然后整个可能是另外一个人。他怎么成了这样的？或者你感觉在这个过程中有一些什么关键点需要去从心理学或者社会学或者从各种角度都可以来讨论的东西？

沈斌心：欧阳老师，你们都是学术界的专家，我的语言根基很浅薄，我的认知也是比较浅薄的。但是在我看来，您说的福祸相依确实在他的身上得到了很明显的体现。国宏因为地震的事情让他得到这么多关注，但是这又讲到一个，可能也能感到我学到的知识——因缘和合。因为他本身是一个比较阳光的人，便吸引了很多阳光的人来到他的身边，聚集了更多的力量。我讲过我遇到的不只他一个地震的孩子，还遇到了另外的地震的孩子。但是那个孩子身上发出的光，不是叫做阳光，它是比较阴暗的。它会让你觉得你跟他接触、说话等等带给你的是负面的东西。那就说明发光体他本身有没有吸引到阳光的东西，或者是负面的东西。

欧阳康：他的肌体状况跟国宏比呢？

沈斌心：完全不一样。

欧阳康：他是什么病？

沈斌心：他也是脊髓损伤，虽然全身是完整的，但他的下肢没有知觉。对于他来说，这个事情可能就完全接受不了。他每天都在唉声叹气，让所有人都觉得不太想跟他玩，因为跟他一起玩没有意思、不开心，每天说的都是垂头丧气的话或是对生命感觉不是很好的状况。当时他也在练游泳，我也很关心他。

欧阳康：他可以走路吗？

沈斌心：完全不可以，他需要帮助。但是因为他有脚所以反而更重一点，他的脚还是累赘的东西。他们两个是截然不同的。第一次我知道他们俩都是来自震区的时候，我对他们两个有一层格外的保护。然后国宏主动跟我讲：沈教练，你想知道地震那两天我是怎么过来的吗？我说：我想知道，但是我不敢问。我不知道这会不会让你很伤痛。他说：不会，我讲给你听吧。然后我就含着泪听他讲，这是他主动跟我讲。但另外一个小孩却不太愿意讲，后来他也没有再练了。因为他确实不方便，游泳可以帮助他一些，但因为他的脚不适合搞竞技运动。就像我刚刚讲的，国宏本身就是一个发光体，他吸引了很多光芒过来，我觉得是他自我的一些东西在作用。

欧阳康：可能还是与每个人生理和心理的内在基础有关系。内在有阳光，他就继续朝着阳光的方向走。如果要把一个阴暗的、冷漠的东西变成很热情、很阳光的，可能更难一些。

沈斌心：但是刚刚李书记讲的那样，把内心的阳光面激发出来，也是很重要的一个课题。以前有一位高僧说过："世界上有很多恶人，但是再恶的人也不能去抛弃他。"我又想到以前教过的一个没有双手的、很调皮的孩子，但是我知道他骨子里有一股善、一股可爱，所以他和我在一起的时候就很听话。但是其他人找不到他的发光点，所以他也就不和他们表现出来。所以有时候是你去看才看得到，你不去看就永远看不到。

欧阳康：这就对心理健康教育和社会提出了一个很高的要求。就是你能不能去发现它、激发它，能不能找到沟通点，然后把它变大。这是一个很宏大的命题。

章劲元：其实刚才，沈老师在讲自身经历的时候，我想到，咨询中存在一个问题：什么样的咨询才是有效的？答案跟咨询技巧其实没多大关系，而跟他的咨询关系更加有关。重点是，你怎样让他感到信任、温暖。就像前面说到的，母亲、哥哥，他们能让你感到支持。有些学生遇到困难挫折的时候，在他们身后有很好的爸爸妈妈就可以很好地恢复。但是有的人家庭不是特别好，甚至问题根源就来自家庭。所以到了这个时候，他就很难跨过这个坎儿，特别是重大的灾难和挫折面前就过不去。这是第一个关系。

第二个我想接着沈老师说的，为什么那个孩子会那么阴沉消极呢？国宏就更阳光一些？这可能就牵扯到很多因素，包括他的家庭是不是从小就有温暖。如果具体到个体来讲，就是他能不能去相信自己的判断、相信自己看到的东西。有很多高分学生到了学校就会出现很多问题，因为他从小就是在父母的要求下去学习，他把学习看成一种任务，他没有自己去探索过。所以当他和一个女孩子接触，他就会质疑她是不是真的爱我？我喜欢某个东西到底应不应该？我选择的这份工作到底好不好？他很难去相信自己的判断，很难去相信自己选择的就是有价值的。所以他就会不断去怀疑，把这些负面的东西投射到别人身上。所以别人也会把他认作一个负面的人。

其实根源就是他小时候没有机会去认知世界，去相信自己。如果真的相信的话，就算因为地震被埋，他也会相信自己就能活下去，我一定要活出去！他有这样一种信念，他能够相信自己。

第三个就是期待：有些人的期待就是大富大贵；有些人的期待就是我只要从农村闯出来就可以了；还有一些人的期待就是我毕业找个工作能够养活自己就可以了。但是有一些人想建功立业，为了国家、为了他人而要求自己去做很多事情。在别人需要的地方让看到自己的价值，这个就是对自己的期待、对人生的期待的不同。这种期待高有时候是好事，它能够激发人去努力奋斗；但是也有很多时候如果遇到挫折也会带来冲击，这个我做不到，那个我也做不到。有的人就比较聪明，能够放下期待，我先活着再说，我先进了大学再说，反正以后的事情以后再说。就活在当下，活在此时此刻，这也是一种很好的人生态度。

李玲：我刚才在前面提到有两个孤儿的案例。后来我反过来想，虽然都是孤儿，但是他们有很大的不同。刚才代老师所讲给了我一些启发，我发现有一种力量能够成为积极的力量，那就是无条件的、积极的关注和爱的力量。这种爱不一定要来自家庭。其中有一个对人生表现得积极乐观的孤儿，在入党的时候写了很多的思想汇报，他讲述了他的成长经历：他三岁的时候父母双亡，但他的叔叔伯伯还有村子里的人对他特别好，他从来没有在过年过节或生日的时候孤单过。他从小学到大学都是当地政府和学校给了许多的帮助，还有很多爱心人士给他捐了很多钱，所以他没有经济上的压力。

另外一个孩子也是孤儿，而且还被收养了，从家庭条件来说得到的关爱按道理应该比上一个孤儿还多，但是最后却差点退学自杀。我们跟他聊的时候了解到，虽然他被收养了但是他感到压力很大，因为他的养父养母并不是无条件地爱他。他的养父母想着现在养育他，将来是要回报他们的。这是有条件的爱而不是无条件的爱。当他觉得他可能做不到回报养父母的时候，他就只能以自杀这一种结束自己生命的方式来表达自己的无助。所以来自家庭、社会这样一种无条件的爱可以成为一种强大的正能量。

我还有一个感触就是我刚留校的时候带的 2002 级学生，其中有一个学生迷恋网游，而且玩得特别厉害。他从来不去上课，我原来的教育方式是跟他说：你应该怎么样去学习、怎么样去落实，但是这种方式效果非常差。他的父母也在这里陪读，但一点效果都没有。那个孩子不洗澡，头发乱糟糟的。有一次我把他叫到办公室说：我跟你做一个约定怎么样，以后我不会跟你谈论学习的事情，但是我会每天跟你发短信，你要告诉我一天的生活怎么样，过得开不开心，就算打游戏也告诉我打得开不开心，游戏升级了没有。当然你可以回我的短信，也可以不回我的短信。但是我会一直给你发一个月的短信。后来我真的连续给他发了两个星期的短信，我再跟他说：能不能跟你提一个小要求，下次你见到我的时候，不要掉头就跑或绕着我走。结果他一个月后再来见我的时候，就换了一身很干净的衣服，头发也理得很干净。他来了之后也不跟我谈学习，但我就是觉得他在慢慢地变化。这个学生最后毕业了，签到了南车株洲电力机车有限公司。我可能帮助过很多个学业困难的学生，但只有这一个学生，不管他回不回我的短信，我每天都发短信给他。也就是说，我对他没有要求一定要回短信，没有让他一定要通过课程来回报我。所以我觉得是不是这种无条件的积极的关注和包容影响他，告诉他就算挂科也没关系。他会觉得也许每天进步一点点，就可以过得很好。这算是我自己做学生工作的一点点感受，学着怎么样给学生带来这种积极的力量。

我们现在的工作可能很难做到对每一个学生特别关注，就像代老师所说的，来自社会的人、你认识的和你不认识的人，那么多人中只聚焦在一个人身上是不太可能的。你会发现，自己应该要做好。尽管这不是别人要求你必须要做好的事情，但是你心里会有一个声音：我应该要更好，我有能力做更好，因为别人都在认可我。所以，我觉得如果每个学生都能有这样积极的关注、接纳和包容，也能形成一种向上的力量。尽管，他可能会在一开始从外部吸纳很多很多的能量和光芒，但他自己也会慢慢地亮起来，只是这个过程会比较漫长一点。有的时候，我们就缺乏这样一种耐心，没有等到他亮起来的那一天，我们自己就放弃了。

代国宏：我心里会产生一种她是不是想放弃我的感觉，她不但没有，还给我发信息、打电话。我有什么问题都会跟她沟通，她都会给我意见和指导。这个对我来说真的太重要了。之前，我找女朋友的时候就在想：我真的要找一个女朋友吗？其实，我就是想每天有我非常喜欢的老师或者认可我的老师给我讲一些东西、讲一些能够让我成长的东西、学习的东西，能够一直陪伴着我。我觉得这是非常非常好的事情，能够激励我不停去做事情，给我动力。实际上，我非常认可的老师跟我讲一些东西比我自己乱七八糟想很多很多要管用太多太多。

欧阳康：这个问题是个很有意思的话题，我们可以继续来讨论。我个人觉得，大家谈的最重要的一点可能就是要找到心灵对话的焦点、对话的窗口。关于这个窗口，第一它需要时机；第二要抓住它的焦点、难点，抓住问题的关键——它需要什么东西。刚才你们提到了纪老师的一句话：在别人需要的地方，看到自己的责任。他一直在谈这个问题，我自己也听他讲了几回，觉得挺有意思。

其实，心理健康、生命教育，包括所有的东西，别人需要时你才能发挥作用。如果别人不需要，再多也是没有用的。它恰恰就是这样。但需要点在哪里呢？每个人是不一样的，因为每个人的迫切是不一样的；每个人迫切的程度是不一样的；每个人迫切的时间在他生命历程中的时间点是不一样的；每个人迫切的原因是不一样的；每个人迫切的程度方式是不一样的。所以，我觉得心理健康或是生命教育最核心的就是要找到问题的焦点、关键点。我觉得，我们最重要的是要抓住这个核心。关于这个问题，社会的力量、自身的力量、内因外因、各方面因素都能汇集起来，包括集体的、心灵的、社会的、情感的都能汇聚起来。所以，我觉得这是件非常重要的事。

但是，这个问题很难有一个简单的、标准化的解释。其实也就是一把钥匙开一把锁，每一个心灵都需要有一个与它相对应的心灵去碰撞。我觉得教育的核心就是心灵碰撞，你撞到了那个关键点上就一定能碰撞出心灵的火花。其实，我曾经跟章劲元说过这方面令人惋惜的事，我总是觉得遗憾自己处理了好几件惋惜的事，非常遗憾为什么我们没有能够更早地发现这些迹象，为什么没有能够阻止，我们怎样才能做得更好。

这方面有很多问题可以去讨论，今天我们关于这个问题先做了一个深沉的讨论，回头我们再继续讨论。

代国宏：全国残疾人游泳锦标赛冠军、"无腿蛙王"。

欧阳康：华中科技大学原党委副书记、教授、博导。

沈斌心：代国宏游泳教练。

章劲元：华中科技大学大学生发展研究与指导中心主任。

李玲：华中科技大学光电学院党委副书记。

（2016.3.16）

社会阶层对人心理行为的影响

华中师范大学 郭永玉

后天我会到北京去出席一个会议，是科技部、教育部、自然技术基金委员会、国防科工委等国家的高层教育和管理部门召集的各个学科前沿的研讨会。它的召开有两个意图：一是要就各个学科最前沿的科学问题进行自由的探讨。它不受任何政治约束，保证完全的学术自由，科学家们可以在这个会议里不受约束地交流。第二是探讨各学科最新的研究成果与国家需求间的关系。讨论如何把各学科最前沿的研究成果融入国家的建设与发展中的问题。心理学也积极地响应了这次会议，所以今年元月就申请到主办一个心理学主题的科学会议。我很荣幸受到中国科学院心理研究所前所长的邀请，让我去谈人格与社会文化的相互作用。整个会议的主题是心理行为的遗传环境基础。这是心理学的一个最基本的问题。由这个问题可以展开很多的研究。会议共四个主题，给我们这个单元的专题是社会文化环境对人的心理有何影响和塑造，它分为评述报告和专题报告，给我个人的是一个评述报告。评述报告是 30 分钟，这是最高待遇，做专题报道则是20 分钟。我评述的报告是贫富与社会环境。这个题目是非常大的，我想在这个大题目之下选一个较小的题目，社会阶层对人格心理行为的影响。为什么选这个题目呢？这是不言而喻的。大家知道近年来我们国家贫富差距不断增大，社会阶层的分化越来越严重。这个问题成为关键是因为大家都意识到贫富差距会引起社会不稳定。当年毛泽东写到中国社会各阶级的分析，这篇文章中他提到要避免激烈的阶层冲突。在心理学家看来，阶层变化会引起人们心理的变化，有可能会威胁到社会的稳定。人的心理和行为，朝向冲突的，或者负面的方向改变，它就会作用到社会，就会威胁到社会。因此，我就提出，应该由心理学家写出对中国社会各阶层的分析，很可惜这样的分析还没有。而这些问题显然是非常重要的，在西方，比如美国，这就是一个重要的研究领域，就是社会阶层心理学是一个新兴的领域，一种新兴的心理学。

首先我们看一下社会阶层的界定和测量。什么是社会阶层，它是指由于经济、政治、社会等多种原因形成的，在社会层次结构中处于不同群体的不同地位的社会群体。这些群体中存在着客观的社会资源，包括收入、受教育程度和职业的差异，并且感知到由此造成的社会地位的差异。因此呢，就有两个方面，一是客观上的差异，以及由此造成的心理上的差异。关于客观社会阶层的测量，国外主要是依据收入、教育和职业这三个指标。在我们国家呢，我们国家社会学家以职业分类为基础，以组织资源、经济资源和文化资源的占有状况为依据，把我们国家的社会阶层分为十个。最高阶层是国家和社会管理阶层，最低的是农业劳动者和城市失业和半失业阶层。20世纪90年代曾经流行一个段子，大家有兴趣可以到网上查一下，这个段子呢，是讲一等公民是公仆，子孙三代都幸福。二等公民……九等公民是教师，海参鱿鱼认不全。十等公民老百姓，学习雷锋干革命。这些都是90年代流行的，所以那个时候说教师，我们在座的大多数是教师，教师在那个时候还是被视为九等的，还是"老九"。这就是我们社会学家的一种划分，但是客观社会阶层要对人产生影响，必须被人感知到。而且客观社会阶层的评定不一定与当事人的感知一致。这就是说客观和主观有一致的地方，也有不同的地方。比如，在刚才所讲到的陆学艺的阶层划分中，专业技术人员阶层是在中等偏上的位置上，那么按照他的这种划分，在座的各位，包括我，差不多都在中等偏上的阶层中，但事实似乎并非如此。我们院里有青年老师就说，这种阶层划分他是不接受的，因为青年老师在大学里面属于弱势群体，同样在大学里面工作，那些名牌的教授与那些刚参加工作的青年教师和辅导员的差别却是很大的，恐怕不能放在同一个阶层中间，所以就有主观社会阶层的测量。主观社会阶层是指个体感知到自己在社会阶层结构中所处的位置。那么怎么测呢？就是给受测者提供一个十级的阶梯，然后让受测者估计自己在社会中处在哪一个阶层，然后在那个阶梯打一个记号，就这么简单，这就是主观社会阶层的测量。外国专家经研究这两种测量结果发现，二者之间有中等程度的相关。这就意味着他们之间有一致的，但是也有不一致的。

下面我们来看看社会阶层对人的心理有哪些影响。研究发现，社会阶层越高的人，寿命越长，健康状况越好，遭受肢体残疾的可能性越小。比如我们国家的领导人，去世的时候绝大多数都在九十岁以上或左右，七十多岁去世的领导人是非常非常少的。社会阶层是健康和情绪问题的重要预测源，低社会阶层有更高的患病率和死亡率，当然呼吸道疾病可能不包括在内，因为我们大家呼吸的都是一样不太好的空气，尤其是北京。低社会阶层还有更多的消极情感、更少的积极情感和更多的社会压力。我想这些研究跟我们的生活经验是非常吻合的。研究者还提出，社会阶层对人的心理的影响是这么一个过程，即社会阶层的差异会导致认知倾向的差异。低社会阶层者，他们在认知上是情境主义的，也就是说倾向于认为心理和行为受情境因素的影响，关注与处理一些人际关系等外在问题，而高社会阶层是唯我主义者，认为人的行为受个体内部因素影响，如特质、目标、情趣等等。具体来讲，低社会阶层者拥有较少的社会资源，并且感知到较低的社会地位，这种状况限制了他们的行为和追求目标，增加了他们对外部力量的依赖，长期便形成了情境主义的认知倾向，而高社会阶层者拥有较多的社会资源，并且感知带较高的社会地位，由此能够自由地追求自己设定的目标，从而使他们形成了唯我主义的认知倾向。研究表明，唯我主义和情境主义的认知差异主要表现在自我、人际关系和社会知觉这三个大的方面。首先了解社会阶层对自我的影响。有人做过研究：找一群大学生，了解他们的家庭背景，他们可以分成工人阶级和中产阶级，让他们填写一份无关的问卷，填完问卷就给他们小礼物。礼物是五支笔让他们选，有四支颜色是一样的，一支颜色不一样。研究发现，中产阶级背景的大学生大多是从那四支颜色相同的笔中选择一支。有关社会阶层与自我概念的关系有很多研究，这一系列的研究都指向大体一致的结论：低社会阶层者他们的自我概念是互依的，而高社会阶层者的自我概念是独立的。低社会阶层者认知系统中的自我和他周围的人的界限是不分明的，是交融在一起的，我们把这称为互依的自我。 而高阶层者关于他们周围的人的界限是更为清晰的。也有人用此范式来比较东西文化，在机场做社会调查，选各种国家不同文化背景的人来做这个研究。研究发现西方背景的更多是独立自我，而东方的背景则更多是依附。先是社会阶层的角度，也可以看作一种文化的差异。

社会阶层对自我的影响还体现在自我控制感上。研究发现，主观测量的社会阶层与控制感的相关，围绕对社会不公平的归因与控制感之间的关系开展研究。提出的问题就是，社会不公平是由外在的原因造成的，还是内在的原因造成的。富人越来越富，穷人越来越穷，是因为能力、努力造成的，还是环境造成的？这反映了个人对于自己命运控制的能力。实验结果显示：无论是在社会不公平增加还是降低的情况下，主观社会经济地位和控制感之间都有显著相关。低社会阶层的人，自我控制感低，高社会阶层的人自我控制感高。社会阶层与自我的关系，还有研究围绕着威胁敏感性开展。研究是这么做的：给被试者讲故事，然后让他对故事的意义做评定，包括故事对他情绪的影响。比如说，当你在发言的时候，你发现你身边的人在笑。让你做评定，这个笑是善意的还是恶意的。笑是中性的，你怎么认知它。研究发现，家庭经济地位越低的被试越倾向于做敌意的解释。相应地也有愤怒的情绪。这个解释就意味着，社会阶层越低，威胁敏感性越高；社会阶层越高，威胁敏感性越低。

我们再看社会阶层对人际关系的影响，首先是对人际关系策略的影响。

人际关系策略分为投入和疏远。投入多表现为点头、翘眉和笑。这都是在人际关系中积极的反应，消极行为则相反，他们在与人交流的时候会做一些与交流不相关的行为，比如说：关注自己的行为，涂鸦，背视其交流的对象等。我们的这些实验是这样开展的：请实验者到我们的实验室里来，让他们与陌生人交流，我们通过摄像将其过程记录下来，然后请心理学家对其进行分析，得出了这样一个结果：第一社会阶层者有着更加积极、投入的非言语行为，而高社会阶层者在和陌生人交流时有较少的积极行为、更多的消极行为。

以上是社会阶层对社会关系策略影响的一些研究，这些研究指向一个大体共同的结论：低社会阶层者的关系策略是互依的，高社会阶层者的关系策略是交换的，也就是说他们认为一个和他交流的陌生人是和他没有利害关系的。这让我们很容易地联想到白居易说过的一句话："商人重利轻别离。"

而另一个研究方向：社会阶层对亲社会行为的影响，就是研究社会阶层的差异对捐赠行为的影响。研究发现无论是客观测量还是人为操纵社会阶层，低阶层者都有着更高的捐赠意愿。这是一个值得深思的问题。

顺便说一下人为操纵社会阶层。心理学家说，在了解这件事情和这个不幸的行为的人群中，有一些很高的阶层的、有名的、地位很高的人，人为地让你感受到你在这个假设的人群中是处于低社会阶层的。要人为操纵让你感受到你是较高社会阶层的，就会说，参加捐赠的人群中还有哪些人，让你感觉到你比这些人条件要更好，这就叫做人为操纵社会阶层。社会阶层对亲社会行为的这些研究指向这样一个结论，就是低社会阶层者有更多的亲社会行为，高社会阶层者亲社会行为反而更少。

第二部分我们看社会阶层对社会知觉的影响。首先要看社会阶层对内群体态度的影响。这个研究是，选取高低两个阶层的被试，让他们读一段故事，这个故事是讲，一个可能来自高社会阶层或者低社会阶层的小孩由于某种意外的原因，被高社会阶层或者低社会阶层的家庭所收养。这里从逻辑上讲一共是四种情况，也就是出身高贵的小孩被高社会阶层的家庭收养和被低社会阶层的家庭收养，还有出身卑微的小孩被高社会阶层的家庭收养和被低社会阶层的家庭收养。让被试来判断这个儿童在未来成长的过程中会向什么方向发展。结果发现：低社会阶层的被试更多地认为，这个儿童以后的行为会和收养家庭所处的社会阶层的行为模式一致，即取决于收养家庭的条件，即被高社会阶层的家庭收养就发展得好，被低社会阶层的家庭收养就发展得不好。而高社会阶层的被试则倾向于这个被收养的小孩会和他的亲生父母所处的社会阶层的行为模式所一致，意味着高社会阶层的人更多地认为人的命运会由出身所决定。研究的结论是，低社会群体者在内群体态度上是社会建筑，即不管你的出身怎么样，你的命运取决于你和你周围环境、人的互动关系。而高社会阶层群体的态度则是本质主义，即固定不变的、先天的这样一种观点。这种本质主义的观点用我们孔夫子的话是"唯上智与下愚不移"。

接下来我们来讨论社会阶层对同理心的影响。社会阶层是按受教育水平来划分的，找来不同受教育水平的人作为被试，让他们看不同表情的图片，并对图上的表情进行评定，评定得越准确代表同理心越强。研究结果显示，低社会阶层者同理心准确性高，而高社会阶层的人同理心准确性差。

对于社会阶层跟归因风格的关系有这样一个研究，显示在一个社会中贫富的分化越来越严重，另外一个研究发现社会中贫富不均的情况在改善。这里有两个不同的数据，不管贫富差距是扩大还是缩小，我们对它做出的解释不管是主观性的还是情境性的，都发现主观社会阶层越低的人，都倾向于对贫富差距做情境性的解释。在控制了文化年龄这些社会阶层因素后，发现主观社会阶层与贫富差距外归因越显著。我们进一步的研究发现，这两者之间，将控制感作为第三变量做分析，发现控制感是这两者的中介变量，这个意思是指，主观社会阶层越低的人，控制感越低；主观社会阶层越高的人，控制感越高，而控制感越低越倾向于做外归因，控制感越高越倾向于做内归因。因此它起中介作用。这是主观社会阶层对归因风格影响的研究，总体来说都是指向一个结论：主观社会阶层越低越倾向于做情境性归因，主观社会阶层越高，越倾向于做气质性归因，也叫内归因。

总结一下前面的研究：我们发现，高低社会阶层者，在自我人际关系、社会知觉各个方面都表现出明显的差异。我们重点看一看低社会阶层者的特点，他们普遍控制感低，威胁敏感性高，而且对贫富差距喜欢用外部归因，而他们之间相互关系又紧密。我们做一个大胆设想，当低社会阶层，这样一些感情增强，心理能力积累到一定的程度那是不是会威胁社会的稳定？例如像马克思一样号召全世界无产阶级联合起来，这个力量就很可怕了。这就是我们研究的意义。

人的心理行为受社会阶层的影响。但人作为一个能动的个体，绝不只会被动接受环境的影响。环境正是由人来改变的，教育者同时也是受教育的人。人是环境与教育的产物，人也是环境的创造者。接下来我们讨论人的心理行为对社会阶层的影响，以至于对环境的影响。首先就是不同阶层的个体，为人父母以后，会把各阶层的特点通过养育传到下一代。总体上讲，各社会阶层者，它的下一代也会属于这个阶层。研究发现，在美国和意大利，中产阶级父母更为强调目标和自我定向，而低层阶级父母更多强调服从权威，因而使他们维持自己的社会阶级。但是我们现代社会，很多人可以通过自身努力上升到社会上层，包括我自己。这就是说，除了现代社会提供的平等、自由，允许社会阶层变迁以外，个体自身的积极人格特征起着重要作用，比如勤奋、坚韧这样的特质。相反，中产阶级的后代，如果他们自身有人格缺陷，就可能沦落到社会的底层。所以网络上有"坑爹"一说。这其实是很痛心的事情。我们国家有个说法"富不过三代"，就是因为我们的社会没有宗教的约束。父母对子女有一种本能的溺爱与娇惯，这种传统就导致了"富不过三代"现象。

下面我们来了解一下个人对社会阶层的影响。下面这个研究是调查不同性格的成员在社团这种非正式群体中的地位，也就是说由成员之间相互评定。比如我们现在这个班就是一个相对非正式的群体。研究发现，无论是男性还是女性，外向性这种性格特征都有利于他／她得到高评价，让他／她在社会群体中处于比较高的地位。另外一种就是情绪稳定性，就是神经质。神经质对男性的影响略微明显，越是高神经质的男性，在这种非正式的群体中越不受欢迎，就是他被评定的地位越低。神经质是什么呢，高神经质就是情绪不稳定，低神经质的人情绪稳定。如果男性高神经质意味着两种可能，一种是容易跟别人发生冲突，另一种是内向的、多愁善感的。另外，纵向研究的结果也表明，儿童期和青春期的特质能够有效地预测成年以后与社会经济地位相关的结果。有个十五年的追踪研究发现，青春期的尽责性和学术成就与成年早期比较小的经济压力有关。研究发现在控制早期家庭经济水平以后，青春期的尽责性与学术成就能显著地负向预测成年期经济压力。简单说，十年前你的尽责性怎么样，你的学业成就怎么样，那么十年后这二者之间的关系就很明显，负向预测经济压力实际上是正向预测经济成就。测量十岁儿童人格特质的四个维度：掌控动机、学业尽责性、外向性和随和性。二十年以后再测学术成就和工作能力。我们发现十岁时候人的特质与三十岁时候的学业成就之间有显著的正相关。正如中国人所说：三岁看大，七岁看老。因此十岁儿童人格特质可以显著预测未来学术成就和工作能力。这二者之间不只是显著相关，用回归分析的方法可以确定二者之间的因果关系。

再来看看心理行为对宏观社会结构的影响，十岁人格特质完全可以作为预测依据。人格对社会的影响更多地体现在伟人对社会的影响方面。伟人在特定的社会背景出现，并对社会历史有重要的影响。而伟人的思想和人格所产生的深远影响，在某种程度上甚至可以改写历史。在历史学上有伟人说和时代精神说两种学说，这两种学说只持有一种立场，都是片面的。所以时代精神和伟人两个因素是共同影响历史进程的。在某种情况下伟人在进行一些具有个人特点的个人行为时都会改写历史。

接下来我们了解一些学说和理论。伟大的社会学家马克思·韦伯，他关于资本主义的理论就典型地体现了人格对于社会结构的影响。他在《新教伦理与资本主义精神》一书中探讨了信仰、动机和价值观这样一些精神力量是如何影响宏观社会结构和社会发展的，并解释了持禁欲主义的新教徒常常能够取得的经济上成功的原因。加尔文、路得宗教改革以后对基督教教义做了新的解释，也就是解释了一个人如何才能得救，在新教教义中苦修忏悔得不再是得救的见证，而现实的成功成为来世得救的见证。因为在基督徒看来，人生的目的就是得救，因为他们相信每个人生来都有罪，人生而为人的目的就是为了在死后见到上帝可以被允许进入天堂。得救的见证在中世纪是苦修、忏悔、禁欲，而在路德、加尔文宗教改革之后这些教义发生了变化——现实的成功成为来世得救的见证。而追求成功的过程不可避免地伴随着焦虑。为什么？因为成功的标准是不断在变化的，就算是仅仅维护现在的成功，也不断地要受到威胁和挑战。马克思也揭示了这个经济规律，在资本主义对经济的追逐下，不扩大再生产就意味着破产，所以中产阶级是新教徒的主体。而中产阶级手中掌握的生产资料必须不断地用于扩大再生产，否则他就会面临破产威胁。这样一种状态使中产阶级始终处于一种焦虑的状态。加尔文的新教义，激起了新教徒们的焦虑，这种焦虑是他们克己节俭、努力工作并且得以聚集财富。正是这种新教伦理成为了资本主义发展的精神动力。接下来是研究成就动机著名的心理学家麦克里兰，他在韦伯论述的基础上提出了新教伦理与资本主义发展之间存在着一种中介变量，这就是成就问题。在新教伦理相一致的养育环境中的个体，他们渴求成功的动力，激进了他们的创业心。有这样一个研究，他们研究国家发展和社会成员成就之间的关系，研究发现25年前这个国家国民的成就动机与25年以后的经济发展水平有显著的关系，是正相关关系。这意味着什么，它当年评价一个国家成员成就动机水平的指标，是小学语文课本中与动机相关的主题的数量。25年以后，就意味着当时使用这些小学语文课本的儿童，变成了社会劳动力的中坚。所以社会经济的发展与社会成员特别是中青年的成就有密切的关系，因此我们这时候可以看到其作用。

　　我们总结一下，经济基础、社会心理和上层建筑三者之间的关系。弗洛姆曾提出经济基础与上层建筑之间有个中间环节，就是社会心理。经济基础通过社会心理影响上层建筑，而上层建筑通过社会心理影响经济基础。因此我们要重视社会心理因素在整个社会中发展的作用。归结起来，就是人与环境的相互作用，是这样一个过程。美国著名心理学家米歇尔提出环境、人和行为三者之间的三元交互决定论，用他的儿童攻击行为的实验可以比较简单地说明这个问题：环境的影响改变着人的动机，人的内在因素。而这些心理因素又影响着人的行为，它们之间是一个相互影响的关系。米歇尔又把这个过程进行进一步的描述：情景特征，也就是环境的影响会作用于人的内心世界，而人的内心世界有各种认知和情感的因素。这些因素之间也相互影响，这种相互影响就是我们现在经常说的纠结。人的各种心理因素常常不一致，会冲突，对不对？各种交互作用，认知情感，各种因素相互作用，最后表现在行为上。而人的行为又进一步作用于环境，又影响环境。这是人与环境相互作用的过程。这种相互作用，又有不同的情况。三种相互作用。一种叫反应的相互作用。就是同样的环境，会对具有不同遗传特点的个体会产生不同的作用，比如说，同样是父母不高兴这个表情，敏感的姐姐可能会很伤心，而她的弟弟呢，可能视而不见，若无其事。当然在我们中国，大多数是独生子女。再比如，在同样陌生的环境下，比如在陌生人面前，我们来看婴儿，有的婴儿是特别怕生人的，有的婴儿是根本不在乎生人的。那么我们可以设想，同样的环境会引起不同人的不同反应。因此即使生活在完全相同的环境中，不同的个体得到的心理感受也不完全相同，反应也不相同。这是一种相互作用，第二种是唤起的相互作用。就是不同的人格特征可能会唤起不同的环境反应。就像我刚才讲的一个研究，外向的人，一般来讲，他的人际关系会更积极更好的。如果我们再加上其他一些因素，比如快乐、随和、开放、负责这些因素，都加在一起，那么这样的儿童，他可能从幼儿园开始，就受欢迎，受重视。所以他们无论在家里，还是在幼儿园，在学校，都会比别的儿童受到更多的重视。前两年，我们武汉有一个"五道杠"，大家熟悉吧？这是一个非常典型的形象。前两年武汉发生了"五道杠"事件——一名小学生作为重要人物去敬老院代表发言，像一位领导一样说我代表某某来看望大家的事件。从这个孩子的身上我们可以感受到社会环境在他整个成长过程中对其性格与特质的塑造扮演了一定的角色，会唤起孩子的某些个人性格特质。人与社会之间存在着相互作用，并且随着年龄的增加，人的主动性也会增加，那些不同特质的人更倾向于主动去改变，甚至去创造自己适应的环境，进而这些环境又会进一步影响其自身人格的形成。这就是所谓的主动的相互作用。简单地说来，一个喜欢交际与交往的人会主动地创造条件满足自己的需要，比如周末无趣的时候无人相邀，他便会选择主动打电话邀请其他人。在心理学中这被定义为感觉寻求个人特征即主动追求满足自身需求的特征。举个例子而言，某个人喜欢探险和玩刺激的运动（骑摩托车跨黄河，开飞机钻山洞）。这是因为他内心主动去改变条件去寻求此类刺激。总而言之，在心理学中人与环境存在着三种类型的相互作用，分别是反应相互作用、唤起相互作用、主动相互作用，这三者之间是递进的关系，个人的主动性也表现得越来越强。在婴儿期就存在着反应相互作用，在童年时期就有唤起相互作用，到了青年期主动相互作用就变得越来越明显。三种相互作用是如上述的发展过程的。

　　总结一下主题，人与社会阶层是一种复杂的双向作用关系，社会阶层影响着人的心理行为，人又通过自己的行为改变自己所处的社会阶层。人与整个环境的关系也是这样，环境影响人，人也影响环境。这个结论好像很简单，没什么新颖，但中间的机制却是非常复杂的。关于这个问题还是有很多值得研究的问题，在这个领域未来的研究方向我觉得就是人与社会阶层的相互作用的内在机制。再一个就是社会阶层流动问题，特别是低社会阶层者如何成功地流动到中上层。这是我们所期望的积极的改变，我们希望有更多的低社会阶层的人流动到中层，也就是中产阶级。温总理反复讲的就是社会结构要改变，要让中产阶级不断扩大，这样社会才会越来越稳定。这种流动，人格是一方面，社会条件、制度这些外在的因素也是非常重要的，只有人格和社会环境良性地互动，才能促成这样一个积极的改变。最后就是随着我们国家农村城镇化的发展，以及整个社会的进步，会有越来越多的低层社会者流动到中产阶级，这个个体阶层的变化，对他的心理和行为，会产生一些影响。我们不希望一些不太好的（变化），比如说暴发户的行为，就是一夜暴富以后就不知道自己是什么了，这就是可能出现的不太好的行为，这也涉及教育等各方面的问题。以上就是我要讲的全部内容。

郭永玉：华中师范大学的心理学院教授，博士生导师。

理想、幸福与责任

北京大学 徐凯文

今天讲座的主题是"理想、幸福与责任"，我临时加了"责任"两个字，很多时候责任也是幸福的一种来源。今天我们就从这几个角度来看一下当今的世界和中国所发生的一些事情。

这个PPT我讲了无数次，但这是我们中国的现状。我国的心理障碍发病率，从80年代到最近一次2005年的全国性调查，已经从1%增长到了17.5%。目测我们教室里一共有100个同学，假设是100个同学，我希望我是大家认识的第一个，也是最后一个精神科医生。但是只有80%的人有这样的概率，如果两个精神科医生，我再找一个同行给大家挨个做心理测试，从统计学上来说，有将近20%的人应该要再见一次精神科医生，要治疗吃药。我为什么要这样说呢？这只是一个玩笑，应该不见得是这样一个比例。随着中国经济的高速发展，中国心理疾病发病率越来越高，幸福为什么会成为一个热门的话题，是因为问题越来越多，越来越严重。今天我给大家讲的问题不是特别准备的，而是我在北京大学为新生做的一个入学心理健康讲座，但是我想这些跟当代90后有一定关系，我希望今天的讲座能够对大家以后的生活有所启发。因为从不同的角度看幸福和心理健康，是跟每个人都有关系的。

我不知道在座的有没有知道这幅画——《呐喊》，这是挪威国宝级画家蒙克的作品，它被卖到1.28亿美金，拍出了世界第二高的价格。这幅画胜不在技巧，而是反映了当时欧洲人的一种状态，焦虑、苦闷，想要喊却喊不出来。非常有意思的一件事情，去年《新周刊》用这幅画作为它的封面用来关注安全感，说中国人丧失了安全感。关于安全感，我经常用一幅图片作说明，就是这个。我不知道大家还记不记得 2012 年温州动车事件，因为大家现在都经历着各种各样的不幸，很多事情已经淡忘了。温州动车事件我觉得非常具有隐喻性，如果一个社会以一种超速、飞速的速度行驶时，速度过快，不注意安全就会翻车。所以一定意义上讲，中国人的心理上、生理都出现了一些问题。

我刚才讲到我是一个医生，现在补充一些数据。中国人心理障碍发病率在急速地增长，中国人生理健康也出现了明显的恶化。在座的诸位都很年轻，但是一些老年的、慢性病正在提前，中年人得糖尿病的比例大概是十年前的 5 倍，得高血压也是十年前的 5 倍，不孕不育比，也就是夫妻之间性生活没有避孕措施，2 年以上不能怀孕的比例是 10 倍以上，已经达到了 17.6%，也就是说每 5 对夫妻中就有一对想要孩子但是要不了孩子。产生这些问题的原因是什么？我想第一点是，如果参照中国今天状况的话，有一个词形容中国普遍的心理状态就是" "。整个社会都很焦虑和浮躁，所以我们才会用一个以前很少用的词来形容我们的心理状态。我的一个朋友是 NGO（非政府组织）的高管，有一次他告诉我，他现在活得越来越累，越来越不快乐。他问我他的焦虑到底从哪儿来的，我就回应他说，焦虑大概来自压力，因为我们有太多事情要处理，太多事情要做，那压力又是从哪里来的呢？针对我自己的临床经验，包括对我自己本人的观点，我觉得压力来自于欲望，当我们想要的太多，当我们不能放弃和放下的时候，我们就会逼迫自己不断承受新的压力，在不断承受压力的时候，我们的焦虑就会不断产生。

这个世界上最忙碌的国家大概是中国和美国，我觉得图上这个人是最能够说明这个时代人的某种心理特征的。大家都认识乔布斯，他是 2012 年甚至可以说是这个世纪很有代表性的人物，非常有时代特征。他是一个焦虑无比的人，不知道大家是否看过他的传记或电影，他是一个极度苛求完美的人，如果没有他的苛求完美，大概不会有苹果电脑，更不会有苹果手机，不会有 iPad。我想他的产品之所以在如此高价的情况下还能够在全球如此受欢迎，就是因为近乎完美。但是，不知道大家是否想过，乔布斯为什么会如此追求完美？从心理学角度说，乔布斯之所以如此追求完美，是因为他是一个一出生就被父母抛弃了的人，所以他特别需要以极高的成就感来证明自己。而他的早期经历又让他变得以偏概全、情绪容易失控而且极度缺乏安全感，他需要以这种追求完美的方式来填补不安全感带来的空缺。一方面我们可以看到他的追求完美，另一方面我们也可以看到一些细节。比如《乔布斯传》中说到，他大学肄业以后在电脑公司工作时接到一个任务，在当时看来是完全不可能完成的一个 5000 美金的任务，是一个焊接的工作。他找他最好的朋友去做，那是一个电脑天才。有意思的两个细节：第一个是，有一天他的朋友看他正在把 GT 板的两级管摆整齐。他问："你在干什么？"乔布斯说："我要把它摆整齐。"但其实把它摆整齐和电路板的工作是没有关系的。他在极其忙碌的时候还在追求这种视觉形象上的完美，这是他追求完美特点很典型的例子。第二个是，这笔生意是 5000 美金，他告诉对方这笔生意能挣到 350 美金，等这个工作完成之后他给对方 175 美金。他似乎对金钱有着极强的渴望，而且他会不惜以此来欺骗他的同伴。这也成就了他人格中的另外一个特点，这个特点就是所有人都会跟他闹翻。很奇葩的一件事就是，他自己一手创立的苹果公司，他作为这么一个伟大的又极具天赋的销售还有产品设计者，竟然让自己的公司开除了自己。在他被开除之后，克林顿政府曾经想聘请他做最高科技顾问，其实这对他而言是非常合适的，他是当时 IT 界当之无愧的老大。但是 FBI 对他进行调查之后，告诉克林顿绝对不能聘请他做最高科技顾问，因为他会跟所有人都闹翻。为什么他会跟所有人都闹翻？因为他的性格，他怀疑、不信任。他的怀疑和不信任是源于他一出生就被他最亲的人抛弃。所以，我想说的是，大家在车站包括在机场会看到歇斯底里地叫喊着的成功学，好像我们一定要成功，而且在某种程度上我们过度地强调了所谓的"幸福"。这个美式的美国梦的基本背景其实是一种惶恐不安和焦虑不安。

举例来说，大家可以猜一下全世界最焦虑不安的或者说精神疾病发病率最高的是哪个国家？世界卫生组织有一个调查，在美国的婚姻健康卫生研究所的网站上也可以看到这个数据。这个数据是说，2003 年，在美国人当中，有 26.2% 的人患有精神疾病，每四个人就有一个。我们可以看到，中国和美国在这方面还是有差距的，我们是 17.5%，他们是 26.2%。美国拥有世界上最好的医疗卫生包括心理健康服务机构，在每 573 个美国人当中就有 1 个心理健康工作者，但是为什么美国人的精神障碍发病率如此之高？我深有体会的是这样一件事，去年十月份的时候，哥伦比亚大学邀请我去做一个演讲。演讲的内容有关于展望中国的学术论坛，希望我去讲中国人的健康问题。我挺高兴，因为没去过美国，然后还听说哥大有很多美女，我就很愉快地接受邀请。预约签证的时候，我的签证没过。没过的原因非常奇葩，为什么呢？那天我好不容易约到一个签证的时间段，也准备好了所有签证的材料，想着哥伦比亚大学的邀请应该是没有任何问题的。你想，我显然没有任何移民或敌对的倾向。但那天很不巧的是我约的时间段下午还有一个十分重要的会议，公司年会要做报告，时间有点紧。但我去美国大使馆签证的时候注意到它有一系列十分繁复的规定，比如这个不能带那个不能带，不能带包，不能带任何电子产品，不能带任何黑色的东西等等，总之，一大堆的不能带。看完那些"不能带"以后感觉是你最好裸体进去才没问题，只要带任何东西都可能是违禁的。然后我就有点发愁，因为不让带手机已经够让我焦虑了，没有手机没有联系方式不能看时间。所有的东西都不能带，单单我下午做演讲要用的 PPT 还没有给会议主办方，很多数据和图片是不能用嘴说的。所以呢，没办法我就带一个无线网卡，无线网卡可以随时上网，结果我连美国大使馆的门都没进就被挡出来了。安检人员问我这是什么东西，我用一个透明塑料袋装着，我说这是我下午做报告要用到的东西，他问是不是电子产品，我说是，心想这电子产品还是你们美国人发明的啊，然后他说电子产品是不能带进去的。但是如果我把这个东西扔掉了，下午的报告就不用做了，说夸张点，全部的学生都要在那个时间段听我的报告。所以我考虑了一下，到底是放弃这次面签还是违约放弃报告？我决定还是放弃面签，我感觉时间来不及，就放弃了这次面签。

这件事情让我很感慨，这个世界上最牛 × 的国家，它到处告诉别人你应该怎么样去生活，什么才是民主，什么才是民权，然后如果你不听我的话，我就直接把你的总统干掉。这样的一个国家为什么这么没有安全感？如果我们这个地方是利比亚、叙利亚，甚至是乌克兰我都可以理解，但这是北京。中国人非常温和，美国把我们的大使馆炸了，咱们也无非是去他们的大使馆门口扔几块石头，这是事实，1998年南联盟使馆事件，北大游行也就是到那儿扔了几块石头，玻璃都没有打碎。所以这件事情给我的启发是，内心的强大、道义的强大、道德的强大可能才是真正的强大。从这个角度上说，我们可以理解美国人的焦虑和一天到晚害怕别人攻击的原因了。美国有非常优秀的科技和文化，但在心理上，这个国家越来越焦虑，心理越来越不健康。这里有很多因素造成他们的焦虑，包括信息过载，包括生存压力，包括焦虑情绪的不断传递，包括今天我们在全球寻求一种即时满足。什么叫即时满足呢？我们每个人都是这样过来的，一个小孩刚刚出生的时候还是个小婴儿，小婴儿有一个特点，就是他饿了、不开心了、不舒服了、尿尿了、屁股不舒服的时候，马上就会哭，然后一直哭到大人猜对那到底是什么意思。

人都要学会这样一种能力，就是猜小婴儿到底是哪里不舒服了，把他的要求满足了，一旦满足他就不哭了。但人成长的重要区别在于不会寻求短期的满足，我们会寻求长远的利益，然而今天中国面对的许多社会问题，都源于我们越来越像一个婴儿一样，只要眼前的快乐，不要长远的幸福。比如说，不正当的性行为，我这样说有道德卫士的嫌疑。但是再比如说，为什么奶粉中会有三聚氰胺？有害的添加物导致我们吃的食物产生各种各样的问题，我们各行各业都有道德伦理底线被击破的情况。任何一个行业，甚至有点夸张地说我看到过最践踏法律的是律师，还有医生，医生是非常崇高的职业，但是为什么医患关系这么矛盾？我们会说医患关系矛盾是体制问题，根本上是体制的关系，但确实存在这样的现象，医生收红包、拿回扣是普遍的行业潜规则，它违背和损害了一切以人为中心的规则。仁心仁术，这些东西都依赖于整个社会的价值取向，而现在的社会价值取向却是要寻求即时的快乐和满足，要马上得到物质的东西来满足自身现在的某种快乐需要。所以我想产生焦虑，既有整个社会过度、过快发展的缘故，也有网络时代信息过载的缘故，还有我们的价值观迷失的缘故，这就是我要说的第一个词："　　"。

第二个词，我相信在座的很多同学都会用，我看到很多调查说80%的90后都认同这个词是对自己的写照，我不知道大家是不是同意，这个词就是"　丝"。我第一次听到这个词是我们北大心理咨询的一个来访者，她是一个女孩，客观地讲，那个女孩就是个美女：长得又高，又白，又漂亮，成绩又好，经常拿励志奖学金。但是，她觉得自己什么都不是。我后来跟她讨论了一下，她觉得自己特别失败，读研究生都还没有谈过恋爱。我说你试试征一下婚，征一下友，发个帖子到我们北大的 BBS 上。她就先写了一个征友贴给我看，我一看就是有问题。写的很长，但核心东西说的是什么呢？说的是她家里经济条件不错，家里有车，在北京还买了房子，总之她要用很多物质的东西去证明自己是不错的，但其实她本人就是一个非常优秀的女大学生。我跟她说，买房这种事在中国传统文化中应该是男生的事情，所以你把房子这件事去掉，你要找一个爱你的人，而不是找一个爱你的房子和车子的人。然后她去掉之后发了帖子，结果她的帖子当天就顶到很高的位置，有五百多个回帖，所有人都狂赞说这是我们北大的美女，我们的系花，我们学院最最漂亮的女生等等，接着三天中她收到一百多份应征的邮件，所以你们应该可以想象她确实是一个各方面条件都非常优秀的女生。所以我也想跟大家讨论一个问题：咱们怎么普通了？为什么我们有这么不自信的心态？

我说另外一件事情，也许对大家会有点启发。这是一个美国的退伍军人，他叫Jeff，他在纽约中央公园贴了一个条，条上写了这样一句话，他说：我叫Jeff，我刚失恋，我很郁闷，如果你也很郁闷，你也很孤独，请跟我联系，大意如此。结果他在十个月里接了六万多个电话，我觉得他没有料到这一点，料到这一点的话他可以采取接电话收费，那他一下子就发大财了。这件事说明其实不只是他一个人孤独，很多很多人更孤独，孤独是今天这个世界的共性问题。我要说的是，从心理学的角度来看，现代人越来越孤独。什么是孤独？如果说我们是鲁滨孙，天天在一个孤岛上生活，即使是这种情况，荒岛上面也不一定就是真正的孤独，真正的孤独是人群中的孤独。北京是一个三千万人口的超大型城市，也是一个畸形的城市，从人的生存上来讲，是非常畸形的，因为人口太多。但是人口太多并不意味着亲近，反而意味着疏远。因为距离遥远，包括网络的影响，所以人与人之间直接接触的机会越来越少。我有太多的来访者会有这样的感触：不论我孤独的时候、寂寞的时候、痛苦的时候，甚至是当我开心的时候，我想找一个人和我分享，在我手机里有几百个号码，在我的人人网上、开心网上可能有几百上千个好友，在我的微博上也许有上万个听众粉丝，但是当我需要有个人和我在一起，能够倾听我陪伴我的时候，我却找不到任何一个人。所以这就是我说的第二个时代背景，不自信后面我觉得是自卑和孤独，当我们失去了爱的连接的时候，我们就会陷入孤独。

第三个词是"戾气"。我不知道大家是不是认识方舟子这个人，我也不知道在座的有多少人是方粉，有多少人是方黑的。我原来是中性的立场，后来一步步地被方舟子逼成了方黑。我们先看这一段，有一次他突然发了一条微博，微博内容引用了北大著名教授季羡林一篇日记中的内容。季羡林在日记中写他年轻时在清华的生活，年轻的清华学子有了性欲望，他希望和异性有性的接触。当时季羡林出版他的日记，编辑看到这段的时候跟他说："要不咱们还是把这段删了吧？感觉这段写出来不太像是国学大师。"季羡林说这是真实的我。我觉得我完全可以理解30年代的清华性压抑是非常严重的。所以在这种情况下，他写了这篇日记，如实地反映了他当时的这种心理状态。结果方舟子却把一个已经去世的老人的这段日记拿出来抨击他。

方舟子似乎是一个有道德洁癖的人。很多时候他的迷惑性在于他确实发现了很多虚假的东西。但是我之所以对方舟子持否定意见是因为大概在2011年的时候，我在《心理月刊》的专栏上写过一篇文章。我写这篇文章的原因是什么呢？不知道你们有没有人知道科学松鼠会，科学松鼠会有段时间拿到一笔钱做了一些线下的活动，有线下的演讲，我被邀请去参加了几次活动。有一次我和朋友在国家会议中心一起做了一场演讲，我们演讲完以后，就邀请大家一起去吃个饭。后来我们在咖啡馆喝咖啡，就聊起了方舟子。他们都被方舟子咬过，他们就问我从心理学角度，怎么评价方舟子？我说："一个人把自己放在绝对正确位置上的时候就是他危害社会的开始。"

在座的90后应该知道，我们中国历史上有很多放在绝对正确位置上的人，他们绝对正确的时候大概也是我们中国社会最动乱可怕的时期。所以没有谁是绝对正确的，没有谁是绝对高尚的。那次演讲过后恰逢月末写稿，我就写了那篇文章。我写的文章的大体意思就是劝方舟子：执着很好，做科学研究不能没有执着，但是咱们执着就执着吧，别偏执好吗？偏执就偏执好了，别偏执状态好吗？偏执状态就偏执状态吧，别偏执人格好吗？再下去就偏执成精神病了。你可以坚持你对学术的求真，但是不要对人有那么苛刻的不符合你的美式的科学标准。如果宗教不符合科学标准，那是骗人的；如果艺术不符合科学标准，也是骗人的；如果中医不符合科学标准，同样是骗人的。这世界上大概没有唯一的真理和唯一的科学的方式。我写完了这篇文章，结果去年3月份出差的时候，我一师弟给我发了一条短信说："师兄你出名了！方舟子骂你了！"

根据我掌握的精神病诊断的知识，我发现有一些精神疾病可以迟发两年，就像两年前他看到我那篇文章，两年以后他突然想起我的那篇文章，他崩溃了。所以他就写了一篇很长的文章来证明我是精神病。他文章的第一句话就是"北大心理学副教授徐凯文本身就是精神病"。其实他这是违法的，因为《精神卫生法》规定只有精神科医生才能做诊断，我是精神科医生，我还没给他做诊断，他就给我做了诊断。他的第二句话是"难怪北京大学时常逼学生跳楼"。怎么可能！我今天就在会场和大家讨论要怎么减少这种极端事情的发生，来帮助那些需要帮助的同学。最后一句话也非常没底线："北大心理系的学生都跳楼"。

我今天做此报告的目的在于通过讨论来帮助同学们如何避免自杀等极端事件的发生，并且能及时地发现需要帮助的人。我联想到北大心理学系曾经有学生跳楼的事件，该学生跳楼的理由听起来像是事实，但我认为还是带有很强的主观性色彩的。前两天我和我的高中同学讨论了这个问题，我认为方舟子有一个最糟糕的核心——有罪推定，即在认定一个人为有罪的情况下再去寻找各种证据证明这个人有罪，这是明显的"文革"心态。但人无完人，每个人都曾经做过或会做一些不完美的事情，就像"文革"事件的结果一样，这种心态只会导致每个人都受到伤害，没有人能逃脱掉这种结局。

关于戾气这个话题我还想再多说一个与大学生相关的事件——药家鑫事件。西安音乐学院大三学生药家鑫开车撞伤一位农妇后，害怕承担责任便刺死受伤农妇，最后在父母陪同下投案自首。在这个事件中后来被证实是谣言的一种说法即药家鑫为官二代，家中有四套房产，但实际上其父亲只是普通干部。结合中国人对房子的敏感度，紧接着我在微博上看到一则谣言：据悉富二代会被共产党和法官所包庇，药家鑫只会被判四年，博主认为共产党十分黑暗，提议如果同意药家鑫被判死刑就评论该微博。我仔细分析这条看似普通的微博之后，感到十分震撼，因为8000多评论都是一句话："杀！"在药家鑫被执行死刑之后，我不知道他是否必须被判死刑，在一次心理课程的交流之中和法官聊到了药家鑫事件，我询问法官药家鑫究竟该不该被判死刑。因为被判死刑超过了我的心理预期，在我所有的知识储备之中，药家鑫冲动杀人而非蓄意谋杀，并且主动投案自首。当时法官突然沮丧的神情让我印象深刻，他说："药家鑫案是中国司法改革的大退步，全世界90%以上的死刑被执行于中国，但世界人类文明的发展趋势为慎用死刑。最近的最高人民法院改革也将原先属于省一级人民法院的死刑准核权收归到最高人民法院，药家鑫投案自首而且并非蓄意谋杀，完全不应该被判死刑。但是因为所谓的引起了极大的民愤，被操纵的谣言给判决造成了巨大的舆论压力，所以药家鑫不得不杀。"

我谈到这一点是因为愤怒产生不公，虽然现在是中国历史上发展最好的时期，同时也因为财富分配不公以及权贵的贪婪而造成了大量的社会问题。从这件事情上看我们目前追求的是公平正义、法律，民主与人权，但最后我们追求的是健康法律、健康民主与健康人权。这类似于在中华人民共和国的台湾省发生的大学生上街掀起的反服贸运动，在我看来这只不过是政客在背后操纵的去占领国会和行政院以及设置国家机器的活动而非理性的选择。所以在愤怒和怀疑情绪的影响下，我们会苛求他人，没有基本的包容和容忍行为只会激化社会矛盾，这是病态的偏执和怀疑。在此，我们做个总结：在所有的国家处于转型期时，尤其是当资本主义国家，当人均收入达到3000美元以上之后，社会都会出现动荡。例如，美国在20世纪的20年代，欧洲在20世纪的40、50年代，日本在20世纪的50、60年代，东南亚在20世纪的70、80年代，目前中国同样陷入了社会动荡不安期。这是由社会矛盾的累积引发的，正如中国的古话"不患寡而患不均"，财富的分配不公导致了社会的动荡。这是一个普遍而基本的现实背景，现实社会中存在着大量的不满。同时网络对整个社会和人类的人格结构都造成了重要的改变。简单讲就是，有一些大学提议上课时候没收手机，一定意义上来说，我觉得应该在教室里放一个计算学生手机流量消耗总量的机器，以此来作为评判老师讲课精彩程度的指标。而事实上，其实更多的应该是提高老师的上课水平，让大家愿意听课而不是玩手机。

我想说的是，网络使人与人之间的关系越来越远，而不是越来越近。

我要谈这样几点：首先，网络的出现，通信手段的发达，实际上是因为人的基本心理需求。人的基本心理需求是什么？待会儿会提到心理学的研究，但是如果往下说的话就是人需要和他人产生联系，所以这个产业才成为发展最快、变化最大的，也是改变世界的新技术、新产业。但是在这些新技术产生以后，大概在一百五十多年以前，马克思就有过这样的一段话：新技术的革命，大大促进了劳动资产业的提高。但很有意思的是，科技的革命没有使人越来越舒服，降低劳动的强度和时间反而使我们越来越疲倦。二三十年前，当你放学、下班以后，你的老师、老板不可能再给你布置作业，不会再让你加班。但是现在，老板的一个短信就可以让你来加班，老师随时可以给你布置作业，也就是说工作和生活越来越没有界限。而当网购，尤其是微博、微信出现以后，我们的生活更是乱了节奏。我们说人的自然规律是日出而作、日落而息，现在又有多少人能做到这一点呢？大概只有深山野人吧！这样的生活方式和我们身体疾病的高发有直接关系，因为我们现在的生活方式和行为方式违背了人的自然状态，不能正常吃饭，不能正常休息，我们肾虚，弱到连正常的性生活都要放弃，因为实在是劳累、太忙碌。人类的聪明使我们有巨大的发展，但是不知不觉中又伤害到我们自己。我不是说我们应该倒退到没有网络的时代，而是说所有的科技发展都有副作用，我们应该用我们的智慧平衡掉这些负面影响。

最后一点是更重要的，前几天新疆维吾尔自治区公安厅找我，他们希望我去给他们在一线工作的干警做心理创伤治疗和危机干预的培训，为什么要做这个培训大家也很清楚，就是现在反恐形势越来越严峻，昆明的事件就是个典型的例子。我一到那，当地的同志就告诉我一件事：乌鲁木齐的一个民警被恐怖分子当街砍死，他的儿子七个月大，砍死之后这个犯罪分子还持着他的斧子和刀去袭击派出所的同志，犯罪分子被当场击毙。跟当地派出所的同志交谈后，我觉得我们应该多为他们做点事，因为他们虽然面临着巨大的危险，但他们没有觉得他们的工作得到认可，他们不认为当警察是件光荣的事。我特别希望回去以后和我们领导汇报，给被活活砍死的警察进行募捐，我们需要让新疆的武警战士和警察知道他们每天面对生死的工作是非常有价值的，我们非常感谢他们。价值观是什么？从很窄的角度讲，我是谁？我为什么活着？我活着的人生价值和意义是什么？对学生来讲还有个特别的问题就是为什么要学习。所以这些因素都会导致一系列的问题，也在影响着我们的心理健康。

接下来我想跟大家讨论幸福在哪里？我们的幸福到哪里去了？对今天的中国人来讲，找幸福比找爸爸重要。关于奢侈品和必需品。现在我的左手边有信任、爱、理想和信仰，右手边有宝马、爱马仕包、豪宅和游艇。我想让大家猜一下，哪些是奢侈品，哪些是必需品？可能在我们这个时代，真正的我左手边的东西已经越来越奢侈。我不反对物化，有丰富的物质生活是好事情，但不是用它们来填补内心。我们来看个基本的数据，全世界的研究发现，一个人的收入越低，收入增高，幸福感增强。但是当一个人的收入到了一定程度，收入的增长反而会使幸福感降低。2005年在北京的调查发现，收入最高的家庭幸福感和收入最低的家庭幸福感是差不多的。我们会得出基本结论，金钱并不和幸福感等同。事实如此，而不是道德判断。从我自己的角度，我会给大家讲关于幸福的五个礼物。

刚刚提到乌鲁木齐的情况，最近我每年都会去新疆做一些培训。我觉得我就是个文弱书生，手无缚鸡之力，如果同样的事情发生在我身上，我可能保护不了我的妻子孩子。所以国家需要我们团结在一起，需要有人在第一线去保护我们。"七五事件"是我第一次遇到的恐怖性事件。我要说的是，"七五事件"后不久，大概在八月份，我去乌鲁木齐为当地学校的心理咨询老师做培训，因为很多孩子受伤，很多孩子的家人被杀死。有一个孩子一家四口，他父亲、母亲、弟弟和他，他当时高二，要准备高考，所以他没有出去，他父母亲都出去了，他的父母亲都被杀，他父亲被当街杀死，他母亲重伤昏迷，一个多月以后才醒过来，他的弟弟轻伤，他一下子就家破人亡。所以他当时和我说，他的高考志愿是要考军校，我说："为什么要考军校？"他说："军校出来以后我要当新疆军区的司令。"非常孩子气的话，我问他当司令要干吗，他说要把所有维吾尔族人杀死，我能够理解这是气话，这也是一个孩子的话，但这就是疆独分子要达到的目的，就是民族割裂。

人为什么会做出这样疯狂的举动？这就是我刚刚在前面提到的方舟子那样的思维模式。用暴徒的话来说就是，他认为汉族的人都是有罪的，汉族人都是猪，汉族人都得去死。他被洗脑，他认为自己在做最正确的事情。大家仔细想一想，我们人类做出的最疯狂的事都是自认为是最正确的事，而咱们说小一点，当你与别人发生冲突的时候，大概都是你认为自己对，别人不对，但是你没有办法说服和控制别人按照我们说的做。人与人之间如果都只考虑自己的想法，认为理所应当的事情没有按照我们理所应当的方式发生，因此产生苦恼。这就是佛祖跟我们说的，"心念执着于外物，烦恼才会随之而生"。我们的愤怒来自我们的受挫，我们的受挫是因为我们的想法没有实现，这个世界没有按照我们期望的想法来进行，不是说愤怒是不对的，而是说我们可以看看愤怒从哪里来，我们是不是能够放下一些绝对对错的事情，是不是能放下自己，听听别人的声音，看看别人的想法和自己能不能有相互理解的地方。所以，如何放下偏执、放下对错，放下执着，大概是处理自己的愤怒和心中戾气的有效方式。

刚刚我们提到药家鑫的例子，可以看到，当我们认为自己在主持正义，在要去杀死一个官二代或者富二代的时候，我们实际上在做一件践踏法律、无视法律的事情。所以呢，我在我们学校就一直告诫我们的同学，先是独立思考，不唯上，不媚众，也不惑众。这个也许是应对戾气的恰当方式。所以我要说的第一个礼物是什么？第一个礼物是理性和科学。我们要讲民主，要讲自由，但是我们更要讲法律，更要讲科学，我们要用科学知识去分析，去探讨这些事务，我自己特别认同北大"兼容并包"的思想和精神，这大概也是人类社会最重要的灵感和创造性的来源。这是我说的第一个礼物。

第二个礼物，我想给大家看一段视频，这是中国残疾人艺术团的视频，中国残联的一个演员，他叫黄阳光，他在五岁的时候因为触高压电所以截肢。我不知道大家看到这样的视频有什么样的感受，这是我们学校、我们中心和中国残疾人艺术团的合作，我们给全体学生做一场大型的千手观音表演。《千手观音》就是邰丽华表演的千手观音节目，我接下来的内容和他们有一定的关系。我跟他认识三年多，没见他用脚没做过任何事情，所有能用手做的事情她都能用脚做，而且很多做得比我好。我不会开车，我写的书法肯定没有他漂亮，他是中国书法家协会会员，他每年卖画卖字就能卖十万多块钱，已经是有价码的。我第一次见她大概是在三年前，因为我们合作做这样一场演出，所以我就去中国残疾人艺术团拜访他。其实大家会和我有同样的心态，就是看到这些明显肢残人、盲人和聋哑人的时候，你会不会跟我一样想问，他们先天存在这样的缺陷，他们和正常人相比有明显的缺陷，会不会自卑，会不会觉得不如别人？但是我见到他们的时候包括邰丽华，包括黄阳光，我发现他们特别活泼开朗，特别阳光向上。最后我忍不住问他们，我跟你接触觉得你们一点自卑的感觉都没有，一点没有觉得自己不如别人，我不知道你们是怎么走过来的？因为有些人甚至是后天失明，甚至是后天失聪，邰丽华四五岁用过链霉素，她的母亲当时崩溃得想自杀，但后来还是坚强地活了下来。我说你们真的从来没有自卑过吗？他们说，真的没有。为什么？他们说了一句话，尽管我是做心理学研究的，但当时这句话对我来说还是有很大的震撼的。他们几乎异口同声地跟我说着同一个意思，用黄阳光的话来讲就是：我们从来不看自己没有什么，我们只看自己还有什么。

我们这么优秀的大学生，在座的各位，还有北大的同学，为什么自卑，为什么觉得自己不行？一定是你只看自己没有什么，不看自己有什么，对吗？我们每个人都有很多的资源，都有聪明的才智，都有家庭的支持，都有良好的、优秀的、国内一流的、甚至世界一流的学习环境，但我们总是在跟别人比较，比较自己不如别人的地方。你总是看到自己本身不足的地方，不好的地方。所以我要说的是，第二个礼物就是阳光心态。我们现在不需要比所有的人都强，把所有人都干掉才证明自己优秀和伟大。这个世界上有太多的机会和可能性，不需要所有都强才是成功者。所以第二个礼物，我希望大家记住我刚刚说的，我从来不看自己没有什么，我只看自己还有什么。他还有一双脚，他就用这双脚做了一双手能做的所有事情，甚至比健全人做得更好。但是他做这件事情不是和别人比，而是他喜欢，他享受。他是一个最普通的桂林农村农民，他的父母兄弟都还在农村务农，他是唯一一个到北京来的，而且家庭稳定，他的太太是北大的医生，在看他演出的时候爱上他的。所以这是第二个礼物，阳光心态。我要说的是，邰丽华也是这样。邰丽华觉得我的问题很奇怪，真的从来没想过为什么要自卑，她可以做自己喜欢做的事情，她可以跳舞，她的努力能够赢得大家的喜爱，能够给大家有帮助、有启发，她生活得非常充实。而且这不是她仅仅在曾经某个时候获得的状态，她一直都是这样的状态。所以大概只有一直是她这样状态的人才能取得她这样的成功，这是第二个礼物。

　　第三个礼物呢，我想请大家认两个字，在座的大学生应该都认字，绝对是汉字，非常非常正宗的汉字。这是什么字？这是甲骨文，甲骨文是汉字吧？注意：甲骨文是汉字。不知道在座的有没有河南的，这是河南安阳的殷墟（商代古都殷墟）挖掘出来的甲骨文，那天我一个下午就坐在那儿看我们祖先3700年前留下的汉字，那是我一生当中很少收获这么大的时候，可能比我读了半天文献的收获还要大。大家猜猜看这个字是什么，象形文字是一幅画，这幅画是人类生活当中非常常见的现象。我可以说你走在大街上大概都会遇到这样的情况，看出来画的是什么了吗？展开你们的想象力，是什么？拥抱？拥抱是要两个人对吧？你说得很对，这是一个人，这是一个什么人呢？是个小孩，很容易看出来，这是一个发髻。好，如果他是一个小孩的话，旁边是什么人？大人？男的女的？看得出来吗？男的？哎，你觉得男生的体态有这么婀娜和柔美吗？所以她是一个女的。那么这是一幅什么画呢？是一幅妈妈抱着孩子的画，这是生活当中很常见的，妈妈抱着孩子是什么样子？"好？""女子好"，妈妈抱着孩子是这个世界最美好的画面，代表着世界上最美好的事情。妈妈抱着孩子是什么感受？在座的应该是十多年前都被妈妈抱过，再过五六年、七八年你们也应该抱着自己的孩子。无论是被父母抱着，还是抱着自己的孩子，应该都是这个世界上最幸福的事情。这个世界上最幸福的事情，从来不是带上金戒指，不是炒股票发财。这种快乐非常容易得到，也非常容易失去，但是每个人都可以拥有这种与生俱来的快乐。

　　第二个字也跟每个人都有关系，它代表一个东西，这个东西呢，如果我告诉大家答案后，你说这个东西我过去没有，现在没有，而且估计将来也不会有。如果是这样子的话，你们知道心理咨询中心的预约电话吗？你一定要去做咨询，你要通过咨询来找到这个东西。因为这个东西实在是太可贵了，这个东西是什么呢？这是一根绳子，这根绳子串着一串贝壳，贝壳是什么？是钱。这样一个贝壳大概值多少钱呢？按《殷墟》当中的记载，一个贝壳在当时可以买六个奴隶，所以这串钱可以买三十六个奴隶，一个加强排的人。在当时中国只有几十万人的情况下，这绝对是一个大奴隶主，这样一个大奴隶主，这样大的一个财富，它是什么？什么东西如此值钱，什么东西代表着巨大的财富？三千七百多年一直存在，只要人类存在，这个东西就一直存在。什么？家？不是。家是屋檐下面一头猪，要有房子，然后要有财产，不是猪，那是什么呢？这个字和现在的汉字非常相似，稍微有点变化的是刚刚那个是左右相反的，这个是左右对称的，是什么呢？对，"朋友"的"朋"。

　　伏尔泰主张天赋人权，他相信人生来自由，有自由表达的权利，他有一句名言：我不同意你说的每一个字，但我誓死捍卫你说话的权利。另外，自由是一种生活方式，我们应该把自由看成我们理所当然享有的生活方式和生活习惯，自由也是一种人生态度，人生在世应该有自由。当然，更关键的是，人生是一种境界。就说自由发展，毛泽东曾说过从"必然王国"到"自然王国"，这是一种更高的境界。自由是一种人格，一个有健全人格的人是自由的，不仅自己享有自由，还非常尊重别人的自由。我还认为自由是一种自然的、规律的东西，比如说中国传统文化里庄子讲到天地万物与我为一，天地万物，物我一也。大家想一想，真到这境界，人是很自由的，天人合一，物我一也，在某种意识上，这也是自然性的、规律性的。恩格斯有一段话：我们统治自然界，决不像征服者统治异族人那样，绝不是像站在自然界之外的人似的，——相反地，我们连同我们的肉、血和头脑都是属于自然界和存在于自然界之中的。我们控制自然界比其他生物更强的是我们能够正确认识并运用自然规律。恩格斯这种状态是很自由的，人属于自然界，人是自然界的一部分，这是一个很和谐、很自由的状态及自然规律。

我本来是一个挺自卑的人，因为我自己本来是学医的，研究生到北大读心理学，所以我和同学的差距很大。但我是什么时候建立起自信的呢？因为我发现北大有一个学术传统，当你可以把老师干掉的时候就说明你很牛。当我发现在我上几次课之后能够主动提问，而且我提的问题能够被老师所欣赏，甚至于确实能让老师看到他不足的地方，那个时候我就赢得了大家的尊重，更加有自信了。但我现在去北大上研究生课的时候，提问的同学越来越少。所以这学期我给我的学生布置了一个非常奇葩的作业，要他们就我讲的内容中的主要观点写一篇论文来驳倒我。如果你能驳倒我，就是满分，如果你赞同我的观点，就是零分。做学问就是不断地驳倒，没有谁是对的。这句话还算容易做，你只要跳出高考给我们造成的迫害——这个世界上只有标准答案。这个世界上从来没有标准答案。"老师说的永远是对的"这句话永远是错的。老师肯定有说错的时候，或者说，知识的积累是有过程的，我们每个阶段对世界的认识是不同的，我们在不断地进步。但后面一句话更难做到，待人要在有疑处无疑。因为它需要巨大的自信与内心力量，这大概也是我们力量的源泉。

接下来我和大家谈一个我在中国残疾人艺术团看到的故事。我第一次去中国残疾人艺术团做访谈，黄阳光是其中一个，还有一个聋哑人和一个盲人，这个盲人叫王琦，他小时候放鞭炮的时候炸瞎了双眼。但是他参加全国萨克斯管比赛的时候过关斩将到了最后一轮。决赛之前评委老师给他提了个意见，叫他不要那么耍大牌，其他选手上台都很恭敬，而他不仅戴墨镜上下台还要人扶，他告诉评委老师说：我是盲人。所有人都不敢相信一个盲人吹萨克斯管可以吹得那么好，一下子让所有人都非常惊叹，而那时候结果已经出来了，他是全国萨克斯管比赛的金奖。我要说的就是跟他有关的一个故事。我那天跟他们六个演员做访谈，他是最后一个到的，我们其他人就先开始了，地点在他们的练功房里。练功房里有钢琴，有立柱，有扬琴，有活动的桌椅，有各种各样的乐器，我们几个人正在聊的时候，门开了，王琦走了进来。因为他戴墨镜所以我猜到他是盲人演员，我当时没有任何反应，直到黄阳光站起来我才想到，一个盲人进入到这样一个充满障碍物的房间里的时候，有可能会磕磕碰碰，他需要有人去扶一下。接下来发生的一件事让我特别惊讶，一个非常小的细节。当王琦刚推开门走进门把门掩上之后，他的手就伸了出去，当他的右手伸出去的时候，黄阳光已经非常快速地走到他身边，他刚好把手搭在黄阳光无臂的肩膀上，黄阳光把他领到座位上，告诉他在什么地方可以坐下。我后来问王琦，我不知道你为什么会知道有人来给你引路。他一进门就把手伸出来，说明他一定预期马上会有人来给他带路。结果他告诉我的答案和所有其他演员告诉我的答案是一样的。

不知道大家有没有看过现场版的《千手观音》，中国残疾人艺术团演出时是非常让人震撼的。北大"百周年纪念场"是个非常漂亮的演出场所，我所知道的大的世界级演出都在那儿，但从来没有任何一场演出会返场六次，结束后我们同学二十多分钟都不愿离场，因为深深地被这些人感动。节目本身就精彩到可以感染我们——当你意识到一群完全听不到声音的人，他们的步法与节奏是如此的整齐而震撼人心，他们的舞步和手势是如此整齐划一时，就会觉得人类如此的不可思议。为何会有如此精彩的舞蹈？为何会有如此精彩的音乐？甚至连盲人都可以演《三岔口》——就是京剧里要在黑暗中用刀挥来挥去的一幕，没出现任何问题。我忽然明白了到底是怎么回事：用他们的话来讲，在残疾人艺术团每一个人都是盲人的眼睛，每一个人都是聋哑人的耳朵和嘴巴，每一个人都是肢残人的手和脚。他们所有人都这样相互帮助和支持，他们之间相互搭对。比如盲人和聋哑人合作，聋哑人可以做盲人的眼睛，盲人可以帮聋哑人打电话，甚至教他怎么说话。聋哑人的声带是完整的，所以他可以学习说简单的语言。

其实我现在跟邰丽华基本上可以对话，因为在经过长期训练以后她大部分都能正常发音，所以我要说的是，正是这种心灵连接之美，人与人相互帮助到天衣无缝，所以才会有如此震撼的表演。我要说的是，我们在座的都是健全的人，盲人看不见，聋哑人听不见，肢残人可能不能行动。但是我们呢，我们健全人不能飞是不是？每个人都有自己不能做的事情，每个人都有做不好的事情，所以我们需要朋友，我们需要合作者，所有伟大的成功者都是善于合作的人。乔布斯之所以能够东山再起，是因为他得到了婚姻和家庭的滋养以后，有了更多的安全感，因此他第二次复出再也没有闹出和合作者相互闹翻的情况。所以我要说的是，人与人之间的相互帮助，爱和心灵的连接，是人类最可贵的美丽。这是第三个礼物。

第四个礼物，人与人之间相处其实并不容易。我刚刚说过，究根结底是因为我们自卑，我们不够强大，我们总是担心被伤害；或者说有的时候我们太自私，我们总是想获得更多一点。《论语》记载中，子贡有一次问孔子，说："有一言而可终生行之乎？"也就是，"你可以告诉我，处理人际关系，有没有什么法则？"孔子答，"己所不欲，勿施于人"——你自己不想做的事情，不要让别人去做。这句话，如果用西方的语言来讲就是所谓的黄金法则，人际关系黄金法则。黄金法则是什么，即互惠双赢。我们要站在别人立场上考虑你合作者的利益，将心比心。在儒家文化、孔孟之学中，如果用一个字来概括，最重要一个字是什么？"仁"。何谓"仁"也？恻隐之心，人之端也。我们人类的本能是，我看到一个小孩子在哭，我就会心疼；我看到一个小孩子痛苦，我也会心疼；我看到别人痛苦，我也会不舒服。我听说汶川地震了，我想去做志愿者，我想去出力。我并不是为了荣誉，只是因为我想去。我看到别人痛苦，我不愿意，我自己痛苦。

这是人类的本能，从这个意义上来说，人性本善。正因为我们能够彼此感受到对方的痛苦，我们不会彼此伤害或者可以彼此爱护，人类才能够紧密团结在一起。世界上任何生物，任何一种动物都是这样。这是什么？利他！利他是什么，从心理学角度解读，雷锋并不是人类的异态，雷锋是人的常态。

讲到这里，我想到一件事，一个礼拜前我还在美国访问，这是我们中国心理学会访问美国心理学会的一个行程。我们知道美国心理学会的实力很强大，他们在华盛顿特区，最市中心的地方，拥有一整幢摩天大楼。他们每年的预算有 1.2 亿美金，有几百个全球工作者。他们核心的成员是来自各地的心理学家。我问过这些心理学家的工作方式，他们告诉我说他们都是志愿者。也就是说，他们为美国心理学会做很多事情，为州政府，为联邦政府做这些都是没有任何报酬的。我问他们为什么对于他们来说没有任何报酬会付出那么多时间，他们完全可以用这些时间去玩，去挣钱，为什么会做这些事？是因为做这些事情快乐。当然大家知道，比尔·盖茨裸捐了，巴菲特裸捐了，为什么裸捐？我们来看这样一个研究——哈佛大学的格兰特研究。这是一个我觉得比较优秀甚至伟大的研究，在心理学史上也很罕见。因为这个研究跟踪了两百多个人一辈子。从 1945 年开始，他们对哈佛大学的 208 个毕业生开始跟踪，到 1996 年研究完成，而 1996 年很多人已经去世了，并且研究项目组里也有好几个研究员都已经过世了，才完成了一个 50 年的研究。他们研究的是决定一个人幸福的因素是什么，一个幸福的人会有什么特质。一辈子过完还是幸福的人，究竟有什么特点。这是这个研究的一个基本结果。从现代心理学的角度举例说明，早期负面的经历可能对于人的幸福感影响较大。

我们现在比较一下结局最好的 30 人和结局最差的 30 人之间有什么差别。

什么样的人结局最好？在毕业后的 50 年，这种人成了优秀的科学家、政治家、律师、法官、医生等等，成了同行中的佼佼者。同时，他的家庭美满幸福，他拥有幸福的婚姻，并且子女都非常优秀，他们子女的家庭同样很美满幸福。这是从 208 个人中选出的最幸福的 30 个人。然后把他们和过得最不好的 30 个人比较。这 30 个人是自杀的、离异的、终身未娶的、事业上一塌糊涂的、穷困潦倒的 30 个人。这 60 个人相比较之后，你会发现，差异最大的地方有这么几点。第一是朋友，刚才我们也说过，朋友是一种财富，朋友多的人往往更加事业有成。第二个是人格的完整，性格比较好的人，人际关系好的人往往更加幸福。第三点，也是最重要的一点，就是利他行为。每年用于慈善赞助的金额，最成功的人是最失败的人的 6 倍。所以研究的一个基本结论是，有更多利他行为的、愿意做更多慈善的人，他们的人生会更加幸福。所以，邰丽华的故事也是这样，什么是千手观音，用千手观音里的一句台词来说就是：爱是人类共同的语言，只要我们心里有爱，就可以伸出一千只手去帮助别人，当你需要的时候，也会有一千只手来帮助你。

最近我们身边发生的一些事情也很好地印证了这样的一个价值观。我们有一个北大元培的学生，他大学毕业以后，放弃了高薪工作，去北京的郊县做了两年的支教，一个月只有一千块钱的工资。两年支教一结束，他正在准备找工作的时候突然被查出来患了比较严重的尿毒症，而且家里的母亲也有肾炎。他当时一下子就病倒了，本来他是我们元培篮球队的队长，很高的一个小伙子。这件事情发生时，他已经毕业很多年了，但是公益组织微博上说这是一个北大的研究生，我一直对我们学生很关注，然后我就马上打电话去元培学院确认真假，毕竟网上有很多假消息。元培学院那边的领导确认这是真的，并且正在为这位同学募集捐款，因为他家庭情况并不是很好，我也很感动，也尽我所能去捐款。其实这种事情每天都在发生，因为我们的医疗体制并不是那么完善。做这么一次治疗至少需要三十几万，包括血液透析等一系列的检查治疗，但是医疗保险根本没有办法提供这么一大笔金额。据我所知，一周内他就募集到了 50 万的善款，社会上很多人都愿意去帮助他。我跟一些人讨论过，为什么有那么多人愿意伸出援手，何况这种事情每天都在发生。并不是因为他是一个北大的学生，而是因为，他曾经传递无数的正能量给别人，所以当他需要帮助的时候，我们就觉得应该尽我们的能力去帮助他。这件事情就发生在两三个月前。我跟他们院系领导联系，现在善款已经达到两百多万，这笔金额肯定是足够的了，远远超出所需。所以我想说的是，人类的共同价值观是一样的，我们需要的是付出努力，不是说一定要出钱。我们在学校倡导日行一善，不一定是要出钱，而是付出你的时间。例如在跟残疾人相处中，并不是要你去捐钱，而且你捐的钱很可能也是你父母的钱，那么需要我们去做什么事情呢？我们这边的残疾人有12个有机会可以上大学的，但是他们的文化课基础仍然差，于是我们就找了12个志愿者去帮他们补课，然后这12个同学在高考当中全部考上大学，这是我们能做的事情，也是巨大的帮助。所以用我们的心去做这些事情，本身就是一种洗礼，本身就是一种成长。所以第四个礼物是，利他。帮助他人，并快乐自己。

最后一个礼物缘起于一个叫《非诚勿扰》的节目，其中有一个哈佛的博士，他表现得很好也有女孩很喜欢他。在最后一个环节他提了一个奇怪的问题，他问如果你现在有千万美金，你准备怎么花这笔钱？有些女孩说我会把它存在银行里，有些人说会去买房子买游艇，还有些人说会带着母亲去周游世界。他听完这些答案后非常失望，因为这些都是物质上的要求，而且你现在有千万美金，其实是花不完的。然后孟非问他，你有这一千万你准备去干什么。博士说，我要帮助他人。我们所学的知识，我们所获得的技能，我们所享有的资源，并不是只为实现自己的梦想，我们帮助国家繁荣富强，从而也实现自己的价值。

这让我想到一件事情，我在监狱里做反社会人格障碍的研究。我想在座的应该都没有在监狱里待过的经历，所以透露一下，我在监狱里待过三年，当然是做研究。大家知道在监狱里面，对一个犯人最严酷的惩罚是什么吗？是关禁闭。就是关了禁闭，你不用出工，不用劳动，什么都不用干，饭来张口衣来伸手就好。但是你只能在一个十几平米左右的房间里睡觉，你能做的所有事情就是发呆，或者睡觉，……没有人理你，没有一个人跟你说话，警察也不跟你说话。一个人在这样的环境中能熬多久？警察告诉我的情况是，极少有犯人能够熬过两个礼拜。两个礼拜之内绝对认怂。黑社会老大、连环杀手，受不了，崩溃了。我曾经遇到过一个犯人，他心理上有严重的障碍，他死都可以，就是怎么都不会低头，最后关了四个月，四个月后出来他就疯了，真的是神经错乱了。所以，切断人所有的联系，是对人最严酷的惩罚。

倒过来讲，大家知道在监狱里面，除了这个酷刑以外，给他最好的奖赏是什么？大家猜一猜。法定是可以探视的，大家没去过监狱，我介绍一下法定探视，就是探视的时候隔着一层玻璃，然后拿着一个电话，所以跟家人说话是隔着的。什么是最好的奖赏？有很多犯人跟我说：我现在努力地干活，我拼命地挣工分，就是够工分的时候下个礼拜可以跟我爸妈、老婆孩子一起吃一顿饭的亲情会见。所以人到了什么都没有的时候，真正最需要的渴望就会显现出来。那就是人与人之间这种亲情关系的连接。

我想问大家一个问题，我不知道大家是否认识照片上的这些人，这个人认识吗？对，曼德拉。他去世的时候，九十多个国家的元首像朝觐一样去参加他的葬礼，他的名字叫奈尔逊·曼德拉。他在罗本岛上的单人牢房里关了 26 年。下面这个人，我这次到美国的时候特意去的一个地方，就是马丁·路德·金的墓，它是美国国家重点保护地区。马丁·路德·金的思想和奈尔逊·曼德拉的思想都来自这个人，他是谁？甘地，圣雄甘地。这些都是在近代史上最接近圣人的人。我要说的是曼德拉在南非待过两年的单人牢房，这个中国人是江姐，他们都有长期关单人牢房的经历，但为什么在这样一个非人性的环境之中，他们非但没有疯，反而成为众人敬仰的，不管什么样的意识形态差异，不管什么样的文化差异，都会被我们共同尊重、尊敬的人？是什么让他们能够熬过这些痛苦，我想唯一的答案就是理想和信仰。他们做的不是只为自己的事情，他们在追求一个崇高的理想，非暴力来赢得人的尊严和自由、平等的权利。当然我们大多数人都没有那么宏大的理想去实现，也没有那么多的苦难需要去承受。

我最后讲一个小故事，这个故事对我来说当时还有点震撼，我们离开战争有三十多年了，但现在国际形势十分复杂，中国很有可能与其他国家发生战争。如果发生战争，军人是最大的受害者，如果战士受到了创伤，我们要如何帮他恢复战斗力？美国一项研究表明：非战斗减员当中百分之六十都是来自心理问题。我对这个很感兴趣，希望能去做这样的研究与实践。我有个学生，他家是北外的，家里曾来过一个美国的交换生，在他家住了一年。最近这个交换生要带着女朋友回中国来看他们。我的学生说这个交换生"9·11"之后参加了美国军队，被派往阿富汗前线，并且受了重伤。我的第一反应是，我终于遇到了一个经历过现代化战争的人，并且受了伤。我想跟他谈一谈，看看战争究竟会对人产生多么巨大的影响。所以我约他在北大做了一个下午的访谈，跟他探讨了许多东西。让我惊讶的有两点，第一是他所受的伤比我预期中要严重得多。他被派到阿富汗与巴基斯坦交界的地方，也就是塔利班活动最频繁的地方。他当时在美军基地巡逻，塔利班的火箭弹正好落在他脚边炸开。他醒过来后发现医护兵正在抢救他，因为他的下半身已经完全没有知觉了。他特别想站起来，就问医生："我什么时候能站起来。"医生回答说："上帝知道，我不知道。"这意思其实很清楚，他瘫痪了，站不起来了。但结果他恢复得很好，有创伤治疗的专家甚至说："我在他身上看不到任何战争重大创伤的症状。"医护兵告诉他只是受损了，后来他就被送上黑鹰直升机，飞回了美国。他在上飞机前最后一刻，基地所有美国士兵都给他送行。我感到非常奇怪，所以就跟他讨论一个问题他为什么要参军，他父母亲是美国律师，非常富裕，他没有必要参军，他是自愿入伍的。他说了一句话让我很惊讶，他说："我之所以参军是因为我欠美国的。""你欠美国什么了？你读书的钱是父母给的，你从小生活的环境里是没有欠美国的。"他说："我没有欠美国政府一分钱，但我从小能够生活在一个富裕、和平、富足的环境里，过着和平的生活，这是全体美国人共同努力的结果，现在我们国家被攻击，有三千多美国人被无辜杀害，我们要保护这个国家的安全，我必须要还这个债，我要参军保卫国家。"他可以做空军、做海军，可以不必到最危险的前线，"我就要面对面地保卫美国"，所以他选择到最危险的地方去服役。我当时的感受就是，如果美国所有青年都这样想的话，这个国家天下无敌。所以什么能让他从这么严重的创伤中站起来，他的信念是什么？他的第一个信念就是"我在做一件伟大的事情，我在帮助我的国家，我在保卫我的国家。"第二个信念是，他本来想从政，因为他家是律师家庭，但是受伤以后他改变了他的想法。他跟我谈完后第二天就去了美国，重新念大学，念医学院。他说他要做医生。我就问他想做什么医生？他说："我要做急救科医生和外科医生，因为我是被这样的医生救的，我希望我学会医学知识技能以后能帮助像我一样需要帮助的人，帮助美国军人。"然后他说他要做无国界医生，就是发达国家医生拿出一年或者更长时间去亚洲、非洲做义务的医疗服务。我觉得唯一的解释是这样的信念和价值观让他能从几乎不可能走出来的劫难中重新站起来，所以他拼命地去做恢复训练。所以他当时的行动几乎没有任何不便，他跟我谈了三个小时后，起来做一些运动就能恢复正常。所以我要说的是，当我们有了基本的物质满足之后，实际上精神上的愉悦——甚至小到亲密关系，我们和我们所爱的人在一起，我们有爱的能力，我们付出爱并得到爱，再进一步我们看到，我们是这代人中最优秀的，我们有上天和父母赋予我们的聪明才智，我们能实现的东西大概并不是一个月挣五六千块，我们有很多值得做的事情，这会让我们的人生更加丰富和美满。

这是我的演讲，谢谢大家！

徐凯文：北京大学心理咨询中心副主任副教授、临床心理学博士。

（第 111 期"心灵之约"讲座，2014.3.25）

认知与学习

德国法兰克福大学心理系教授 Karl Schweizer

1897 年，当心理学家 Wilhelm Wundt 建立第一个心理学实验室时，心理学才成为一门正式的实验学科。Wilhelm Wundt 关注的是我们最基本的一些感知能力，如感知一个物体的形状或颜色的能力。这和 20 世纪 60 年代心理学的行为主义是比较相似的。行为主义只关注人的行为，即外在的一些表现；对人内部的一些认知，即我们头脑中怎么想的，它反而不去关注。20 世纪 70 年代到 80 年代，心理学的认知能力就非常重视我们的头脑里发生了什么，也就是说我们的认知到底是如何发生的。

如何对认知下一个定义呢？现在有一个最基础、最基本的定义，个体或人类对外在综合信息进行加工的时候，我们头脑内部进行的一些基本的认知过程或是一些认知结构。然而，这些基本的认知过程包括哪些？比如我们的注意过程或记忆过程，我们解决一个问题时的推理过程、解决过程，我们做一个决定或对一个东西的评判，都属于认知能力的一部分。

注意过程到底是什么？我们个体每时每刻都要从周围接收大量的信息，包括听讲座的周围也有很多信息，但个体并没有完全的能力把所有的信息都处理掉，所以，我们需要关注其中的一部分信息，对这部分信息进行加工、处理。这就是一个注意的过程。

在注意的过程中，我们不可能把所有的信息加工掉，这就涉及了信息的筛选、过滤过程。也就是说，哪些信息需要我们关注和处理，这个过程就是信息选择的过程。举一个例子，机场的调度员，他记录管理分析所有飞机的起飞、降落等过程。他要关注飞机前行的状况，就非常注意前行，对于前行的信息尤其关注。由此可见，注意方面的要求还是很高的。

注意的第三个基本过程就是我们每个人的信息，包括对内在和外在行为的一种控制过程。因为在完成认知任务的时候，我们需要在完成任务之前就要有一个非常好的计划。完成这个计划的过程就像是对自己的行为包括对自己内在的一些想法做一个有效的控制和监控。这个例子非常形象，舞蹈演员完成一个舞蹈，包括动作的协调，也需要其他舞蹈演员的配合。那么，我们对自己的思想或者行为包括内在的认知过程，都需要一个很好的控制。

注意还有一个基本的过程，它作为一种有限的资源，当多种任务超出注意资源，我们在做任务的时候可能会力不从心。从这个例子中我们可以看到，一个学生在课堂上听老师讲课，他可能需要同时完成三个任务：第一，他需要听老师讲课，注意老师讲课的内容；第二，他需要找到哪些是重要的信息，老师讲课的时候哪些是知识点；第三，他需要把一些重要的东西记录下来。他同时完成这三个部分的时候，就需要注意资源很好地分配，如果他的注意资源不能去完成这三个任务呢？即在听课的过程中可能就受到干扰或者是学习东西可能就会记不下来。这就涉及对这些任务的不同的注意资源的分配。

另一个认知过程即我们问题解决的过程。从注意到问题解决过程，需要我们有一个非常好的计划，来完成一个相对复杂的任务，这就跟我们的问题解决的过程有关。问题的解决就是当我们在完成一个重要的任务的时候，如果想要达到目标的状态，都需要哪些认知过程参与进来呢？举个例子，PPT上有一个减法，我们运算这个减法的过程就是一个简单的关于问题解决的例子。我们在完成这个简单的任务时需要三个基本的条件，首先是我们从小接受教育而获得的数字的知识系统，第二个是算法的基本规则，包括减法的运算法则等，第三个是你对各种具体知识的融合，也就是一种把一些不同却又相关的知识点综合在一起的能力。

举一个相对来说比较复杂的例子，也就是汉诺塔的任务。在完成这个任务的时候，有两个基本的规则：第一，每次只能移动一个圆盘；第二，小的圆盘必须每次都放在下面。在你最终达到目标状态时，小圆盘都要放在下面。要想完成这个任务，你就需要提前有一个非常好的计划。这个计划就是关于你第一步先移动哪个圆盘，然后第二步、第三步又分别如何做，都要想好。在思考计划的过程中，就需要你对你的认知有一个非常好的控制能力。

现在讲述有关知识的概念。知识就是我们个体对外在世界包括外在客体的一些事实、一些观点、一些经验的表征。除了这个知识，我们个体大脑里的一些常识的记忆即固定存储在我们大脑里的一些记忆的内容。这个内容可以分为两大部分：一些是成熟性的知识，成熟性的知识有两个大的内容，一个就是个体经历的一些事情，另一个是个体的基本的、发生的、看到的或听到的一些事实。比如武汉是湖北的一个城市，它就是一个成熟性的知识。另一些是一种程序性的知识，它也包括两个大的方面，一个是一些技能，我们获得的一些技能，例如，运动的技能、针织的技能。例如，算术——counting 本身也是一种技能；另一个是经典的条件反射会受到的效应。例如用三个单词来代表三个概念，其中包括树与树叶的概念，它们之间有一个直接的联系。了解了其中一个就能对另一个有更深的理解，学习也就容易一些。但有一些连接是非直接的，譬如一片树叶和一栋房屋，但二者之间会通过其他各样的方式建立一个联系。我们学习与获取知识的过程是通过建立大大小小的连接，由旧连接到新连接生成的一个过程。

记忆的过程，就是对外界信息的存储、组织，包括应用时的提取过程。最早研究记忆的人是德国心理学家艾宾浩斯，他研究人类的记忆，首先研究了我们的记忆材料，包括我们记忆一些单词、记住一首诗或者记忆一些图片。他发现我们记忆材料的记忆保持时间长短有一个遗忘的规律。这里展示了他绘制的关于人类记忆遗忘规律的著名曲线——艾宾浩斯遗忘曲线：刚开始我们的记忆遗忘程度是很高的，后来随着时间的推移，遗忘曲线变得比较平缓，遗忘频率就慢慢降低。

我们每个个体通过临场记忆如记忆图片等来获取一些有关内容，一般我们能够记忆的东西是 7 个。"7"这个数字对于人们来说是非常神奇的，更宽泛地说，是"7 ± 2"，也就是一般人能记住 5 到 9 个这样的内容。另外，我们在屏幕上呈现这么多单词，给大家看一会儿之后撤去，一般人能够记住多少呢？大部分人都会在 7 ± 2 左右这个程度，关于记忆的任何东西都是这样的规律。

记忆本身是呈现出一个结构的，它包括三个不同的记忆系统。第一个记忆系统是感觉记忆，感觉记忆的容量非常大，我们可以同时感知到很多东西。但是它有一个特点：它保持的时间非常短，一般只有 2 秒，如果你不进一步去记忆的话，在 2 秒之后这个东西就会消失。第二种是短时记忆，短时记忆就是对刚才的感觉记忆经过进一步加工，进入到你的短时记忆系统。短时记忆保持的时间也不是很长，一般是 20~30 秒。在 20~30 秒之后，如果你不进行进一步观测以及加工的话，它就会消失。我们一般通过复述这种方法保持对信息的记忆过程。第三个是长时记忆系统，也就是刚才提到的系统的容量非常大，可以说是无限的。为什么有时我们想不起来一些东西呢，因为我们在提取大脑里面长时记忆里的东西时出现了问题。

短期记忆系统本身对记忆系统的可解释性不是很好，它本身只有容量、保持的时间上的界定。后来它被一个新的概念——工作记忆系统代替了。工作记忆本身包含一个系统，我们看这个图里面包含三个系统，本身中央有一个执行系统和两个存储系统。其中一个存储系统处理一些视觉信息，第二个存储一些听觉信息。中央执行系统是对我们处理各种信息的监控，在这个监控系统中就会发生对于各种认知过程的管理和监督。

比如在一个实验或者我们的学习中呈现两个数字，当你看到这两个数字的时候，首先视觉信息会对它进行加工。这两个数字可能需要你进行运算，无所谓具体什么运算，无论什么规则，都需要从长时记忆，即我们的长期系统中把规则给提取出来。提取包括对规则的运用的过程，即对这个数字和加减法运用的过程，都是由中央执行系统管理的。

第二部分是关于我们的学习。大家对学习的过程都非常熟悉，即对新信息的获得，甚至是对一些已知的信息做出不断的修整的一些基本过程。也可以说是我们的行为、技能、价值观等各种各样的知识不断地获得的这样一个过程。

第一个学习的理论，就是关于联结学习。联结学习致力于解释我们大脑各种各样的信息是如何建立一种关系，建立一种连接的过程。这种关系建立以后，比如获得了新的知识或新的技能的时候，你可以把这些知识像链子一样连接起来的一种新的学习方式，就像这张形象的图片表示的一样。

对这个联结学习，艾宾浩斯对于记忆也是首先做出了一些东西，一般首先呈现一系列刺激，例如字母、数字或者图片。上面这个例子呈现的是一些字母，这些字母是人工造的一些字母，是我们之前没有接触过的。为什么是人工做的呢？因为如果我们呈现一些我们学习过的或者我们熟悉的，这样对我们获得知识过程中的一些研究及知识如何形成的过程造成一定的影响，这些比较新的单纯呈现的两个要求是反复地学习。学习最终是希望达到一种目标——可以完全把这些单词按照顺序复制下来。

这个论文是从一个对儿童学习的测验里提取出来的，刚开始会呈现一对一对的刺激，这些刺激都是一个实物和一个图形联结在一起，那么你需要记这些一对一对它们之间联结的这个过程，然后呈现一个实物之后会呈现四个图形，需要你提取出来，你学习到的是哪个图形和它对应的。

学习的第二个理论是美国的心理学家桑代克介绍的关于学习的一个不断渐增的效应，他说学习是一个渐渐地不断增长的过程，这个过程他通过一个对动物的实验：一只猫被放在笼里，笼中有一个按钮，如果猫触碰到这个按钮，门就会被打开。对于这只猫来说，把按钮按住使门打开就学到了一个技能，刚开始是一个不断尝试的过程，刚开始它打开门用的时间很长，但是经过很多次的尝试，它很快可以把门打开，所以从这个角度来说学习是一个不断尝试错误的过程。所以桑代克就总结出一个关于学习的规则。当你获得正性学习经验的时候，就可以加强已经获得的学习技能，而一些负性的经验可能会消弱你已经学习到的东西。

第二种学习过程是一种条件反射式的学习过程，这个过程是由一个俄国的心理学家巴甫洛夫发现的。他也是用动物来做实验的，实验装置里面是一只狗，狗的前面是食物，可以把食物和其他的一些刺激放在一起，比如给它一些声音刺激等。当这个声音刺激和食物同时出现的时候，狗就会分泌唾液之类的东西。这样狗的唾液的分泌就和声音建立了一种条件反射这类的联系。这个实验是如何做的呢？第一步是先呈现食物，由于非条件的反射，狗出现唾液分泌的现象。第二步是把铃声和食物同时呈现，反复的来做这个处理，对动物（狗）来说，它已经习惯了，于是它就习得了同时听到铃声，看到食物的时候它就会分泌唾液。第三步就是把食物去掉，发现狗一听到铃声后，它就会分泌唾液，也就是说狗习得了条件反射的过程。这种条件反射的学习有两个特征：第一，它可能是无意识发生的。你可能不是有意的去学习这个东西，但它无意识的就会发生。第二，它这种想学习的过程有时可能会让你产生恐惧等一些心理障碍，例如有些人上台就会非常紧张等。

这种学习过程是操作学习。它的意思就是对我们已有的、自主的一些行为进行修正，即通过不断地强化或者惩罚这些外在的条件来促进行为的改变，也是一种学习的过程。在"操作性条件反射"实验中，斯金纳自制了一个以自己名字命名的箱子，他用了老鼠、鸽子等一些相似的动物在箱子里做实验，当老鼠达到他的要求的时候就给老鼠提供食物。那么这个提供食物的过程就是一个正性、强化的过程，有的情况下还会在一些灯光等背景下同时进行实验，老鼠达到这种能力才会被提供食物，而食物在这个过程中也起着正性、强化的作用。通过强化，使老鼠知道：想要获得食物就需要做这些事情，从而培养它的这些技能。通过对动物的观察发现，其与人的一些行为较为相似。

　　其实，操作性条件包括两个主要的外形，第一是强化，而强化本身分为正性的强化和负性的强化。正性的强化即呈现一个正性的刺激；而负性即正性的东西被挤走。第二种外形是惩罚，也分为正性和负性两种，下面分别详细介绍。负性的也被强化，惩罚性的一种强化，这个也分为正性的和负性的。

　　这里面呈现了两个正性的强化，第一个是一位妈妈正在给小孩做什么。第二个是成绩比较好的获得表彰，这些本身也都是一个正性强化的过程。

　　还有一种学习是模仿的学习，也就是个体观察他人的行为，重复他人的动作或过程。刚才举到的例子比如一只乌鸦模仿另一只乌鸦喝水的故事。还有就是小孩看到老师或家长的一些行为，他们会去模仿，模仿本身就是一个学习的过程。

　　第二种学习就是社会性的学习，尤其是作为儿童来说，在社会环境下比如家庭或者学校等场所观察他人学习的过程。这种学习过程对我们形成某种社会行为是非常有帮助的。

　　研究者班杜拉做了一个实验，将几个儿童和一个成人还有一个比较大的玩具关在一个房间，并没有要求儿童观察成人的举动。当成人对玩具做出一些捏耳朵等不好的行为，在成人离开房间后，通过录像可以看出孩子们在大人离开后也对玩具做出了相似的攻击性行为。儿童通过观察表现出一些相似的行为，这就是社会学习的过程。社会学习的过程对孩子的成长是至关重要的，儿童通过观察自己周边父母或老师与自己的交流和指令，甚至通过社交媒体、网络、电视学到的东西，他们都可能会去模仿。

　　最后，我们对今天呈现的内容做个总结，认知包括人类思想的各个方面；学习为我们思考提供了一个知识基础；学习是认知的一部分。

Karl Schweizer：德国法兰克福大学心理学教授。

（第119期"心灵之约"讲座，2014.11.5）

压力应对与情绪管理

马里兰大学 林宜君

在压力的定义中，基本上可以分为良性压力和恶性压力。怎么样才叫做良性的压力？当你觉得压力源对你而言是有控制力的时候，自己是有把握的。比如说我现在站在这里，我也是很紧张的，我也是很有压力的，可是我的压力让我整个人没有发抖，但注意力会比较敏锐一点，我的心跳会比较快一点。我可以把压力控制在某一个可以接受的范围内，所以这对我来讲算是一个良性的压力。

那么什么时候会变成恶性的压力呢？如果我现在发现自己讲不下去了，脑袋里一片空白，身体开始发抖，声音也在发抖。当我长期处在这样的状况下，就变成恶性的压力了。我们最终的目的不是彻底消除压力，而是要减轻恶性的压力，增加良性的压力，这是一个基本的前提。

首先介绍短期压力。比如我今天来这儿做两小时的讲座，虽然我觉得我可以接受，但我仍然会感到紧张。不过，过一会儿就可以舒缓，这就是短期压力。

从大脑的结构中，我们可以发现人们面对压力时大脑的反应。当人面对压力时，下丘脑就可以感知这种情绪的存在，并通过掌管警觉性的交感神经传递给肾脏中的肾上腺，之后肾上腺就会大量分泌肾上腺素。一旦人大量分泌肾上腺素，就会变得极具爆发性。这种情况下，人甚至可以扛着冰箱绕着操场跑一圈，这就是肾上腺素带给我们的爆发力。大量的血液流向肌肉，同时心跳、血压、血糖等都会上升，这都是这个短暂的过程中的一个生理反应。例如，很多赛车选手都喜欢这种短期压力带给他们的感觉，这甚至会让他们上瘾，以致让有些人刻意强求短期压力，因为这会让他们突然感觉自己很勇敢、很强壮，可以解决一切问题。而长期压力则不然，虽然它和短期压力的反应路径基本一致，但是一旦肾上腺长期受到交感神经传来的兴奋，它会变成体质醇。如果长期累积的话，免疫系统会降低，而且脂肪也会堆积，因为我们的人体非常聪明。如果它知道我们长期处在危险当中，就会帮我们累积很多脂肪，这样我们才不会那么快死掉。所以，如果想要减重或减肥的话，就一定要控制好压力。尤其你是那种 stress eater 的话，也就是说当你有压力的时候就想要吃东西，就会特别容易产生脂肪堆积的状况。如果有压力就吃不下东西，容易变瘦的话，可能就不需要探讨到这种情况。你会有其他的影响。

如果你是压力大容易变胖的这种体质，所以，这张图就表示压力是有一个限度的，短期和长期的压力是不一样的。当你整理自己有把握的那种压力源的时候，这对你来讲可能是好的，并不一定是不好的。所以，我不一定想过一个没有压力的生活，这不是很现实。

当我们遇到危险的时候，会发生哪些状况？第一个，当我遇到危险状况时，我的感官通常变得特别的敏锐，时间开始感觉变慢，像度日如年一样。当在压力的状况下，我们要解决一件事情却解决不出来的时候，这种感觉可能会特别深刻。另外，我们血管里的血流速度会变快、心跳会加快，这让我们一触即发，马上做出反击或逃跑的举动。此外，我们的呼吸也会变得急促，需要吸入更多的氧气。因为当我们的身体里有足够多氧气时，就可以一口气反击或赶快逃跑。有的时候会很想去上洗手间，因为人体的设计是为了让我们变轻，当去上完厕所后，身体会变轻一点，跑得会比较快。不仅如此，我们的消化系统也会变慢，这就是为什么长期压力大的人肠胃可能不太好。因为当我们有压力的时候，随时会准备赶快逃跑。

另外有趣的是，你的血液中的血小板凝血作用会增强，因为被咬，受伤可能会造成大量失血，你的身体必须尽快把你的血液凝固，所以血小板的凝血功能会突然加强。还有流汗会让你的身体冷却下来。所以单单一个紧急的压力反应会在我们身体造成这么多的生理反应，这是十分有趣的。

如果人体结构让我们攻击、反抗、逃跑，这些都是求生的行为，都没有错。可是如果我们的脑袋每遇到一个状况想到的都是攻击或逃跑，长期这样的状况就会造成诸多身体上的疾病。比如，生长激素和性激素降低会使人提早老化，免疫系统变低，容易患癌症、感染等；当压力的激素增加时，人有可能焦虑、失眠、变胖。另外，如果一个人压力太大，他的应对方法找错的话，可能会引发药物的上瘾，滥用甚至是吸毒。那么，压力和绩效是成正比还是反比呢，其实并没有那么简单，它的曲线图呈现出倒"U"型。这告诉我们压力太低不好，没有动力，压力太大也会像我刚刚提到的那样讲不出话，脑袋一片空白。你们在学习中多少也会有类似的情况。当你觉得压力太低时没有动力去读书，压力太大时考试会有题目做不出来。一般来讲，有一个压力释放范围会是你的最佳表现，但这个范围每个人都不太一样。每个人的抗压能力不同，有的人比一般人高，有的人比一般人低。就像台湾省著名歌手，第一季和第二季"最美和声"导师之一，萧敬腾，第一季是冠军导师，第二季的时候继续上。为什么会想到他呢？他二十岁去星光大道"踢馆"，和杨宗纬 PK 的时候表现很好。可是当主持人问他的时候，他却非常紧张，对自己很没自信，一句话都回答不出来。刚开始的时候，他在台湾省有一个绰号，叫做"省话一哥"，意思就是他讲话非常节省，就是两三个字的回答，因为他非常的焦虑。但现在他表现的就很不一样，五六年的成长让他把自己的压力基本控制在一个合适的范围里面。所以，每个人都要找出自己压力的适当范围。但这个需要自己的经验，没有人可以直接规定一个压力值范围的高低。

关于适度压力的另一个概念，我们可以用一个比喻，如果人没有血压会怎么样？我们不可能没有血压、没有心跳，但血压也是有一个范围的。我们就把它想象成人体需要的压力，我们不可能完全没有压力，不然就没

心灵之约 Xin Ling Zhi Yue

有生命迹象了。但是我们要有一个收缩压、舒张压的范围。我们实际的血压有一个范围，知道什么是正常状态。每一个人心理上面的收缩压和舒张压可能范围不太一样，所以要自己去找。

我现在要你们想象一下目前生活里面存在的几个重要的压力来源，就像是漏水的水龙头，漏到你的情绪压力水桶里。有些人只有一两个，目前的课业或感情；有些人可能多了健康、家庭里的问题；有些人多了找工作的问题，所以压力的来源对每个人来讲可能都是不一样的。如果漏水的水龙头一直滴到你的情绪水桶里面，终有一天它会溢出来的。那我们要用什么样的调节方式来把水位控制在不会倒流出来的状况？我们常常会有不小心、压力太大又没有调节好的时候，情绪水桶里的水就会喷出来。结果就会影响到身边的人。我们可能今天遇到了挫折，很生气，回到寝室就对室友乱发脾气。把自己的情绪错置到无辜人身上，这是一种调节方式，但可能不是最健康的。有些人就乱戳洞，把多出来的水倒出去。每个人都有自己倒出多余的水的方式。

我现在要你们在一张空白的纸上画出你的压力源，画成漏水的水龙头，想想自己现在主要的压力源有哪几个就画几个。然后画一个水桶。你不需要很有艺术天份，但主要概念做到就好。画完压力源和水桶之后，想想看自己能接受的水位，自己平时倒水调节的方式有哪些。有些人可能会说运动，有些人可能会说睡觉，有些人可能会说吃东西，尽量去想自己平时调节的方式有哪些。有些人的压力源可能就是自己，不是别人，不是周遭，不是环境，而是对自我的要求，这有可能是其中一个。有些人的压力源不是来自别人，不是来自环境，更多的是来自对自我的要求，如果你是这样的话，也可以填进去。

压力是一种能量，我们要找到一个途径把它释放出来。有时候拒绝是一种释放的方式，有些人是用运动、哭或说话的方式去释放。所以我们就要去找让压力水量排掉的管道。刚才听到下面的学生在说，可不可以把水龙头关掉，其实这也是一种思维方式，让水龙头不再漏水，然后就可以不用去接水，排水。

有些时候等时间过了，对我们来说，有些压力源就不再是压力源。比如当自己已经毕业开始工作时，课业这个压力源就不见了，尽管它现在的存在感是非常真实的。那我们可不可以找到一些方式来调节水量？因为目前课业的压力是不可能完全消失的，但我们可以让水量从大变中再变小。

总结一下，刚刚我要你们去想自己的调节方式，其实重点是要你自己的压力调节方式多元化，不要只有一两个方式，你不能单靠吃饭、睡觉来调节压力。如果有一天这两种方式没办法做不再那么管用时，你就需要有自己的计划 C。所以多元化是个重点。调节方式又分立即性和长远性。我之前有一个客户，他的压力大到无法睡觉的地步。此外，他又是博士班的学生，每天要从我们学校开车去另一个地方教书。但他如果感觉压力很大的时候，会在开车的时候把音乐音量调得很大，然后在里面呼喊或尖叫，从而把压力释放出来，这就是一个比较立即性的方式。有些人需要呼喊、呼啸的方式来排解压力；有些人不太敢喊出来，但这种方式会对他有帮助：用枕头盖住自己的嘴巴，这样可以让音量降低很多，尤其在宿舍里面。这只是一个例子，立即性的方式可以马上让自己感觉好一点，但不代表自己二十四小时都可以这样做，所以我们还有一些长远性的方式。

第二个重点是虽然有很多种压力调节渠道，但要看看自己的调节方式大概在哪几个点上：生理上，比如睡觉、运动，这种调节方式是靠身体去释放；认知上，转换想法来调节压力；情绪上，比如大声呼叫、放声哭泣，这种方式有时是非常有效的；口语上，跟别人聊天、倾诉；艺术表达上，音乐的表达，如刚刚有个男生谈到喜欢弹吉他，这个对他来说是比较好的放松方式；还有一些人喜欢看书、画画、写作、写日记等，艺术性的表达是另外一种解压渠道。刚刚有谈到饮食上的解压方式，饮食上并不是要暴饮暴食，虽然对很多人来讲这种方式是最快最有效的，但重点还是要平衡饮食，如果能做到这个，压力是可以慢慢调解的；另外一个是睡眠，早睡早起，睡得好，多多少少有助于减轻压力，以上这些只是一些例子，还有很多我没有列举到。但我想重点强调的是，一个人如果有多方面的调节方式对压力的调节才最有帮助，而不要仅仅依靠一两种方式。

每个人的压力体质是不一样，首先需要找出自己的压力体质，从而找到适合自己的压力调节方法。有人说："吃东西对我的压力调节通常没有太大的效果，我压力大的时候一般吃不下东西。"我的压力体质没有办法让我依靠吃东西的方法来调节，所以我要找出其他方式。我常用的方式是艺术性的表达，我喜欢做陶瓷，那时可以让我把烦心的事情放在一边，很专注地去做陶瓷。

接下来，我想把重点放在美国的研究觉得有效的三个压力调节的方式。目前来讲，第一个是认知理论，主要讲一个 ABC 理论。社交支持——social support 这是在目前的情绪压力研究里非常重要的研究的面向；一个 facter；最后一个是 mindfulness，一直在找 mindfulness 中文的翻译是什么，一个比较接近的意思是"正面觉知"，这个概念最早是从佛教的一些概念中区别出来的，如一些和尚、尼姑做冥想静坐，虽然看起来他们坐在那里好像什么事情都不做，但脑袋是非常敏锐的。现在越来越多的西方人会到亚洲或印度学这个 mindfulness，就是静坐冥想。因为他们发现了越来越多的好处，坐在那里的过程，会改变他们大脑里面很多的东西。

为什么叫 ABC 理论？ Activity，Belief Consequence。一般人会认为一件事情发生的时候，会有行为或情绪的反应、结果。如这是因为他说那句话，所以我就觉得很受伤；我可能说了同样一句话，另外一个人也有同样的反应。我们通常都会觉得是 A 引起了 C。因为这中间经过了一个过滤过程——认知过滤，认知过滤的过程是不一样的，它的解读跟我的解读是不一样，因此造成了行为结果的不同。当我知道哪一个信念在中间造成这样的行为或情绪结果的时候，如果我们不喜欢自己这样的感觉或者不喜欢这样的行为反应，是有机会再去改变行为结果的。信念就是：我们可以去做驳斥，想另外一种方式去反驳自己原本的这个信念。它就会造成一个新的结果、效果和新的感觉。所以 ABC 理论就是从这里发展来的。

如我当年从台湾的台北想要到外国念书的这个过程，我可能觉得自己那个时候没有能力去跟一般的博士班美国学生竞争。尤其我念的是心理学科系，特别重视读、写、理解、口语上的表达，不像数学、计算等可以在班上脱颖而出。所以，在那个时候，我最初的想法是，我一定会是班上最后一名。因为我的基础水平非常低，怎么样都比不上人家。这会对我造成什么样的影响呢？我的信念就是，我会是班上的最后一名，对我产生的影响就是不会害怕。我觉得，一直以来在台湾念书好像也没有那么难，要考第一名、第二名也不是那么难。而换一个环境对我而言是一个非常大的打击，所以我产生了很多的恐惧和害怕。

我要怎么改变这种不利？那就是换个想法：反正我会是班上最后一名，所以我就拥有百分之百的进步空间；反正我会是最后一名，我再怎么样也不可能退步了，那我就只能会进步。在台湾的教育体系里，顺利升学这样的成功好像没什么特别，但自己换到另一个环境里是很具有挑战性的。然后，我们就可以发现自己拥有多少潜能可以因为这样的困境而被激发出来。当我换个想法之后，我的行为跟结果变成什么样了呢？我变成了被鼓励，觉得自己拥有百分之百的进步空间；觉得自己要趁着这个机会去发现自己的潜能，而不是自己失败的地方；看看自己能够在这个困境里面混出什么名堂。这是一个例子，信念的改变可以产生新的效果、感觉以及对自己的看法和想法。

我希望你们至少要把 ABC 记下来，思考你们自己的信念系统到底是什么样，为什么会造成这样的行为和结果，有没有可能有不一样的想法、方式去改变这个行为结果，从而变成一个新的效果和新的行为？这个认知理论非常好用，用在自己的生活里是非常实用、简单的。它其实跟佛法里面的很多东西都是类似的。在美国，有一群人就在研究认知理论和佛法心理学，因为一念之间的转变，我们产生的感觉却可以相差十万八千里。

我前几天在网上偶然翻到《英才》杂志的一篇小文章：孔子闻糊涂，谓之中庸；老子闻糊涂，名之无为；庄子闻糊涂，号曰逍遥；墨子闻糊涂，而阐非攻；如来闻糊涂，而勉之忘我。这五个先贤都不可谓不聪明绝顶，然而他们看待一个东西，有五种角度，就出现了五种迥异的结果，这五种迥异的角度都名传千古。换个角度看世界，或者说是换视界，我们的感悟会让自己惊喜的不同。就像这一笔，从不同角度看，也会发现它不同的美。所以我建议在座的各位，在之后的人生中看到一个东西的时候，首先放弃之前的先入为主，多思考其他的蹊径。当觉得自己的思想一个劲儿往牛角里面钻的时候就是很可悲、很危险的时候。而这种时候一个人会很难解决，所以可以找一两个知心朋友、家人抑或是辅导老师谈谈心，或许就在他们一两句话之间，就给自己打开了一扇新窗。多与外界交流才能打开自己思想的局限，尤其是容易抑郁的人。他们易于钻入自己的隧道里，拒绝外界的一切事物。这便是所谓钻牛角尖。我想说的是，用不同的方式去解读各物，将得到的东西成为自我的一种生活哲学。

这是斯坦福大学一个三十出头、年轻有为的健康心理学教授在YouTube上发表的一个短演讲。我简述一下她的研究：正常人在压力状态下会有一个普遍生理症状，即血管会收缩细化。如果人们长期保持这种状态，在惯性的压力下，甚至会患上心血管方面的疾病。为了进一步研究心理在这个过程中的作用，她和她的团队到哈佛大学找了两组身体健康的大学生。一组作为控制组，一组作为对照组。在同样的环境下对两组学生施加一样的压力，对控制组的学生不停灌输压力有利论，而任由对照组的怨气滋长。一段时间以后，他们对两组学生再度进行对比，结果显示控制组的学生显得更加有信心、更有抗压能力，甚至在随后的身体检查中也更出色。在同样的压力条件下，控制组的血管比起对照组显得放松很多，而这个状态更像人在愉悦状态下才会有的状态。她的研究得出了一个很重要的结论：心理会对生理产生不可忽视的影响。这个例子告诉我们，当我们以另一种角度去看待世界的时候，我们会有意想不到的改变，不仅在心理上，也是在生理上。

她还有另一项重要的研究"social support"，人际支持。它讲到一种非常重要的激素——催产素（Oxytocin）。顾名思义，催产素就是在女性怀孕和分娩前后产生的一种激素，这种激素会使得母体跟婴儿之间有很强烈的连接。因为催产素的影响，女性会变得充满母性的光辉，使人多愁善感，比较容易动情掉眼泪。所以，有人将催产素称作"爱的荷尔蒙"。这种激素也会在另外的情形下产生，就是人在谈恋爱尤其是热恋的时候。这种激素作用的结果便是"情人眼里出西施"，就是你看待你的另一半的方式跟别人不一样。所以说爱情中有些化学变化别人是没有办法感受的，这是很实际的一种生理上的改变。

母亲生产、哺乳或是男女性爱的过程中都会产生催产素，但是大部分人都不知道催产素其实也是一种压力荷尔蒙。就是当人有压力的时候，这种激素也会产生，它产生的时候会发出一个信号，可大部分人并不知道这种信号是什么意思。这种信号是需要你去跟人接触或者帮助其他的人，即这种激素在你身体里产生的时候是要让你跟人有互动。

现在我们回到人体基本结构的角度，激素的产生就是让你求生存让你继续活下去，让你在压力状况下不让自己单独面对。身体里产生激素的目的就是要让你去找别人，你的家人、朋友或是不认识的人。如果你找不到别人帮助你，你也可以选择去帮助别人，这种方式同样有用。

这就是她的研究。所以简短的结论就是，压力就是要让你变得更加合群，懂得社交，而不是让你自己一个人关在家里面继续抑郁下去。

有三种研究指数中比较有效的方式。第一个是 ABC 理论，第二个是找朋友，第三个方式现在越来越流行，叫做"mindfulness"，用一个我比较喜欢的方式翻译过来就是"活在当下"，它指的是对当下的真实想法保持觉知。从英文原词"mindfulness"来看，它就指"大脑里面充满了很多事情"。也就是说，你看到了什么，脑袋里就如实反映了什么。比如前面摆着一个水瓶，我会说："我看到了一个绿色的、有花的、漂亮的、优雅的水瓶。"我们可以发现刚才这句话里有非常多的形容词，这就体现了佛法里所说的"分别心"。而"mindfulness"就是你看到什么，用最真实、原始的方式去描述出来，不要去贴"好"或"不好"的标签。比如，当我们看到一个东西的时候，不要去想它是"漂亮"还是"不漂亮"，按照佛法所说，有了"分别心"，就会起烦恼了。所以，"mindfulness"这个概念其实是从佛法里面来的。一般人看见喇嘛、和尚打坐的时候，都会以为他们是在睡觉。其实他们不是在"催眠"，而是在"催醒"。因为当一个人做冥想时，脑袋必须是非常专注的，他要观察他的念头怎么起怎么落。比如我闭上眼睛打坐时，突然想到我昨天跟同事说了一句话，怕他误会，很担心。这就是一个念头，而我就看着这个念头过来，但是并不会想"自己怎么这么糟糕，不细心"。人常常被念头驱使着却不自知。

这个方式是为了让我们变成自己念头的观察者，选择是跟着它走还是"let it go"。所以，你是在一个高度觉醒而不是放松的状态中做冥想。在"mindfulness"概念中，它认为大部分人的痛苦是因为把自我看得太重要。我想中国人应该更能体会这一点。因为西方比较个人主义一点，他们认为个体非常重要，"自己是最好的、最重要的"，"不管别人怎么说，自己都是最棒的"。其实，世界不会因为人的烦恼而停止运动，地球不会因为你发生什么事情明天就少转一圈。因为每个人觉得重要的事情其实并没有我们想象的那么重要。如果今天我把这场演讲看的非常重要，可能会更紧张。但如果把"自我"放小，只是把这场演讲当作一个沟通交流的机会，跟大家分享一些新的概念，跟我自己没有太大的关系，我只是一个传递者。当我把脑海中"我"的概念变小时，压力也就降低了。生活中我们往往把"我"和"结果"联系在一起，给了自己很大压力，比如成绩、感情，个人化非常严重。这就是"mindfulness"基本的概念。

科学家做了很多的研究，想知道一个人在冥想的时候是否真的有作用，有哪些作用，生理上会发生哪些变化。实验结果显示，冥想可以降低新陈代谢、降低血压、减慢呼吸速率、使对外反应迟缓，尤其是对外反应方面，人会不再本能地做出反应，而可以更好地控制。同时，冥想还能增强免疫功能。副交感神经是一条使我们放松的神经，而交感神经是使我们警觉的神经，所以如果人要放松的话，副交感神经要发挥作用，才能处在一个放松的状态，而不是长时间的紧绷。

台塑集团的董事长，王永庆，他可以说是一个天才，大概二十出头就拿了生化方面的博士。他后来做了一系列跟脑神经有关系的研究，现在在台湾以及世界各地非常推崇静坐冥想，因为他发现当静坐冥想的时候，大脑会产生很多不可思议的变化。在西方，用比较科学的脑神经的方式做出的研究指出，它对我们左右脑的连接有帮助，也可以增加创造力、增强记忆力和思维的弹性。它有很多好处，但不是一蹴而就、今天做明天就会有效果的。我尽量早上起来的时候坐二三十分钟，因为他说只要十分钟就好。他常常问我说，你会不会飞起来？就像他所说的那样。我觉得真的不是飞起来，我也从来没有飞起来过，可是我觉得是跟这个世界有了连接，反而更踏实了。我不会常常觉得山谷好像浮起来了，也不会飘来飘去，但会觉得比较扎实。所以，感觉是坐着是离地面更近而不是飞起来。

我常跟我的学生讲，如果一些人常常活在过去就很容易抑郁。有些人一直在想未来，一直想说我要做什么准备，我有这个烦恼，那个烦恼，所以更容易焦虑。活在当下的人比较容易感觉满足、知足和快乐。我遇到过更多的个案不是因为过去的事情没有办法解决而继续活在过去就是太多活在未来了。一些担心课业的，可能有一部分的能量都花在想未来了。不是说不可以去想未来，因为我们总是希望自己是一个对未来有计划的人。

可是很多有修行的师父都说，对未来的计划不是不可以，但如果重复性地一直去想，已经想过一次还不确定就再想一次、再想另外的方案，从而越来越不确定自己要做的选择究竟是什么。对自己而言，这样反而会带来更多的焦虑和烦恼。

这个也很有趣，"Yesterday is history, tomorrow is a mystery"，"昨天是一段历史，明天是一个有潜力的、未知的东西"；"Today is a gift, that's why it's called present"。我们说"present"来表示"现在"，它的另外一个意思就是"现在""当下"，而"现在""当下"就是一

个礼物。希望你们能记得为什么要尽量活在当下，因为这是我们唯一能把握的时刻！

最后十分钟的时间，你们如果愿意感受一下打坐练习，可以听从我的指示，大致上就是要求你们用鼻子而非嘴巴呼吸。我第一次去学这种打坐的时候，参加了一个十日禅，就是十天之内都要在那儿打坐，每天十二小时，并且不允许说话。我从来没有学过打坐，那次一个同学找我去的，我真的不知道自己当初为什么要去。有一两个人真的是翻墙跑了，因为蛮辛苦的，在里面吃素，每天打坐十二小时，每坐满一个小时才能走走。那时候我学习到的是，如果想要训练自己的注意力、呼吸等方面，就把自己的注意力放在口与鼻之间的三角区上。你的鼻子呼气、吸气时，你这个地方的部分皮肤大概会感受到你的呼气、吸气。你不用管身体的其他部分，刚开始训练时只要把注意力放在鼻子附近的这块三角形区域，然后腹式呼吸。因为我们都知道人紧张的时候会用肺部呼吸，所以我们常常用肺部喘气，然后上半身像这样动。如果你要减压、让自己放轻松的话，气是要放到丹田的，所以你可以测试一下你大部分是用肚子在呼吸还是用胸腔在呼吸。如果你把两只手这样放着：一只手放在你的胸腔，一只手放在你的肚子上，然后吸气，你会发现气下不去，它到这儿会向上然后向前。如果你本来就能把气呼吸到肚子，那很好。如果你没有办法的话，我会教你们。用很快速的方法用肚子上的肌肉来缩小肚子，这样子呼又收，慢慢的会感觉到肚子这一块肌肉。现在吸气，比较容易把气体带到下面来。所以做深呼吸，就要尽量减少你的肺部的使用，肺部的使用容易让你觉得焦虑。有些人刚学的时候可以数气，首先是可以帮助你更专心一点。

通常吸气的时候数1到5，吐气的时候数1到7，吐气的时候比较慢一些，是为了让氧气尽量充分地被身体利用。所以，通常建议是闭上眼睛，找一个自己比较舒服的姿势，注意自己的两条腿。如果可以的话，把两只脚放在地上，把眼睛闭起来。然后像我讲的那样，去注意自己的口鼻之间的三角地带。如果把眼睛闭起来，会比较容易"看到它"。现在吸气，1、2、3、

4、5，吐气缓慢，1、2、3、4、5、6、7，这样一直重复，轻吸气然后轻吐气。当觉得自己慢慢可以将口鼻之间的三角地带注意得蛮好，已经可以感觉到它的存在，知道自己呼气是什么感觉。呼进去的时候，可能会比较凉一些，吐出来的时候热气比较多，比较热一点。如果你已经感觉到这个差别，你的深呼吸大概到了某一程度，已经比较清醒下来了。

接下来就可以注意你的念头。这时"打坐怎么还不结束"的念头会出来；"等下回去不知道在哪吃宵夜，找谁吃"的念头会出来；"回想我今天讲了这么多到底在讲什么"的念头会出来；这些都没有关系，反正就是认出自己那个念头是什么。不贴标签，不要假装这个念头是好的念头，坏的念头，积极的念头，消极的念头。不需要，不要有分别心，就看着它起来，然后送走它，然后看下一个念头是什么。这真的没有什么深奥的问题。

我知道你们都是有逻辑的人，受高等教育的人，如果科学上的实验研究对你有说服力的话，我希望你给它一点时间，去看看自己是不是真的有这样的变化。我自己最大的感觉是，我的注意力、记忆力会变好，脾气和情绪的管理变得更好了。也就是说，一件事情发生的时候，我要知道现在的念头想法是什么，也会比较快地抓住，然后我会再想想我到底是抓住还是放掉这个念头？如此，我就不会马上对这个事情做出情绪的反应，心情也会比较平静。这是一个小小的练习，如果可以的话，每天花十分钟，什么事都不要做，调整好自己的呼吸，让神经可以 switch。其实很多时候，如果睡不着的问题比较严重的话，通常神经非常活跃。如果用呼吸的方式去调整的话，可以把神经作用加强。所以，当你躺在床上睡不着的时候，心里往往有很多杂念，就可以试试刚刚做的呼吸练习，调整自己的呼吸，慢慢的就会睡着了。

林宜君：博士，美国马里兰大学心理咨询中心专职咨询师。

（第 114 期"心灵之约"讲座，2014.5.28）

抑郁症的临床治疗

武汉精神卫生中心 熊卫

　　请问大家心目中想象的精神科医生是什么样子的？应该是比较妖魔化的，但是我看起来不是妖魔的，精神科医生跟大家是一样的。现在对人们抑郁症越来越接纳，象征着人们对精神疾病探索的兴趣开放了，而不是把精神问题和心理问题当成一个洪水猛兽来回避恐惧，这也是一个社会文明进步的象征。对于在大学做学生工作的辅导员和做心理咨询的老师们，这可能是一个比较复杂的话题，会给大家带来一些沉重的回忆。所以我想从一个精神科医生和一个心理治疗师的角度来给大家讲述"抑郁到底是什么？"让我们更全面地看到抑郁问题是怎么样呈现在我们生活当中的，所以我用的也是一个很温和的题目。

　　"抑郁"在《现代汉语词典》里的解释是心有愤恨不能诉说而烦闷。大家觉得这个定义和你心目中对于抑郁的定义是一样吗？应该不一样，一般人想到的抑郁可能是悲伤、经常哭泣、想自杀。在词典中的解释是一个人心中有愤恨、不满和怨气才导致抑郁。所以，抑郁是一个很复杂的东西，它表现出来的和内在并不是一致的。台湾出版的一本《张氏心理学辞典》对抑郁的解释是忧愁、悲伤、颓丧、消沉等多种不愉快情绪组合而成的一种心理状况。抑郁症的体验其实没有多少特征性，从普通人到选择结束自己生命的人，都存在这样的特征，所以抑郁是所有精神和心理问题的共同的表达。在日常生活中，抑郁可能是一种不开怀、不畅快或不愉快的感受，这是非常常见的，也是非常模糊的。但有一点非常肯定，"抑郁症"这个词并不会出现在我们日常语境当中，这是一个非常专业的词汇。在我老师的那个年代，他们不说抑郁，而是说忧郁、忧伤。在一百多年前，弗洛伊德就是用忧伤这个词描述抑郁的。忧伤这个词更容易被日常生活所接受，如果说抑郁，别人就会认为你有毛病。基于这样的状态，在日常生活中，我们会用哪些词汇来表达与抑郁有关的情绪？学生不会直接说自己抑郁，也不会直接说某个同学抑郁，他会用一些相关词汇来表达。直接表达这种不愉快的情绪可能是说不高兴、高兴不起来、不快活、不开心、闷闷不乐；书面一些的表达可能就是忧伤、沮丧、伤感；间接一点的表达可能是苦闷、郁闷、想不通、想不开等。当一个人说他想不开的时候，我们一般认为这个人蛮抑郁的，甚至比一般的抑郁更严重一点，会产生一些过激行为。

我们会用日常生活化的词汇来表述与抑郁相关的一些情绪，那么抑郁到底是什么？从心理学和医学的角度来讲，我们认为抑郁是一个谱性症状，像光谱一样，从轻微的不开心到极端的消极和自我否认甚至自杀行为，是一个连续的、逐渐过渡的状态。当生活中遇到有人说自己抑郁，脑子里就要一下子就爆炸的时候，它是一个谱性症状，可能是比较轻的程度。在日常生活中，我们容易遇到一个现象，大家一听说有人抑郁，要么觉得他要跑到三十层楼去自杀，要么就觉得没什么，我们会在两个极端之间去摆动。我们或者很害怕，或者很不重视。当我们遇到一个个体时，应该想一下他在哪个程度。我们脑子里要有一个概念，抑郁是一个谱性症状。除此之外，抑郁是一个主观体验，同样一个事件发生在不同的人身上会产生截然不同的主观体验，这种主观体验与一个人的过往有关。如果我过去经常遭遇这样的事，一个很小的事都会让我觉得很难受，有可能是这个事件本身，也有可能是这个事件是作为一个扳机点，把过往不愉悦的事情唤醒。

一个人处在不同的阶段对于事件的主观体验也是不一样的，比如，一个刚进医院的年轻大夫，刚从医学院出来都是满怀热情。我有一个同学，她刚走上临床工作岗位不久，一个病人死掉了，其实不是她的责任，但她非常绝望、非常悲观，她觉得做一个医生怎么这么无能，产生了强烈的自我否认，以致最后辞职了。我现在做了三十五年的医生，我经历了医疗领域和我的职业生涯里太多太多的事情。可能一个病人死掉，我会很难受，但不会导致我辞职，因为我的人生经历让我对这个事件的感受不一样了。所以我们说同样一个事件不同人体验就会不一样，同一个事件在你人生不同阶段因为所处状态不一样反应也会不一样，所以抑郁是一个非常个体化的情绪。有人因为一个实验就让自己非常不愉快，有的人遇到非常严重的事情依然可以扛得住，所以我们要结合个人的状态来理解他的感受。

从心理学的角度，我们是怎么样谈论一个人心情上的变化呢？一个持续的阶段性的情绪状态叫心境。这张图可以非常直观地判断一个人到底处于什么样的状态，通常我们认为情绪是一根直线，但其实不是的，人的情绪不是一根直线。它在一个状态下波动，可能今天开心点，明天郁闷点；今天话多点，明天少说一点。没有关系，这都是在一个范围内。假如说一个人的情绪在正常范围内波动更大一点，我们可能说这个人是一个环性人格，就是他的个性特征在高一点、低一点之间环形波动，就像一个正弦曲线。环性人格依然在正常状态下，假如一个人波动幅度更大，我们说这个人是一个环性心境障碍，这不仅是一个人格，而是一种障碍。再往前走，从这个轴走，我们看到的是一个躁狂，到这个幅度的话是一个轻躁狂。所以幅度波动的越大，情绪紊乱的程度就越大。假如波动到这里的时候，我们可以看到环性心境障碍，因为它处于高涨状态，且可以高到轻躁狂。当情绪低落的时候，可以低到轻度抑郁，在两者之间波动，也就是我们所说的达到双向的障碍。学生从精神科回来的时候，医生说他是心境障碍或是双向障碍。双向障碍的Ⅱ型以抑郁为主，在整个情绪波动过程中，抑郁最重一些，出现的时间长一些。躁狂过度的时间也少一些，轻一些。如果是双向障碍的Ⅱ型的话，兴奋、心情高涨的时候能达到重症躁狂，抑郁的时候会达到重症抑郁。我们从这个里面会看到，情绪波动是正常的，但如果波动太多，你就不正常。所以，你不能太高兴了，不然会被精神科医生说有轻躁狂；

你太忧伤了，我们会说你有抑郁；它与波动有关。

在情绪波动的背后，有情绪的原因，有心理学的原因，有社会学的原因。在所有心理学和社会学的原因背后，它还有生物学的原因。因为我们情绪的变化与血清素、肾上腺素和其他神经递质物质的浓度有关，神经递质的浓度紊乱，假如我就会因考上了博士就疯了，激动地到处去请客。如果导师说今年答辩，明年延期，我就会沮丧到抑郁。为什么这么纯粹的事件会导致如此严重的反应？实际上在这个背后，是血清素和肾上腺元素发生了变化，所以才会导致抑郁。抑郁得不出门，把自己搞得像鬼一样，也不收拾打扮自己，卧床不起等等。

谁会犯抑郁？现在某人是给我们带来快乐的象征，但陷在其中是会病的。张国荣犯抑郁很多年，他在一些事件中，会呈现出一种爆发式的情绪极端的行为。每年到张国荣的死亡纪念日时，自杀者就会增多，我们在哪里看到视频，哪里就有自杀行为。所以我想告诉大家，希望你们不要随便去转这种东西，因为这是一种攻击行为，攻击指向自己，自杀的人伤在自己的身上，痛在你们的心上，所以对社会有一种攻击性能。我们心中有很多愤恨的时候，我们会用这种极端攻击自我的方式来对待别人、攻击社会。在公众眼里，这种情绪、这种抑郁自杀的行为是会传染的，就像结核病一样，走在人群中，一个喷嚏就会把结核病传染给你。所以我希望大家具有社会心理学意识。像这样的东西，我们不能在公众中传递，这种传递越多，人的效仿行为就越多。这就是破窗效应，大家学一点心理学就会知道。所以每年到张国荣纪念日的时候，我们精神科的门诊量增多。这是很正常的。所以抑郁在普通人、名人、上帝、圣诞老人身上都会发生，就在我们身边。

我们再看看抑郁的社会人口学资料。通常来讲，抑郁的女性比男性多两倍，难道女人更脆弱一些吗？我觉得不是的。我觉得这是社会赋予的，男性不能够哭，不能悲伤，不允许男人悲痛，因为悲痛就是软弱无能的表现。所以这个社会的期待迫使男人不敢去表达，更不敢去求助。国外有大量的基础研究，愿意来看心理咨询的也是女性比男性多。因为女性被允许求助，社会不允许男性求助，所以我们会看到的人口学资料体现的抑郁女性比男性多两倍。抑郁出现的高峰年龄是 20 岁至 40 岁。我们可以想象 20 岁至 40 岁是人生建功立业，是人们买车子、买房子、找女朋友、找男朋友、找工作的人生最有压力的时期。处于这样的状态时，更容易郁闷一下。此外，如果家族中有人患过抑郁症，出现抑郁症的可能性就比没有家族史的高三倍，这说明抑郁与遗传是有关的。双向障碍是一种遗传依赖度很高的情绪，其遗传依赖度在 50% 左右，这是一种最有遗传倾向的病。

婚姻对抑郁也有影响。很奇怪的是未婚男人更容易抑郁，结婚的男人抑郁比较少；反过来是结婚的女性抑郁多，单身的女性抑郁少。因为男性有老婆的滋养，日子会过得爽一点；反而一个人生活的时候，在外面凑合一顿饭，没有人洗衣服，生活得很无趣，所以更容易抑郁一些。抑郁反复发作的话，轻度的人中会有十分之一出现自杀行为，自杀是抑郁最常见的一个后果，这也是为什么人们会对抑郁比较紧张。包括我们医生也是一样，因为抑郁的最终结果也是自杀比较多。反过来说，70% 的自杀者存在抑郁障碍。虽然不知道为什么自杀，但我们会发现他们有抑郁。

中国做过一个意外死亡的研究，在车祸等几种形式中，有很多人死掉了或是正常死亡的。最后进行心理分析的时候，我们发现那些正常死亡的人中有些看起来是意外，事实上是由抑郁导致的自杀。这个结果在 lecture 上发表，是中国的一个研究，说的就是这样一个事故。抑郁自杀的人不是突然发生的一个事情，抑郁是一个三部曲。第一步一定是有释放信号的。我们现在的研究发现，就是在自杀的人当中，有 70% 的人在前六周中去看过医生，并准备在一个半月之后自杀。回去看医生，但医生并没有发现。所以，通科医生要及时识别并转介给精神科医生。在美国，自杀是第七位死亡因素。在中国的话，很遗憾，抑郁症的人中有 90% 的人没有接受过专科治疗。治疗的比率低，出现不好的后果的比例就高，这是一件挺麻烦的事情。

抑郁症到底是一个什么病？抑郁症实际上是一个全身的、系统性的疾病。大家不要以为，抑郁仅仅是脑子中的血清素减少；是我想不开，是我个性不好，是我最近考研有问题，是我不能按时博士毕业而导致的。它是身体全身性的疾病，全身性的疾病是全身的意识，而且是身心的意志。它会表现出两大类型的症状：一大类型症状是抑郁情绪的症状，所以我们会看到有些抑郁的人会有各种各样的情绪；还有一部分是躯体的症状。这样的人需要看精神科医生，你绝对不会这么认为。你们反而会让他去看通科医生。综合科医院取抗抑郁药的比例很大，并且越来越大，甚至很多人抑郁的时候看的第一个医生不是精神科大夫，而是综合医院的医生。

抑郁有好多以身体的症状表现出来的，以躯体的症状表现出来。抑郁具体的情绪表现有核心的情绪——情绪低落、兴趣减弱、沮丧等。第二个是有伴随的情绪，焦虑、恐惧、害怕等。抑郁和焦虑是姊妹症状，是同时出现的，没有人只有绝对的抑郁，没有焦虑；也没有焦虑的人不抑郁，所以两者是伴随的情绪。抑郁潜在的、没有表达出来的情绪就是愤怒、不满和怨恨。去看一个人的时候就要从这三个方面去想。这个人是熊医师说的那样的吗？他的核心情绪是什么？他的伴随情绪是什么？他有潜在的情绪吗？如果这样理解的话就会更深刻一些。

一个人除了情绪以外还有认知的反应。当我抑郁的时候，自己对环境负面的认知，主要是表现在对他人的不信任、对自我的否定和贬低。所以他们经常会责怪自己、没有能力、是我的错、我好不了了、我是个倒霉的人、天下所有不幸的事都发生在我身上、没有谁像我这样倒霉诸如此类。当一个人负面的情绪越来越多的时候，就越要提高警惕。如果有一个人经常跟你说我活在这个世界上真是占用资源、污染空气、污染水源，如果他跟你说这话时候，你一定要警惕一点。这不是一种黑色幽默，而是因为他的情绪导致认知出现问题。

我们会看到，这个人在行动上也会有表现：说话变少、变慢，说话的声音比较低。如果我用今天这个样子来见你们，就算抑郁也是微笑性的抑郁，因为我的语速很正常，我的声音和动作也很正常。真正抑郁的人，动作会变得慢、迟缓，有的时候发呆、呆坐、卧床。最明显的是我们会看到他卧床的时间增加，做事的效率变低。如果他是一个学生的话，我们会发现他翘课，注意力不能集中，思维变得缓慢，课题也完成不了，做作业做不了，做实验做不好，做事的效率会低。有些人看医生的时候会以自责的方式去追问我怎么这么笨，事情为什么做不完等方式开始。再就是他觉得自己精力减退，不想动，社交活动减少，有一个人甚至完全不出门。我曾经的同事去美国进修的时候，有一段时间不出门，三个星期不出来吃饭，我们都以为他怎么样了，我说有这事吗？他是我的同事我都不知道。后来发现这个同事其实没有突出的环境变化，只是那一段时间非常抑郁、非常郁闷。

除了社交以外，就是外表。譬如说这个人以前特别喜欢打扮自己，但现在变得不修边幅、衣服不整、身上有味道。这段时间你发现他牙齿在不笑或笑的时候露出来不是那么白。反正这些人对生活事件肯定是能够减少就尽量减少，敏感一点的话可以去他房间看一看，特别像狗窝。首先我们会发现，抑郁的时候他会出现一些莫名其妙的、没有神经和解剖定位学的慢性疼痛、头痛、腰痛、肌肉酸痛等身体的疼痛，同时还有一种躯体的不适，这种不适都是一些非特意性的表现为，乏力、精力不足等。再一个就是我们最情绪化的胀气，胃是最情绪化的。大脑在紧绷的时候，我们身体的情绪中心是靠得最近的。所以它会变得没有食欲，不想吃饭、食胀、腹痛、便秘，没有口味、便秘、口臭。仔细想一想，因为他的整个消化道抑制，消化道停止运动，他的口液腺分泌减少，消化液分泌减少，肠子也不动了。所以我们会看到这个人没有食欲，说话的时候有口气，便秘，浮躁，腹胀，腹痛，舌苔上面厚厚的、白白的，有的时候就变黄，说明这个人整个消化道处于不正常的状态。一个人身体蛮好的时候，他的舌苔是蛮干净、蛮鲜活的，这个人消化道运作是蛮好的。此外，我们也会看到一些胃肠功能紊乱、胸闷、心慌、胸口不适等，有些人会出现心跳减慢、心慌等。再就是睡眠的问题，入睡困难，中间容易醒来，做噩梦。提醒大家要注意，一个人抑郁最典型的睡眠障碍是早醒，早醒是属于平时醒来的时间早两小时以上，这是最容易说明他是抑郁的。如果冬天 7 点钟起来，但现在不到 5 点钟就醒了，那个时候天是黑黑的、很冷，前 500 年后 500 年的伤心事全会想到，想到绝望的时候就会起来找一根绳子去上吊。所以精神科护士和普通医院的排班不一样，因为我们的病人在凌晨 2 点到 6 点之间是最危险的。最危险的时段也是最容易自杀的高峰时期。假如有一个抑郁症的患者在家里，他往往也是在这个时候自杀的。家人都睡了，早上起来的时候发现他死了，因为在这个时候早醒是最困难的，如果有一个人经常早醒，你脑子里面就有一个小红灯要亮起来，这是一个危险的信号。

有些人在抑郁的时候他会不会睡得比较多啊？还有一部分人会性欲减退、阳痿、闭经。曾经华科的一个学生，他已经毕业了，是从北京过来的，他来了以后就没办法在学校里住，他说武汉太冷了，妈妈就给他租了个房子，把空调长期调到 28 度，然后穿羽绒服和羽绒裤。在这样很艰难的情况下这个学生就回到了北京。到了北京以后整个人都不对头，去北京医院看医生，医生说实际上是抑郁症，最后还是回来了。最后这个孩子特别好，毕业的时候就考上了研究生，他一点都不觉得他表现出来的症状就是抑郁。

如果是一个女性，你还会发现月经量变少了。我刚刚做大夫的时候，有一个病人是抑郁症。他什么都好，我就让他出院，他的妻子来说丈夫不能出院，我说为什么不能出院？都好了为什么不能出院？她说熊医生你不知道。我说我是医生我怎么不知道，他可以出院。然后这个女人面有难色，她说："熊医生，他那个不好。"因为那时候年轻，不懂。我说："他哪儿不好？"我仍旧像一个木堆一样。她说："你太年轻了，你不懂，他那个不好。"她的表情突然一下子让我想起来，我说他是不是性功能不好，她说是的。她说这个人其他的症状都恢复了，但是他太太肯定知道这个人没有性趣，没有那个功能，所以他不能出院，还得继续给他治。他有可能不是性功能有障碍，他是抑郁了，抑郁会导致这样的症状。我们说自己情绪有问题，有行为、身体的各种表现。

女性抑郁的特点会有几个特殊的时期。第一个是在青春期，抑郁会表现为与父母对抗，不接纳自己。她们主要是不接纳自己的身体，讨厌自己的身体，就要去整容，性格也突然发生了改变。青春期男生也有这样。第二个就是月经期，女性在月经期的时候很容易抑郁发作。特别是产后，产后抑郁发作高达70%。在产后的抑郁患者比较多，但是就诊率比较低。第三个是更年期。于女性来讲这些是比较有特点的几个时期，也是比较容易出现抑郁的时期。

抑郁发作是不是有征兆的？有征兆，如果看到了这些征兆，就要想到这是一个医学的危机情况。如果这个人突然情绪、心境发生变化，让你难以理解。为什么这个人突然变得郁郁寡欢、不爱社交，有饭局也不参加，原来可是超级吃货？第二个征兆是他经常想与死亡有关的主题，他自己也谈论死亡的事情。我有一个抑郁的患者，就是我们华科的学生，经常看知乎里专门讨论抑郁、怎么死的话题。我在想，可能在那个时候这些人比较热衷去看知乎里有关抑郁的话题。这个人也会分发或收回各种重要的收藏品，他会跟人说一些像是要告别的话，归还自己的物品，就像安排后事一样，他也会感觉生活无价值。大家要学着了解这些征兆。

讲抑郁有什么意义？实际上，整合起来讲的话应该有三个层面的意义。第一个就是生物层面的意义，发现这个人身体方面的改变，这种抑郁实际上是心理改变的外在表现，这也是我们吃药的生物学原因，甲状腺素水平降低，会导致他会出现抑郁倾向，这首先是生物学层面的意义。在生物学层面会看到五羟色胺，五羟色胺的功能退化会表现出抑郁、焦虑、惊恐、强迫的症状；会变得很贪食，所以抑郁的人变胖了。有的人不吃饭，有的人是贪食狂吃。那些摄食障碍的女生，实际上不仅是暴食的问题，也可能是抑郁的问题，从而出现食欲问题。去甲肾上腺素功能不足的时候，在思维认知的加工方面会有表现，所以这个人注意力不集中、工作进入有障碍、运动不够、乏力。去甲肾上腺素与他对认知的加工、躯体的肌肉运动有关，而五羟色胺主要跟情绪、食欲有关，所以才会有生物学的一些变化。抑郁还与身体的疾病有关，很多时候身体的疾病会促发抑郁，或者抑郁会促发身体疾病。

抑郁第二个是环境层面的意义，即抑郁的个体陷入了无法摆脱的困境之中。当你陷入了一个困境之中的时候，生物学本能就会出来保护，它会给你发信号，让你离开这个有危险的环境，这就是我们作为动物的本能。因此，当抑郁发作的时候，实际上是物种保存性的反映，它希望避免进一步受到伤害。这些伤害有躯体的伤害，也有贫困、人际压力、恶劣的生存环境、学业和职业的困难，你已经受不了的时候，它就报警了，所以你要赶快解脱自己。医生在处理一个人抑郁的时候，不仅仅要给他吃药，也要让他的环境发生改变。比如他学习压力太大的话，就建议他休学；工作压力太大的话，建议他休假；在这段婚姻里面苦不堪言的话，建议他离开这段婚姻也没有什么，不能为了一段婚姻就把自己的命搭上。希望他从环境方面调节，通常在这个时候，我们会把病人的家属叫过来，把病人单位的领导叫过来，我们会给他们讲这件事情，希望他们能从环境的角度来解脱他的压力，让他感觉好受一些。

第三个是心理层面的意义。心理层面的意义也是一种信号，就是你内心有些欲望、意愿透过抑郁来表达你的想法。透过抑郁最容易表达的是愤怒、攻击、对他人的要求、对自我的不满意等等，抑郁其实是在表达这样一些情绪。当你想到我抑郁是因为怨恨的话，大家可能会觉得莫名其妙，但其实一点都不莫名其妙。因为抑郁在精神分析观念里面的攻击指向自我。比如本来这一拳是要打你的，但因为你是我的妈妈、导师，我不敢打你，如果我打你的话，你就会不让我毕业。所以我就打自己，就这么简单。我们的攻击是可以转向的，可以从一种主动攻击变成一种被动攻击。从认知的角度来说，抑郁的心理学意义涉及对他人、对自我的负面看法。从人际关系的角度来说，抑郁的心理学意义涉及我对这段关系的依赖、渴望没有被满足而产生的失望。我需要被关注、被照料，所以我在抑郁的时候发出来的是在人际方面的信号，也就是求关注。Come on, 来爱我。但是我不能直接说："老公你对我好一点"。我抑郁的时候，在家里睡着了，我老公看见我今天没有起床，也不去上班，他就会询问"你怎么了，你是不是要我给你买个戒指，还是要我带你出去？"这个时候你就会说我看中了一件衣服。我会有这样的欲望，但我不会直接跟他讲，装作苦兮兮的。而他会为了哄我开心就带我去 shopping，我也就满足了。有很多人都是运用这样的伎俩来达到关系的满足的。当你有这样的视角的时候，你就会发现自己对付抑郁的招数会多一点，也不会手足无措，因为你理解他在说什么。

美国道格拉斯医生对儿童青少年抑郁进行研究。我觉得虽然他研究的是儿童青少年的抑郁，但与大学生具有兼并性，所以我把这部分资料引进过来让大家看到认知层面对抑郁的看法。道格拉斯医生发现儿童青少年抑郁的患者有两个特点，一是他们的负面看法总是伴随抑郁，也就是说抑郁的人往往会有负面的看法。如果改变了他们的负面看法以后，他们的抑郁也会随之缓解。所以，道格拉斯医生认为抑郁是认知性的抑郁，即由认知导致的抑郁。这跟我们的认知行为疗法也是非常一致的——观念导致体验不好，然后引发抑郁。在学校里面作为老师、辅导员、咨询中心的老师，你们不能像我一样长程做精神分析，花很长的时间跟一个人在治疗室里试图改变他的人格。

这些认知有一些特点，他们会表示死亡是一种选择，我可以死，你也可以活一百岁，我只需要活三十岁。他们会用死亡来结束自己的生命，这是一种认知。还有人觉得自己是最糟糕的一个人，是最差的一块料，会对自己有这样一些负面的看法。或者是我有错误，我一文不值，如果他犯了一个错误的话，比如考试考砸了、活动没做好，他就会觉得自己不行。还有好多人的人生确实有一些经历，比如留守儿童的养育环境非常糟糕，或者说从来没有人喜欢我，我的父母总是爱我的弟弟、我的哥哥，重男轻女诸如此类。他们对自己有很多的负面看法，而且认为别人不喜欢他，也总是觉得自己没有被公正对待。现在有好多媒体上曝光了社会上的抑郁的人，我觉得他也具有认知的问题，觉得这个社会对他不公平。如果你对我不公平的话，我就会很气愤。生气也有各种各样的反应。对一个孩子来讲，如果他潜意识里觉得你必须对我公正，他不一定会直接表达，他很可能会缠着你、讨好你，让你喜欢我。这样表现出来的是你喜欢他，也喜欢我，好像这个世界是公正的。如果他想来让你对自己好，就会讨好你、取悦你，但如果没有得到回应的话，他就会认为这个世界太不公正了。我这么对待你，你还是不回报我的话，他的状态就会不好。

再一个表现就是依赖一个人，没有这个人我就活不了，没有这件事我就活不了。这样的情形常出现在同学失恋了以后，他们会说："没有他我活不了。"我们曾经接触过很多这样的学生，因为一场失恋，抑郁两年都缓不过来。女孩从来都没有承诺过爱他，一直都是他一厢情愿地喜欢她，跟她相处，总是要找她。他觉得没有这个人我就活不了，就这样一直拖了一两年，自己的学业也受到影响。在大学里面也看到很多对情感依赖又非常自恋的孩子们，当一个人拒绝他的爱的时候，就好像把他的人生都打垮了一样。但他反过来不是说自己自恋、太脆弱，而是说没有这个人我就活不了，把自己要抓到的东西当作那些溺水的人要去抓的救命稻草一样。他总是会对自己有一些负面的评价：我不行、我要疯的、不能这样，这样我肯定要疯的、肯定有很多坏事情，不能告诉我的父母，告诉我的父母我就完蛋了等。所以，我经常在大学心理咨询中心给咨询中心的老师们做危机干预。当老师说要跟他们的家长联系的时候，学生都说你不能告诉我的家长，你告诉我的家长我的家长肯定怎么样。最后把老师置于一种为难的状态，一边是学生要自杀，一边是我们又不能跟家长联系。他说："如果你告诉我的家长，我肯定就去跳楼，那我死的就会更快。"相信我们的辅导员老师一定遇到过这样的情景。实际上他的家长是不是这样也不一定，当然也有邪恶的家长置自己孩子的健康于不顾，但很多时候是我们自己内心把我们的恐惧、对父母的观点投射出去。等老师把家长叫来的时候，绝大多数家长也是挺配合的，就像我在医院里遇到的危险一样，在绝大多数时候人还是会通情达理地听医生讲，当然极端的情况也是会有的。他就抱怨父母不爱他，没有给他更多的爱。有些人会吸毒，这在大学里面少一点。

在社会上，有些高中生变成了街上的混混。在中国，毒品还没有很泛滥，海洛因不多，但麻古、冰毒、K粉很常见。再就是喝酒抽烟，有一些人暴食。我们接诊的很多人看起来是摄食障碍，但实际上是抑郁。也有人觉得什么都不会改变，这一切都定了、完了、没有希望了、改不了了。总是要求自己是最好的，如果不是最好的，自己就没有价值诸如此类。抑郁的人一般都会有这样类似的特征，正是这样的认知特征，导致他们非常抑郁。我讲了这么多，有人肯定会问："你们医生到底怎样诊断和看待抑郁呢？"实际上，医生在诊断一个人是否有抑郁的时候，心里是有标准的。四个标准如下：

第一个标准是症状标准，抑郁的标准症状有九个。而一个人至少要符合四个标准才能被判定为符合症状学标准的抑郁。所以，并不是情绪不好就是抑郁。

第二个是严重程度的标准。举个例子：比如我今天刚刚买了一台iphone，在坐公共汽车去往华科的路上，这台iphone被小偷偷走了。我肯定很郁闷，可能也会有那四个症状。但我今天来是要讲课的，站到台上的时候，我依然可以好好讲课。可能回去之后才会抱怨几句：我好倒霉啊，刚刚买的手机就被偷了。这说明我抑郁的严重程度没有导致我的社会功能受损，也没有给我本人造成什么痛苦和不良的后果。如果我的抑郁的后果反之，症状学的严重标准就符合了。

第三个是病程标准。我们继续刚刚那个故事，如果丢了手机之后，我非常生气，气得课也不讲了，直接回家睡觉了。但是我躺了几分钟之后，还是觉得不行，得去讲课。回到家饿了，我就让我丈夫给我弄几斤小龙虾，吃完心情就好了。这个就属于抑郁时间不够。所谓抑郁的病程，至少是两周。

第四个标准是排除标准。出车祸、患肿瘤、吸毒，这些都会导致抑郁。所以要排除这些问题之后，再同时符合以上三个标准，抑郁才能被诊断。

诊断一个人是不是抑郁的时候，四个标准都要够到，这个人才能真正被判定为抑郁。所以抑郁这个标签是不能随便贴的，粘上去很难，揭下来也很难。大多数人不是医生，也没有能力去诊断抑郁，现有的《精神卫生法》

也不允许去诊断。但是通过了解这些知识，你至少可以知道医生的诊断手段和目的所在。

我们现在对医生对于抑郁的诊断标准有了一个大概的了解。所以有时候辅导员常常对我抱怨："熊老师，你总是要我们和精神科医生交朋友。但是我的学生精神有问题的时候，我把他们推荐到某某医院去看病，往往医生就一句话：这孩子还好，没病。我很郁闷，这些精神科医生会不会看病啊？太让我失望了。"所以这种情况往往是医生按照自己的标准去判断学生并没有达到抑郁症的严重程度，但是你们通过观察发现这个孩子已经有问题了。抑郁，并不是抑郁症，二者是有区别的。抑郁症是有标准的，抑郁是普遍的，所以有的人会抑郁，但没到抑郁症的程度。

抑郁也可以分类来判断轻重程度：首先是轻度抑郁，可能是心情恶劣。心情恶劣是指症状标准已经足够，但严重程度的标准不够。当一个人长时间抑郁，但是严重程度并没有达到的时候，而如果时期长达两年以上，就会被诊断为心情恶劣：心情不好，但又达不到抑郁的严重程度，可持续时间很长，也可以称之为亚临床抑郁。还有一种是焦虑抑郁混合障碍，也没有达到抑郁症的程度，所以我们往往称之为轻度抑郁。

之后是中度抑郁，中度是指这个人已经达到了抑郁症的诊断标准，以及多种原因导致了抑郁的发生。比如一个人被诊断出了肿瘤或者其他致死性疾病，并同时伴有抑郁；或者车祸之后因为毁容、烧伤产生的抑郁；或者被人劫持之后产生的创伤。

最后是重度抑郁，重度抑郁是有精神病性的抑郁。这种抑郁往往伴有不好的幻觉和极端的妄想，这就是精神病性的抑郁。再就是有抑郁性的木僵是指一个人因为抑郁像块木头一样，不吃不喝不动不说话，甚至不上厕所，整个人都处于僵住的状态，这也是重症。最后是危机状态，比如有去跳楼等自杀倾向，甚至自杀计划都很清晰，这已经是处于重症了。通常的情况下，医生在诊断一个人是否有抑郁的时候，会把他分为这三种情况中的一种。所以由此可以知道，精神科大夫在玩什么游戏。

　　作为学校的老师，怎么发现学生的抑郁呢？正常状况下，我们要识别抑郁有关的情绪。首先要有信息的来源，第一要你的学生告诉你：老师，我的心情不好；或者他到咨询中心去：我要预约咨询；或者是其他知情的人的反映，室友、家长、楼管，这些当事人之外的知情人会给你提供一些局部信息。要想更全面地了解信息的话，进一步搜集的第一步是去观察当事人的日常生活，包括饮食、睡眠，甚至是个人卫生。第二步是观察学业的变化，一般而言，抑郁的人成绩会变差，翘课、缓考、挂科。第三步是人际关系的变化。最后再从当事人言语情绪行为外观来搜集信息。之后是与当事人的沟通。有了当事人说的情况和知情人叙说的情况之后，需要进行进一步的确认。和当事人沟通，然后初步评估问题的严重程度和问题性质，是一般性质的事件还是当事人本身已经抑郁了。评估之后，如果作为辅导员老师无法处理的话，就可以请咨询中心的专业人员来制定方案。

　　沟通是很讲究方法的。作为辅导员老师，你当然不可以直接把同学过来和他说：同学，你是不是患抑郁症啦？通常情况下，我们有一个原则：理解、接纳与关怀。要以一种比较人文的状态来和其交谈，以一种平和友善而不是居高临下的心态，抱着所有的事情都可以理解的一种看法去交流。不能先入为主，而应在观察的基础上和同学来澄清，了解问题。最近有很多家长背着孩子来找我，和我说："熊医生啊，我家孩子……，你觉得他是不是有毛病？给我指导一下怎么办？"我说："你不能这样子，我不了解情况，你要和他说，我要去看看他。"家长很激动："怎么能让你去看他，这不明摆着和他说他有病吗？"我就反复告诉家长，你要这么和他说：我给你介绍了一个心理医生，她说想要见一见你，她想了解一下你目前的情况并对你现在的状态进行评估。但是千万不要对着学生说，我咨询了一下心理医生，她觉得你目前的状况可能是心理上有疾病。大家注意一定要用"评估"这一类的中性词汇。对学生就说是了解情况，先评估一下。不要先入为主也不要回避问题，我们不能发现一个问题就顾左右而言他，打一些擦边球，问一些莫名其妙的话。如果这样的话，学生可能会恼火或不耐烦，说"是不是闲着没事做？这跟你有什么关系？"所以我们最好不要回避问题，可以直接说我通过同学、家长等渠道了解到你现在出现一些什么状况或者我通过观察发现你现在状态不是很好。但是我没有下判断，我就想看一下到底是怎么回事，看看我能为你做些什么。

我们跟学生沟通的时候要学会观察，医生最重要的就是一双眼睛。一个学生走进来的时候看他的脚步声是悄无声息还是掷地有声？他是坐在沙发的边缘上，仿佛一动就会掉下去一样；还是稳稳靠在沙发中间？你可以通过他坐在沙发上的姿态判断他现在是什么心态。一般而言，心理上出现一些困扰的人不会坐在沙发的中间，他会靠在边上，因为这样他会觉得有安全感。这是人类共同的心理特征：因为一个人不舒服的时候会找一个安全的角落。动物有危险的时候会找一个角落或者一个洞穴躲起来，而人有危险的时候一般会找后面或者边缘，而不会靠前或者靠中间，这是一个无意识的做法。然后看他的衣着以及和你说话时他的眼神。刚刚我要咨询中心的老师描诉其对一个来访者的第一印象，有的来访者的头发是打结的、油腻的，衣服上有污垢，我可以猜到这个人生活状态不太好。而一个人把自己收拾得比较干净、比较清爽，那么这个人应该来说还是比较积极的。这些你就要有针对性地观察。当你发现这个学生情绪不太好，容易愤怒，经常跟室友发生矛盾，那么你就要特别去观察他说话时的眼神，因为人的攻击性最先从眼神表达出来。然后你要观察他的肌肉和他手上的动作，一个人的肩膀在他心里处于战斗还是放松是两个不同的状态。

交谈也是分为两个阶段。第一个阶段是随意的、开放性的问题，哪方面好不好可以寒暄一下。寒暄的交谈可以起到暖身的效果，然后才转移到正面的话题。交流的过程中首先要开放性地交谈，尤其对于抑郁的人，涉及消极智商有封闭行为的人的时候，一定要先营造一个环境，然后再缓慢地进入正题。当你与学生交谈的时候，需要在一个安全、安静、不受外界打扰的、专业的咨询环境中进行，不能在走廊上或者操场、草地上。虽然这样看起来跟学生蛮亲近的，但实际上，这种空旷的环境是不安全的。而且，如果办公室有其他老师或同学出入，手机不断有电话、短信打扰，这都是属于不专业的环境。专业的环境还要保证时间上的充裕。你不能在20分钟之后有事要离开，却仍然要开这个会议。因为慌慌忙忙有时候会增加一些负面的影响，会让他产生你根本不在意他的错觉。所以要把其他事情安排好时间上充裕后，才能进行这样一个交谈。

我们在很多时候还要跟家长沟通。作为辅导员，肯定是要跟家长沟通的，跟家长要有这样一个原则：理解共情，平等互容。跟家长介绍情况一定要了解清楚之后进行客观的介绍，避免采用结论性或者评价性的话。尤其不能说这样的话：他自己对他自己不负责任，他总是喜欢放纵自己，是他自己不好好学习导致挂科的。而是应该陈述他这一阶段学习比较困难，状态不好，学习上又有挂科情况。而不能说他这个学期不好好学习，就是因为他态度上有问题；这个学期挂科比较多，情绪也很坏。我们应该尽量避免节外生枝，要争取家长对学生出现这种状况的理解，避免家长对学生产生负面情绪。也不要推卸责任，要一个放松的状态，家长的态度消极，我们不能也跟着家长一样态度消极。我们要跟家长解决问题，而不是跟家长斗狠。不要防御的态度太多。即使心里可能会有一些防御，但是嘴上一定要放松。不要一上来就推诿责任，这样容易引起家长的不满。所有的情况都要了解，不统一的情况要进行汇总。谈话的时候最好是两个人去谈，因为说话太有张力的时候，旁人打一个岔，气氛就会很容易缓和过来。两个人要学会见缝插针，缓和气氛，相互配合。但同时一定要耐心倾听，安静地坐下来喝杯水，慢慢谈，不要随意打断别人的话。要有耐心地解答疑问，越心急越不会成功，这是谈判的基本原则。

一般遇到心理问题要尽早处理，找专业的医生或者专业的咨询师。从心理治疗的角度来说，有认知行为、精神动力还有做催眠等方面的治疗。很多时候我们需要改变他的认知。但是改变一个人的认知是特别困难的，需要专业的训练。改变认知一般有如下几个步骤：第一是评估他的表现；第二是寻找他认知问题的特点；第三是制定一个治疗的计划。

　　下面简单介绍一下医生是如何用药的，因为我们需要经常跟医生合作，很多同学也需要药物的治疗。对于抑郁症患者的治疗，如果抑郁症发作之后，通常治疗过程分为三个阶段：急性期、巩固期和维持期。急性期需要6~8周的时间进行治疗，即一个半月到两个月；现在新型的药物7~10天开始有效，所以现在药厂生产出来的药绝大多数包装用量都是14天也就是两周的量。很多患者一见药效就停药了，下一咨询时间段就不来见我。在这样的情况下，虽然经过短期的治疗的确有所好转，但如果在好转之后不能维持治疗，症状很容易复发。很可能在十天半个月之后感觉又不好了，因为你服用的药还没有达到一个稳定的浓度。所以对于诊断为抑郁的学生来说，我们还是建议他选择住院，时间为2个月左右，为了保证药物起到稳定的作用。到这个时候，一般就比较稳定了，但即使是这样，还是有可能会复发。所以我们要巩固治疗，一般为4~6个月。一般来讲，对第一次抑郁发作的人，为了巩固治疗，我们通常会让他至少吃药4~6个月。如果在巩固治疗之后完全好了，就意味着再吃半年药就可以不用吃了。但如果在巩固治疗之后，又反复发作的话，那就会有一个维持期。我们会结合病情的特点、遗传的特征和过往的病史来进行诊断。通常来说，病人在第一次治疗后复发，医生会建议吃药1年到2年；如果再发病，就要吃3~5年；如果还是复发，就要长期吃药，可能会终身吃药。因为这种反复发作说明你一定有一个很顽固的生物学缺陷，或者有一种人格性的抑郁。也就是说，你的个性里面有一些致病的东西。如果是这样的话，你只好进行长期的心理治疗或长期吃药。这就是我们治疗的一个框架和所谓的维持治疗，可能听起来有些难以接受。对于那些有严重的智商缺陷、反复发作，或者伴有其他类型的疾病，也就是比较麻烦的这一类病人，他们往往要接受这种长期的维持治疗。维持治疗的剂量通常是治疗剂量的二分之一到三分之一，尽量使效果更持久一点，药物浓度不会太低。

　　这是一些我们常见的抗抑郁药，大家可以记一下，因为学生拿回来的病历里面，医生会写这些药，或者学生给你看药盒的时候，你就知道这是什么药了。比如这一类型的药，很多人在自杀的时候都选择用安定类的药物自杀。其实安定类的药安全性非常好，吃一百片也不会自杀成功。所以，一般情况下，用这种药物自杀是不会成功的，但老百姓都认为吃安定类药物可以自杀。既然如此，为什么我们还是对这种药有所谨慎？因为这种药会成瘾，成瘾以后就会长期使用，形成一种慢性的药物依赖。这种三环类的药物用来自杀是非常有效的，它会导致严重的心律失常，使心脏出现问题。所以，医生现在已经很少使用这种药了。因为它是一种老药，虽然效果很好，但副作用也很严重，会导致严重的心律失常，而且治疗起来也很困难。这种药很便宜，利润也非常低，一百片可能只有十几块钱。市场上往往用大包装，病人也容易吃得多，吃得多就死得快。所以，如果发现有学生长期服用这个药，你就要谨慎一点。在武汉的医院，一般都不给病人开这种药，除非他一直来看病，又非常穷。这也说明他自杀的可能性不大，我们才会给他开这种药。一般的病人我们给他开这种新型的药，它的治疗量和致死量都比较大，且药物的包装都是小包装的。所以，病人就算把一包 14 片全都吃掉，也出不了什么大事情。医生一般也不会给病人一次性开几盒药，一般只有一盒。这并不是为了让病人多来几次，多付一点看诊费、挂号费，而是为了不让病人手中有那么多药。如果一个病人用医生开给他的药自杀，医生肯定很难受，因为他开的药变成了杀人的工具。药商现在生产的包装也比较小，所以现在一般都是用这些新型的药。这种药安全、有效，对心脏和神经系统的毒性比较小。相对而言，致伤风险也会小一些。

我们再来看一下常见抗抑郁药会产生的一些反应。药物总是有副作用的，药物产生的除治疗疾病之外的作用就是副作用。首先，有心脏的副作用。有些病人吃完药之后会低血压，比如他睡着或蹲着上厕所，一起来就"咚"的一下倒在地上了。因为体位改变之后，他的血液不能一下供应到大脑，就会出现一个短时间的大脑缺血。这就是低血压，低血压很容易晕倒在地。因为卫生间的地板、墙面都比较坚硬，很可能把脑袋或其他部位磕破。对老年人来说，这样尤其危险，一摔就会骨折。其次，有泌尿生殖系统的副作用。有些男士不要吃抗抑郁药，因为会造成阳痿、口干、尿潴留、视力模糊、出汗等反应。有些人吃了药就口干；一些患有青光眼的人吃了药，眼压就升高，青光眼恶化以致失明。这些主要都属于中枢神经的问题，中枢神经出现问题就会导致眩晕、发抖等问题。最后，对胃肠道的副作用，例如，食欲不振等。常见的副作用有这么多，但只要副作用还能忍受，我们还是应该继续服药的。如果副作用很多，我们就要停药或者减药。这个时候，病人就要及时地去看大夫，让大夫来帮你进行一定的调整。这就是我们对抑郁的治疗及日常生活里该怎么理解抑郁。

如果有问题的话就要转诊，转诊也要好好说。比如你不能说要去六角亭看病，病人会觉得六角亭是看疯子的地方而不想去。但可以这样说，去六角亭找熊主任，熊主任是我们中心请来讲过课的老师，她也是一个教授。也就是说，你要夸一下别人，让病人觉得这个人不是一个看疯子的人，她是一个女教授。通过他相信你们，再让他相信我，要这样点对点的转诊。可以说熊医生的门诊时间是每个星期四的下午，一定还要有专门的陪伴，比如让辅导员陪着来，你不能派一个学生。因为如果患病的学生在从汉口到武昌的路上跳桥了，那这个陪伴的学生是没有责任的。因为他是学生，他没有法律上的陪伴、监护的义务，所以一定得是辅导员陪伴。上次一个学校让一个学生来我这里看病，陪同的辅导员太年轻了，他都不知道该怎么跟我反映这个学生的病情，简直像一个木疙瘩，一点作用都不起。后来我跟学校这边的人说，派来陪同患病学生的人要训练一下。要不是因为我曾经督导过这个学生，了解一些这个学生的状况，我就会觉得这个学生可能没什么问题，直接让他回去了，但实际上这个学生的情况非常严重。我对他提了更详细的建议，这个辅导员就陪着过来又陪着回去了，像逛街一样，这样肯定是不行的。转诊的话，最起码应该说清楚，我有什么要求，我该做什么、说什么，我们需要医生干什么，医生也要详细地把情况写在病历上。医生也有三六九等，医生中也有比较高级的或比较糟糕的，每个医生也有自己擅长和不擅长的方面，所以你必须把你的要求说得十分清楚。

好不容易从武昌到汉口去了一趟，却什么答案都没有得到。所以，带领某个同学转诊的话，要点对点，专门找这个人，专门陪同，还要注意转诊中的安全问题。在精神科曾经发生过这样的事件：病人是由家属带到精神病院去看病的，看完病之后医院建议病人住院，因为病人的病有点重。但家属却说不能住院，因为病人一住院就会变傻。医生也没办法，就让病人走了。结果病人在回家的路上就跳车了，最后被车轧死了。病人的家属到医院去理论，责备医院为什么不强行把他留下来。还说："你们怎么能听我的呢，我是一个农民，不懂这个。"从法律上讲，这个事件应该是家属的负责，但武昌法院居然判医院赔偿。所以有些事情是不合情理的，也是不合理不合法的，但现实中会有奇葩的事情发生。所以我们一定要注意，在陪诊见医生和见医生回来的路上要注意病人的安全。因为你没办法改变世界，你只能把自己的事情做好。

之后是转诊前怎么和病人家属沟通的问题。中国的《精神卫生法》不赋予学校权力，能强制让一个学生住院、看门诊。我们国家赋予警察和家属权力可以强制性地让一个人去医院，所以如果我把一个学生带去医院，没有跟他的家属说这件事是不可以的。我说他要住院，医生也给他开药了，他回去也吃药了。但是吃药是有副作用的，所以为了避免纠纷发生我们要和病人家属提前沟通好。

在武汉的话，人民医院、武大人民医院都是可以转诊的，而且都是比较靠谱的。转诊学生一定要转到一个比较靠谱的地方，不要转到一些糟糕的地方，因为在处理转诊问题的时候是涉及法律问题的。第一个问题就是谁能诊断，心理咨询中心的咨询师是不可以的，只有精神科的医生才可以诊断精神病人。像内科医生、中医科的医生都是不具备精神科医生的执照，所以他们不能诊断精神科的病人。就像我不能诊断一个有心血管病的人一样，因为我的医生执照是精神科的执照，不是内科或者其他科室的执照。第二个问题就是谁能送患者住院和就诊。法律上允许的是警察和家属，当病人危害其他人安全时，警察、家属可以强制带病人去医院。

我曾经碰到过一件很有法律风险的事情。有一个台湾的病人，是台大法律系毕业的。在台湾混得很惨，就到大陆来发展，并和大陆的一个美女结婚了。一个在台湾有病的人，居然到大陆找个美女结婚了，想想其实心里也有点不舒服。这个人就住在武汉周边，后来他发病躁狂，他的妻子就把他带来看医生了，也住院治疗了，这一切都没问题。等到他好了以后，突然有一天一个法律文书就快递到我们医院来了，起诉的被告人就是我，起诉者就是这个病人。但他所起诉的内容都是正确的。他是一个台商，是到我们这边来做生意的。所以当地的政协以关心他的名义，到我们医院来了解这件事情，我们医院的党务办接待了政协的人。当时我们医院的党务就给我打电话，说政协那边有人来看望你病房里的一个病人，让我把情况给他介绍一下。当时我没有法律意识，我就把病人的情况告诉他们了。这些人也没有什么法律意识，就把我介绍病情的事情在台商的生意圈里传开了。台商回去见他的朋友的时候，朋友们一见他就询问他住院的状况。这个人是台大法律系毕业的，我把他的隐私泄露了，他肯定知道我违法了，所以他后来写了一封信给我阐述这件事。如果后来他真的去法院起诉，我肯定是要吃官司的。因为党办要我去说，我当时脑子也进了水，就全说了。从那以后，我就跟我们医院的党办说，不管他是谁，就算是习主席来了都不行。如果病人家属不同意，哪怕习主席来了，我也只能对习主席说声对不起。我们是有法制制度的，我不能告诉你病人的情况。在恋爱的状态下，病人的女朋友或男朋友的家长来问我病人的情况，也都不可以讲，因为有法律的风险。所以谁诊断，谁可以带病人去诊断，在这些问题上我们都要有法律的概念。有可能的话，我们可以把精神卫生法在咨询中心给大家发一份。

如果这个人疑似患者不能诊断但是他又有出事的风险时该怎么办呢？如果家长都没来，或者他家在陕西，家长坐飞机到武汉来要一段时间，这个时候怎么办？是把他送到医院还是把他留在学校？我建议大家不要把他留在学校，留在学校也可以，但要请最靠谱的人24小时人盯人，不睡觉、不眨眼地盯着他。但你们受不受得了，很有可能出现闪失导致出事故。假如说家属不靠谱，他们没有在第一时间赶来，而是过了两三天才来呢？我曾经去过武汉的一所大学，有过这样的案例，一个学生出现了问题，通知了家长，家长人也很好，但家长离学校太远了，过了三天才到学校。学校方面让学校里优秀的学生干部守着这个同学，守了一天他没事，守了两天也没事，守护的同学觉得我可以放松一下了。所以在第三天一个时间里看守的同学吃饭去了，把被看守的同学一个人留在了房间里。最后等他回来的时候，被看守的同学就跳楼骨折了。老师询问看守的同学情况，认为看守的学生对这件事没有责任。但是如果把出现问题的学生送到精神病院来也是有问题的，因为学校没有权力让他强制住院。那怎么办？其实可以先把他送到医院，然后和他的家长联系，要求他的家长授权，同意他在医院这里留观。医生暂时把他留观，也不给他用严重的药，留观时医生和他进行沟通，因为这种情况下，法律赋予医生 72 小时留观诊断的权力，医生认为这个人有问题就可以强治治疗，但是我们要在 72 小时内明确诊断才能决定这个人去还是留，所以法律是赋予医生 72 小时的临时裁决权力的，所以遇到这种情况我们要和家属及时沟通。我曾经处理过很多这样的学生的案例，他的家属给我发一个短信，这个短信授权我们了，或者给我们医院发一个传真授权，我们把传真留下来，这样我们也可以避免法律麻烦，病人到我们医院来我们医院也可以帮助他。所以我们可以用这样的方法来处理这类问题，这样的方法到目前为止，在法律上也是说得过去的，对病人来说也是种保护，家属一般来讲也是通情达理的，所以家属来了之后，把他的孩子带走的带走，带住院的住院，他们一来就签署相关的手续，实际情况就是这个样子。

最后就是患病复学以后，我们不能因为他有精神病就不让他上学，那我们应该怎么做？首先应该跟他的家长有足够的沟通，该吃药的时候要病人吃药，学校要家长陪读的陪读，家长不陪读的话，对于相关的法律风险问题要和家长签署相关的条款。学校其实在这个时候是蛮尴尬的，就是学校签了这些条款，在法律上有个词叫签则无效，就是你签了很多条款，最后法官还是可能会说无效。因为法官的问题不是在于你做的后果怎么样，而是在于你做了没有，如果你告知了他你相关的事情做了，不是你的原因让他死了，法官就会裁量这个问题，所以就像我们医生一样，如果我们做了我们该做的任何事情，最后这个病人死了，也不是我们的责任。法官就是这样裁决的，关键是你做了没有，而不是说你做了就一定要保证他不死，不出问题。关于大家要做到的这些事情，就是校方这边相关的问题，我们可以参考《精神卫生法》《侵权责任法》《刑法》等这些法律文献，因为法官会用这些，如果你不懂这个，法官会可能认为你有犯罪。

我所想说的大概就是这些方面的问题。谢谢大家！

熊卫：武汉市精神卫生中心主任医师，教授，武汉市"213"人才。

（湖北省高校心理健康教育与大学生心理危机干预培训班，2016.6.1）

大学生性心理健康

武汉精神卫生中心 徐汉明

　　这是很有意思的一幅画，我们可以看到男人的大脑里面整个都是美女，而且带有性的幻想，那是为什么呢？其实就是推动他去寻找一个人，让他获得性的释放的一些机会，去成就自己等等。所以这也是很重要的，很多病人都有性的压抑，或者是过去遭受性的创伤，所以他把性的这个成分在人类的精神活动或者神经质的活动中放在很重要的位置。所以，有人画了这幅满脑子都是女人的画，特别是男性，满脑子都是与性有关系的一些幻想，这也可以理解。

　　性可能给我们带来快乐，给我们带来幸福，但是性也可能会给我们带来很多其他的东西。到底什么是性呢？我们怎么样去认识这个问题？有关这个有不同的观点，社会学家有社会学家的观点，生物学家有生物学家的观点，心理学家有心理学家的观点。但综合起来，可能都有各个方面的问题。我们一定要认识到性的生物学性质，是自然的力量。也就是说，一个正常的人到一定的年龄以后，身体发育成熟了，性也成熟了，那么就一定会有性的欲望。于是就会去寻求性的满足的对象，去释放这个能量。这是一种与生俱来的自然的力量，除非这个人遗传基因突变，那是另外一回事。或者是这个人就像古代宫廷里面被阉割的男性，成为太监，可能这种欲望就没有了。这是一种很自然的力量，这种自然的力量到了一定的年龄以后就表现出来了。

到底什么物质在起作用？就是激素，性激素。今天早上做咨询的时候，还有夫妻来做咨询。他们两个人从认识到现在，结婚也有十年了，但现在吵着要离婚，而且表示已经有五年没有睡在一起了。我说你们当时怎么会有爱的呢？妻子说了一句非常有意思的话，是荷尔蒙起了作用。就像医生对这些的东西理解一样，她自己也体会到，因为当时荷尔蒙太多了，所以找了这么一个人。她老公听到这个话以后，也没有什么反应，也不气愤。他说就是这么回事。既然都承认这一点，也就是说，在这里面性的力量源自一种物质，身体的、生物学的。

但是有一点要跟大家说明白，从一些临床观察上，包括我们社会的一些调查，你会发现性的能量对每个个体都会有一定的差异。在讲这种自然性的时候，每个人都是一样的，只是有的人多一点，有的人少一点，有的人处在中间。很多人在这方面表现得可能更加积极，可能他们就会有更多性的一些行为。少一点的人在这方面给人感觉像没开化或是没有这方面的想法。我们大部分人处在一个中间水平。你们看到有些电影或小说，描述的是一些特殊的人，他们有可能是一些两极的人，但大多数人处在中间。两极中一个是性的欲望特别强，我们有时候叫色情狂。有的人可能性欲望不是那么强，结不结婚都无所谓，谈不谈朋友都无所谓，没有性的欲望。反正他的生活还是蛮好，工作也可以放松，但就是对这个东西兴趣不浓，这是另外一极。我们大多数人处在中间，处在一个比较适中的水平。

但是，从性的这个角度去理解，到底有一些什么我们可以去界定性的？我们目前可以谈性的都集中在这一块——目的性的性行为，就是直接的生殖器官之间的性接触、性活动，也就是我们所说的做爱、性交。实际上在很多时候，我们都会忽略过程上的拥抱和接吻实际上也是有作用的。还有一些是属于边缘性的，比如挑逗或情书，或者写一写与性有关的一些隐晦的表达。那为什么要这样去讲呢？其实是我们要这样去理解，这是性的行为目的性的不同层次。那这是什么意思呢？就是我们在性饥渴期的时候却压抑着。比如，大学生的年龄一般在 18 岁到 24 岁，这也是人的性能量最旺盛的时期。但是性的关系、对象不是能够找到或者说不稳定的一个时期，性的释放也不能随意的时候。因此，很多情况下就会产生压抑。那么，在这种情况下我们要如何释放这种力量？我们可能总是集中在找一个女朋友或男朋友这方面，或者是在外面花钱，因为现在社会开放了。但事实上，除了这些集中的方式，还有其他的方式。我作为医生，说得会直白一点，没有文学家说得那么含蓄和浪漫。文学家和老师会说，你们在青春期或者性饥渴期可以通过参加篮球比赛、多跟异性交往等行为来释放自己的性能量。实际上这些与事实是有点接近的，比如说异性之间的交往是非常重要的。现在很多母亲发现孩子的性取向不对了就会说："怎么搞的，是不是现在追求这个时髦啊？"经过我询问，许多家长表示在孩子进入青春期时就会要求他们好好学习，不允许他们谈恋爱。如果发现他们跟异性同学有接触，立刻就有很强烈的反应。因此，这些孩子从小就没有与异性交往的经验，更有甚者最后不想谈恋爱，不想结婚。在这个过程中，切断异性交往的或者是与性相关的一些接触以后，就不知道孩子未来性的走向会怎么变：有的人变成另外的了；有的人对性恐惧；还有的人不知道怎么跟异性交往或是从性的角度跟人交流困难。事实上，在合理情况下异性间正常的交往是好的，在这个交往过程中可以释放一些性能量。我常说，在以前，我们的老师在上课时不允许录像和录音，担心潘多拉的盒子打开后会出现问题，对我们的社会产生影响。我们社会人群中也有类似的问题，将异性之间的交往看得过于严重，过于担心其中会发生不好的事情。但其实以我们现在的经验来看，正常的交往比没有正常的交往要好。

性的这一块除了我们所说的内容以外还需加针对其他一些内容的理解，这些理解可以帮助我们明白现在性的一些现象、概念来源于什么地方或是因为什么原因出现。譬如性的内在动力。它的第一个目标是生殖、绵延种族，也许你们会在相关的课程中听到有关内容。谈生殖谁都没有意见，中国文化是典型的生殖崇拜的文化，认为多子多福，生得越多越好，那么只要是为生孩子而做的事情，没有人是会谴责的，或者说至少是可以原谅的；但是如果你不生，那就有麻烦了。对生殖的关注会使另一个问题被忽略，即性的问题。当谈到为什么要恋爱、结婚，繁衍后代这个理由是很充分的，简直可以说是无可挑剔的。但是当谈到性是可以带来快乐和愉悦时，就开始会有不同的观点了：有人说因为性能带来愉悦，所以它会让人坠入万恶的深渊。古代中国有一句话，万恶淫为首。性可以带来身心愉悦，这种快乐是其他东西所不可替代并且是人一旦有这种经验以后会想再去追求的，因为人身体的荷尔蒙激素达到一定水平就需要释放。持保守观点的人强调性就是为了生殖，说性是为了快乐就是性放纵，或者给性冠上不好的名称，这是堕落的，是有罪的。

现在社会上慢慢地有越来越多的人公开说性是为了快乐的，但是大部分人会把这种想法藏起来，不予公开，少数人会说追求性的愉悦会带来不好的后果。因此，有人提倡不要公开性的开放，性的愉悦。有人曾经写道：有了愉悦你就喊。这是性本身带来的问题。

人在进化的过程中，如果说性是为了快乐，这就叫性放纵，或者其他的名字，反正就是不好的，会堕落的，就是有罪的。有这样的一些代表性的观点，对性的愉悦持不同看法的人的观点。我们的社会慢慢的已经有人公开说性是为了快乐，对大多数人来说，性的确可以带来快乐，但都是隐晦的，他们会把它藏起来，不会公开。只有少数的人会说，如果它可以带来快乐就去追求，这会带来一些罪恶的问题。所以还是有人反对。所以现在他们认为不要提倡性的开放、性的愉悦、性就是为了追求快乐。你如果谈这个，还是有人会反对。曾经有人说，有快感你就喊，实际上也是谈性的问题，它认为性就是追求快乐。这就是性本身代表的问题。我始终有一个想法，如果说人类在进化的过程当中，所有的动物在性的活动过程中，交配过程中，生殖的过程中没有快乐，那谁会去做。如果说它是一个痛苦的事情，不为生孩子谁还会去做。

有一个孩子来咨询，她说，我让你（父母）生了吗？我根本就不要你们把我生出来，你们把我生出来干吗？不就是因为自己控制不了自己，把我做出来了吗？这是蛮经典的一句话，我本来就想生殖其实就是性的结果，因为有快乐，所以我要去追求，一不小心精子和卵子结合在一起，产生了下一代。这是一个十几岁的女孩子说的，实在是太经典了。

这也就是说性在前面，就是因为有快乐。生殖是因为性，这个事情很好，没有快乐的事情是没有人去干的。人都是一样的，没有人愿意去追求痛苦。你做这个事情很痛苦，生孩子感觉很痛苦，那是你不愿意去做的事情。当然，这是我们所说的一个基本原则。20世纪80年代后期的时候，有一对夫妻来了，丈夫在改革开放以后赚了很多钱，是一个大老板，听他说大概赚了20万。他有一个困惑，他有两个孩子，但他老婆跟他说，怎么都不愿意再生孩子了。他跟我说他很痛苦，但我认为他是一个最纯洁最单纯的人。因为当时他拿钱去找幸福很容易，但是他没有。我就把他和他老婆聚在一起，他老婆说了一句话："我已经给他生了两个孩子，他还想要一个孩子，烦死了。"性就是为了生殖，这种观点在传统的文化观念中存在。在城市里可能会少一些，但还是会有。但是你们要想到，恋爱也好，婚姻也好，不仅仅是为了生殖，还有一个非常重要的方面就是性的愉悦和性的体验。因此我们就想到了第三个层面：性可以表达一些情爱关系。恋爱、婚姻、爱情，都在这个里面。

性是为了健康，这是蛮有意思的，这是中国文化所特有的。当然，现在西方有一些研究说，有和谐的性生活的人身心会更加健康。这其中有一个特点就是它可以延年益寿，这和中国的两大文化有关系，一个是儒家的文化，一个是道家的文化。儒家文化讲的主要是靠性延续，以生存为主。所以说它是节欲而不是禁欲。佛教是禁欲。儒家的思想是节欲。就是说性主要是为了生孩子，生孩子是可以，但是你去扩大到许多人那是不可以了。道家的思想是对儒家包括佛家的一个反面，它说性不是为了生孩子，也不是为了娱乐，而是为了让自己活得长一点。所以就有一个房中术，房中术打出什么样的旗号呢？它就是说，性活动有益于健康，有益于长寿。不说它有快乐，说它可以延年益寿，但事实上是不是这样子呢？从现在的医学包括心理学上来看，和谐的性生活的确是对身心健康有益的，有帮助的。

还有一个问题就是关于性交易。我们不能回避这个问题，我们探讨性，就要谈到这方面的问题。这个问题是后期慢慢提出来的，提出了"性是可以交易"的观点。有一种观点认为性是一种资源。仔细想一下，为什么从古至今有一些东西就是无法消灭掉。比如说卖淫嫖娼事件和性服务事件，过了几十年也没有完全被消灭。改革开放以后这些事情又出现了，从这个现象可以看出来它本身就没有消失，一直存在，只是变成地下了。其实，性是一种资源，它是可以交易的。狭义的来说这种交换的东西它可以通过精神和物质层面传达。我们一般讲，狭义的性的交易是物质方面，也就是金钱以及权力方面，或者是其他的一些好处的东西。如果从广义的角度来看性交易的话，我们的恋爱婚姻包括性的愉悦其实都是相互之间的一种交换。因为就性来说，一个人做和两个人做是不一样的。如果不想和别人打交道的话，一个人用手自慰，自娱自乐一辈子，没有人会受得了。所以性一定要有一个对象，两个人互相配合。在此过程中有很多东西需要交换，比如情感或其他东西。所以我们要得到别人一些东西，就一定要有一些回馈，有来有往。包括情感也是这样，有来有往才会比较持久，否则就会出问题。我举个例子，有个男生想要自杀，但他打咨询电话来了。他说我走在江边想自杀的时候，第一次突然犹豫了，第二次去的时候，下了很大的雨。他打电话是想让最后一个人知道他是怎么死的。他为什么要自杀呢？他有一个很要好的女朋友，有一次他们吵了一架，便很长时间没有见面。再次约见面的时候，他发现女朋友和别的男生在一起了，还当着他的面介绍她的新男朋友。于是，他受不了了，想要自杀。他说他做的一切都是为了那个女生好，希望她能幸福。我问他现在那个女生不是很幸福吗，你为什么还要自杀？你们应该可以看出，他自杀是觉得自己付出了那么多，最后却什么都没有了，他觉得很痛苦。但是他又不是很坚决，因为他希望那个女生会回报他，因为他以前对她那么好，他觉得女生也应该对他好，他还抱有一点期待。后来，我让他回去思考，回去再想想，如果想不通的话再打电话做咨询。所以，情感一定要有一种平等的交换，要尊重对方。如果一个人只是获取，要别人对他好，或只是付出，内心觉得自己做得很好，都是为了对方，自己什么都不要。实际上这种情况潜藏着更多的需要回应的可能。现在有一些性服务工作者是用性来做交换，想一想这些交换是为了什么，值不值得，以后后不后悔。某学院有一个女生，她比较信任我，来了七八次咨询。她感觉非常痛苦，总是把自己搞得醉醺醺的。我看她的长相和品行都算是一个比较好的女孩子，但是她做了一件自己觉得很不好的事情，很自责，很痛苦。她说她因为比较忙，或者有时候上课不认真，可能会挂科。最后她想了一个奇招，只要是男老师的课，她就约男老师去喝酒，做一些类似性交换的事情，最后她每一科都过了。在这种交换中，她很顺利地过了每一科。问题在哪里呢？她对性的观念。她出生于一个传统家庭，这样的做法在她心中是不对的，她在谴责自己，认为这是一件丑恶的事情或是一个不当的事情，她觉得自己做得不对。虽然说科目通过了，但她的心理变得不健康了。所以，她每隔一段时间就酗酒，总是把自己搞得醉醺醺的。她一共到我这里来了七八次，几乎90%的时间都是醉的，浑身酒味。对一个女孩子来说，那些是非常非常痛苦的。

谈到性的问题，我刚才说了，我们对性应该有一个认识，什么叫性，性的概念，性里面会给我们带来什么事，会对我们的生活有什么样的影响，会有一些什么结果，或者生殖，或者快乐，或者我们想要交换一些什么东西等等。我们来看看别人对大学生群体的一些研究，我认为有些调查只能做参考，但是它也反映出一些问题，比如说有些性罪错，性罪错学生占受处分的学生的百分之二十。性罪错的解释就是违反法律规定的或者是有违反道德规范的，有罪有性错的这种情况。比如说卖淫嫖娼或者说其他的一些行为，偷窥或者一些流氓行为等等。现在我们从社会性的角度来说，这几年实际上要把它分开来说，有一部分属于越轨的行为，另外很大一部分属于性心理和心理障碍的问题，比如说性压力的问题、性放纵的问题、性恐惧的问题、性自慰的焦虑问题和窥阴的问题等，窥阴就属于性心理障碍，也就是心理有问题了。

此外，我们学校的咨询老师要考虑到自杀的同学当中，并没大家想的那么简单，不要以为每个人自杀的原因都是一样的，其中有很多是因情而自杀。情里面有性的问题。这个比例是很高的，百分之五十几，几乎占一半了。也就是说，一半里面跟情，也就是与性有关系。这时你们要想到，因情自杀，性在里面的作用是什么呢？做这些分析有什么意思呢？其实是要我们针对一些同学做性方面的辅导，有些人是性观念的问题。实际上我们看到很多蛮优秀的人，特别是女学生，这样就自杀了。经过后来了解，实际上就是性观念的问题。有的人进行咨询以后改变过来了，但有的人就没有，那要怎么办呢？比如说有的女生要自杀，自杀的原因说出来你们可能不太相信。我们单位职工的一个孩子，上大学了，她在家里面闹着要自杀，三个月不上学。后来没办法了，他们就找我们帮忙来咨询，让我们说一下。本来心理咨询是熟人就不应该做，但是是她的孩子，我们还是去做了，实际上就一次，没有第二次了，因为一次这个咨询就结束了。要问咨询一次有没有效果，对这个人是有效果的。她的问题说出来就是，她和男朋友恋爱，包括你们现在也有处在恋爱当中的人，恋爱有一段时间到了热恋期的时候，激情燃烧起来，有时候控制不了，怎么办呢？肯定会产生性的行为，他们两个人之间就发生了性的行为。那天谈到这里，我就先不谈她自杀的问题，只谈谈她当时的感受。我说你们是什么样，她说当时两个人还感觉是非常非常好的，没什么问题，当时离开的时候都是很缠绵的，很愉悦的。但是她说，我第二天就出问题了。我说你第二天怎么会出问题了？不是前一天晚上还感觉蛮好吗？她说我是感觉蛮好，但是我后悔了，为什么要这个东西呢？我不需要这个东西，我为什么不控制自己呢？事后都是这样，埋怨自己当时为什么不控制住自己呢？的确，人们的自制力各有不同，有的人控制得了，有的人控制不了。她说我感觉我男友对我的态度变了，连看我的眼神都不一样了。这就是以前的一个旧观念，如果男女之间发生了性关系，那么这个男人就不会再爱这个女人了，所以男人都不可靠。她就有这种先入为主的观念，于是她就愈来愈不安，大概半个月之后，她就感觉受不了了，生活无法正常过下去。我了解之后知道她是无法从这个事件中走出来，才在家中闹着要自杀。问其原因，她说要是我男友不再爱我了，我还有什么脸面和别人谈恋爱呢？

这个就是性观念的问题了，也就是我们常听到的贞操的问题，她认为她和这个男生发生了性关系之后，如果他不再爱我了，与我分手了或者换一个更坏的词语，他抛弃了我，就不会再有人爱我了。或者还有一种更屈辱的感觉，即我被他玩弄了。这就是性不平等的观念，媒体上也经常出现这个词语，所谓玩弄。我觉得这个词语在用的时候还需要谨慎一些，不要随意用这个词。性原本是双方愉悦。她感觉有一种不好的体验，于是就觉得还不如自杀算了。这是我与她的第一次交谈。第二次我感觉把她男友叫过来交流一下或许更好，是不是有这种事情，面对面交流一下就会明白。于是她男友与她交流了一下，发现根本就没有这种事情。这个事情就这么解决了，过一段时间后她就回去上课了。

这个案例反映了一个问题，大家在平时一定要明确自己的性观念是什么，明确自己对性是怎么认识的。这个很重要，因为它影响到我们对于自己行为的判断，就像在平时做了一件事，如果我认为是错误的，就会有对自己的惩罚，反之就会有不同的反应。所以观念对人的影响很深。再有就是，在恋爱中，是否有性行为关系到两个人的关联。性行为前后关系会发生改变，特别是现在男女性别差异的状况下，女性的压力要大于男性。她会产生很多不好的猜疑。而实际上，根据我们的了解她的男友没有这种她所猜疑的行为或者想法。这种猜疑是由于她所产生的不安全感导致的。如果在恋爱中，双方的关系只是保持在拥抱接吻的地步，这种不安全感就会减轻很多。因为一旦产生性关系就会要求一直保持下去。而在一般的性心理中，女性会认为一旦产生性行为，我的未来就依附在一个人身上，从而产生很强烈的不安全感。这是很正常的一种想法，案例中的她只是表现得很特殊很严重而已。当然，如果我们不做任何干预，她可能真的会去自杀，同时我们还不了解她为何会去自杀，最后只能说是为情所困。但是为什么会为情所困呢，这个问题就无从知晓了。每一个人都会有自己的故事，会有自己的想法，各不相同。

接下来我们略微谈一下性压抑的问题，这是一种现象，即如果一个人已经性成熟却又没有合适的途径来释放，都有可能会产生性压抑。如今我们的青春期延长了，性压抑也变得常见。面对性压抑，有的人会继续压抑下去，有的人会去想办法。实际上自慰是一种解决性压抑的方式。有的学生会用《圣经》来压抑自己，因为《圣经》中认为自慰是有罪的。然而越压抑反而可能会产生越严重的后果。

我身体不行，我好虚弱，我神经衰弱，我感觉头昏脑涨，耳鸣眼花，到任何地方去检查，都不会有任何问题，这只是一种感觉。还有一种心理暗示，这是关键的问题。从现在的生理学、医学来看，自慰是解决没有合适性对象时发泄的一个途径，而且它不会伤害第三者，不会给其他人带来影响。在合适的时候，即自然状态下去解决。一说到自然状态就有人搞出麻烦来了，自然上我想要就要，然后就控制不下来了。我也遇到几个特例，都是强迫性手淫，男生女生都会有。所谓自然是指人有了性的欲望，自然会有一个启动欲望的机制。他就需要去手淫，但释放性的能量之后，就没什么需要了。但可能之后又有需要了，就又会去手淫。当然，这是一种克制，而不是刻意去追求，这就是自然，自然的状态对身体没有任何的影响。有的男生会问，我为什么会头昏脑涨？我说这是性反应。性兴奋的时候人的血液和肌肉都会发生改变，消耗会增加。特别是达到性高潮的时候，肌肉会强烈地收缩。这个时候会有很多能量的消耗，会出现疲劳感，就会有想要休息的感觉，但过一段时间就会恢复，但我们就会把身体正常的反应当成病态的反应。

从1989年参加性科学培训后，我一直这么认为，在你遇到一些特例，即强迫性手淫的时候，那不是手淫的问题，那是强迫症的问题。如果又有手淫又有强迫症，那就麻烦了。自慰时用的方法有问题可能会带来感染，要注意生理卫生。性梦方面，大家不要觉得自己做了性梦就谴责自己。我也遇到过两例，一个同学做梦和别人发生了性关系，就跟我说，我做梦把别人强奸了。性梦其实还可以判断性取向。你们回忆一下，自己性梦中对象是个男生还是女生，还是看不清面孔，不知道是男的还是女的。我做过一些了解，男性同性恋的性梦中就是男生，女性同性恋的就是女生。所以，有人就在想，性梦就是上帝给你的一个信号。而且男生和女生的性梦不一样，很多男生会有梦遗，女生在这一块不太明显。男生的性梦很直接，就是性关系的发生，多半是和同学，起床后发现裤子是湿的，便有罪恶感，吓得要死。性的欲望很强烈，有一个梦境后，正好把这个记忆唤醒了，正好把这个女生唤进去了，并不是这个人就是你爱的人，所以不要那么害怕。当然有人会说，哎呀，我梦见自己的妈妈了，梦见自己的父亲了，完了，我这是乱伦。这只是梦境里性的一个特点。

还有些人是性恐惧，这在男生中少见一点，在女生中多见一点。女生有时会听到一些关于性的负面的认识，比如疼痛、生孩子痛苦、男人都是坏人等等。前期性行为还好，在过程性性行为中，她们一旦看到生殖器，就会马上浑身发抖。这还不是标准的性恐惧，病理性性恐惧往往会更严重。当然还有男生也会有性恐惧，害怕自己性冷淡，或是自己身体出了问题。曾经有男生把女性的身体比作牙齿一样，自己一进去就会被消灭掉，这是一种夸大的、恐怖性的心理描述，我们不要受这些描述的影响。

同性恋其实不属于性心理障碍。刚才我们讲的问题都是从异性角度去谈的，实际上未来性学就不能强调异性之间了，要弱化异性这个概念。同性恋即同性相爱，他的性爱对象是同性，他们之间会有性的行为，而且性行为会有愉悦感，会得到性的满足，也会有性高潮的体验。同性恋对异性一点兴趣都没有，如果你们以后谈的朋友对自己没有兴趣，你就要小心了，如果他不是性冷淡、性功能低下，就是性取向的有问题。他的性取向不在你身上，和你结婚可能就是为了迎合父母，结婚以后可能一直就不碰你了。我们以前认为同性恋是一种性心理障碍，需要做治疗，但是现在我们认为这是一种正常的行为，是没有办法矫正过来的。这是真性的同性恋，还有一种是情境性的。在某个都是女孩或都是男孩的情境中会有这种心理，但改变环境就会恢复，比如军队或是监狱。有人说监狱里面最可怕的不是殴打，而是同性之间的性侵犯。因为同性之间的性侵犯带来的不仅是身体上的伤害，还有心理上的伤害。当一个你完全不能接受的人与你发生亲密的接触，而且进入到你的身体里面时，这种厌恶感是非常强烈的。通过我们的研究，包括一些患者的情况来看，同性骚扰远远坏于异性骚扰。

还有一个问题就是性心理障碍，性心理障碍还是挺麻烦的，一是对正常的性交行为不太感兴趣，二是性的对象发生了改变，这原本是对同性恋的定义，但是现在也有跟动物之间的性行为，这就是恋兽症。再有就是性行为方式出了问题，表现为不喜欢大多数人都采用的方式，比如让别人鞭打自己、偷看，一偷看就兴奋。从前学校大澡堂、厕所走廊上的墙上会被抠出洞，多半是这些人做的。有些人是因为性好奇；有些人是偷窥症；还有些人喜欢暴露，当他走在街上，在角落里，特别是女生走过的时候，就会把裤子脱下来，把生殖器露出来，两只手动来动去，这是露阴症。你不要以为是自己遇到了流氓，这只是性行为方式的问题，以前叫性变态。还有一种恋物癖，经常偷一些女生的内衣内裤，偷走后在家里或是寝室里面穿，还感觉很舒服。

性偏好障碍，是性身份障碍。性身份障碍最有名的不止是金星，还有一个叫做河莉秀。河莉秀是一个非常漂亮的韩国演员，我们很可能看过她的电影，但她实际上是男生做变性手术变的。当然最漂亮的就是泰国的人妖，你们去旅游就能看到。"人妖"是中国人给他特有的名字，其他国家都叫其变性人。我们说的"人妖"带有贬义，但从另外一个角度也带有褒义。"人妖"，妖诡异到了极点，男人一见就被迷惑了，"人妖"只指男性变女性，女性变男性不可能被称为人妖。人妖有什么特点？身材高。男性一米六几，到泰国做整形手术，变成一个标准的女人，外表看起来是非常美的。这是做过手术的，还有一些没有做过手术的异性症患者叫"伪娘"。

手术没做，但是具有异性症，全身都是女性的打扮。那么李玉刚算不算呢？异性症有一个特点，男生不喜欢上帝给自己的东西，比如生殖器、喉结，女生不喜欢自己的乳房，认为是赘肉要割掉。他们觉得自己应该是另外一个性别的人，强烈地不认同自己生理的性别，这种不认同会给自己带来很大的痛苦和焦虑。他们一定要想办法去改变，所以去做变性手术。现在心理学把这个词弱化了一点，叫"性别烦躁"，弱化了疾病的特点，所以有可能哪一天它就不被认为这是一种病了。

性偏爱障碍里面，我刚刚讲有恋物症的，主要是收集异性的袜子、内衣内裤等。性偏好障碍多半发生在男性，具体原因不明，也有人说是男性的性启动和女生不一样。在性的启动地方，有性偏好障碍的男生发生恋物问题。怎么去看待这个行为变化？只有通过这些行为去获得性的满足才算。有的人喜欢穿异性的服装，但是他没有；喜欢异性内衣内裤，但是他没有。他会为了寻求这种性的满足，会不惜被抓的风险去偷这些东西，他们不怕被抓到但也会尽量不被发现。在一些电影文学作品中，电影中上台的女演员往下丢丝袜和胸罩，下面会有人在抢，在抢的人一定是恋物的人。恋物症对别人影响不大，有的人不去骚扰别人，自己去商店买女生用的内衣内裤以及一些贴身的女生用品，在家里面藏了一屋子。

还有一个叫做异装症。恋物症是收藏，平时穿的是正常的衣服；异装症是平时将异性的服装穿在身上，穿了一段时间之后才获得快感，这就叫异装症。我到现在为止只遇到过一个异装症案例，是被他的妻子发现的。他的妻子发现他每隔一段时间拎着一个箱子一个人跑到一个地方。他的妻子有一天跟踪了他，妻子去了以后傻眼，找不到自己老公了，只看到一个女人穿着很漂亮的衣服走来走去，于是她继续盯下去，发现那个女人把衣服换下来回家了。她很痛苦，到我这里来咨询，为什么我老公有时候会变成女的呢？这就是异装癖，它对生活有影响，但是相较于其他病症，其影响已经比较小了。但有的异装症患者有厌恶的情绪，也叫异装性的厌恶症。

露阴癖比较麻烦，多见于男性，如果你们遇到这样的男性，偷窥也好，恋物也好，这些男性多半比较胆小、腼腆，而且恋爱不太成功，或者羞于恋爱。从理论来说，这一类人群不会直接去侵犯别人，所以不必太紧张。你不紧张的话他没反应，他就是希望异性从他身边走过，一看到这种就被吓得大叫，他的反应就很强烈了，这样问题才能解决。我们遇到的案例都是那种不具备攻击性的，比较胆小，在性方面比较羞涩，不善于跟异性交往的这一类情况。男性有露阴，那女性有没有呢？目前还不存在。窥阴比较多，有人说每个人都有窥阴、偷窥的欲望，偷窥来源于人对性的好奇，但是偷窥并不代表你有窥阴癖，只有通过偷窥来获得性的满足才叫窥阴癖。有一个有名的美国电影演员莎朗斯通，演过一部电影叫《偷窥》，在别人住的房间里安上针孔摄像头，偷窥别人整个的性爱过程。这就是窥阴症，它一定有一个特性，这很难改正，所以有人在厕所挖个洞或在洗澡堂跳来跳去张望。

摩擦症，此类患者通常借人多拥挤之机，如在公共汽车、商店里，用自己的生殖器去摩擦、挤压异性的身体（通常为臀部，也可为身体的任何部位），从而获得性兴奋和性满足。这类患者分两种，一种是性的欲望没有方式排解，借这个机会去骚扰别人，这是没有性心理障碍的；还有一种就是只通过摩擦获得性快感，对其他形式的性并不感兴趣。

还有施虐与受虐。有虐待工具售卖，甚至形成了一种虐待文化，我觉得这是一种病态，本来性爱过程中会有一些轻微的施虐行为在里面，比如掐、咬，会增强性的反应，但如果完全靠鞭打或刺激来达到性的兴奋，这就是变态的，属于性偏好的一个障碍。曾经有专门的地方售卖绳子、镣铐、皮带等工具，现在网上也有一些虐恋文化的俱乐部。对此感兴趣的人都有一定的虐恋倾向，如果你要是不感兴趣的话就不会去这些地方。但是有人也说，如果在里面尝试一段时间的话，不是虐恋的也会变成虐恋，因为你尝到了甜头。

人的性是可以建立条件反射的，以后如果没有这个事情，就会没反应。所以要加大刺激，那就只有鞭打。如果鞭打还不过瘾的话，可能还要用锐器或尖器来刺激，有时候会出现伤害。如果是一辈子在一起还好，如果不是一辈子在一起的话就麻烦了。比如说，一个人和虐待狂谈恋爱的话，那恋爱正常的一半就要受苦了。他（她）会虐待你，如果不虐待你的话，他（她）会受不了。如果跟一个受虐人在一起，会觉得累。因为他不停地要求你打、要你踹，等你把他弄得兴奋的时候，自己就会累瘫。

还有一些其他的变态行为，比如说恋童，恋童是一个蛮麻烦的事情。很多人在恋童和儿童性虐待方面都很有研究。今年的最佳奥斯卡获奖影片《聚焦》就是谈论宗教、教会里面性虐待儿童的。这些成年人有着一些社会问题，其中有恋童症，他只有跟儿童才能产生性快感，跟成年人却没有。还有些人死得莫名其妙，有的用塑料袋，让自己窒息这是一种性自袭，这是一种性偏好障碍带来的死亡。有的人把自己绑在一个摇椅上，看过一些法医鉴定的死亡案例，发现这些人死得很奇怪，因为既不是他杀，又不像自杀。这种死的玩法也做得蛮蹊跷，一般人想不出来。这是一种性自袭现象，性自袭就是他获取性的快感要把自己搞得缺氧，缺氧的过程本身会有一种性的快感出现。所以这些人死的时候多半都会伴有性高潮的痕迹。有的人被袋子蒙死了，不一定是被别人谋杀，很有可能是性自袭。这是一种很奇怪的事情，性与死亡也是最具风险的。因为性是快乐的，但做的不好的话就有可能死亡。如果你要获得性的兴奋就要对自己搞自袭，但如果你一下子套住绳子解不开的话就会死了。死亡与快乐就在一瞬间。

还有一种偏好叫做强迫的性行为。有一个球员就有性的强迫性行为，不停地追求性关系。他不仅仅是为了性的快乐，还有关系。

性心理障碍是由很多因素引起的越轨性的性行为，比如性交易、性骚扰。这些行为不一定违法，其中有些是违反道德规范，而有些是涉及法律问题的；第二种性行为不是越轨，我们不是按照一般的道德规范来区分。其中也有一些想越轨，但越轨不一定会涉及违法。这会带来一定的问题，虐恋性行为有几种情况：一种是两情相悦。激情来了两人相爱了，便产生了性行为，双方都是自愿的。但也有一些其他行为就值得我们思考了，一种是有的女孩子说要以身相许，是为了获得这种牢靠关系，事实上内心是极不情愿的。这是很危险的，如果是这样的事情最好不要做，如果是都需要的话就可以试试。但是如果你仅仅是为了付出之后牢牢地把他套住，这个千万不要做，也是没有意义的，而且最后的结果也是非常不好的。有的时候，用性是套不住人的，因为性对象是可以转换的。还有一种情况，在性的样态当中还有一种叫做婚姻恋爱中的强迫性行为，就是说别人什么都不愿意，但你强迫她做，这就是恋爱中的被强迫的性行为，被胁迫的性行为，这有可能是违法的。如果对方要告你的话，你可能就会因强奸而坐牢，因为她是不愿意的。

在恋爱当中，如果两个人在一起的话，最好是相互尊重。如果真正的是双方都有需要的话，我们也是控制不了的，发生性行为是自然而然的过程；如果是后面一种的话，你就要进行慎重的思考，包括你们遇到的一些事件。所以，恋爱当中的性行为不要以为仅仅只有一种，它是有多种可能性的，结果也是不一样的。

有关性的交易这一块我就不多讲了。

还有一个是性骚扰。在我们国家，"性骚扰"这个词被媒体重视过一段时间，现在也在用。我在1996年的时候也曾经遇到过一些案例，查过一些资料，美国对性骚扰事件很重视，发现美国把它法律化，可以操作。但在中国是没立法的，我们最多把它归结为流氓或道德品质的问题去处理。为什么不好用？因为定义它很难。如果在一个情节中，一个人通过一种权力关系或者上下级关系胁迫对方跟他发生性行为就是性骚扰。还有一个定义就是，他会制造一种氛围，在其中讲一些有性含义的、对方感到不舒服的一些言语、一些行为，比如讲一些黄段子、用手摸一摸、弄一弄，令对方不愿意又很反感，说了也不停止。这里面有一个问题，比如是同事、上下级的关系，如果你不服从他的这些动作，如果你不愿意的话，他就有可能炒你鱿鱼；或者说他可以让这个环境变得很糟糕，让你在其中待得很不舒服。他们制造这种氛围的潜在的目的就是要你服从我的性的需要，我摸你你不服从我的话，我就想办法让你难受、让你待不住，这就是性骚扰。并不是说我说几句话就是性骚扰。

我遇到一个从澳洲回来的学生，她回来以后在国内找了好几份工作，其中有一个搞得她很难堪。那些人经常在她面前说黄段子，她以前并没有遇到过这种事情。但他们在这种文化的氛围里面，如果她说你性骚扰的话就麻烦了。我们是没有顾忌的，我们在什么地方都可以说黄段子，网上的就更多了。但是她回来以后受不了，于是换了三处工作。在中国就是这个样子的，换了三个地方之后，情况却越来越严重，有一个老总还拍她的肩膀、摸她的屁股，她实在受不了，最后她都生病了。性骚扰要引起我们的重视。

我们有一段时间专门研究过学校里面的课桌文学，你们的桌子上面经常会写上一些东西，暧昧语还好一点，有的却画上裸体的、性交的图画。这实际上反映的是人的一种内心的、心理上的需求，关于这个一定要注意我前面讲的，这的确会让你在里面待不住，待不住就觉得很烦恼、很痛苦。美国有一部电影叫《对抗性骚扰》，是女上司骚扰男下属，让这个男下属受不了。这是性骚扰的一些问题，所有这些都跟哪些因素有关系呢？不良的成长环境、童年的创伤经历，以及在我们成长过程中，由于这些因素的影响导致我们形成不正确或是不全面的性观念。我们每个人都会有一套对性的认识，这种认识会形成一种观念，这种观念会左右你的性行为。还有一部分是因为遗传或者疾病，比如说有的人有性的亢性，是因为大脑里面长了一个肿瘤，正好刺激到性中枢，让他很兴奋，不停地做爱。把肿瘤切除之后，就没有了这个反应了。所以很多情况下，人的很多行为跟生物学有关系。

我们怎样去解决这个问题呢？有时候我们要去思考一下你的观念是什么样的，去修正一些性的观念。比如说刚才有关性瘾、贞操的观念。如果说我还保有古老的观点，也可以保留，也可以按照这样去做。但是，一旦遇到困难的时候，你要想想你的痛苦来源于哪里，是不是来源于你的观念。有时候观念一变，你的人生也就发生变化了，你的命也保住了，不至于用生命去为观念做牺牲品。我们很多情况下是把生命抛弃了，保留很陈旧、古老、没有意义的观念，这是很不值得的事。

怎么样叫性心理的健康状态呢？实际上这整个概念是不好下的，要下也只是一个空洞、理想化的。那我们怎么样去讲呢？如果没有前面那些问题，我们性心理都是健康的。如果非要说是什么样子的，那你就要认识和把握自己的需要，你要认识自己的性，你要认识自己的需要是什么样的，我们怎样去满足这种需要。这是对自己而言的。

在性当中要注意的第三条，即你要尊重他人的需要和观念，这是很重要的，因为性是有一个伙伴的，一定要尊重他人的需要和观念。你不能去强迫别人，你要尊重他，或者你的观念和他不一样的时候，你不要去强行改变他的观念，而是两个人的观点慢慢达成一致。所以尊重很重要，包括心理治疗师也是一样的，在性观念不一样的时候，不要把你的性观念强加于别人，这都是不对的。

第四个，你的这种性行为，包括你的自慰，不要对别人构成伤害，对别人有不良的影响，这也是很重要的一个基本原则。我们有一些基本原则，身体是属于我的，我可以去处理我的身体需要。当然现在很多人不同意这种观点，身体是属于我自己的，我想怎么样就怎么样。实际上这是一个很人权的概念，人权实际上基本的东西还是要有，身体是我的，我自己想怎么处理就怎么处理，想怎么做就怎么做。但是有一点你要注意，你在处理这些事情的时候，不要去伤害别人，不要把你的东西强加于别人身上。你自己去做，没有谁管你。

如果这些问题能让你很平稳，不出现前面所述的障碍，那你就很健康，性心理也很好。如果说这些问题还不能解决，还存在困惑，还存在痛苦，甚至还有些东西变成了障碍，那么你最好去寻求帮助。总的来说要通过这些来解决问题，维护性的心理的健康。性心理健康了，你的人生也会健康。

接下来，进入提问环节。

问：我想提两个问题，一个是我们学校前段时间有露阴癖的男生，但现在有一个很为难的事情就是要对他进行处分，被骚扰，被吓到的那个女生觉得他是在耍流氓，对她已经造成了很大伤害。按照学校的管理规定对他处分的话，会不会因为他有心理问题就要免除或者是减轻？这是第一个问题。第二个问题就是像有一些刚才讲到的有一些学生他想同性也好，易装癖也好，偷女生的内衣也好，像这样的他是可以治疗的吗？还是说只能让他这样子？谢谢！

答：第一个问题，曾经我们也遇到过这个问题，也思考过。性偏好障碍，性心理原本是归在人格方面里的。也就是说，当他因为这个而触犯到了别人，别人要告他的时候，他是要承担一部分的责任的。但如果在这个过程中，他有性心理障碍，处理的时候要有一些重心的暗示，还要接受治疗。

举个例子，这个在以前是当作流氓罪处理的。八九年的时候，北京大学首钢医院精神科主任医师钟友彬接诊过一个老工程师，这个老工程师年轻的时候就犯了不下十次，甚至年过半百之后又犯了一次。造成这样一种情况的原因是偏好的障碍，矫正起来相对困难。很可能重犯，甚至承担了责任、受到处理之后也会重犯。但很重要的一点，就是要接受治疗。因为很多人不把这件事当作一个病，会觉得这是流氓行为，违法行为就完了。而实际上，后期治疗很重要。很有意思的是，有性偏好障碍的人，很少主动接受治疗，都认为自己很正常。只有少数的人，在查了一些资料之后，会去主动接受治疗。还有很少的人认为自己治不好了。所以之前的这种情况是被认为是人格上的缺陷，被认为是很难改变的。而实际上，在长期治疗之后，这些偏好都会有一点点松动。

第二个问题，对于真正的易性症患者，我们一般不会去阻止他去做变性手术。从心理治疗角度来说，我们不是要让他回到，或者去让他接受自己的性别，而是要化解他因为这个问题而引来的其他一些烦恼。比如对变性手术的担忧，以及家庭关系问题，抑或家里人对他的不了解而产生的一些矛盾。因为从现在一些角度来看，要让易性患者去接受自己本身的性别是很难的。性偏好障碍的引导，比如露阴，也是一样的，改变是很难的一个过程。所以在这个过程中，要有一个强制的过程，要让他认识到自己已经对别人造成了伤害，让他去接受治疗，否则会有惩罚，或者是法律的制裁。

在这个性偏好障碍的治疗当中我们曾经用过行为治疗，比如恋物癖患者，我们让他穿上胸罩。我们曾经治疗过一个十六岁的患者，本来是不应该进行治疗的，因为他还未成年。但在他妈妈，监护人的强烈要求和他的同意之下，我们进行了治疗。我们用了电击疗法、厌恶疗法，也就是行为矫正。穿上胸罩之后他感觉还很不错，再加上电击疗法，缓解了大概半年多，但半年之后，慢慢又犯了。说明性偏好障碍的治疗是很有一定的难度的。这里面也还有很多的其他因素，因人而异。

问：同性恋之前一直被列为性心理障碍这一类型中，但在随后的发现中，同性恋其实是由先天基因决定的，而并不是说一直跟男孩或者跟女孩待在一起就会成为同性恋，就是说后天环境是不可以改变性取向的。刚才您所说的"恋物"的情况可以通过"厌恶疗法"来治疗，但是也只是管半年的时间。那么对于"异装癖"、"恋物癖"这些类似的情况，会不会跟同性恋一样也是先天基因所决定的，而不应该把它们称为人格上的障碍呢？对于这些现象社会是不是应该多一些包容，作为心理咨询的咨询师或者治疗师，对于他们教育的作用是不是应该大于非得要把他们"掰"到所谓的"正常范畴"呢？

答：这个问题问得很好，这也是我们临床上经常遇到的比较困惑的问题。同性恋也好，性偏好障碍也好，这个病因我们目前不清楚。现在并不是所有人都认同同性恋是基因的改变引起的，毕竟以目前的医学水平还搞不清楚它的原因。跟大家开个玩笑，只要是病，治不好的，找不到原因的，就是基因的问题；如果是心理上的问题，搞不清楚的，那就是潜意识的问题。所以现在很多学者还是坚持着说社会深层环境、自身生理因素跟同性恋的形成是有关联的。性偏好障碍也是有基因层面的问题的，但目前来说更多强调的还是后天的因素。很多的案例可以证明一些问题，但并不是所有案例都是一样的。这些案例表明性偏好的问题是怎么来的呢？在性发育成熟的过程中一件偶然的事情让他（她）建立了一种联系，而这种联系让他（她）获得了一种快感，而后来又没有意识到有其他的方式来获得这种快感，于是他（她）就继续以这种方式来获得这种快感。这种联系一旦建立以后，大脑里就形成了这种反射模式，就很难把它矫正过来。我们曾经遇到一个受虐者的案例，最后我们发现原因是在一次偶然的事件中，大概在十几岁左右性成熟不久，他爸爸经常打他，之前打都无所谓，结果那次他爸爸打他他射精了，这种快感的生理反应让他后来故意找事情来让他爸爸打他。打得他觉得很刺激舒服，时间久了，等他到成年以后就进入了性虐待这样一个模式。

同性恋中也有类似这样一种情况，我接待过很多同性恋的来访，我对待同性恋是比较宽容的，很多时候我都是做家长的工作。但是也有很多家长接受不了同性恋，来叫我把他们孩子"掰直"的。有的我做了很多工作把他们"掰直"了一点点，起码能够跟女生在一起有点感觉，但是要他们跟女孩子谈恋爱还远远不够。有一个案例是一对双胞胎，他们跟着他们的小姨妈长大，小姨妈从小就把他们两个一个当做是哥哥，穿男生的衣服；另一个当成是妹妹，扎小辫子，穿女孩子的衣服。一直这种打扮到他们十六岁以后。那个被当成是妹妹打扮的男孩子发现上了大学以后自己对女孩子没有兴趣，然而一些帅气的男生却让他兴奋不已。我们在他的家族里却找不到有同性恋的先例。还有一位大二的男生找到我，因为爸爸在他很小的时候就去世了，他从小便跟妈妈一起睡，一直睡到大学才离开妈妈。找到我时我跟他说，我给你布置一个作业：这个暑假回家不要再跟你妈睡在一起了。那个暑假他也很听话，没有再跟妈妈睡在一起，但是他已经形成了只喜欢男生不喜欢女生的这样一种性偏好。

还有一些其他的因素会导致形成同性恋取向。也有一些同性恋在后期又把自己给"掰直"了，这种情况很少，我只治疗过一次这种情况的人。

他觉得他是同性恋，于是他妻子就找了一个情人，他很伤心，然后就得了抑郁症，去治疗。等抑郁症好了之后，他又跟他妻子和好了。也就是说，一个人从一个同性恋变成了一个双性恋。而他的妻子之所以跟别人好的原因就是他不碰她，不跟她有性方面的活动，他的妻子就受不了。还有的情况就是，人在青春期的时候，在性别认同和性取向方面会有一个很短暂的时期是跟同性很亲密的。比如说男孩子只跟男孩子一起玩，一起碰碰闹闹，没有什么值得在意的，也没有人会觉得很不舒服。但是到了一定年龄之后，再和同性那么亲密无间，比如睡在一起，肯定会有一种不好、不舒服的感觉。每个人都会经历这样一种阶段、一种转变。所以，同性恋中就有部分人很可能在青春期性成熟时期就已经知道自己是同性恋了。也有人对这方面非常不清楚、非常糊涂，甚至到了一定的年纪还会和同性朋友有亲密行为、性活动。而等他的朋友到20岁以后，就会谈女朋友，他只能和朋友慢慢疏远了。他也不会想到自己是不是有同性恋倾向，像这种同性恋的人就会觉得很痛苦。我也正是从这个角度发现了一些现象，他和同性朋友疏远时会有失恋的感觉，往往会非常痛苦。我问他为什么会失恋呢？他说他男朋友跟着女朋友走了。可以肯定的是，他的朋友不是一个真心的同性恋，只能说是在青春期的特殊的情境里，他和他的同性朋友产生了一种情感。所以说，同性恋是非常复杂的，我们要具体情况具体分析。

还有一些同性恋的形成是因为心理上的创伤，比如童年时期遭到了同性的性侵。我也接待过这样情况的一个病人，我很同情这个病人，但是也对他的治疗没有什么好的办法。他因为精神分裂症的治疗已经糊里糊涂了，但他一直在问一个问题——"我是同性恋吗？""我不清楚"。那他为什么会这样呢？那是因为他八岁跟他在外打工的爸爸生活在一起的时候，被他爸爸的一个工友性侵了五六次。他后来一直都很糊涂，性别取向不清楚，一直问自己"我是同性恋吗？"。所以，任何一个同性恋的人或现象，不可能只用一个因素来解释。如果能用一个因素来解释，那当然很好，但是这种情况太理想化了，一般都是有很多很多的因素。

问：老师您好，我是大一新生。我感觉现在不光是我就读的专业，还有其他的专业的同学都很迫切地想要早点找到对象。我想问一下，您觉得大学出于这样的愿望而谈恋爱靠谱吗？

答：其实我蛮羡慕你们的，你们现在可以谈恋爱。在我们读大学时都是不能谈恋爱的，气氛很压抑。我认为，现在谈不谈恋爱要依据个人情况而定，毕竟学校并没有在这方面作出规定。在恋爱方面，学校是一个很自由的氛围，现在学校里面都允许结婚了，你看你们多幸福。整个社会的环境应该说是比较宽松的，你谈不谈恋爱，或者说谈恋爱是好是坏的问题，每个人应该都有自己的考虑。如果你感觉，现在需要谈恋爱，或者谈恋爱对自己有帮助，或者正好有这么一个机会，那你就按照自己的意向去选择，当然你也可以不选择。实际上，恋爱并不是一个坏事情。

问：请问，谈恋爱对大学生来说，是好事多，还是坏事多？

答：恋爱是一件好事，看你把握得如何，还是要看两个人之间是怎么具体操作的，依据个人差异而定。我倒觉得，我们不要把大学里异性之间的交往一开始就界定为恋爱，异性间的交往应该是从普通，再慢慢升级。实际上人的交往当中，并不是只有恋爱。如果你只是为了恋爱而去跟异性接触，目标性太强。异性间的交往会给自己带来很多的好处、有益的地方，情感方面的，或者社会交往方面的。你不能简单说，要不要谈，或者谈了对自己好不好，我们只有经历了之后才知道是好是坏。但是从人的心理发育、情感发育来说，这个年龄谈恋爱不是坏事，应该是一件幸福的事情，也应该是你未来值得留恋的事情。我读大学时都没有这样的经历，就觉得非常的遗憾。

问：老师，在听您讲之前，我对那些比如说色狼和患有各种异性症的人，会比较排斥，甚至有一种痛恨在里面。但是听您讲了这些知识以后，我对他们又有一种同情，甚至觉得应该接受他们，对他们的态度有所转变。

所以我想问问您，到底以哪一种态度对他们是比较合适的？

答：你这么一问，我也觉得不知道要怎样对待他们了。正好我也没有回答前面同学这个问题。我们今天讲了这些知识后，是想让大家了解到，在性的这些活动中存在一些特殊的人，我们应该怎样去对待这些人。当然我们说包容肯定是没有错的，但是另一方面，这些有性心理障碍的本人也要从另外一个角度来思考自己的行为，也就是说他们不能影响到其他人。你现在对这些人了解以后，会对他们的态度发生了一些变化，但如果说你仍旧感觉受到了伤害，你也要知道这也是一种真实的体验。不要想我们要宽容他们、包容他们，千万不要这样想，因为他们这些行为就是会让人觉得不愉快，会让你觉得受到伤害，这也是你的一种真实情感的体现。但是你可能不会像以前那样愤怒去对待这样一件事情，如果说双方在这个方面都做一些调整的话，可能更有利于他们的恢复。同时，我们自己也不用过度的紧张和恐惧。所以，他们本身的行为和方式要做些调整，或者自己主动去寻求一些帮助，不要对别人造成一些不良的影响和伤害，这是最重要的。

主持人总结：十分感谢徐院长非常科学、严谨又很幽默的讲座。在以前的很多咨询中，我们确实发现了很多学生都有这方面的困惑，但我自己并不能够给这些同学一个很好的答案。所以，我希望今天同学们在听了徐院长的讲座后，能够让自己对性的问题不会那么地羞于去面对，也能把自己过去禁锢在头脑里的一些东西，有偏差的一些观念和思想进行修正，同时也能让身边的同学对这样的困惑能够少一些烦恼，能够以一种更加科学的态度去对待。

徐汉明：武汉市精神卫生中心副院长，武汉市"213"人才。

（第 141 期"心灵之约"讲座，2016.4.14）

学业发展与指导

清华大学 詹逸思

说实话，现在我的内心有一点忐忑。因为学业发展与指导这个工作在中国还比较新，清华也只是在这个方面做了一些小小的探索和前期工作。今天很高兴有机会与大家分享一些我个人的和我们中心的成长故事和经历。我希望处于一个交流和讨论的氛围，是一种交流的状态，所以，欢迎大家拍砖。

我知道今天在座的各位同学，一方面是各个学院的学生工作的领导和管理者；另一方面，有很多一线的、带班的辅导员、年级辅导员以及将来可能想从事专业工作的咨询师。而且我自己也曾做过行政管理、一线学术辅导等，并且我个人也非常喜欢。所以，针对这两种不同工作岗位的需求，我的讲座主要分为两大部分。第一大部分就是，国内外的一些高校是怎么去做学业指导的，把我看到的一些情况分享给大家。第二部分，擅长理工科的这些学校都是讲解决问题、怎么更好地解决问题。所以，我可能更多地介绍清华一些同学在学业和发展方面面临哪些困惑，以及通过我们的一些探索已经有哪些比较有效的工具或是策略。

首先，第一大部分就是如何开展学业发展与辅导工作？这个是我今天这一部分的一个纲要。其实清华之所以开始考虑这个问题，一方面是因为我们国家的大背景。对于高等教育领域来说，现在需要提高人才的培养质量。我们会发现，在我们的高等教育中，所有的大学都会存在这样一些问题，比如大学对学生个性的尊重不足，教师对学生的培养投入不足；学生对自己未来的发展考虑不足。这样的问题都体现到了我们学生工作体系中来，从事这份工作的人会面临一些很麻烦的事情。

第一，我们发现通过此种方式培养出来的学生会跟社会有一点脱节，即市场的需求和学生自己的素质是有差距的。第二，一些学生面临学习困难、无法毕业的问题。这个数据在很多的高校也越来越高，尤其是北京市所有的高校都在推动学业发展工作。对全北京市的高校来说，不能毕业的学生数量每年都在增长。第三，可能大家都处理过少数学生出现心理方面的疾病和自杀情况的个案，这种情况是很头疼的。从清华的实际情况来说，我们当时的党委副书记史宗恺老师在翻阅心理咨询中心数据的时候发现，2004年到2008年到心理咨询中心寻求咨询帮助的同学中有百分之三十都期待解决学习和发展方面的问题。但史宗恺老师发现，心理咨询好像不解决这一部分的问题。此外，对于清华的大学来说，每年有百分之三的本科生因学习上遇到了挑战而不能如期毕业。

其实，这种传统的思政工作以及心理咨询方面的工作解决不了学生在这方面的困惑。同时，我们也在全校做了问卷调查，结果显示，87%的本科生和76%的研究生认为他们很需要这方面的指导与支持，所以我们成立了一个专门的机构来做这方面的工作。其实刚开始的时候很困难，面临很多的争议和质疑。比如很多院系会说这本来应该是老师的事情，老师做好了就行了，为什么要单独辟出一个机构来做这样的事情，并且你们凭什么有专业能力来做这样一件事。这就是我当时在中心工作时遇到的各方面的挑战。

我当时更多的是向国外学习、了解，就国外而言，我们通过学术研究发现，欧美高校的学习发展历史悠久，而且非常成系统。它主要具有三个特点：第一是在高校与高校之间有专业的协会或组织，如美国的NACADA。接下来，我会重点给大家介绍一下英国16所高校联合建立的LearnHigher学习中心。这些机构都是共享自己的资源，从而让各个大学专职做这项工作的人能更好地支持他们的学生；第二是各大学成立专门机构设立专门项目来做这样的事情；第三，总体来说，他们都是非常专业化的队伍。

当我们看向国外的时候会有很多收获和经验，我今天也跟大家分享一下，其实这个环节是一个开脑洞的环节，大家看看国外是怎么做的，也许跟你的一个想法或想开展的工作正好契合。

美国国家学术指导协会 NACADA 现在改名为 Global Academic Advising Association，变为一个全球机构。它于 1979 年在美国成立，汇集全球 20 多个国家的学业咨询师，有一万多名会员，它旨在为全球的学业咨询师的专业成长提供工具、理论以及各方面研究的支持。

我在 2013 年接触并加入 NACADA，当时中国地区会员只有九个人，大陆的只有我一个人，其余八位是香港的同行们，香港大学和香港理工大学的有很多，后来我们在学术会议上还遇见了。这两年经过我的介绍以及各高校的纷纷加入，会员数量肯定也是有增长的。那么它为哪几种岗位的人提供支持呢？学业咨询管理者、专职咨询师、教师咨询师、学生咨询师，它可以为这四类人提供相应的支持。这是我参加 NACADA2013 年年会时拍的照片。当时我很激动，在中国找不到一起同行的人，去那儿发现国外有那么多人做这样一件事，所以就觉得那我也可以做这样一件事了。

NACADA 有专业的细分，分委员会和兴趣小组多达 45 个。譬如咨询管理，有自己的科委员会，如果各位将来想在学业咨询领域做一个管理者，可以加入他们去学习如何培养自己的团队领导力；分教育项目咨询，各个专业，如教育学，文理学，从事通识教育，法学等都有专门的学业咨询师；在机构方面也有细分，有的是公立学校，有的是私立学校，有的学校规模很大，在我们看来，我们的学校是规模很大的，属于很大的高等教育机构，然后就会根据不同的学生规模给不同的建议；还有一个很有特色的就是分特殊人群的咨询。比如第一代大学生、贫困学生、少数民族学生，还有残障人士学生。在残障人士的咨询中，也都有专业的人在做。

第五大部分就是关于理论和实践这些方面，它都有相关的分委员会。大家都可以加入。所以，在这个地方我讲一下自己的经历和故事：我是如何加入 NACADA 的？我之所以在这里分享这个经历，是觉得各位也可以一起加入其中。当时我是在做这个工作的时候发现有这个 NACADA 机构的，就进入了他们的网站。而且，大家要成为会员很简单。登录我上面的网站，每年 65 美金，你就可以成为他们的会员。我成为他们的会员之后发现其中有很多资源可以利用，尤其是他们给我寄的一封信，就是说在他们的年会时可以投稿的叫做"proposal"信。我看到后，觉得自己可以试一下。因为我们大家都是做辅导员的，其实也都很想出国交流，提升自己的专业能力。其实我也不知道学校能不能支持，但我想有这个机会就试一下。这封信会告诉你，他们的 proposal 在学术会议上会发表。这就意味着需要一个格式，我就按照他们的格式做了一个。当时我并没有什么自信，心想：哎呀！如果进行一个演讲可能还是有点难度的。那我就先申请一个海报演讲，即 poster，看起来好像更容易一些。后来，我申请了 poster 演讲。大家可以看到我的这个 poster，没想到一下就中了。评委们很高兴，说："哎呀！我们终于有来自中国的声音来介绍中国的情况，我们很欢迎你。"所以。他们就给了我一次演讲的机会。

第二部分是想告诉大家，当你加入成为会员之后会拥有很多信息，包括暑期的培训等等。这些对我们来讲都是出国的机会。我个人非常鼓励，或者是非常希望中国有更多的同行一起在国际协会发出我们的声音。我们中真的有很多人做得很出色。如果将来大家加入，就会知道他们的学术会议有很多。我比较推荐两种。第一种是在美国本土举行的全美最大的年会，就是我参加的这种。还有一个会我特别推荐的，就是 NACADA 要在全球推行专业的支持工作。我也是那个委员会的唯一中国籍委员。他们每隔两年会在不同的国家召开会议，所以很有意思。我今年刚刚在澳大利亚墨尔本大学参加这个每两年的国际会议，是一个由国际 member 一起讨论国际化的有关学业咨询问题的会议。

所以，如果大家有兴趣就可以联系我。如果大家选择投稿的话，我也可以给大家提供一些建议。因为，老外喜欢的和关注的话题和我们中国大陆的不太一样。为了提高投中的概率，我可以给出一些建议。

第四部分就是我当时的经历。我拥有这样的一个机会，同时我面临的困难是，我要找钱。大家都知道，去一趟国外的费用是很高的，比较保守的话也要 2 万块钱，一个学术会议也要 2 万块钱。所以，我要找钱。第一种方式是自己拿，这也是可以的。我知道，有的人现在确实不缺钱。但是，如果我们学校能支付，那当然是更好的。我当时想这件事情怎么和我们学校和部里的战略发展结合在一起，国家对我们"985"高校的要求是要有国际影响力。

我们演讲也是传授中国经验，在各个领域提高我们的国际影响力，这跟我们学校战略是比较匹配的，大家在价值上比较认可，认为我们能代表中国去跟大家沟通，领导也会想办法帮助我们。第二是从部里的角度出发。其实学生部的收益不是特别大，无非就是做了个学术演讲。我当时想，既然已经去了一趟美国，我一定要把学术指导相关的一流大学经验摸透，把经验带回学生处，然后我把本职工作做得更好，借鉴国外经验，而这些都是领导可以看见的。工作做得更好，学生更满意，这样就结合了学校和部里的期望和要求，后来部里非常支持，资助我去了美国，参加学术会议，去理工科一流的大学进行访谈，调研，这需要很多时间。在伯克利、斯坦福，谁也不认识我，我也谁都不认识，但在很多方面我们需要沟通和交流。我这次讲的非常细致，我鼓励大家多出去闯一闯，我们的学生工作体系其实是非常优秀的一个体系，学校都是挑选最优秀顶尖的人才来组成这个体系。我们也可以多往外冲一冲。我重点介绍伯克利，因为他们也是公立学校，他们的学业指导中心分为三部分，第一部分是学校的学业指导中心，第二部分是寝室学业指导，第三部分是文理学院各个院系的本科生学业咨询。文理学院是本科生规模最大的地方。他们的财政支持是 130 万到 180 万美金。这个队伍有 20 多位专职员工，250 位辅导者。数学和统计这些课程专职教师和专业辅导者提供七大门类的辅导，他们最新的辅导是一个跨学科的辅导，现在的一流大学都在实行跨学科，所以对于学科和学科之间怎么跨学科怎么做研究他们开始提供辅导。数学统计、自然科学、社会科学、学习方法策略，写作培训、课代表培训，这是他们提供的六大门类辅导。

他们有一个课代表的机制，每个课堂都有一个课代表。这个图片就是他们自然科学，即物理化学这些科目的辅导空间，在2楼。记得当时学习空间的主任给我介绍的时候曾经说过："你看见了吗？多有意思，都是女生。"我说："是啊，中国也一样，主动来寻求帮助的很多都是女生。"×××的男生比较多。他们每年辅导班2000多人次，这张图片是他们写作培训项目的辅导现场，都是一对一的辅导，预约情况都写在墙上的白板上。

关于UC Berkeley学习中心的辅导方式有4种，第一种是辅助课程，他们通过开课的方式进行辅导；第二种是学习小组，现在展示的这个图片就是学习小组，由学生自己组织起来，学习中心提供辅导者，即tutor；第三种是考前复习，即review；第四种就是答疑辅导，即drop in，即学生去了就可以进行答疑。现在对于清华来讲，我们辅助课程还没有开始，但下面3个项目都有了。我们是最先有答疑辅导这种drop in的，大概30~40分钟一次，不用预约，直接去就可以。再就是考前辅导，接着是学习小组，我们现在有越来越多各式各样的学习小组。

第二代UC Berkeley的学业指导机构就是住宿区的学习中心，大家可以看到这个图片，他们大概三四栋楼就会有这样一个学习中心，条件非常好，包括打印，电脑等都可以使用，而且信息都是联网的，用自己的ID卡刷就可以。他们的培训者主要是经过培训的高年级的学生进行准备辅导，有4个科目，数学、物理、化学和写作，这些就是UC Berkeley学生学习的最难科目。学习中心主要是晚上开放，距宿舍近，和他们的learn center正好互补，learn center主要是白天开放，而这里主要是晚上开放。

第三代做学业指导的机构，就是各个学院在学院内做文理学院本科生的学业咨询，展示的图片就是他们学业咨询预约的前台，有很多同学在前台等待。这个学院有 2/3 的本科生都在这里，因为美国的高等教育体制，他们前两年实行的是通识教育，这 2/3 的同学他们实际上是没有分专业的，都会面临选择专业这种共同的问题。他们的财政支持是 200 万美金每年，有 19 位专职的咨询师和六十位教师咨询师，专职和教师的咨询师职责是分得非常明确的。对于来访量，预约咨询就有 9 000 多人次，邮件咨询 6 000 多人次，前台和电话咨询达到 25 000 多人次，网页访问量每年大概是 10 000 多人次。

接下来，我就以斯坦福本科生学业素评体系为例谈谈。首先他们的财政支持十分多，其中不仅仅只有学业支持。他们在大二要确定专业，之前要进行通识教育，这些都是在教务处统筹管理和安排的。在咨询师方面，他们有专职咨询师五名，住宿区专职咨询师十名，而咨询师主力则是教师兼咨询师，大概有五百多人。对于咨询师的要求十分严格，比如首先就要是各个专业拿到博士学位的专家。咨询师们一年就要服务两万多人次。他们的职责，用一句很有感染力的话来说就是，在一个世界一流的研究型大学的背景下，理解并倡导通识教育的知识导师，并且服务于学生，使他们摆脱愚昧，以极大的热情探索知识。我们相信每一个大学生从一开始就需要有一个人在他的心灵中倾听，请期待成为这个人。

在斯坦福中，每一个咨询师都极富激情，为自己的工作付出几乎所有的精力。根据我的观察，不仅仅是咨询师，他们的学生同样也是如此，无论做什么，都是十分努力的。所以，我的博士论文就选择了研究本科生的学习动机。我发现，在课堂上也是这样不同。我在斯坦福大学的课堂上发现，外国人特别 high，特别有热情，学习也特别愉快。但是我在清华大学发现大家学得并不是那么快乐，那么有动力。这是一个问题，所以我博士的时候选择研究这个问题。说到这儿，对我的感触很深。自从我摆脱了这种蒙昧，我就特别有热情做这个事情，很认可我现在做的工作，感觉很高兴。刚刚章老师说我在路上就吃了一份盒饭，我觉得没关系，因为我做完这个报告后就会感觉很高兴，很开心。

总的来说，我们是向外看才做出这个工作的。因为清华刚开始也不知道该怎么做，都是向国外学习的。总结起来，国外的学业结构也发展了三四十年了，如果从哈佛源起的话就一百多年了。

学业咨询的缘起也说过了，那么经验呢？总体来讲，多数隶属于教务系统。第二，组织管理多采用集中式或联合式。集中式就是学校包管，全部是学校的机构来做；联合式是学校有、各院系也有，学校和院系联合开展工作。学业咨询与辅导细化分开了一些，队伍专兼职结合，职责清晰明确。专业化程度较高，从业人员资质至少是硕士以上，都是自己在这个领域，比如教育学、法学、医学，他自己的学术都是很了不起、很不错的。此外，他们有部分项目市场化运作，他们有自己挣钱的能力，这就是我们向国外学习的一些经验分享给大家。

就清华来讲，我们是2009年11月份成立了直接隶属学生工作指导委员会，挂靠在学生处的机构。现在学生发展中心的主任是学生处的处长，也有一位副处长来管我们这一片的工作。我们的宗旨是：研究学生学习与发展的客观规律，为学生的学习与发展提供指导、咨询和支持服务，提高学生学习质量，服务学生成长成才。我们的目标是：在知识方面，我们要帮助学生，传递自我认知，专业认知，学习资源的信息；在能力方面，提升他们自主学习，学业规划，沟通表达，领导力；在价值观方面我们需要传递的是，发掘学术志趣，以及培养他们的社会责任感。具体来说，我们有三大体系来做这样的工作：学习困难学生帮扶体系，学习发展能力提升体系，优秀学生因材施教体系。学习困难学生帮扶体系是我们最用心做的，我还了解这一部分在国际上还是领先的，国际同行在这一块还没有我们做得好。我们筛查了四门重点课——微积分、大学物理、线性代数、机械制图，结果发现清华的2013级学生有近500人出现了低分，挂科有300人。通过一些研究对于他们的学习行为，我们发现试读生的自主学习能力和普通生还是有明显差异，这部分学生是真需要我们用心照顾，他们的确很吃力，跟不上课程。对于这部分同学来说，我们的思路就是早发现、早干预，不能等到后面挂了好多科了才干预。若这样，解决起来是很麻烦的。我们的措施是：首先，构建本科生学业预警制度；其次，提供专业的辅导资源；最后，完善效果，评估反馈。

就本科生来说，构建学业预警制度，不仅是面上的，学习适应不良学生的筛查模型，我们有些指标筛查出来，然后定点推送相关的学业辅导资源。我们制定了一些办法和院系一起开展工作。对于重点群体，比如港澳台学生、少数民族学生、文体特长生和国防生，这些学生入校可能比其他学生稍显弱势，我们会直接提供一些资源为他们辅导。

我们专业化的辅导方式主要是三种，一个是一对一咨询，帮助定位学习中的问题，提出合适的解决方法。其次是开设小班的辅导，主要由助教和优秀的志愿者开展辅导。还有答疑坊，就像校园招聘一样，每天晚上在一个固定的地点有四到五名志愿者值班，学生可以就数学、物理这些基础课程进行答疑。2014年我们提供基础课程答疑1300多人次，小班课程辅导64场，对于重点群体，我们进行集体预约，提高资源的使用效率。然后我们对所有的项目都进行了跟踪，来评估项目效果。跟踪结果显示，494名学习困难新生中73%的学生无挂科，56%的学生成绩高于75分，三个匹配期末小班辅导资源的重点班级及格率达90%，平均提高了25%，优秀率也平均提高了12%，效果非常好。

第二大体系是学习发展能力提升体系，这个主要是聚焦问题。根据就业中心所做的调查，以两百多个用人单位和两千多个学生为样本，清华学生在组织与协调能力、书面表达能力、时间管理能力、口头表达能力、团队协作能力、领导力、人际交往能力等方面都有欠缺，说明学生在大学时候缺少相关的训练。针对这方面问题我们开设了工作坊来提高他们的表达能力和人际沟通能力，除此之外还有讲座和学习资料的提供。2015年秋季举办的讲座有"计算机零基础辅导""清华交换生项目探究""微积分学习方法与技巧""线性代数学习方法与技巧"和"为期末考试做准备"，第二个学期有"出国与推研的选择与准备""大学物理学习方法与技巧""英语阅读与写作方法"和"为期末考试做准备"。总体来讲，这些讲座都是场场爆满，因为这都是学生的一些痛点。对于工作坊，学生可以以班级为单位或是以宿舍为单位预约，期中考试之后，预约学习方法和工作管理方面问题的同学居多，考试之前，则大多是关于如何规划考试方面的问题。此外大学的学业规划、留学交换准备、专业选择、演讲训练等等都可以提供预约。清华从 2012 年到 2014 年，无论是一对一的辅导、工作坊、讲座，还是学生自发组成的学协学习小组，参与人次都呈现非常快的增长趋势。我们从来都不会动用行政的要求，都是学生主动参加的，这也体现了学生在这方面确实有需求。到 2014 年服务本科生 14000 多人次，同时跟踪所有来访者的服务满意率保持在 90% 上，而且越个性化的服务方式满意率越高，一对一咨询的满意率超过 95%。

第三大体系是优秀学生的因材施教体系，对于那些比较拔尖的学生，我们也开展了一些工作。他们面临的问题是缺少一点热情，找不到自己想干的事，我们的策略是激发他们的理想。他们有很多潜力是需要挖掘的，比如领导力、面对挑战的能力、面对困难不敢上这方面能力在性格方面是需要训练的。总体来讲，这些就是学业规划方面的困惑。

在我们中心实体运作的"学生领导力计划"，其核心目标是培养将来想在公共管理部门从事管理工作的人。我们用比较结构化的顶层设计，包括有课程、拓展、实践、领导力的行动，每一个模块有他们自己的培养目标，让他们具备公共管理的知识与思维、公共服务的能力与素养以及公共治理的视野与理念。在时间控制方面，用专业化的流程控制、精细化的个性辅导。到现在，这个计划已从一期发展到三期，总体将近 200 个人。我们也一对一咨询师全覆盖，帮助他们管理自己的学业。其中，有很多是博士生，还有很多是理工科的，但他们将来想从事公共管理。所以，怎么样的转型以及具备什么样的知识结构和能力都是他们在学校里面需要提升的。此外，我们也有退出机制。因为他的目标是不断澄清的，有的人发现自己根本不适合做这方面的工作。通过不断的退出来修正自己的个人目标，该搞学术的就搞学术，只要等成为学术大师就可以，不用在这方面花费时间了。

上面三个体系就是我们的业务体系，在这个业务体系下我们有两项支撑是很重要的。第一个是专业团队，我们做这个工作需要专业的团队；第二个是学校各个部门的兼职力量。从专业团队方面来讲，我们是比较多样性和专业化的。多样性方面，我们有四个专职咨询师，有三位获得了GCDF。做过就业指导工作的人就会知道GCDF是全球生涯咨询师资格证，可以在全球12个国家开展工作。还有一位获得了三级心理咨询师证。第二部分是兼职咨询师，主要包括院系的教授和部处的业务骨干，尤其是和学生培养工作相关部门的业务骨干，比如国际处、教务处、现在副处长以及一些骨干的科长都在我们这做咨询。对我们来说，我们会把咨询汇集起来，学生需要这些咨询，我们直接就可以获得这些资源。

如何在专业性上支持我们的团队呢？首先，我们要做到国际化，在国际学业发展指导专业协会中发出中国的声音。我第一次参加NACADA年会时，在来自日本、荷兰、英国、美国和中东国家的咨询师面前发表演讲，介绍我们这边的一些情况和有没有可能在我们国内举行一些什么样的活动等等。到2015年，我就已经受邀担任了NACADA国际年会论文的同行评委。今年，我还推荐了人大和清华的一些大学老师进行投稿，最后有三篇都中稿了。所以，在墨尔本大学，除了美国和澳大利亚人，第三拨主讲人就是中国人。除此之外，我们还密切加深与国际同行的联系，比如深度访谈伯克利、斯坦福等高校学业指导机构，普渡、明尼苏达等越来越多高校来和我们进行交流、探讨专业上的问题。因为越来越多中国学生去他们学校，而怎么去做这些学生的工作我们是很具有发言权的。除此以外，我们专业团队还进行一些课题研究工作，想在专业领域发展的辅导员的话需要考虑做一些课题研究。我们中心的课题研究有7项，包括教育部研究课题，北京市教工委重点课题，首都大学生思想政治教育课题，清华大学学生工作研究重点课题；截至2014年发表了核心期刊论文7篇和NACADA年会议论文4篇；2014年我们接待了全国来访的高校有15所；参与撰写《北京高校学业辅导工作指导手册》和《关于加强北京高校学业辅导工作的意见》。第二个支柱就是要构建良性的沟通机制，整合部门资源。教务处、国际处、统战部、研究生院、国防教育与人才培养办公室和团委有很多的资源，还有一些和我们合作紧密的院系及需要我们重点支持的院系。

接下来给大家简单介绍一下我们未来的展望：清华现在要建三个中心一体化的平台，再一次整合资源，为学生提供良好服务；在有利队伍专业化发展的成长空间方面做一些工作；促进教师深度参与的长效机制，以及研究学生学习规律与工作成效的数据支持。这些是我们接下来需要继续努力的地方。

接下来，我们来介绍一下在实际辅导学生的过程中，发现学生的一些问题而探索出来一些比较好的工具。题目是如何帮助学生获得学业成功。首先我想请问大家一个问题——大家觉得"985"高校学生的学业挑战大不大？三分之二。那么剩下的三分之一是觉得不大了？以我自己在清华的求学经历来说，我觉得挑战是相当大的。我在大一时还怀疑自己能不能顺利从清华毕业，所以我整个大一都是为了"生存"在奋斗。给大家讲一个数据，我们跟踪调查十年得出的数据，从2005年到2014年十年间，清华新生的不及格总人次基本在1000人以上，人数在500以上。也就是说有六分之一的新生在其最引以为豪的学业中趴下了。我就属于其中的一个，我期中考试就挂科了。关键是这些人在以前的学业中都是屡战屡胜，他们从来没有想过自己会在一向擅长的学业领域受挫，但现实就是残酷的。当然思维比较严谨的理工科同志们会觉得可能有选修课的影响，无关痛痒。所以我们对必修课和限选课进行了人数和人次的统计，我们发现在3300人左右的新生中有400多人在必修限选课上挂科了。我们进行了主观方面的问卷调研，通过连续三年跟踪调查，进行了非常科学的抽样。我们发现每一年个人前途和学业情况是最困扰学生的问题，当然在最新一年的数据我们发现个人感情和恋爱数据有了提高，不过个人前途和学业情况问题始终久居在前。我们再分年级看了一下，发现对于大一新生，最困扰他们的问题是学业、环境适应和同学师生关系三大问题，核心就是人际关系和学习。接下来我们一起来了解一些学生在学习和发展方面的困惑，了解帮助学生获得学业成功的思路和资源。其实常见的困惑主要有三大方面：基础课程听不懂，上课的时候觉得听不进去想睡觉，一上课就困；在讲解某一定理的时候，高中老师会列举很多的例题讲解清楚，举一反三，而大学里讲的全是定理，课堂上几乎不给你理解的机会；高中时感觉自己稍微刻苦一点就可以超越其他同学，但现在感觉就不是了，有时老师上课提问大家都在回答，我就回答不上来，感觉挺有压力的。

这个是我们统计的同学特别容易卡到的十大门类课程，挂科率排前十位的，可能每个人学习不一样，华中科技大学我不知道什么情况，但是在清华是微积分挂 1600 多人次，微积分、代数、物理、美术史、体育，体育也卡很多人。因为清华特别重视体育，你们 3000 米跑不到终点，达不到标准就不让过，很多人大四了还要补修体育。然后英语、语文、计算机课程、电路、机械、设计基础，所以你们的学生卡在哪个点都不为过，对他们就是一个挑战，很有可能卡在这就无法进行下去了。

第二类大问题是如何习得有效的自学方法。到了大学都是自学，但是很多的高中生从来没有自己学习过，真的从来没有自学过。所以这个学生说："看书没意思，真的没意思，不怎么了解这些课，抓不住老师讲的重点，特别是看书，觉得这句话也是重点，那句话也是重点，很困惑，也记不住，就这样一直看，也不知道到底看的是什么，也不知道自己会不会，而且这些内容也没啥连贯性，看着看着就会睡着，高中时解题就好有成就感。好像虽然已经很努力了，但是还是没有什么效果，这种感觉很不好，心里比较忧郁。"

第三类大问题是一些可迁移的学习能力不太行，比如时间管理能力。我们真的发现，有些学生是妈妈拎耳朵拎大的，一直就是你该学习了，你这个时候要学习，要怎么怎么样，拎到清华然后没人拎，就蔫菜了。他在这方面的能力真的是不够的，所以他们都觉得学习时间不太够用，原来觉得课业应该没那么重，因为有很多自己安排的时间。大学生活应该是很惬意的，现在这样感觉很痛苦，排得满满的，尤其是理工科教育，压力还是很大的，这个刚刚已经在上一部分讲过了，就清华我们普遍来讲有共性的这个问题——人际沟通的、书面表达的能力都是不太够的。

第四个问题，可能就和心理咨询、心理方面的辅导有重合的地方了，如何提升学习动力？很多学生到了大学真的就没有动力了，比如这个说感觉自己被逼着去做什么，被推着挤着往前走，好像不是自己在过生活。因为作业不得不写，缺乏学习激情，学习的动力只剩下按时交作业的动力，没有像高中一样能够早上早起，充满激情地进行一天的学习。到了大学，有很多事情可以干，除了课程学习还有科技创新比赛、社团协会、各种好的讲座、班级活动，我不知道该如何选择适合我个人的课外活动，培养我的综合素质与能力，这些同学都会面临可能觉得动力不是特别强的问题。

刚刚列的这些问题，我们在调研问卷里代表清华全样本的也基本上得到了验证。这个是每年大家自己报告的在学业上的困难：时间不够、学习方法不当、对所学的知识兴趣不强烈、课程难度大。接下来我们怎么办？我给大家的建议有三个：识别问题，这个学生到底是什么问题；开展辅导，根据他的问题开展辅导；有一些工作我觉得可能大家不一定有那么多的时间和经历投入，所以转给专业的机构，章老师这边和各院系的合作也比较紧密。

我列出了五大类的学业困难和挑战，每个人其实都是要成长，都要挑战的，包括我们自己。动力不是特别强，都是我们面临的发展的挑战。那么，针对具体课程的建议和策略有这么几个：鼓励对任课教师做答疑，尤其是那些特别外向的同学，他们完全可以做到这一点，这个效率是最高的。组织班级同学互助，比如，可以让班级学习好的同学进行 study group work，然后讨论着这些题就都会了；清华会提供答疑坊，可以预约小班辅导和讲座，期中考试后和期末考试前的时间是最有效果的，而且学生这个时候开始着急这个问题。因为我们尝试过举办讲座六年，发现这个时间点是肯定比较合适的。大家可以参考，来的人会特别多，因为他们都在焦虑这个问题，也都特别想解决这个问题。

对于学习方法的问题，我们的建议策略是：一对一谈话，开展工作坊来集体解决问题。比如班上有的同学学习状态特别好，可能以前就是自主学习能力特别强的人，可以让他总结一下他的方法给大家分享，大家也可以习得他的这种方法，这样效率是比较高的。还可以开设相关的讲座，请一些人来讲。辅导的时间在期中考试后和期末考试前是比较好的。

第三类问题，可迁移学习能力。我建议采用班级工作坊，并且要越来越细化。因为每个人的能力不太一样。班级工作坊和一对一的咨询可能会更有效一些。如果走讲座途径，没有训练的环节就很难习得。比如时间管理能力，一般来讲，清华一般的学生训练四次就基本上能习得自主时间管理的方法和能力。但一次是搞不定的，一次只能讲讲道理，他回去做不了就做不了。

第四类问题，学习兴趣、动力、目标和规划。针对这样的问题，我们可以开设工作坊，但效果更好、能真正解决问题的是一对一谈话，或专业一对一咨询，有很多专业工具可以来帮助他们做这样一件事情。辅导的时机相对来讲没有那么紧急，建议是期末考试后和开学初，因为这个时期学生的状态比较开放，也比较愿意去探索这方面，但期中考试的时候学生根本没有这个心思做这个事。

最后一类，对于清华特殊群体。我建议辅导员联系所属集体的负责人，比如清华的少数民族工作组与辅导员共同开展工作，了解同学的喜好，会更容易与他们建立关系。时间在开学初和期中考试后效果更好一些。对少数民族群体，期中考试前进行一对一排查。针对有转系需求的同学进行一对一单独做辅导，帮助他们做成这件事。

下面重点讲的是大家最常遇到的两类大的问题。第一个是如何提高自己的学习成绩，这个是所有同学都非常关注的问题。我讲一个我带过的一个三年前的个案，可能能让你们更容易理解这几个步骤。那个个案也是带班辅导员转接给我的。初见这个同学，我是想把这个同学转到心理咨询中心去。因为我觉得他特别紧张，心理压力很大，我特别担心他将来的心理健康。我当时想的是，以后怎么陪读，以一种方式将他转介到心理咨询中心去。他有一个心理焦虑的问题。那个学生很紧张，每次辅导员找他谈话，脑子里都是负能量，他都要在实验室缓一个小时才能缓过来。所以第一次来的时候，我问他："什么问题想和老师聊一聊？"他很紧张，手足无措。我接着说："我觉得你有一点紧张，压力很大。"其实要是通过一些花絮来放松一下心情，也让他接纳一下自己的情绪。

第二个是定位他的问题。我的思路是定位问题，发现他的优势，明确目标和细化计划。我建议大家用工具，我当时用的工具是"发现大学学习"，这是我试了很多工具之后发现比较好用的一种，而且它已经有一些本土的改造。

"发现大学学习"所用的是十个维度的评估。第一个是动力，是外界的阻碍还是自身动力有问题。第二个是时间管理。第三个是记忆能力，有关认知方面的一些内容。第四个是阅读能力，能不能阅读完所读的文章，文科同学经常在这方面出问题。第五个是课程学习，要关注他是否有课程学习的方法，例如记笔记这些基本方法是否有习得。第六个是作业，作业是我们很关注的一部分，作业很能反映他平时的一些情况。第七个是考试，要衡量他的考试技巧和有关准备是不是有问题。第八个是思考，要考量他是不是善于和习惯思考，这也是对于文科学生来讲很重要的一个方面。第九个是交流能力，要探究一下他的人际沟通能力。第十个是健康。所有人的工具来源是一个国外的工具，但是我们中心的同志们通过和清华的同志们合作，把它本土化了。所以让他做这个工具的好处是我们能判定他的问题，能从纷繁复杂的问题中，排查出他的问题。就算是面对不说话的人，通过工具也能排查出问题。再一个好处是发现优势，我们定位了十个方面，之中总能发现优势。之后我们就能根据这些优势来开展一些工作了，能在短时间内和他建立良好的关系。最后，问卷还会教他去发掘自己的不足，确立自己的目标，之后怎么细化，进行改进，如何行动。

看完他写好的问卷后，我就和他说："你挺不错的，你看你在某某方面表现得真的很好。"他听了这话，明显地就放松了很多，说自己还可以，也不是那么差什么的。一番细谈过后，我发现他的核心焦虑点是一门课程难住了他，是课程学习上的问题，而这些问题通过辅导员谈话就可以很好地解决，把学习问题解决掉之后，有了成功的体验，他本身的焦虑和压力都会迎刃而解，之后也不用再转去心理咨询中心进行情绪处理了。所以我们就尝试性地做了。我们排查出了他时间管理的薄弱，考试的方法也没有掌握好。但他很善于思考与阅读，也非常喜欢他本身的专业，学习动力很强，很喜欢学术研究，但他听了别人的一番唯成绩论而心有戚戚，就梗在那了。

我建议他期末考试之前一定要到我这里来一下，因为我需要帮助他排查一下考试时间管理是否合理，考试准备方法是否妥当。他特别擅长于阅读、思考，学习动力很强，而他学习动力很强的原因在于他很喜欢这个专业。他很喜欢做学术研究，但是因为之前别人给他说过成绩不好啥都别想，结果他就感到比较迷惘。但是他的优势却就是做学术研究，我就鼓励他说你喜欢这件事情你就做，这样就让他有了正面的心理来源。后来这个学生一直坚持跟着学堂班学习、听讲座，同时也做一些学术研究工作，他觉得自己过得很开心有意义。我帮助他用适当的学习方法来学习《大学物理》和《微积分》，他的微积分由之前的 60 分提高到 79 分。当他发现自己有进步了，焦虑就明显缓解了。这个学生一直坚持着做自己的学术，后来成功被选入学堂班。通过这个案例，总结起来就是要鼓励学生发展的优势，明确目标，而核心目标就是要完成一个成功的体验，在哪里跌倒在哪里爬起来，学生更需要的是陪伴。

给大家一个参考，我们对比了成绩排名前 50% 的学生和后 50% 的学生的学习习惯，结果显示出了明显差异：课上与老师及同学交流、课下与相关课程教师讨论、参加小组合作学习、课后与同学讨论相关课程问题、课上做笔记、去图书馆借书阅读等等。这些习惯的养成对学习成绩的提高有着显著的效果。

第二大类就是为什么要学，相对来说这就属于比较难的问题了。它需要运用到心理咨询、职业咨询、咨询生涯等一系列工具的组合使用才能得到解决。为什么会存在这些问题，因为学生现在有越来越多选择的机会，比如清华有两次转系的机会，大一大二都可以转系，而且本科还有十个第二专业学位可供选修，研究生还有很多的联合培养项目。在自己本科课程量已经很大的前提下他们一定要很慎重地去选修第二学位。不仅如此，我们现在的学术工作体系有针对特殊人才的培养计划，比如培养学术创新人才的"星火计划"，培养各行各业领军人才的"思源计划"，培养政府等公共管理机构领导人才的"唐仲英计划"等各种各样因材施教的计划供学生选择。因为，学生的培养是需要投入时间的。所以我们的建议是希望学生早日找到自己的专业方向，找到自己感兴趣的专业，确立自己的新目标。做过生涯规划的辅导员可能会对我们具体实施的步骤比较熟悉：首先是自我探索，主要在兴趣、价值观和能力方面；第二是做外界探索，通过实习实践、上课、咨询教师或同学来了解这个专业的学生的学习情况、课程压力；第三是形成决策，也就是开始行动与计划。

我们在咨询中更多是帮助同学了解自己的兴趣，让他们意识到"我做什么才能够不知疲倦、充满干劲"，"什么是自己真正感兴趣的事"。价值观方面主要是"做什么事情可以实现自己的人生价值"，"做什么可以感到很满足"。能力方面则是"现在你有哪些擅长的能力让你很有成就感"。因为时间原因，工具就不详细讲了。自我探索里用得比较多的是 MBTI 学习风格量表，MBTI 在职场，比如国企、外企里都有得到运用，来评估各个维度。其次是霍兰德职业兴趣倾向测试。在外界探索方面的工具，首先是课程，大家可以通过选课来了解专业，还有介绍同学去进行实验、生涯人物访谈等。我还推荐一个工具是颜晓川的《我的专业我做主》，颜晓川是麻省理工的毕业生，现在是哈佛的学生。他采访了国内外各个专业领域最牛的学者，让这些学者来谈谈自己所研究的专业。这套书现在都在我们的咨询室放着，如果有学生说他不知道自己对什么专业感兴趣，我们就会先帮助他做自我探索，选定几个方向开始探索，然后再来向外界拓展。做决策用的比较多的三个工具包括决策评估单，CASVE循环。CASVE循环我用的特别多，这个对那些已经走入高校生活很长时间的同学特别管用。还有教练技术，比如生涯幻游这样的工具我觉得还是比较好用的。尤其对那些心理能量比较缺乏的学生，一般先做几次这样的，然后再去讨论具体的问题。

尤其是有明显不良学习习惯的学生，他们至少要陪伴三个月以上才能解决问题。他们的这些习惯不是一日形成的。一般我们带班辅导员时间有限，陪伴不了这么久，而且还有更多高年级的同学需要你去支持和辅导。我们也发现越来越多的研究生与导师之间存在问题。现在接到越来越多的咨询，我们也开展了工作坊。比如说像转系这种问题，学习动力的缺乏，能够一套成熟的流水线来做这件事，你怎么做自我呈现，这个效果是非常好的。转系的咨询成功率是84%，去年一学年，我们共接待了92个人。但是，最后有人长期咨询后决定不转系了，最后决定申请的人有62个成功了。我自己带了6个人，陪伴了6个人转系成功，其中有好几个因为学习成绩不好觉得自己没有希望，但是最后也都转系成功了，就是要挖掘他们潜在的优势。

其实转系怎么转是个技术问题，如何提高已经面临学习困难较大的学生学习积极性？因为这些学生往往是我们辅导员工作中的难点，反正就是雷打不动，这个可能还需要专业的方式陪伴和启发，所以需要举例告诉学生学习发展中心能够具体解决他们的什么问题，以往的学生获得了怎样的提高，随后告诉他预约方式，最好是陪伴其完成一对一的咨询预约，完整地交到下一个专业人士的手上，这样大家也会觉得放心。

我觉得自己在做学业辅导工作过程中，收获更大的是自己。我在教别人时间管理的时候，自己的时间管理能力也变得更强。我在帮助同学了解自我发展的时候，更清楚自己的职业目标和发展路径。所以说，我和学生也都遇见了更好的自己，我很开心我做这个工作。比如我博一的时候GPA是第一，我是以在职身份念完了所有全日制研究生和博士生课程。我博士读了两年，发表了四篇学术论文，其中有三篇被CSSCi期刊收入。我在学生处年终的考评中排名前三。同时，我老公也在清华工作，他导演的纪录片作品《喜马拉雅天梯》在全国院线公映，不知道现在有没有在武汉上映。对我个人来讲，每周保持给女儿讲六晚的睡前故事、两次运动和一次出游；每周为我的健康美容一次，坚持两到三次有氧或者无氧的运动。因为我知道辅导员的工作压力很大，我的挑战也很大。但是通过学业辅导的工作，我发现收获最大的是我自己，我有更好的修身齐家方面的能力和技巧，祝愿大家也能修身齐家治国平天下，和我们一起来开展这样的工作。

詹逸思：管理学硕士，教育学博士生，清华大学学习发展指导中心讲师。

（辅导员专题培训，2015.11.47）

面向未来的规划

华中科技大学 谭亚莉

今天我非常荣幸能和大家一起来探讨生涯规划的问题。这个题目应该说是郭老师给我的命题作文，让我来跟大家讲一讲怎么做生涯规划。

当接到这个题目之后，我跟郭老师商量了一下。我说："每个人都有自己特殊的情况，但受众群可能年纪不一样，需求也不一样。我们要怎么样才能够抓住大家呢？"我思考了一下，其实这个题目本身还是挺有意义的，为什么？因为生涯发展是一个很漫长的过程，在这个过程当中，大学阶段又是一个特别重要的阶段，是个体职业生涯的实质性探索阶段。在此之前，大家进行职业生涯的探索多数都是停留在纸面或脑海当中。但是在大学阶段，你们要进行的是一个实质性的探索。

那么我们今天讲什么呢？给大家讲一讲霍兰德的理论？可能好多人都知道。要不要讲讲 MBTI？去应聘的时候，好多单位都会测试这个，所以不用了。要不然讲讲生涯彩虹？后来想想，也不太好。因为这些都是停留在表面上的、为大家所熟知的一些基本理论。那么到底讲什么？我们讲一些可能在你们以前的生涯课当中，老师可能不会讲的或者说一笔带过的东西。

我们讲四个方面的问题：第一个，工作和生涯，什么是工作，什么是生涯？它们是什么关系？第二个，生涯可不可以被规划？第三个，未来的职业世界应该是什么样子的？第四个，我们怎样为未来的生涯做准备？

首先，我们来讲第一个问题。在谈论这个问题之前，我们先做一个游戏。你们盯着这张图，然后设想一下，我们一起倒退二十年。二十年之前，也就是20世纪90年代，让我们一起穿越回90年代，那个你们好多人还没有出生的年代。如果我们穿越到那个时候，你会选择什么工作？你可以先在你的脑子里面设想一下：我会选择什么样的工作？穿越到那个年代、看看那个年代的一切，你会发现那个时候乡村是这样的，那时候的街道是这样的，那个时候的校园是这样的。说实话，我仍然觉得以前的校园比较漂亮。

那么，我们会去选择IT业吗？不会的。丁磊是我们这代人的偶像，却不一定是你们的偶像。他创立了网易，我生平用的第一个邮箱就是163邮箱。马化腾创立了每个人都会用的门户网以及电脑上和手机上一定会装的软件。那个时候他们都还很年轻，现在他们都是大叔样。你会不会选择去他们的公司就业？我想答案一定是不会。因为这几家公司分别创立于1997年、1998年、1998年，二十年前即1995年，这些公司还都不存在，就业也就无从谈起。

那中石化、中石油等有编制的国企或者数控机床呢？这些单位曾经是很难进的，因为待遇很好。但1998年大面积的国企改革导致很多工人下岗、失业。当然国企也就减员或增效了，我估计很多人也不会选择这样的职业。现在公务员很热门，一提到国考就都觉得很热门。但根据人社部数据显示，仅在1992年，就有12万公务员辞职下岗，有1000多万公务员停薪留职，这批人被称作"九二派"。从左到右依次是冯仑、王启富、刘军、王功权、易小迪、潘石屹，那个时候他们还是年轻人，被称作"万通六君子"，万通被誉为中国商业界的"黄埔军校"。他们中的大部分人曾经都是公务员，但也义无反顾地选择了辞职下岗。

如果倒退二十年，我们会选择什么职业呢？那个年代最热门的专业是英语，第二热门的是国际贸易，所以那个时候的年轻人最大的梦想是说一口流利的英语，然后进入跨国公司做一个白领。在那个年代，去外企工作收入很高，大概是同时代其他人工资的几十倍。但从现在来看，在外企工作的收入和社会平均工资的水平差距就没有那么大了，但这是那一代人的梦想。

如果让我们再倒退十年，到了 20 世纪 80 年代，我们就会发现最热门的职业是医生，第二热门的是售货员，第三是司机（这绝对是你们没有想到的职业），最后是警察。短短二三十年间，人们职业偏好和职业期望的变化大得惊人。

我们再穿越一遍。当我们穿越到 20 年后的 2035 年，那时已经 30 或 40 岁的你们想从事什么样的工作？如果和 20 年后的自己来一次邂逅的话，你会愿意做什么样的工作？或者问自己这样一个问题：自己所学的东西是否能够支撑到 20 年后的生涯。所以，今天想和大家探讨的就是这样一个问题。这也是题目为什么会叫做"面向未来的生涯规划"的原因了。

首先我们来讲第一个问题——工作还是生涯。关于工作还是生涯，我们主要讲两个问题。什么叫工作，什么叫生涯？工作是劳动，是一种岗位。工作寻求的是报酬，这是百度百科的解释。如果一个人在他的生命中只有一个工作，可能会是这样的，5 年之后是这样的，再过 5 年可能是这样的。所以，如果一个人一辈子只有一份工作是很可怕的一件事情。我想这不只是我的价值观衡量的结果，用你们的价值观来衡量也是如此。在这个世界上有好多种工作。我国专门有一本书叫做《中华人民共和国职业分类大全》，今年应该是第二版，1999 年是第一版。但在第一版之前并没有一个机构把我们国家所有的职业进行分类。我们不关心有多少种类，但我们注意变化。在 2015 版当中，总的职业减少了，增加了一部分新职业，取消了话务员、制版工、炼钢工等职业。说实话，我也不知道这些是干什么的，但这些都集中在生产制造和农林牧渔等相关职业中。增加的职业是一个庞大的群体，所有与社会生产和生活服务有关的岗位都大大增加。除此之外，还增加了一个特别有意思的职业类型——绿色职业，比如环境监测、太阳能利用、轮胎翻修。增加或减少的部分恰好对我们将来的职业选择有一定的启示。

什么是生涯？生涯是一种历程，是一个人外在路径的变更和内在体验的变更。生涯这个词在英文中叫 Career。Career 这个词在希腊语中最早是两轮马车的含义，然后逐渐引申成驾驭马匹，之后又引申出车辙（即车经过路上之后留下的印子），后来又引申为道路，最后甚至还引申为竞赛。也就是说，人这一辈子都在职业这块田地上行走，可能会留下属于自己的特定含义。这些既包括我们有没有用心去竞赛，也包括我们到底做了些什么。所以，凡是涉及生涯的问题都可能包含我们的内在体验，积极的或消极的。它可能也包含我们痛苦的抉择，因为人的所有痛苦都来源于选择，还可能也包含你的努力程度或生涯的卷入度，然后我们就会发现自己这辈子所扮演的各种角色以及从事的各种工作都可以简化为这样一张图。我相信很多人都见过这张图，叫做生涯彩虹图。我们可以自己去画一下、去规划一下。

生涯不同于工作，因为工作是暂时的、单一的，而生涯是长期的、多元的。所以，工作的找寻目的是什么？工作的找寻是一个供需体验过程——你能为组织提供什么，组织能为你提供什么。生涯是什么？生涯是在打磨自己。一个人选择什么样的职业、什么样的路径，事实上就是在选择未来的自己。所以，我们今天的选择事实上就是遇见未来的自己。我们今天做什么选择，二十年后就会变成自己所选择的那个样子。但是这种样子是不是今天的自己想要的？谁也说不准。我教授很多年职业心理学，我的研究生也做了很多这方面的研究。其实，我们发现职业生涯可不可以被规划这个问题很难回答。我们可能规划得很好，但也许一个偶然事件就让我们的规划全部泡汤。我们可能没有规划，但也可能一个偶然事件却让我们遇见了贵人。

许多年轻人问我说要不要规划，首先我们要问的是生涯可不可以被规划、它有没有章法可循以及这些理论基础是什么？在做生涯咨询的时候，有很多同学对我说："老师要不然你来帮我做规划。"没有计划的同学经常会说计划不如变化快。那么不做规划行不行？不做规划可能会差一些，但也不排除有的人一点规划也没有，他仍然走得很好。在大概率上，做规划可能会好一些，但也不能说做了规划就会万无一失。我们中国有句古话"预则立，不预则废"。生涯规划有没有章法可循？它百分之八十能保证好，但仍有百分之二十保证不了。但我们还是得做生涯规划。

我们曾经做过调查，大学生绝大多数困惑来自职业定位模糊，接下来是规划准备不足，准备不足的情况突出表现在大三大四期间。当我们即将要做出重大决策的时候，却完全没有准备。如果选择工作，不知道拿什么与面试官谈。所以，我们要做好生涯规划的准备。解决求职技巧匮乏的问题也很简单，我们学校鼓励这样的讲座，也有像我这样的免费的专业指导老师和一些咨询机构。我们可以去求助于这些专业人士。还有一部分人的问题是决策困难，这件事没有人可以帮助他。

接下来我们看一下决策者决策生涯的规划和决策的基本依据。首先对职业定位的模糊，一个非常著名的理论——人格类型理论可以提供帮助；其次是生涯规划的种类不同，生涯发展理论可以提供帮助。由霍兰德提出的人格类型理论，提供了一种研发工具——职业自我搜寻样表，即 VPI。他经过几十年的研究，把其浓缩成为一个主题。作为一个心理学家，他曾说："一个人的职业选择源于他的人格类型。"或者说一个人选择什么样的职业，其实就是他人格的延伸。所以有特定人格特征的人，他们会选择具有某种特定属性的职业，而具有这种特定属性的职业也只有这种人格的人合适来做，从逻辑上讲这个理论是完美的。所以他把人的职业人格分成 6 种类型，分别叫做实际型、研究型、艺术型、社会型、企业型和常规型。实际型的人是一个操作者，研究型的人是一个调查者，艺术型的人是一个创造者，社会型的人是一个助人者，企业型的人是一个领导者，而常规型的人是一个普通人。听我这么说，大家可能会感觉自己好像属于某一种类型。我曾经做过这个测试，我是典型的实际型人。也就是说我本来应该学机械，但是因为没有人给我做生涯指导的规划，所以学了心理学。所以大家千万不要像我这样。

对某一个个体来说，他可能会属于其中的某个类型，但对于大部分人来说，他可能会属于其中的几种类型。在霍兰德的理论中，对角的共性是最小的。如果在自己所属的类型中出现了对角，如实际型和社会型、企业型和研究型。比如我们发现在自己的积分中，实际、社会、艺术这三个维度的积分很高，那么在做职业决策时遇到的困难就越大。

霍兰德的理论很完美，完美地符合工业时代的要求，也很有操作性。根据他的理论，我们得出一个人的生涯规划十分简单。首先，你要清楚你的职业人格类型是什么。这个很简单，电脑版以及就业指导中都有工具。然后，你要认识这个职业世界。霍兰德对每一个世界都有索引，我们可以对照查看。就我自己来说，我最适合的工作是仓库保管员。也许我没机会去做，但如果我去做仓库保管员的话应该会做得很好。再则，你们要寻求一个自我和职业的统一。这种理论逻辑上是成立的，但绝对理性的人是不存在的，任何人都不会绝对理性。毕竟，人不是只用头脑思考的动物，而且人对职业信息的获取是有偏差的，我们不可能对所有职业都了如指掌，我们也只是对父母亲友等人的职业比较熟悉。之后这个绝对匹配是难以做到的。如果非要让我咬牙辞职去做仓库保管员，我不知道我是否应该那样去做。

这个生涯发展理论让人很头晕，但理论就是这样的。一个人的生涯是由三部分组成的，一种旋律是生命，即自然年龄，一种是职业，最后一种是生活。换句话说，我们的职业、家庭等都是镶嵌在我们的生命旋律中的。中国有句古话"到哪个山头就唱哪支歌"。比如我们不可能到了40岁再去谈恋爱，50岁才去想上大学。前几天报纸上报道四十几岁的人去上大学，当然我不能反对，我只能说根据霍兰德理论他可能会遭遇很多危机。所有的波峰都意味着危机。如果我们恰好处在25岁这个阶段，我们会发现有三个波峰叠合。那这个阶段处于人生的哪个阶段呢？我经常对我的研究生说："我太理解你们了，研究生阶段是人生最痛苦的阶段，没有之一。"当三个波峰即求职、求偶与求学相互叠加之时，这种理论便对我们的生涯规划非常有用。

但是，它也有其存在的基础、约束条件以及逻辑基础。它的约束条件是它会有一个相对封闭的职业世界。职业和职业之间是有壁垒的，泾渭分明。未来，职业人格是选择工作重要的甚至是唯一的依据，这是一个需要考虑的问题。严格来说，教师是社会型和调研型相结合的一门工作。当然，我也可以做。当每次考核的时候，我都还能侥幸过关。它的逻辑基础是人事友情。适应社会机器和寻找自己的位置，这是我们进行规划的根据地。但是，这些是不是都是对的？我想，大家跟我一样，心里都是要打个问号的。施恩（美国职业指导专家）的这个理论也是有存在基础的，它可能更具有现实意义。《庄子》中有一句话："吾生也有涯，而知也无涯。以有涯随无涯，殆已！"如果把有限的生命放到无限的学习知识当中去，那么你死定了。如果我们把该做的事情按时做好，这就叫最好的生涯准备了。所以，该求学的时候求学，该创业的时候创业，该谈恋爱的时候谈恋爱。不要无限地往后推延，因为人生发展阶段的危机是不可估计的。这给我们的启示是人生短，机遇难。规划是要做的，关键是规划的思路要可行。思路该如何可行呢？这是我们要思考的问题。

第三个问题，未来的职业世界是什么样的。首先，我们来讲与我们的职业有极大关联的一件事情——人类的文明。为什么讲文明呢？因为所有的职业一定是嵌套在某种特定的文明当中。人类文明有一个逐渐发展的过程，经过一个漫长的原始文明，然后再经过一个依然很漫长的农业文明，终于进入了工业文明，现在我们处于后工业文明，或者说信息文明。如果用颜色来表示的话，我比较喜欢原始文明是黑色；农业文明是黄色，因为它依靠土地来进行生产；工业文明是蓝色，因为它很多时候依赖海洋资源；后工业文明是白色，因为它需要依靠人与人之间的连接。每一个时间段都不一样。原始文明有几十万年，农业文明有几千年，工业文明已经有三百年。那么，工业文明会不会终结？

著名的未来学家托夫勒堪称牛人，他著有《第三次浪潮》，这本书也是 20 世纪 80 年代刚刚开放的中国引进的第一部介绍西方思潮的读物。托夫勒在 35 年前就提出一个概念，叫 Big Date，也就是今天我们说的大数据。而这个概念是在 2013 年才开始出现的，他早早地便预见到了。他认为工业文明时代的生产依赖六个要素，即劳动方式最优化、劳动分工精细化、劳动节奏同步化、劳动组织集中化、生产规模化和经济集权化。其中，有些要素今后会逐渐消失，所造成的后果就是跨界可能成为未来职业世界的新常态。因为分工没有原来那么明确，所以职业的地位可能会被打破，今天的很多职业在 20 年内可能会消失。比如 2000 年还存在的 BP 机话务员，因为那时没有手机，人们主要依靠 BP 机来联系。

那么，什么职业会发生变化呢？通过回顾历史我们发现，大概在 20 世纪 60 年代，美国非体力劳动者数量上超过了体力劳动者。因为当时美国正在将国内工业尤其是劳动密集型工业转移到日本和西德，全球第一次产业转移就完成于此时，美国看到这一趋势，将国内相当一部分体力劳动者变成了非体力劳动者。后来我们国家改革开放，"亚洲四小龙"又将劳动密集型工业转移到我们国家，而现在我们又将其由东南沿海转移至我国西部和东南亚地区。因此如今在国外购买"中国制造"的商品已不是唯一选择，我们还会发现很多"泰国造""越南造"的商品。这会导致一个很重要的问题：流水线上的工人需求如果不会递减的话也不会有大幅度的提升，企业对流水线上操作者的综合要求提高。而所谓的"用工荒"其实是由于人口红利的消失引起的。那么，工人的需求真的会大幅度减少吗？

2011 年富士康老总郭台铭雄心勃勃地提出了百万机器人计划，事实上他们已有机器人工厂。在 2013 年，富士康有 13 个工人选择跳楼，但机器人就不会这样，它第一不会要求你涨薪水，第二不会跳槽更不会跳楼。但是这个计划现在已经受阻，因为精度不够。用机器人装汽车可以，但是装手机就不行。那么精度不够的问题可不可以改变呢？我想随着电子技术的发展，一定会有所改变。前一段时间有一个新闻报道：日本研发了一类应用在酒店里的机器人，包括酒店里所有的侍者和漂亮的前台。如果这样的机器人开始工作以后，许多保洁员和前台工作人员就都不需要了。如果说蓝领会担心二十年后的自己会失业，然而只有蓝领吗？我想未必是这样的，可能还会有很多智力密集型的工作人员在二十年之内会出现大幅度的需求削减。

大家请看这个图，这是五位中国象棋大师——汪洋、徐天红、柳大华、卜凤波等在对战浪潮的"天梭"超级电脑，结果却是象棋大师联盟没办法对战。有人说电脑比人聪明，真的吗？现在看来并不是这样，但它也说明了人类有一部分的智力活动是可以被电脑替代的。当然，我们可以通过例如设陷阱的方式让电脑没有办法对战，但从总体来看，电脑在处理逻辑思考、运算、顺序思维等类似活动是具有优势的。有专家测试，人类在棋盘上每秒的运算速度是一到三步。一个象棋大师至少看三步，围棋也是这样，但计算机不一样，它可以分析几百万步。像这种逻辑思考运算，顺序思维活动，最突出的是做编程。

英国有一家小公司研发了一个软件可以帮助人们编程，人们只需要做调整和系统分析。一个好的 coder 一天写五百行程序就已经很厉害了，但这个软件的编程速度比人类快多了，它可以在几秒之内就完成人类一天的工作。计算机可以代替人类一部分的智力活动，西方的商业教皇 Tom ·Peters 早在二十年就说过这样的话：软件是头脑的产生，人类有相当一部分智力活动可以由机器代替完成。但任何常规性的活动都面临风险，更多使用左脑的工作都可能面临被机器替代的风险。左脑的工作，即我们刚才所提到的逻辑思维、顺序工作和运算。Tom·Peters 在二十年前就已经预测到了这一点，因此我们可以观照一下现在。西方国家在做六十年代美国相似的工作，他们在不断把一些没有技术含量的事情外包，比如软件，他们把超半数的软件业务包给了印度。

著名的调研机构 Forest Research 公司在 2012 年时就做了预测，2015年可能会有 330 万的白领工作和 1360 亿薪酬从美国转到印度、中国和俄罗斯等低成本国家。成本有多低，看下这个图。以 16GB 的 iPhone 手机为例，如果你生活在北京，你要工作 200 多个小时才能买得起，而瑞士只需要 20

个小时。如果在这个时候你的心态发生了不平衡，那么来看一下乌克兰首都基辅，它更长，需要 500 多小时。总的来看，我国的人力成本比较低，所以他们会把一些工作全部外包给像我们这样的地方来做。那他们做什么呢？这个是软件外包的拼图，外包最多的是印度，其次是爱尔兰，中国的份额和菲律宾差不多。也许在我们国家，程序员的失业还要到十年或二十年之后。也许我们到 40 岁之后就不会再有兴趣考虑这个问题，因为我们在 40 岁时想的问题和 20 岁时想的问题是完全不一样的，40 岁的时候想的是怎么样去还房贷。但是 20 年之后这些工作机会是否还有呢？"预则立，不预则废"，如果 40 岁之后再考虑这些问题，这些问题早已不在我们的考虑范围之内了。如果到了 40 岁的时候，我们的下一个工作机会是什么呢？

所以，我们不得不思考——未来的职业世界是什么样的？一个叫做亚瑟和罗素的人在 1996 年时就看到这个问题，于是他们写了一本书《无边界的生涯》。他说："它一定是一个跨越组织边界，甚至是跨越职业壁垒的。"以后的人们不得不这么做，于是我们就会发现现在人们考公务员的目的是雇佣安全，所谓旱涝保收的铁饭碗。但是以后这样的工作会越来越少，甚至会消失。

郭敬明大家都很熟悉，他的生涯就是典型的跨界——从作家到杂志主编，现在跨界到导演，他把《小时代》从一拍到四，每一部都是高票房，每一部都是美女帅哥如云。你能设想 20 年前、30 年前一个作家去当导演吗？

以这种忠诚于组织的态度换取长期雇佣的方式叫做关系型的心理契约。我把自己的青春奉献给了华科，华科不要把我开除，这就是关系型的心理契约。遗憾的是，我这边有可能会被开除，因为现在有一种制度叫"非升即走"，即如果你升不上去的话就得走，结束聘期时你还升不上去就赶紧走。所以现在变成了做短期的、具体的交换关系，所以你们要习惯，公务员以后也绝对不会是铁饭碗，毫无疑问，没有悬念。

第二个特点就是从符合组织需求到全面可雇佣，这一点转变对你们非常重要，因为我知道你们所有人现在进行职业生涯的储备都指向某一个行业、某一个公司甚至是某一个特定岗位的工作任务，这都是危险的。因为这一点从符合组织需求到全面的可雇佣能力，就意味着你不再是需要满足特定组织运作所需要的知识技能和能力，这个时候你要敢于提出来或非常重要的是基于个人素质的影响和整个劳动力市场能力。换句话说，以我为例，我就不要围绕华科的考核标准打转了，因为我知道哪一天它就会把我开除。我要想到的是我在其他教育产业中的机会有多少以及我被这样一个行业能够雇用或被其他大学看上的能力又有多少？这也就是说从他人视角转变到自我视角，这一点是很关键的。你们有多少影响能力，20年之后。所以，最后的职业生涯规划一定是以人为本，也就是说以职业工作为参照系的生涯规划模式一定会消亡，也可能会被终结。

既然未来的职业世界是这样的，我们要怎么样才能够为未来的生涯发展做准备呢？我们做何准备？怎么去做准备？我想有两个非常重要的方面：一个就是要尽可能地养成少短板的人格养成；第二个就是一定要做出有意义的职业选择。什么叫少短板的人格养成？刚刚我们讲了一个六边形，霍兰德理论就是某一个人在六个维度上的积分，我们会发现积分最高的是s和e，即社会型和企业型。一个人在其他几个维度得分都比较低，唯独在这个和那个部分的得分很高。另一个人在社会型上的得分也很高，但是他有一个非常强及非常明显的短板。同样都可以被叫做社会型的人，哪种会更适应未来的世界呢？毫无疑问，应该是前面那种人。以前的生涯规划是要我们突出自己的优势，以后的生涯规划是要我们补上自己的短板。因为只有优势才会成为劳动力市场上不可替代的核心能力。

跨界的秘密在于完善人格，这个人格就叫做职业人格。如果你欣赏跨界的职业生活方式，想要对自己二十年之后的生涯有所规划，这就是完善的人格。丹尼尔·平克，一位非常有名的管理大师，也是未来学的研究者。他曾著一本书叫《全新思维》，这本书在2013年有了中文版。他以时间为横轴，以物质财富、技术进步和全球化为纵轴，把人类所有的文明、几个时代进行了一个归纳总结。在农业时代最受欢迎或者说很重要的一个职业就是农民，绝大多数人都会从事这样一个职业。到了工业时代，绝大多数人都会从事工人这样一个职业。到了现在，即信息时代和概念时代交汇的阶段，在信息时代里，技术工作者是一个非常重要的职业。在概念时代，那就是创造者和共情者。什么叫做共情者？什么叫做创造者？这两种人是怎么养成的？你们有没有看过一部纪录片，它本来拍摄于十年之前，名字叫《高三》。这部纪录片讲述了武平一中高三年级一个班上的同学的生活。十年之后，这些人从高三毕业生到现在已经 30 岁，也已稳定下来了，成家立业。于是人们又开始对他们回访，班上老师有一个口头禅，一个人在高三要拼命去学，至少半条命，我们想说高三心态的惯性也是劣势。

在英文中，sluggishness 这个词除了有惯性的含义之外，还有惰性的意思。一个依靠惯性的人身上会充满惰性和暮气。这就是为什么 40 岁的中年人看起来不如 20 岁的年轻人那样朝气蓬勃。因为他们往往以惯性维生。那怎样来养成一个创造者与共情者？于你们而言，应当尽可能减少惯性的使用，从始至终处于一种活跃的状态，免于惯性的侵蚀。

所以，我有一个观点：相较于技术上的狭窄，狭窄于技术更让人担心。而这个观点适用于未来 20 年的生涯趋势。为了应对这个趋势，你们要做的第一件事就是尽可能补上短板，而非更长于长板。术业专攻或许在过去的工业时代和知识工作者时代极尽风头，但在后信息时代、后工业时代和概念时代，我们要否定这一点。我们要追寻的是有意义的、有意思的职业选择。

我曾经问过我的一个研究生：你最理想的职业是怎样的？她这样回答我：我最想要的工作是早上九点不急不忙早茶早报地上班，下午三点心情愉悦地排队打卡下班，节假日和周末就算加工资也永不加班。我想了想对她说：那最适合你的工作非证券公司的操盘手莫属了。九点种开盘开工，三点钟收盘回家。

最近一个 1991 年的小亲戚的妈妈告诉我：我家小孩大学毕业之后不知道换了多少工作，最近好不容易我托人给他找了一个工作，他几天前又辞职了。因为他对面的同事喜欢抽烟，他不喜欢，所以就辞了。我笑了笑，都不好怎么答话。所以有人说，90后们的口头禅是：别让我加班，否则是你不懂事。于是又有人说：90后们，都是粗躁的利己主义者。我不这么认为，我觉得90后是追寻意义与有趣的处女座共和症患者群。

曾经我的一个研究生对我说，他心目中最理想的工作就是像哲学家一样思考，拥有诗人一般的情怀。然后他和他的同事一起来探讨设计美学的问题。我想了很久，但我实在想不出来能满足他要求的职业。如果这种工作存在的话，他一定会毫不迟疑地选择。

所以，一个工作"有意思"，就是这个工作一定会给自己带来愉悦感、幸福感和满足感；而一个工作"有意义"，就是这个工作一定是让自己有道德感，能够满足自我实现的需要。只有这样的工作，才是你们这一代人喜欢的。对于70后、80后来说，好工作的定义是单一的；但对于90后来说，好工作因人而异。也许在你眼中的好工作在别人眼中却一文不值，但并不影响你对它有十万颗心的投入。那么怎样才能做到上述所说的两点？其实很简单，我们要不断完善自己的人格去适应这样一个工作。

我去年一次偶然的查阅资料，发现 *Science* 曾于2013年发表的一篇文章叫做《贫穷会影响一个人的认知功能》，作者是哈佛大学行为经济学家塞德希尔·穆莱纳桑（Sendhil Mullainathan）和普林斯顿大学的认知心理学家埃尔德·沙菲尔（Eldar Shafir）。这篇文章研究的就是贫困所带来的一系列现象，所谓"贫穷"在这篇文章里用精确的定义来讲就是"稀缺"。为什么沙菲尔这个人会研究贫穷？因为他发现，人类社会中有一种很奇怪的现象，叫做"穷久愈穷，富久愈富"，闲暇越多的人越闲暇，而忙碌的人越忙碌。于是乎他就研究这种"马太效应"到底是怎么来的。他发现了一个很有意思的关于"稀缺"的现象，他把这种现象叫做专注能力。

当一个人处于一种资源稀缺状态的时候，他就会非常的专注。而这种专注的态度又会给他带来很好的影响，即他能够完成自己处于资源稀缺状态时的重要任务。但与此同时，他也会发现专注带来的抑制作用。这个发现涉及另外一个实验。这个实验组的被试被要求去写一个个人的重要目标，例如"我要变得富有""我要变得受欢迎"等。之后，他们再次被要求尽可能多地写下其他的目标，这些目标可以是重要的，也可以是不重要的。但是对照组的被试只需要随意地写下一个目标，然后再尽可能多地写下其他目标。最后发现，在第二个任务"尽可能多地写下目标"中，实验组列出的目标比对照组的要少30%。也就是说，当一个人过于专注地想要完成他的重要目标时，他的其他目标却会因此而受到压抑，这种现象叫做"目标抑制"。但这个抑制机制会俘获我们的大脑，让我们无暇顾及其他，这也就是我刚才讲到的"高三心态"。当我们用高三的学习模式去处理当下的学习任务之时，就会陷入"目标抑制"的状态，就会只专注于所谓的奖学金、分数、重要的课程之类。但是我的学业生涯告诉我，大学没有重要或者不重要的课程，只有你记得的和你不记得的课程。有时候所谓不重要的课程的老师所讲的话我记得很清楚，而所谓重要的课程的老师所讲的话我却都忘了。尽管我曾经也是资优生，也可以拿高分、奖学金，但是没有什么用处。所以由此衍生出一个非常重要的结论：稀缺是一种心态，是一种少于所需的主观感觉。

在这个时候一个人的心智能量、认知能力、控制执行能力就会受到影响。所以，你们就能明白20世纪60年代的美国为什么要把高劳动负荷的工作往外转移，而现在又重新开始把像白领这样的工作往外转移。这对我们的职业生涯应该是有启示的。如果我们不从这种低效的忙碌中解放出来，是不可能创新的。对我们个体来说，如果不让自己从惰性心态中解放出来的话，我们就不可能收获以下两种东西。而这两种东西就是做到我们刚才所讲的两点的重要因素，一个是视野，另一个是境界。这两种东西都不可能在课堂上学到，老师不会教给你们。但是它们很重要，只有靠你们自己在生活中去体悟。所以带宽对我们来说很重要，不要把自己变得忙碌和贫穷。

最后我用一个人的一个理论作为总结，这个人就是我们刚刚讲到的那位大牛人 PETERS。PETERS 写过一本很有名的书叫《权力的转移》，分析了在世界范围内权力是怎么流转、怎么构成的。其中有三个东西构成了权力的三角架构，分别叫做暴力、财富、知识。那么，请问在座的同学，在你们长得丑，又不能和别人拼爹的时候——我想大多数人和我一样都属于这种类型，你还可以唯一拥有的是什么呢？知识。但是请注意，知识和你们手上的教材是两码事。教材是死的，但我们这里所说的知识是广义的、庞杂的、无边界的、充满弹性的。这种知识只可能由两种途径获得：一种是广泛地阅读。阅读是人类精神文明的积淀。一种是去现实生活中试错。如果你给自己定的目标是这个学期要通过六级或者决定下个学期自己要做什么，但这种计划在我看来都不叫做职业生涯规划。讲了这么多，最后推荐前面提到的几本书，大家有时间可以去看看托夫勒写的两本书和PETERS 的一本书。虽然这些书已经很古老了，但这些书中所讲的道理直到今天还适用。

　　谢谢大家！

　　谭亚莉：华中科技大学马克思主义学院副教授，副院长

（第 135 期"心灵之约"讲座，2015.9.22）

犯罪心理学

华中科技大学 刘子龙

大家理解的法医是跟什么打交道的？跟死人，跟尸体？所以你们对法医的认识存在着很深的误解。法医难道就要跟撒旦或者跟我们理解的恶魔有关吗？我不知道大家有没有看过《犯罪心理》以及美国的一个片子《犯罪现场调查》，我也不知道今天到场的有没有法医班的同学。但我希望大家对法医有一个比较理性的了解。

首先，我为大家简单地介绍一下法医。法医不仅要关注尸体，还要做活人，做什么活人呢？不是解剖，我不是 731 部队来的。在生活中经常发生大量的交通事故，有工伤就需要法医来鉴定。虽然法律上有一个概念，跟死人打交道的是最经典的法医，跟活人打交道的是最时髦的法医，还有一个，跟物证打交道的，也是法医。所以，现在社会上很多人都知道，有人的小孩长得不太像他本人，这也要找法医。所以，法医跟所有的事情都会有所关联，只要你犯罪，可能就逃脱不了法医的火眼以及魔爪。

今天，我跟大家介绍的是在法医里面，应该说是跟灵魂打交道的犯罪心理学。当然，犯罪心理学是一门发展历史比较短的学科，起初从西方传到我们国家，只有 100 多年的发展历史，但现在越来越受到社会的重视。

首先，我们来看这样一个案例。这是发生在昆明的一件让全国人民都感到很震撼也很悲伤的事情，老百姓都在想这个事情为什么会发生。上个星期，也就是这个事件发生的第二天，我在同济医学院给学生讲课，当时我没有把这张幻灯片拿出来，因为当时还没有做。有一个学生就提问："刘老师，这件事情为什么会发生？"当然，这是一个恐怖袭击，从我们国家的定性来讲，造成它的原因以及它所引起的社会反应，都引起了国家的重视，比如公安部可能就会对恐怖主义者的心理进行一个深入的研究。

第二个案件，在 10 年左右的时间里，我们国家连续发生了几起幼儿园伤害幼儿的事件。这些小孩可能跟犯罪嫌疑人之间并不存在任何关系。那这种事件为什么会发生呢？我们在探讨犯罪心理的时候，通常会讲一般作案的时候会有什么动机，为了报复或者是为了财？但是，像这样的一些案件，我们在干预的时候，又应该怎么处理呢？有一个较深层次的方式，即这个人为什么去犯罪？这是犯罪心理学关注的一个重要内容。另外一个，有时候我们可能会觉得一般犯罪都是跟我们没关系的事情。或者说，我们给它一个概念，只要是杀人的，都是神经病，都有毛病，不然他杀人干什么。当然，还有一部分人，他是为了社会稳定，为了政府的工作好做，而被当作精神病的。

徐武案件，发生的时候就引起了广泛的讨论，它号称是中国的"飞越疯人院"。那么，徐武到底是有病还是没病，第一个是需要法医去鉴定，第二个需要我们从犯罪心理学的角度去探讨他为什么会有这样的行为。

犯罪心理学，简单来讲，它就是研究犯罪人在实施犯罪的过程中的心理结构构成、发展变化规律以及干预的措施或对策。那么，从这个概念上来看，它研究的是已经犯罪的人，这是最经典的一个内容。实际上，它的研究对象不只是限于犯罪者。有一次我到沙洋农场，去鉴定一个凶杀的犯罪嫌疑人。鉴定完以后，管教干部走过来悄悄地跟我说："刘老师，你能不能给我鉴定一下，我觉得我有点抑郁。"大家都觉得好笑，为什么？这个管教干部总是疑神疑鬼吗？后来，他跟我说千万不要告诉他的所长。因为晚上我要跟所长谈论这个案情。我不能跟所长反馈，如果跟他反馈了，所长就会"重视"他了，比如调离工作岗位或者其他。那么他为什么这样说？而且，我们从他的面相看，他是个忧郁型的人，总是高兴不起来。在我们调查的过程中，他始终比较严肃，感觉气氛比较沉闷。最后我们聊起来的时候，他就说自己这样是有很多因素的。其一，我们都知道，看守所不在武汉广场、中南广场这样繁华的地方，都是在比较偏远的地方。他当时说了一句话：犯人到了看守所是有期徒刑，而管教干部去了看守所却是无期徒刑。只有到了退休的那一天，他才有可能离开。因为，并不是每个人都能当所长、都能升迁的。其二，跟我们聊起来时，他就说到他的女儿也犯罪了。他说："我每次在管教犯人的时候，在跟他们讲道理的时候，我就会想到为什么我自己会教出来这样的女儿。可能是我平时工作太忙了，没有时间去管教我的女儿。"我这样举例，是为了说明犯罪心理学研究的渠道，它研究的对象除了是一般的犯罪人，还有管教人。比如司法人员这一类。

另外，我们最看重的就是预防。我可以很自信地说在座的没有一个是预犯。什么叫预犯？就是最有可能犯罪的人。请问在座的有没有谁带剪刀了？没有。当然，这是我们很轻松地在说这个话题。现在，犯罪心理学研究的一个主要对象就是预防或减少犯罪。我们要通过什么样的措施来识别犯罪。并不是像我、刘老师这样每天都在这里，因为这是场所决定的。目前，可能至少没有一个是预犯，我不能够保证这种情况不会发生。像鉴定一样，这个人目前的精神状态是怎么样，我不能保证他一辈子都会这样。我们通常在研究预犯，这一类人，我们称之为"高危人群"。在我们的生活中，青少年、大学生都有可能犯罪。其实，大学生的犯罪比例在逐年增高。现在大学生犯罪也并不少见，我的有些学生，包括东西湖，东湖高新技术开发区的学生。每年周边大学都会有报案的，各地公安机关都要去学校抓人。当然，这是一个沉重的话题，作为"天之骄子"的大学生为什么要犯罪？

另外，犯罪心理学研究的对象还有一个，即刑满释放的人。通常来讲，这些犯罪嫌疑人被劳教、被改造以后都要回归社会。他们是不是放下屠刀，立地成佛了呢？我不知道大家有没有这个概念，在我们国家，重新走向犯罪道路的被释放人有很多。那么有多少呢？一半。国外报道的是20% ~ 70%。在中国，官方没有公布数据。但是，经过我们到看守所小范围的调查，大概有 70% 都是重犯。有一次，我们到一个监狱。监狱管教干部说："刘老师，你是大学里的，你知不知道我们这里也是大学，我们这里分大专、本科、硕士。"为什么？他说，三年的叫大专班，出来了比大家好找工作，其实他也不用工作，只是在社会上晃一晃，干干场子。五年的叫本科班，一般进了这个班，就负责管理几个小喽啰。时间越长的，出来的资历也就越高。有些帮会，他会问你，"你在那里待了几年？任职哪一位？"这就是你成长的一个经历。对这些刑满释放的人，我们应该怎么办？有时候，我们开玩笑说监狱不是一个改造人的地方，而是一个大染缸。我们曾经做了一个鉴定，这个人是内地的一个扒手，在香港偷了东西之后被香港警方抓到了。这个人在监狱待了一年以后被放出来了，他不偷了，那么他就改造成功了吗？没有。他干什么去了？制毒去了。而且他制的毒品当时在深圳和广州号称是纯度最高的。

所以，犯罪心理学研究的是什么内容？其实最主要、最核心的是我们要搞清楚这个房子，有时候一个房子做得好不好，结构坚固还是不坚固，我们应该怎么研究？当然是看用的立柱、水泥、砂石的质量好不好。那么，犯罪心理学所研究的最核心的东西就是心理结构。同样的，在我们的日常生活中，大家可以举例，你看到多少种犯罪？你知道几种犯罪？不知道？"抢劫、杀人、盗窃"，还有没有？那你们华工的治安太好了。如果你要在医学院那边，就会不一样了。这并不是说同济医学院治安不好，而是环境比这边复杂。比如，在座的有没有被骗过的？都不敢举手，是哪一个都不敢举手的。比如我们法医有一个学生，听了我的课以后他却被骗了。

研究犯罪心理结构，就要从他的犯罪机制、行为特征、发展演变、心理结构、行为要素等方面去研究。在研究犯罪心理结构的时候，我们会去分析他为什么会形成这样的结构。比如，我们都知道国家贪污受贿问题，在什么时候会是最厉害的？退休前一年？五十九岁？现在？离开这个岗位的时候？会被提拔的时候？

另外，我们也要研究犯罪形成的机制。中国有一句古话"饥荒起盗心"。

为什么有的人不偷窃，有的人最后却选择走上犯罪的道路？比如，不知道大家有没有注意，在天桥上面乞讨的、穿着学生服的人，也许是大学生，也许不是，为什么有时候我们觉得这些人不可理喻呢？我们会想：你为什么不去打工，而非要在外面讨钱呢？因为这种乞讨的方式可能会比打工更赚钱。

那么，犯罪心理结构形成以后会不会有所变化呢？比如，我刘老师偷了东西，我一辈子就只偷这个东西？我偷手机也只偷一辈子？不会的，它一定是有所变化的，它会根据情景、场景的不一样而有所变化。有的时候他可能是一个抢劫犯，有的时候他也会顺手牵羊。对犯罪心理学来说，最关键的就是要研究对策。我们能不能预测呢？

我们曾经做过一个课题，是在监狱里面跟管教干部一起做的课题，内容就是给这些发生再次犯罪的每个犯罪、刑满释放人员建立档案，包括他们再次犯罪的原因。通常可以发现，如果这个人犯罪以后回到社会能够被家庭、被社会所接纳，他再犯的可能性会比较低。但是，通常情况却不是这样的。比如我在德州上大学的时候，学校给我们发短信说：岛上来了一个盗窃犯。而且名字我们都知道，虽然我不认识他。在这种情况下，你如果是他的话，就会觉得很难融入这个环境，而他会如何选择？他可能就要随波逐流、自我放弃了。

那么，在侦查审判的时候，我们应该怎么办？如果将来有一天，公安去找你聊天，你可以不开口，因为现在法律容许你可以不开口，毕竟他们要靠证据说话。但是，犯罪心理学一个很关键的问题就是要解决这样的问题，就要让你开口说话。有一次，我做了一个鉴定，沙县的公安机关曾抓到一个盗窃犯，然而这个盗窃犯来了以后，我们跟他说什么他都不开口说话，到我面前同样不开口。大家知道最后是什么原因吗？这个人是聋哑人。公安机关却根本没有发现他是个聋哑人，就觉得他不老实，因为就连他的名字都问不到，更别说其他任何什么东西了。这是犯罪心理学在审讯的时候一个比较极端的笑话了。但有一部分嫌疑人在犯罪之后确实不开口。举个例子，有一次我跟一个职业杀手谈话，他是从香港派来的。他杀人的前面环节都做得非常完美，但是在逃跑的时候，因为内地的铝合金窗户不是太结实，他踩上去滑了一脚就摔下去了。摔下去之后，警方便抓住了他，但他就是不开口说话。后来，有人提醒我们说：他是不是精神有问题。然而，当我们考虑他有没有精神问题的时候，首先就要了解犯罪现场。当然，我没有这么神奇的异能，不能一看现场就知道是什么人做的。曾经有个精神病人杀了人，然后我的学生打电话问我那个犯人逃到哪个方向去了。我说：我知道，东西南北中，都有可能。我没办法预测，因为我没有第一手的信息。那么，像刚才的杀手，他一直不开口，我们又该如何找到审讯的突破口呢？后来，我们通过观察他在看守所的行为，发现他只跟另外一个香港人说话。当时是在深圳。通过这个香港人，我们了解到他有一个女儿。于是，我们就找到了他的女儿，让他女儿给他打电话，他拿着电话一直流泪。这就说明：这个人虽然是职业杀手，但还是有情感的。最后，我们把他的女儿带过来看他，他的妈妈也过来了。最后才让他开口，牵扯出一个下面的犯罪团伙。

　　这个例子就向我们展示了审讯侦查时的技巧，审讯嫌疑人不仅仅只涉及他一个人，我们必须通过他的很多行为来了解他的心理状况。犯罪心理学不好研究，如果把每个人的心理比作海中的冰山，我们即使天天做鉴定、研究，最后能够准确、详细把握的心理部分也只是那海面以上的冰山一角，更多的则在海面以下不为人所知的。所以，犯罪心理具有隐蔽性，没有人会在自己的身上贴上一个牌：我有犯罪嫌疑，请大家远离我。

　　在研究犯罪心理的时候，很不利的方面就是我们既不能拿小白鼠大白鼠做实验，也不能拿人做实验，毕竟你不能让人去犯罪。所以，我们只能通过观察、调查，而其他领域还可以用实验法来研究。实验法一个比较经典的案例是，研究人员把幼儿园的小朋友分成两组，每组都安排了一个房间。一个房间已经有小孩在里面对着玩具进行爱抚，那一组的小朋友进去后一般不打玩具。而另一个房间的小孩就拿着棒子对玩具打，这一组的小朋友进去后也开始学习模仿着打玩具。但在现实生活中，犯罪心理学不能够这样做实验。

心理测量也是犯罪心理学研究得比较多的，特别是在医学鉴定中。可以这么描述一下，对一个人鉴定、了解情况完了之后，然后让他（她）坐到电脑或桌子面前，因为以前是用纸质版，现在可以用电脑测量。让他（她）做心理测量，例如 MMPI 明尼苏达（多项人格测试），可以发现他是否存在着人格障碍等。另外我们还对几十例盗窃、抢劫、诈骗或者行贿的案件进行经验总结，放在一起归纳它们的特点，过程中还会用到数学中数理统计的一些方法来分析。总的来说，犯罪心理学的研究，就过程来说手段是相对比较有新意的。但现在也有一些新的研究方向，比如，在犯罪嫌疑人被判处或者自愿的情况下，把他（她）带到医院做头部功能失控的检查，就可能发现他（她）的大脑功能代谢与我们正常人有差异，这是现在比较新的一个观念。刚刚我们提到过犯罪心理学中有一个最常用、很经典的测试，叫做多项人格测试。曾经有一个硕士研究生，毕业后分到一个苏州的公安局。而公安局为了保证接收的人员精神正常，就准备了心理测试的入门关。这个测试有 550 个题，一般是一个半小时做完，因为这些题目你只用回答"是"或者"否"。当然有些题目你无法回答，但这种题目不能超过 30 道题，也就是要求你尽量回答。现在给大家看一个剖面图，这是一个人心理测试的图，我一看就知道 TA 说了假话，因为这里有一个"伪装"项，他（她）这项的分值超过了临界点，我就知道这个人一种情况是说了谎，另一种情况就是真正的精神病。像刚刚提过的杀手，他测试中的一项得分是接近 90 分，另外一项是 70 分。这个符合做杀手的性格特点，他最后也被判定为无精神病，也就是正常。

接下来也给大家提供一些做测试的小技巧，你们万一碰到有些单位测试你们的心理的时候，你们回答问题时要有技巧，仅供参考。我刚才说我那个学生去做了测试，他第一次不合格。现实告诉我们法医的学生应该是最健康的，因为他经历了、见识了很多东西。他说我很诚实，因为我怎么想的我就怎么回答了。他不知道这个测验有一定的局限性，因为这个测验的常模是八九十年代做的，所以你看问题一定要倒退二十年，有些东西如果按现在的观点去回答，这个测验就会把你归为异常，所以我们要知道有些心理测验不一定准。大家要是真正上网做测验的话，不要觉得测的结果不正常就感觉很伤心，也不要觉得测的结果很优秀就得意忘形，因为这些测试都有局限性。一个心理测验不能决定我们这个人。

下面说一下犯罪心理形成的原因。

孔子曾讲过，每个人都有追逐利益、获利以及希望有物质方面的享受的本性。这是一种观点。另外，按照古希腊哲学家的观点，恶魔附体或邪恶幽灵引起了中毒或精神不正常。但是，孟子曾说，每个人都有恻隐之心、羞恶之心、是非之心，从生下来就能判断。《三字经》也曾说"人之初，性本善，性相近，习相远。"那么，这些说明了犯罪是自身的因素还是关乎社会的因素？又或者是两者共同参与？

任何一件事情既有内因也有外因。说起内在因素，首先是有一类人即有生理残疾的人或者是聋哑人等，在生理上面的缺陷很容易导致心理问题。当然我并不是歧视这些残疾人，但事实是他们更容易出现心理问题。所以，在我们的生活中，碰到这样的一类人，我们应当怎么样？避而远之吗？当然是要关爱他们。比如，有些人的听力不好，如果他跟你在同一个宿舍，你们另外三个、五个明明知道他听力不好，又说话故意小声，他可能怎么样，他会有私心了：你们是不是又在说我坏话？我看到他在说我坏话。恐怕他就会这样觉得。这个是生理的因素。

比如下面的一个案例。这是我们在 2007 年做的一个案例，那个人是个聋哑人，31 岁了也没有结婚。他想结婚了，但是他的父亲很穷。因为他父亲有三个孩子，老大是个傻子，他是个聋哑人，最小的是妹妹，妹妹已经出嫁了。所以，父亲跟家里的两个儿子相依为命。因为家里很穷，根本不可能娶媳妇。有一天他和他的父亲因为结婚的事情发生了争吵，然后他就用家里的菜刀、剪刀把他父亲给杀了，手段非常残忍。

刚才我们讲到的是心理因素，后面还要专门给大家讲什么样的心理因素更容易引发犯罪心理。自负？我很强？我很有才能？大家都看不起我？明明我可以当三好学生但是你们就是不给我？还有没有什么消极的心理或者不好的心理？心胸狭隘？我们暂时留个悬念。

下面我们再看另一个行为因素，中国有句古话叫做：小时偷针，长大偷金。这叫做学习效应。小时候妈妈总跟我讲一个故事，后来我也听到过很多版本。有一个人他是城镇上的一个独生子，所以家人非常宠爱他。那时候家里很穷，但他要什么家里就给他买什么，什么要求都满足他。最后这个孩子长大以后就犯罪了，在枪毙之前，他说他要见他妈妈一面，然后他就咬了妈妈一口。让他诉说整个作案过程期间，他的行为从小到大是怎么形成的？首先是做小的坏事母亲不反对，偷了鸡蛋，妈妈却说："你真乖，你吃吧。"于是他便得到了满足，精神的鼓励和物质收获。肚子吃饱了，所以下次一定怎么样？会强化他的这种心理。

另外一个就是社会环境。我们每次谈起禁毒扫黄的时候，都会怀念毛主席年代，当时是高压政策，社会生活没有我们现在这样丰富。比如毒品，在我们国家刚解放的时候就很难获得，只有云南边境有这些东西。而现在我们破的毒品案件有很多，这些犯罪跟目前的社会环境有很大关系。

还有就是自然环境。中国人有句话说"大灾大难考验人的心理"，在实际考验面前，总有一部分平时很老实的人最后却犯了罪，这是和自然因素有关系的。还有些情景因素是有些人可遇不可求的犯罪的机会，比如某天晚上你看见取款机上插着卡，随便就能取出钱来。你们觉得这是犯罪吗？没偷没抢能算吗？当然算。发现有卡在就要还给银行。还有一种现象既可以归结到社会因素也可以归结为情景因素。今年春节联欢晚会有个节目《扶不扶？》，当你看到有人倒在地上你敢扶吗？因为我们社会人的心态不稳定，很多人不敢。这些社会文化背景也是很主要的外在因素。

我们在看守所的调查中发现，很多青少年的犯罪动机都不同。第一种观点是他们认为犯罪是一种社会分工，如果不犯罪不捣蛋，警察、特警就会下岗，他们已经把犯罪当成了他们的职业。第二种观点，他们小时候喜欢看《水浒传》《西游记》，就很喜欢孙悟空，想当英雄，但其实孙悟空是规则的破坏者。还有一种观点，有些青少年在我面前哭诉，他们犯罪其实是被生活所逼，也是没有办法才为之的事。

不知道大家有没有听说过一个八零后犯罪团伙。这伙青少年专盯车子后备箱，撬开然后拿走里面的东西。他们偷的都是价值百万以上的名车，比如奔驰宝马之类的，并且在 30 秒内就能开锁。公安部统计在短短一年半内他们的作案价值就接近一千万。后来在看守所提审，有个青少年的父亲说自己的孩子是病理性偷窃，他说他的小孩从小就喜欢偷，不偷就会手痒。在问这个孩子的时候，他说："第一我不偷穷人，不偷普通老百姓的车，我只偷有钱人。"可以看出他是很仇视这个社会的。"第二每次路过看见这些车的时候，我就会忍不住走过去，得手之后就会有成功的感觉，所以我必须要打开后备箱。"他们偷来的东西其实都分给了别人。为了练习怎么开锁，他们掌握了一百多个不同车型的锁。现在的偷盗手段更高级，但当时都还是用钥匙开的锁，比较容易得手。这些人认为他们只偷有钱人的东西，而公安机关只会抓老百姓，这很明显就是在给自己的犯罪动机合理化，所以就不会觉得内疚。

另外一个就是我们常说的，我们经常和别人吵架，比如武汉本地的老百姓吵起架之后，你骂了他一句，他说你再骂？你再骂我就砍你一刀。这个人不服气就马上又骂了一句，他就真的捅了对方一刀。这个还好一点，如果是"你再说，我一刀捅死你"，那就麻烦了，这个时候就是自作孽。

我们曾经做了一个鉴定：夫妻两个吵架，男方父亲来了，就劝他们。父亲来了以后，他们又吵架并且把小孩儿打了一顿，儿子打了这个小孩，爷爷看了就觉得心里不舒服，因为孙子对他来说是很宝贝的，就一把抱住了孩子。儿子就觉得很气愤，说："我在管教小孩和老婆的时候，你来插什么手呢！"儿子就一把把这个小孩儿又抱了回去，抱过来以后，小孩儿顿时哭了起来，老大爷心疼孙子又把小孩儿抱了过去。据说，他老婆看到他眼睛发红了，然后儿子就一声不吭地走到厨房，拿起一把菜刀走到了这里，然后就指着他老爸的鼻子说："你再抱一次试试看！"老大爷就说："我抱了又怎么样，抱就抱了。"老大爷刚抱着孙子，儿子却挥手一刀，砍了他老爸。最后，儿子有没有问题呢，经我们鉴定发现，他患有大脑炎。

所以，我们身体上任何部位生病都不要紧，就怕脑袋出问题，一切就非常麻烦了。你做了违法的事情，是你自己意愿的事情。当犯罪心理形成的时候，并不是所有的犯罪行为都是因为不正常的心理引起的。

在座的学生，将来毕业以后有哪一位希望自己的工资只有一个月五百块钱？而且，如果有一个一月一万元的岗位，你选择哪一个？肯定是一万元的，我不是说大家不好，这些都很正常，这些可以自由权衡，但是只有通过合法的、正当的途径，并且有能力再去做这份工作。但是，有时候我们可能会看到董事长的儿子没有什么才华，却空降下来，你可能会觉得不平等。我们曾做过一个鉴定，一个台湾的老板在东莞开了一个工厂，老板的儿子从台湾调回了大陆。毕业以后，他的父亲就让他到大陆来锻炼，到了大陆之后儿子就直接管人事，这也很正常。结果，人事部的一个人本来以为他有很大的机会竞争，厂长的儿子来了以后，他就没机会了。在一次喝酒之后，他酒后吐真言，失控了。然后他和厂长的儿子吵了起来，最后那个人用啤酒瓶把厂长的儿子打得肝脏破裂，最后没有救活过来。在这个情况下，那个人的老婆说："他当时是有原因的。他想升职，想当人事处负责人。"但大家都知道这种手段不合法。另外一种情况，我明明知道这个职位自己得不到，那就算了，我还是做个一两千块钱的工作，能够填饱肚子就够了，这样就自我满足了。这两种情况相比，通过正常的能力去应聘，我们是守法的。

还有一种，我现在看到一个国产的手机，信号不好，旁边坐了一个用iphone5s的人，却偏偏把手机放到我的眼前让我难受，就是因为我没钱买iphone5s，于是，我趁他不注意，把手机拿到了我的包里，这个行为肯定是不正当的、非法的。还有一些，我们有时候说变态骂人的话，"变态"这个词前面我们没有讲过。比如吸毒。在李天一（李双江的儿子）案子里，官方展现的形象是很正面的，虽然他从小聪明，会弹钢琴、会唱歌，有很多优点。后来我们询问北京市公安局，他们说李天一实际上是个问题少年，你们可以上网去查，他改过名字，在他最近一次性犯罪之前，还有过一次，他原来不叫这个名字。所以，像这种情况，他犯罪了，但是犯罪后又为什么能这么嚣张？当然是一些社会原因，他老爸的名声在，他通过不正当的手段。

我刚才问了大家，大家已经说得比较准确了。第一个，我们希望自己有没有责任感，要不要改名，谁都希望找一个负责任的人，特别是女孩子。当你发现身边的同学或者朋友只索取不付出，遇事不愿意承担的时候，这个人可能就有了犯罪心理，这是第一种；他（她）比较自私、贪婪，这就是我们常见的物欲型，这是第二种；当然最为重要的一种就是情绪不稳定型。我不知道大家周围有没有这样的人群：碰到开心的事哈哈大笑，碰到伤心的事号啕大哭，这就是典型的情绪不稳定性格。可能有的女孩子说有时候自己也会这样，没关系，大家在正常的范围内适当地发泄是很正常的。但是如果这种情绪出现的几率非常高，每次都用这样一种方式来解决问题，那就容易出现异常行为了。还有就是心胸比较狭隘、报复心比较强、喜欢斤斤计较的人；还有一类就是比较固执的人——他（她）很容易感觉到他（她）的自尊心受到了伤害。在这种情况下大家跟他（她）打交道的时候就要适当地把握分寸。对青少年来讲，从一般的犯罪行为来看，意志力比较薄弱、自制力比较差、怀有侥幸心理，是大多数犯罪的共同心理特征。

通常说，犯罪心理的出现并不是偶然的，不是我们睡一觉然后明天早上就有了，它是一个渐变、强化的过程。从小时候偷针到长大后偷金。通常来讲，一个犯罪行为人首先会有一个强烈的或歪曲的欲望，但是他（她）缺乏正常满足的方式或条件，而且他（她）本身是一种消极的性格，也就是说本身就具有性格方面的缺陷。在这种情况下就会出现犯罪异变，简称"犯异"。每个人都可能会有一些坏得说不出口的想法，比如前面一个人挡我路了，我可能就会想他会不会摔一跤呢？但是犯罪异变形成以后，就会萌发犯罪意向，这个意向一定是为了满足自己的个人欲求。有了欲求，就会出现动机。那么动机跟犯罪意向是否一样呢？动机是比较具体的、现实的，比如说我现在没钱了，我要弄到钱，这是我的意向。那我的动机是什么？今晚上我一定要弄到钱，甚至我可以去抢银行，我先去买把菜刀。接着目的呢？光有动机不一定会演变为一个犯罪行为，他（她）的目的就是今天我要去找什么样的对象来实施这个计划。一旦他（她）找到合适的对象以后，下定决心，赴汤蹈火在所不辞，在这种情况下，就产生了犯罪决意。有了犯罪决意之后，他（她）会不会犯罪呢？不一定，这还会跟条件有关系，拿一把菜刀走到银行门口，看见两个武警端着枪，还敢冲上去吗？所以犯罪行为还取决于条件，虽然有了犯罪决意，但是犯罪行为不一定会发生。

前面这些陈述都是为了让大家了解犯罪行为形成的一个过程。一旦犯罪决意拥有合适的条件的时候，就会发生犯罪行为。所以在研究一个人犯罪心理的时候，我们该怎样推断出他（她）的意向？当他（她）有了高度犯罪风险的时候，我们该怎么预测？就要看他（她）作案之前的一些特征等等。所以，根据现场的一些特征，按照犯罪心理学的一些推理，就可以得出一些结论，这就是犯罪心理学的奇妙之处。

我想问大家，正常人犯罪要有几个基本条件呢？如果犯罪没有现实动机，如果只是随意的，既没有合适的对象，也没有明确的指向性，你会犯罪吗？你作案以后就坐在那里不动，等警察来抓你。等到警察来逮捕你的时候，就会怀疑你精神上有问题。现在存在一个危险的问题：随着网络知识的普及，很多人从网上知道犯罪就一定要多做一点坏事，不然可能就没有机会了。这就联系到了之前提到的幼儿园扩大杀人案，幼儿园杀人案实际上是犯罪嫌疑人表达对社会的不满。他通过网络发现自己可以通过这种方式来引起社会的震动。所以，现在我们就可以弄清楚这个案件发生的缘由了。当然，判断一个人作案的时候，他（她）是否正常，就要看他（她）辩证控制的能力。比如，利川有一个千万富翁，他二婚找了一个年轻漂亮的妻子。富翁五十多岁了，年轻漂亮的妻子喜欢外出打打麻将、玩玩牌、做做美容，富翁十分反感妻子频繁外出，于是对妻子说："你最好少出去，我并不是不知道你在外面惹出的一些风言风语。"妻子不吃这一套，仗着自己已经为年老的丈夫生下了两个孩子，妻子觉得自己做什么都是理所当然的。丈夫财力雄厚，家中私藏有军火枪支。一天早起，在沙发上慢慢喝茶的丈夫发现妻子今天打扮穿着异常时髦，丈夫感到很奇怪，问妻子出门干什么？妻子漫不经心地说：会个朋友，打打麻将。丈夫放下茶杯，说道：不准去。妻子当然不听，摔门就要走。丈夫勃然大怒，起身便将已在门外的妻子抓了回来，按在沙发上，一字一顿地说：你去还是不去？妻子是个暴脾气，对着丈夫低吼：去。丈夫一听更火了，拿出火枪指着妻子大吼：我再问你一遍，你到底去不去？妻子顿时火上心头，叫骂道：我去！你还能开枪打死我？然后，一声枪响。

这原本是一宗平平无奇的杀妻案，但在鉴定阶段，却出现了一个让大家都意想不到的问题：丈夫的家人提出，男子在十三年前（即 1998 年）遭遇过一场严重的交通事故并产生了脑外伤，并提供了一张脑 CT 图，上面很明显地显示了男子脑部中有囊状不明物。于是家人就以男子作案过程中的精神状态不正常的理由来要求减刑。我们的一位恩师受邀去精神病院为他做鉴定，得出了病理性精神混乱的结论并作了一个报告。报告出来之后，男子便得到了一个所谓的千金难求的"杀人执照"，即很恐怖地杀人却不负任何责任的非正常人特权。被害方家人对于这个结果十分不满，于是请求我们再去鉴定一次。在再鉴定的过程中，我们发现男方家里各个角落都安装了摄像监控，奇怪之余，我们便索要监控记录，男子家人爽快应允。在各种监控记录中，我们惊奇地发现男子在杀害妻子后，很沉着地将尸体搬运到了自己汽车的后备箱里，并和父母一起将作案现场打扫得干干净净。这种行为肯定不是精神不正常人能做出的，很明确地表明了男子的精神状态并非报告中指出的精神混乱，甚至拥有良好的自我意识对犯罪行为进行判断。那么他做了什么，自己当然也是一清二楚的。

下面我们来谈第一个专题。首先，我要讲一讲青少年犯罪，在座的各位都是大学生，当然也是青少年。所谓大学生犯罪，类型有以下几种：抢劫犯罪、盗窃犯罪以及高智商犯罪。很著名的一个案例，熊猫烧香病毒。这个病毒被写出来之后，席卷了当时数以百万计的电脑。而始作俑者，却只是一个叫李俊的中专生。由此可以看出，在当代社会，青少年犯罪并非大家所想的易于解决的小打小闹，而已经有了广泛而深远的影响。有时候，我也在反思青少年犯罪的原因：经济高度发达的今天，相对于以前，青少年拥有更加发达的大脑和更加强壮的身体。但是，青少年犯罪在各种犯罪类型中的比率却在急剧提升。诱因之一就是物质的攀比。在经济为主导的情形下，小孩之中会出现各式各样的攀比，而这样的不良的攀比往往会促使小孩不择手段地去得到"更好的"。更别说区区犯罪了。诱因之二就是文化的墨染。你们一定看过早年的港片，在港片的刻意渲染下，机智的罪犯在各类飙车大战、社团斗争中将警察耍得团团转、玩得服服帖帖。还未能树立良好价值观的青少年被这样的不良英雄主义所吸引，很容易倒向帅气的罪犯而非正义的警察。在这样的文化影响下，青少年就得到了一些所谓抢银行要戴丝袜，拿 AK 之类的半吊子知识。在本身可能拥有父母不和或是离异的家庭问题下，拥有一定能力的青少年便一念之差走上犯罪道路。

我们可以想象，如果今天晚上发布一个消息：谁去成功抢劫一个银行就有奖。那么大家就会设想"我去怎么抢？"绝对没有人会说："我就这样去。"想要参与的人肯定都会考虑弄个女性的丝袜戴在头上或者看着摄像头的时候要捂着脸等问题，很明显，这些知识都是影视传播给我们的，青少年也会从中了解到犯罪过程。如果你回归一些青少年犯罪案件，你会发现，他们往往都有困惑问题。所以当你去和青少年探讨的时候，他肯定会怨恨他的父亲或者责怪他的母亲。

常说"法制化人，教育育人"，我可以说在座的同学基本上都是法盲。举一个简单的例子：精神卫生法。我在读本科的时候，碰到过宿舍同学精神不正常这个问题。当时我们宿舍有个同学练气功，练得走火入魔了，然后行为比较怪异，有一次自己一个人骑自行车到华农的狮子山那里，把自行车扔到水里去。在这种情况下，当时我们几个同学就把他按押回宿舍，这种做法明显是错误的。可是，错在哪里呢？这就牵扯到我刚刚说的精神卫生法。对于一个精神异常的人，我们应该想怎样才能把他送去医院救治呢？在此我要说明，如果碰到类似问题，首先要联系家长，法律规定一个人能被送去精神病院必须要经过他的监护人的同意，或者在他本人的意识没有完全丢失的情况下得经过他自己的同意才行。如何正确地处理这些问题就是我们所说的法律意识的问题。再比如酒驾现象，你们说为什么最近几年酒驾现象增多了呢？因为大家在做什么的时候都不知道法律条款对你有什么限制，实为法律意识淡薄。所以我觉得大学应该开一门课让大学生了解一些基本的法律知识，让到时候初入社会的你们懂得利用法律维护自己的利益。就拿使用劳动保护法打比方，当你被单位裁了的时候，你知道怎么保护自己吗？如果你缺乏法律意识，选择一气之下把老板捅一刀，这就是不正当途径。所以说法律意识问题是青少年犯罪的原因之一。

青少年犯罪的另外一个原因就在于他（她）自身的素质不高，抵御诱惑的能力不够。因为青少年法律意识比较缺乏，控制能力也较低，所以青少年犯罪就有了疯狂、不计后果等特点。还有就是在偶然场景突然发生，随机性的特点。再就是青少年犯罪具有连续性，比如一个盗窃团伙会在一个晚上连续盗窃 7 次。此外，青少年体能强盛，一旦对方有所反抗，那么犯罪的青少年的手段就会很残忍。在同济医院至中山公园这段路上，前几年，有时候会发生飞车抢夺。有一次，有个女性比较能跑，跑得很快，追上那个摩托车拽着包不放手，然后后座的青少年就跳下来拿出了刀子。也可以看出，这种人有很强的报复心理。现在的青少年犯罪，有时候他们组织得比成人更严密，暴力倾向更明显。众所周知，在我们国家低于 14 岁的少年犯罪是不追究责任的，所以你会发现抓住的犯罪团伙里有很多小孩子。

青少年初次犯罪的时候多是羡慕这个团伙的某某人穿着好、有钱花、生活潇洒；还有一部分是出于报复心理，自己受到不公平的待遇后就去报复别人；另外一种是冲动型犯罪，比如李天一这个案件就属于冲动型。

那么，我们来具体谈一下青少年犯罪的特点。第一个就是认知问题，简单来说就是英雄观。一个案件到我们手头了我们怎么处理？首先从他的认知观下手，接下来就剖析情感。你跟有的人接触交流后，你就会发现他的情感比较低级庸俗，比较容易满足于一些日常的生活。另外一个就是情绪不稳定，他有没有什么信念呢？他所有的信念都只是为了满足自我的需求；在意志方面，他通常选择安逸，他为什么不去打工赚钱呢？他说那太辛苦了，大家都这么做，我怎么能也这么做呢？另外一个行为特征，诸如物欲方面的盗窃、情绪上的发泄方面的打架等等。另外，青少年犯罪偶发性比较强，有时候几个人一起走在路上，想一想我们现在干点什么事呢，然后就去做了。这就是青少年犯罪的一些特征。

实际上，大学生犯罪的主要背景包括认知、行为特点等都跟青少年犯罪类似，但大学生又具有他的特殊性。其一，大学生的文化层次相对较高，思想价值观的层次也较高，所以大学生犯罪的隐蔽性也更强一些。其二，大学生犯罪的时候往往是自身遭受了心理挫折。其三，大学生缺乏管理意识。其四，大学生的就业问题。这是一个非常让人头疼的问题，今年好像又是一个就业最高峰，比去年还要多，有接近700万人要就业。在这些人中，有一部分人没办法找到工作，最后就可能走上了犯罪的道路。其五，大学生的家庭教育。在中国的家庭教育中，父母对子女就像是做产品，我希望我的孩子变成什么样、具有什么才能，却都没有进行心理的沟通。我不知道大家上了大学以后，是你给你的父母打电话沟通还是你的父母打电话给你沟通？你会不会把你心里的想法讲给你父母听呢？大部分都不会。所以，我们在做危机干预的时候，有些大学生来找我做咨询，他们的父母却根本不知情。马加爵杀了他的室友，最后犯罪心理学家在归纳的时候，认为他有心理障碍。其实他犯罪既有其内在的因素：诸如孤僻、比较内向等，也具有社会的因素：他家境贫穷。有时候他宿舍的同学嘲笑他、挖苦他。当他到了大学以后，也没有什么个人爱好，很难参加一些社会团体活动。所以，他最后就选择了报复社会。

大学生犯罪的特点，第一个就是数量的增加，另外一个就是智能化、多样化。大学生犯罪除了日常的偷盗也有杀人等等。比如，在大学里面，一个男孩子把另一个男孩子的心脏给捅破了，为什么呢？原因是两个男孩同时喜欢上了同一个女孩，最后两个男孩决定以西方决斗的方式在宿舍楼顶解决，也就是谁决斗赢了，谁就可以追那个女孩。但那个女孩并不知道这件事，实际上这个女孩说我两个都不喜欢。有时候大学生犯罪还是体现了意气用事！比如，武汉大学的一位青年教师，现在应该已经不在武汉大学了。在2007年暑假的时候，他老婆到厦门出差了。他闲来无事，就穿上他老婆的衣服，然后头上戴个黑塑料袋，挖了两个洞，把家里的水果刀一拿，到他们楼下一同事的家。敲开门后说：打劫呀！这当然不符合正常的打劫特点，女同事反应也很快，一看不认识，就赶紧关门报了警。关门的时候刚好把老师的手夹住了，所以老师就被警察抓了正着。然后女同事一看，怎么是他？我们追查的时候发现，从小这个老师的父母就把他当女儿养，所以他跟他老婆结婚以后，他老婆就发现他特别喜欢穿自己的衣服。鉴定以后，我们就跟武大人事处相应的负责老师沟通了一下，了解到这个老师的教学能力还行，后来就决定对这个老师最好教育一下，不要搞成犯罪，毕竟也是博士毕业，留在大学里不容易。然后公安机关调查，这件事情不大，在学校是个小事。

另外，大学生犯罪以后往往改造的难度比较高，为什么？从大学出来却跑到监狱去了，能不能找到工作呢？当然不能。所以，监狱在面对这些大学生犯罪的时候，通常安排他们来做什么？做劳力吗？让他去教你还是保持他一定的优越感？可以让他配合，这也是我们在工作当中发现的可以让他们感觉比较好的方法。他会有信心在监狱里立功，有信心自学完成大学的课程。另外一个大学生犯罪的现象，就是物质的欲望、偷盗的现象。

（老师能不能介绍几本书，让我们课下再继续学习？）

　　首先，大学生日常需要了解的有《劳动法》，还有《治安管理处罚条例》，《治安管理处罚条例》里面会明确哪些行为是够拘留，但是不够判刑，另外比如现在在网络上交易的时候，涉及一些相关的条例合同，那你是不是要去了解这个合同法律的规定是否对你有益呢？你在签订一个合同，买卖一个物品的时候，这个涉及合同。比如说咱们转让一个东西，转让之后会不会造成什么后果呢？现在有很多大学生去打工做家教等，可能会有意外伤害等问题，你可能需要了解这样一些问题，大学生还需要了解跟人身安全相关的一些法律。

　　（老师，我国规定十四岁以下青少年犯法的话是不能判罪的，对吗？那有没有一些犯罪团伙利用这个来做一些违法犯罪的事情呢？最后逃脱罪责呢？）

　　有些犯罪杀人的，他自己躲在后面，指使下边的小兄弟去做，当追查的时候，发现是未成年，但是未成年杀人并不是不追究，而是会进入咱们国家的工读学校，也是对其进行管教的。我们国家还是对这种行为进行管制的。这样的案件一旦破获的时候，这个是需要负责任的，这个肯定是要追究，这在法律上叫做教唆犯罪。

　　接下来我们讲病态犯罪，咱们国家有十三亿人口，接近十四亿，咱们国家在转型的时候，有相当一部分精神病人，1600万是个什么概念呢？相当于整个台湾岛的人。平时最痛苦的一件事情就是这个人明明杀人了，但是因为他是精神病，得不到应有的处罚，况且他确实有病得不到应有的治疗。我们国家的《精神卫生保障法》是2012年才颁布的，在全世界190多个国家里面，我们国家是倒数十几名，我们国家没有拨款建立保障机制，在那些有保障机制的国家一旦这个人精神犯罪之后，就要被安排到康复医院治疗，你可以不服劳役，但是你必须接受强制治疗。但中国没有，中国的法律很有特色，精神病人犯罪之后是由监护人监管，监护人负责治疗和监护，但监护人往往没有能力治疗，政府认为必要的时候，由社区或者政府进行出面调解，进行强制治疗。所以往往等我们做完鉴定，这些精神病人就都放回去了，然后大家就会害怕，这个人会不会又犯罪？这是我们国家的一个现实问题。精神病人犯罪具有暴力性、诱发性和盲目性，手段往往非常残忍。

我们看下面一个案件，这一个案件不算是一种吓人的案件。他打死了四个人。在我们追究他的犯罪心理机制时发现这个人经历了心理挫折，他很看重感情，结果在感情方面上当了，终日不能释怀。所以，后来我们在鉴定的时候，发现他是反社会心理，但最后他被枪毙了。这种反社会型人格又叫无情型人格。在监狱里，重刑犯中百分之五十都有反社会心理。有时候，我们比较一些社会病态人格，它的终生犯病率即进监狱的可能性是百分之五十。在每一百个普通人格中，这种反社会型人格大概有两个到三个。

我们来看看，青少年中哪些是有可能犯罪的。我估计在座的各位很听话，从小听父母管教。如果发现周围有类似的小孩，我们就要警惕。第一，违反家规校规。第二，经常说谎。第三，吸烟喝酒嗑药（法律禁止的药物）。第四，虐待动物和弱者。第五，偷窃。第六，未经家长同意，无故逃学。在美国有规定，十六岁以下的小孩，在十点之前必须回家。在外面过夜，家长是可以报警的。破坏财物被开除，这些情况也属于犯罪心理学。因为我们在分析这些情况后，认为这些人有高危因素。另外，反社会型人格为什么难以校正？他可能很聪明，智商很高，但他的犯罪行为引起的后果往往也比较严重。最核心的缘由就是他没有责任感、道德心。在给这类人做鉴定的时候，我们会发现他跟社会有一种隔阂，没有同情心。另外，他们不仅没有法律方面的常识，还会藐视法律。中国有句古话："江山易改，本性难移。"这样一类人一旦形成犯罪人格以后，校正就会非常困难。

不知道大家有没有听说过这个案例。这个案例发生在陕西高殿，案例主人公叫邱兴华，他怀疑他的妻子和道观的主持有不正当的关系。于是，在一个夜黑风高的夜晚，他摸黑跑到山上，持斧头、弯刀，将道观内主持、工作人员和香客等10人杀死，其中道观主持死相最惨。一位硕士生在研究这个案件的时候，发现对于它的处理意见，民间主要分成两派。第一派要求与他尽力谈利益竞争问题，第二派要求把他赶紧处决。但当时最高法院没有收回死刑复核权，所以就决定快刀斩乱麻，在12月30日那一天把他处决了。实际上，这件事引起了很大的争议。有一位老专家提到这个人是一个神经病，并提出一个概念——反社会性症状综合征。依据有两点，第一点，他滥杀无辜只杀主持就好了，可是他杀多了，杀了十个人；第二点，手段残忍。另外，他怀疑他的女儿不是他亲生的，他怀疑妻子出轨，怀疑周围所有人都对他不好。这个人作案后逃跑，公安机关封山，悬赏捉拿到了他。他很聪明，跑到了湖北随州，被一对好心的夫妇收留了。当时，媒体也报道了这起案件，这对夫妇并没有认出他。但他担心那对夫妇认出自己，于是，他把这对夫妇一个杀死，一个重伤。后来，那位硕士生在分析总结案件的时候，我说：如果第一次他因怀疑而杀人，可能是因为有病，但第二次再杀人就是事实，因为第二次他作案的时候完全是现实作用。中国公安大学的教授说这就是一种心理障碍。后来，为了应付新闻媒体的争议，我们当时联合了北京、南京和湖南的几所大学的鉴定机构为他做了一个死后的鉴定，认为他有偏执型人格，但杀了人之后要负完全责任的。

所以，我们每个人都要警醒不能冲动，否则就会激情犯罪。一般的激情犯罪多见于重大事件。当我们的名誉利益受到严重侵害时，情绪不稳定或者冲动时就会出现激情犯罪。一个小伙子把他父亲砍了一刀就是一个激情犯罪事例，这种人往往表现得心胸比较狭窄，不顾后果。后来，我们在调查的时候发现他之前也做过类似的事，但村里的人认为他有问题，就选择不去计较。比如，村里开山炸石头时，离他家比较远，其他人都可以忍受，但当爆炸声响起的时候，他就要拿起斧头看着别人。他的家门口停了一辆车，当车子发动的时候打扰到他休息，他就倚着神经衰弱睡不好的借口，要去砸别人的车。这些行为往往跟个性有关系，激情犯罪在成人犯罪案件中占了百分之三十，在青少年犯罪案件中就更高了，占到了百分之七十。所以希望大家要学会忍耐，有点阿Q精神。

激情犯罪往往有一个强烈的情绪反应，面红耳赤或者面色苍白、满头大汗。在追究案件发生时，我们发现自尊心、友情、恋情甚至游戏的输赢都有可能成为激情犯罪的诱因。比如，有两个高中生玩游戏，一个人赢了就嘲笑了输的一方，一个星期后，赢的那个人就被对方报复性地打了一棒子。所以，有时候激情犯罪只是因为很小的事件。有时候，青少年犯罪仅仅是模仿了电视里的情节，比如三个高中生抢劫案。在调查时，我们发现他们的犯案动机是看了一部美剧中的抢劫情节后想印证自己能不能成功。

另外，在观察激情犯罪案情现场时，残暴程度往往超出你的想象。有一起案件就是因为水龙头的滴水声音过大而引起的。晚回来的工友使用水龙头的时候打扰了另一人休息，晚回来的工友就被推了一下。然后他半夜起来就往对方头上砍了八十多刀。后来，我们在问他的时候，他说："我一夜睡不着，恨得他咬牙切齿，我就看不得他这张脸在我面前。"后来我们震惊地发现他们两个还是同乡，从同一个村子里面走出来的。

还有一个案件就是有个女人把她的两个小孩杀了。她为什么会杀了她的小孩呢？原因竟然是因为她丈夫把蚊香灰弄得到处都是。有时候，女性一想多了就容易钻牛角尖，当自己过不了自己这一关的时候，她就会想偏了，她觉得她老公对她不好，把她当生育工具，然后就越想越伤心。她丈夫是个洗车工，她认为她丈夫在外面有人，然后一气之下，就把她的两个孩子摁到水桶里淹死了。在这种情况下，这个女人逃跑了，她不按常理出牌，跑到了山东烟台。公安机关都以为她去找亲戚了，最后通过她的 QQ 号找到了她。我到了之后，她的家人为了救她，说她患有精神分裂症。最后，我们确定她并没有患有精神分裂症，她并不是一个真正的精神病人。因为医院说她只住院 15 天，然后就治愈了。真正的分裂症患者只有三分之一的人使用药物治疗有效，而大部分人都是无效的。

另外，还有一个案件，这个案件的背景很复杂，我们先后做了五次鉴定，因为他们有很强大的背景。一个男性和他的第一任女朋友，双方都已经结婚了，可是结婚后还有往来。一天早晨，女性的老公出差去了，便打电话叫那个男性来家里。男性来了以后，两人就坐在床边聊天，女性就开始挖苦这个男人。因为女性开了一个几层楼的旅馆；而男人虽然有着强大的背景，但工作一直不是很顺利，但他比较要强好胜，也不愿意求别人。在这种情况下，女人就跟他吵起来了，他就打了女的一巴掌。女的也很厉害，跑厨房去拿了把水果刀说："你还敢打我？"然后她就要去捅这个男的。这个男的力气大点，一把把女的水果刀抢过来，然后指着女的说："你再骂我一句，我就下手"，这个女的不依不饶。看这图片可以知道，他朝这个女的心脏捅了两刀，女的当场死亡。人死以后，他选择伪造现场，把她家里的钱包、手机全部都拿走，然后扔到了当地超市的柜子里面。但是物品上面全部都有他的指纹，破案的时候就很好找到他。当我们调查的时候，他却说他患有忧郁症。我们根据犯罪现场推断他说的话，首先，他自尊心受到了严重的损害，当女人在床上挖苦他的时候，他确实心里很不如意。另外，在作案时，他是受他的情绪所控制的。但是，在后面的整个作案过程中，他的意识却是非常清楚的，因为他能够伪造作案现场。所以，警方开始按照入室盗窃罪处理，结果却破不了案。后来，这个案件经过五次鉴定，三年以后这个人才被警方拘捕。

下面我们简单介绍一下诈骗犯罪。我刚刚问了在座的同学，有的说他也曾上当受骗。我的手机也经常收到一些邮件让我打电话，后来打电话一看却是武汉的一个民间电话，这往往就是犯罪分子的手段。医学院有一个老师，他女儿要考托福，老师接到了一个电话，对方很厉害，不仅知道他女儿的准考证号，还说：我们有托福考试的内部题目，你需不需要？我们可以在考试之前一小时发答案给你。这个老师也很警惕，这怎么可能呢，这么保密的题怎么可能随便拿到。然后，他就开始和别人谈价，对方开始说要三千六，他说："先交一千八，如果题目是对的，考完之后就把剩下的给你。"这个骗子一开始坚决不同意，后来才说可以。然后骗子就给他发了个文件，但是文件怎么解压都解不开。后来，我们知道这个文件是无效的。对方说："现在答案已经告诉你了，解压解不开要密码，要密码请汇钱。"这个时候我们应该知道自己已经上当了，如果这个时候还汇钱，那就有点不好说了。结果这个老师真的汇钱了，后来就变成了我们的一个笑话。所以，大学老师也有可能会上当受骗的。但是，上当的原因是什么？他希望能够给女儿弄到考试的答案，因为他女儿考了好几次都没有考过。可怜天下父母心，有时候大学老师也会上当受骗的。

诈骗犯罪通常通过虚构事实和隐瞒真相的手段来欺骗特定对象，注意一定是特定的对象。因为像我这种免疫力比较高的人，一般人很难骗到我。有的人说还有心理学催眠，但是怎么都不能将我催眠的。在一百个人当中最多有五个人能被催眠，它是具有高度的暗示性。欺骗的目的当然是为了获取财富。社会上很多人通过编造各种虚假事实的方法，让人自愿地、信以为真地把钱交给他们。第一个情况你们可能没有遇见。第二个，假币也是一个诈骗。现在大家认为人民币已经没有问题了，而且你们可能都有了支付宝，也就不需要去验证了。第三个，设局骗赌，这种情况分为两种。第一种是在街上摆一个象棋摊，你便去下棋，看自己能不能赢他。还有一种就是高薪聘请，所以，大家以后找工作一定要注意，收入高的工作不一定是真实的。但另外一个事情却是真实的，比如，你在路上走着，看到一包钱掉在那里，旁边走过来一个人说：我们一起分。等到你把你的钱拿出去之后他给你的钱却是一堆白纸，这个就是他的一种手法。另外一个就是骗手机的，我们医学院就有一个学生，而且是我认识的一个学生，他在实习期间就上过当。他和我聊天的时候说百思不得其解，因为他确实把电话打通了，跟他同学还聊了几句，那个人也确实是他同学。但他就是像变魔术一样，他就说我要把我的卡拿出来，给了他之后，他再给你的就是一个模具了，这是一种骗人的手法。另外一个就是在同济医学院门口，经常有卖中草药的，都是什么呢？好一点的可能是淀粉做的，不好一点的就是树根树皮做的。

另外一个就是利用病人急于看病的心理进行诈骗。比如，我有个亲戚就上当受骗了。如果他事先跟我打招呼的话，我肯定要给他联系相应的专家。结果，他自己没有跟我打招呼就一个人跑来了，挂了肝病科的号。但是，当他在挂号的时候，由于排队的队伍太长挂不上号，旁边走来了一个表现得很热情的中年妇女，跟他说，你哪里不舒服吗。大家都知道，有时候医生不敢跟病人说话，所以，此时他就觉得特别温暖。然后他就将他哪里不舒服指给那个女人看。那个女人就说："你这是肝病，我认识一个著名的从同济医院退休的老专家，让他给你看一看就好了，这里很难排得到他的号，因为他现在已经不在这里看病了。"于是，他们打个的过去。那个女人把他带过去以后，我的亲戚就花了四千多块钱买了一蛇皮袋药回来了。后来我知道之后就骂了他，然后想办法把钱要了回来，竟然还多要了一千块钱。因为我就跟他们说：我要找媒体来曝光你们。另外，有时候我们会收到信息说你的银行卡号被公安机关监控了，要把钱转到另外一个账号上面去。这也是典型的诈骗手段。

另外，有的同学很爱漂亮，但是地摊货能不能相信呢？他宣称这个东西是我家祖传的宝贝，至少值十几万，但是现在家里有困难了，迫不得已只好把它出卖了。现在以五千块钱把它卖给你。你看这个东西很透明，大家知道玻璃都是透明的，你一看就会知道自己上当了。另外，我们刚才说的诈骗广告。最后一个大家都看到过的，他们走到大街上一跪，差点要卖身葬父，我很同情他，最后就发现自己被骗了。这个我也上过当。

下面说一下诈骗的一般规律。第一个是犯案的地点。诈骗多见于什么地方呢？当然是人多的地方。绝对没有一个诈骗团伙会跑到偏僻的地方，可能在华中科技大学门口会比同济医院门口要少多了，因为同济医院门口的人流量太大了，每天都会有很多人上当受骗。第二个是犯案时间，一般是中午或下午。我们什么时候是最疲惫的呢？是吃完午饭的时候，有点昏昏欲睡的感觉。所以，我劝告大家，即使去商店买东西也不要是中午吃了饭，因为这个时候是最容易被售货员忽悠的。另外一个就是，街上、火车上等人流比较密集的场所。代买票、分赃物、分奖币，另外给你看病、迷信这些东西都不要相信。

下面说一下诈骗犯的心理结构。诈骗犯自认比较聪明，大家不要认为你上了大学之后就不会受骗了。可能骗你的是小学初中的同学呢。这种人往往头脑比较灵活，而且比较沉着冷静，他能顺着你说的东西让你相信他。但是，我们是很容易上当受骗的。如果今天有个诺贝尔奖获得主坐在这里，大家的崇敬之心油然而生，很多东西就不会去仔细追究。比如，现在社会上很多人都相信找关系、走后门。他们一说自己家里有什么关系，让你给他五千块钱，他们却不一定能给你把事办成。另外一个就是情绪特征，他们往往认为自己骗人钱财不同于杀人放火，并没有特别后悔的心理，而且在意志方面往往也是比较沉着冷静的。另外就是习惯性的说谎，骗人的比如卖假药的往往都是这样的，跟人接触的时候表现得很活泼，很热情。所以，如果在公共场合碰到这种特别热情的人，可能自己就要加强警惕了。再一个是有很强的模仿性，而且他的社会阅历往往要比你更丰富。简单的说就是不要和陌生人说话，不要相信不认识的人。

大家每次去银行取几千块钱的时候会不会用银行的验钞机？看来大家都没用过，有时候从银行里也会出来假钞，希望大家知道。再另外希望大家在外面的时候要有防备心理，这一支烟，一杯水，里面也可能有速效的麻醉剂，容易让你们的意识处于一种比较混沌的状态。

最后我们介绍一下毒品，现在毒品在社会上太常见了。但今年的毒品，实际上海洛因并不多见，相对来说要少一些，比较多见的就是摇头丸。我们有时调查时发现，在武昌或者很多省市生意比较好的地方，都有这种东西，不然他生意就不好。我们国家吸毒的人，这个是 2004 年的数据，现在可能要翻五到十倍了。这个是不同的人群吸毒，这是一对夫妻带着小孩，这个是小孩子犯了毒瘾的。大家看了这些东西，希望告诫你们，毒品不能沾，确实不能沾。但吸毒的原因有很多，第一个就是现在很容易获得的社会因素，第二个是各种情绪调节能力比较差的人容易吸毒。还有一个生物学原因就是有些人是因为病痛的原因，他是用了毒，用了以后却没办法铲除。总体上来说，现在吸毒的人越来越多。但是，吸毒这一现象已经从原来的不能接受到现在的逐渐公开化，并且集团化比较成熟，他们吸收的人员成分已越来越膨胀。这个实际上是我们在汉口中山公园突击检查时候碰到的，在晚上他们初次吸毒的时候，别人告诉他们："这个东西很过瘾，你可以尝一尝，尝一次没关系，不会上瘾。"到时候你一尝，一次以后可能你终身就摆脱不了。因为我在戒毒中心大约待过半年，跟这些人打过交道，就是一次可能就上瘾了。现在像海洛因，基本就是一次就上瘾。吸毒以后，整个人就变了，就是人格的改变。他对生活的追求，对人的态度全部都发生了变化，他最后所有的生活重心都会变成如何获取毒品，如何获取毒品缓解他的阶段症状。

这个给大家简单看一下，吸毒以后生理的变化，最后基本都是这样一种状态，这个最大一张照片可以看到，这个人会抖，消耗性的，这个人抖出以后可能就死亡了。大家问吸毒的人为什么要这样？当然是因为毒品本身有这样一个作用，没办法控制，因为什么，有一部分犯罪是因为毒品高利润的，比黄金还要值钱；另外一个是可以在毒品销售分配的情况下出现套利性。像这样的情况，犯罪有明确的区域分担。在所有的毒品犯罪心理中，起支配作用的就是我能获得毒品，案件中可以说所有人都有这种心理。在黑社会团伙中，往往用毒品来控制成员。这个是给犯罪犯的，第一个是在毒瘾发作的时候，这三个人啃自己的手脚。第二个图片是他自己跟家里保证，他下次再也不吸了，保证一次就剁掉一个，有没有用呢，根本没用，手都砍光了也没用。这个女性在毒瘾发作中就死亡了，这个人是在虐待他的小孩，这个人是在毒瘾发作的时候跳楼自杀了。希望这些照片能够给大家一点警示，有些你不知道的东西不要随便接触。

最后我们再看一下犯罪的人心理动力结构，就是获取暴利。因为毒品的价值，价格地区差异很大；另外一个更具有引诱，有一部分人犯罪是因为周围的人。比如，宁夏有一个村，最后这个村叫寡妇村。所有的男人都被枪毙了，全部都是贩毒，最后这群女性也出来贩毒。然后寡妇们说她们不说贩毒，叫做生意，为什么不行。有些生意，哪些人合法，哪些人违法，都由法律代订了。另外一个就是认知方面的原因，能够具有利己能力，在精神层面，它主要处于一个刺激精神的心理，就是吸毒的人的心理。贩毒的人，他是不管害人不害人的，他只管赚钱，对吸毒的人来说，到最后他们只管维持或缓解他的戒断症状就行。在性格特点上，相对来说大部分吸毒的人比较懦弱，贩毒的人大多是比较独立型的，他们在控制贩毒团伙作案的控制能力是比较强的，他往往可以控制整个犯罪团伙。

刘子龙：博士，华中科技大学同济医学院法医学系副教授，中国法医学会会员。

（第 107 期"心灵之约"讲座，2014.3.13）

性究竟是什么

华中师范大学 彭晓辉

　　首先进行一下自我介绍，我是彭晓辉，今年 57 岁，恢复高考第一届 77 级同济医科大学毕业的本科生，专业学医，本来是被培养成为临床医生的。我们那个时候都是分配的，我医学本科毕业之后，就自动报名到华中师范大学当老师，而没有选择当临床医生。我为什么不当临床医生呢？有至少两个方面的原因。第一，我到现在还存在点理想主义。我当时就想：孙中山是学医的，他当了革命家；鲁迅是学医的，他当了文学家；我也是学医的，为什么不可以当个教育家呢？就是这样的一种理想主义的色彩支配着我。第二，是我个人的问题，尽管我临床实习了一年，当医生也很顺利，但是我既是一个理性的同时又是感性的人。在临床实习期间，当我看到一些危重病人的家属抹眼泪的时候，身为临床实习医生的我也跟着抹眼泪。我心里想：我的感性太浓烈了，如果真的当临床医生的话，我每天都会以泪洗面，每天都会沉浸在悲痛之中，所以我觉得我做不成医生，不当医生反而还好。其实还有一个原因，就是我的兴趣爱好。我喜欢当老师，刚好当时华中师范大学有一个教学名额，但是谁也没有报名。因为当时实行毕业分配，不如你们现在的自主择业，我们的辅导员认为这个任务完不成的话，会有点不好。然后我就跟辅导员说：我去。辅导员以为我是开玩笑的，我说：我不是开玩笑的。我是很慎重地考虑过的，我愿意当老师。

　　请注意，我是本科去的华中师范大学。因为那时"文化大革命"，人才缺乏，青黄不接。后来，我到了华中师范大学做基础学科的研究，比如人体组织解剖学、生命学、神经生物学。我的研究课题是跟我的上级老师一起研究的，内容是健康与环境之间的关系，一研究就是十年。到了20世纪80年代末90年代初的时候，我开始寻找我自己的方向。尽管我在职读了一个硕士研究生班，但是那个方向是动物行为学。如果要研究动物行为学的话，就要对生物学等很多基础学科和专业的学科都有深入的研究，所以我的基础是既有医学的背景又有生物学的背景的。

在20世纪80年代末90年代初的时候，我毅然决然地选择我感兴趣的领域，就是性学。我的导师想让我继承他的衣钵，但是我并没有听从他的安排，反而另辟蹊径。有人说我不务正业，我当时为什么选择这个专业呢？其实和我的成长经历也有关系，因为我在青春期的时候，遇到一次重大的性教育事件。这一次事件也是一个故事，你们在网上可以查到。我曾经讲过这一段故事，因为这一段故事在青春期对我是一个刻骨铭心的经历，我在这里省略掉，你们可以自己查。还有一个经历，我在医学院上解剖学的时候，老师在黑板上讲人体的生殖系统，他提到了生殖器官，但同时又用另外一个俗语去表达它。他说这个生殖器官怎么怎么样，过了一会儿，他又说这个性器官又如何如何。然后我举手了，我问老师："老师，请问为什么同一个器官你一会儿叫它生殖器官一会又叫它性器官呢？"老师回答说："约定俗成"。我说："为什么是约定俗成？"老师说："约定俗成就是约定俗成，没有道理可讲。"我说："总得有个来龙去脉嘛。"为什么我喜欢打破砂锅问到底？因为我从小就好奇。我们都知道，好奇是学习的催化剂。直到现在，好奇的习惯我依然保持着。我对和性有关的任何领域都会感到好奇，在座的各位对性好奇吗？好奇，不然你们今天不会来。我告诉大家一个秘密，我对性尤其感兴趣，确实如此，但是我把它纳入到一个理性的、系统的、科学的、研究的轨道，那么，这种感兴趣就可以成就一点事情，也就是成就了我的现在。

还记得20世纪90年代的末期，有人邀请我去做试验，而且给我开了很高的工资，年薪 100 万。那时候我的专业正在蒸蒸日上，如果我接受了这个邀请，那就会违背了我的初衷，也就是我要当教育家的初衷，所以，经过我慎重地考虑，我选择谢绝了他的邀请。结果，我没有当成一个企业家，却成了一个学者。这就是我的基本经历。

今天的主题叫性，性活动与性心理。其实我今天带来这个主题内容是考虑到心理学专业尤其是心理学研究生的专业，他们在性学领域是一个空缺，所以我把性学的一些基石的结点拿出来探讨，当然，还有一些感兴趣的内容供大家去品味。最近，我转了一个微博，对常人来讲，他们可能会认为这个微博是一个荤段子，或者说就是个黄段子，但是我并不这么认为，因为我们学校的副校长黄永林教授是一位民俗学家，他研究过黄段子，他告诉我说：黄段子有三种类型，第一种类型是雅俗共赏的好段子，它是劳动人民生产和生活实际的结晶、智慧的结晶，这是他的定性；第二种黄段子，所谓荤段子，是不好不坏的段子；第三种才是低级趣味甚至淫秽下流的段子。我最近转的这个段子，起初我担心微博的那些小编会把它删掉，但是到现在还没有被删，已经成功在上面占了三天却没有被删掉。我不妨把这个荤段子给大家复述一遍。大家都知道，世界杯马上就要在巴西开场了，它就是和足球有关的。它说，一对夫妻，老公正在看足球，老婆陪着老公一起看足球，结果攻方一脚就射进了对方的球门，妻子就抱着老公撒娇说："老公老公，今天晚上你也要射门。"结果老公说："你这个锤子，射自家的门算输，射别人的门才算赢。"这句话在我口里它不是黄色的，它是一个学问。这说明了什么呢，夫妻之间的和谐、性和谐。两个人既然在看足球，太太会想到他们的夫妻性生活，你说他们的婚姻家庭是不是和谐？完全和谐。所以我可以理直气壮地转述这个黄段子，供大家去思考。

我最近写了一篇博文，这篇博文是关于女性性器官的解剖与生理。内容是一个女性正面全景的特写绘图，女性的外阴——外部性器官。结果，转上去以后，有人私信我说："彭老师，你胆子真大，这个图片传上去以后马上就会被和谐掉的。"我说："没关系，我是讲科学的。"结果，直到现在，点击量已经超过了十万。六号发上去的，今天已经是十一号了，已经过了五天。所以，性，在以前是不可言说的，但在现在我们可以冠冕堂皇地摆在高校学术的殿堂里去辩论它。这表现了我们整个社会的发展以及反映了社会发展进步的水平、程度。

这是你们的海报，这是我多次讲座的各个学校的海报，有华农的，有我们自己学校的。我几乎每个月都会有讲座，不是本地的就是外地的。这个是我的课堂获奖书，教学成果一等奖，我的性科学概论获的奖，"师范院校性科学课程建设与教学实践研究"获得了湖北省教学成果一等奖。请注意，这是我一个人支撑的一等奖。可见，我付出了其他人十倍的努力。我为什么要这么说，我并不是给华工的同学表功，那是因为我的课程是经过检验以及诸多专家去论证的，所以我有信心来端给我们华工的研究生。当然，我今天不可能讲课程。这是我们本科课程的一个基本情况，这是教学事项。这是我们的教材，这是 1999 年校内的教材，这是 2002 年的科学出版社的教材。大家可以看到，当时的设计是多么的死板，再版就变得鲜明了，这是另一本教材，《人的性与性的人》，首先映入眼帘的是人性。

可见，我们研究性学是研究人性。这是我跟洪堡大学合作的，全世界有 15 个语言的网站"赫希菲尔德性学资料库"。这个网站是全免费的，你们可以检索"彭晓辉"再加上空格，再加上"晓"和"彭"的汉语拼音的全拼，就可以进入这个网站。如果你们进入不了这个网站，还有一个办法就是你们关注我的微博，实名制"彭晓辉"。新浪微博讨论得更热烈，尤其是心理学的同学，你们在我的微博上可以获得很多很多资料和学习的研究方向，希望你们当我的粉丝。

大家可以看这个照片，这个照片你们看出什么名堂没有？你们看，我拿的是什么旗？六彩旗，是性少数的一个旗帜，我们今天不讲性少数。总之，心理学对性少数的认知和性学对性少数的认知不一样。比如同性恋、跨性者以及心理学上的"恋物癖"，现在倾向于说性学是恋物恋。比如"易性癖"，我们称之为"易性恋"；"易装癖"我们称之为"易装恋"；"窥阴癖"我们称之为"窥阴恋"。总之，这个"癖"和"恋"虽一字之差，但定性不一样。"恋"表明它是正常的，"癖"表明他有心理障碍。甚至，"易性癖"在医学上还把它称为"易性症"。我们都知道，如果叫成"症"，它一定是有生理结构和功能方面的病理状态，那它就是病。可见，各个学科的发展要进行融合和相互的交流商榷，来共同完善一个学科。

我顺带把这个理念给大家交流一下，那就是：我们如何对待性少数，如何认知它。我们知道，同性恋现在被认定为不是疾病。同性恋在西方早期是一个要被处死的疾病，但同性恋疾病观是从 1886 年开始的，首先在西方兴起。而中国固有的文化中并没有同性恋的病态观，中国文化也是反同性恋的，但是它并不认为它是病。现代的中国人认为同性恋是病其实是西学东渐的结果，并不是由我们固有的文化所决定的。我们固有的文化认定同性恋不正常，是因为至少有两个原因：第一，我们的孝文化。不孝有三，无后为大。第二，养生文化。男人的精液是一滴精十滴血，伤精伤元气。所以，你的精要用在生养孩子上，尤其是用在生儿子这个方面。如果浪费掉了，那你就是大逆不道，你就是大大的不孝。就是这两个文化决定了我们反男同性恋。但我们固有文化并不反对女同性恋，因为女同性恋者总归是要嫁人的。为什么她们必须嫁人呢？因为女性在中国历史上的地位很低微，她们没有财产权利，她们是在家从父、嫁夫从夫、夫死从子，所以"三从"就是这么来的。所以，女性同性恋只要嫁人就一定会生孩子。女性同性恋在我们的固有文化中并没有被太多关注，反而是不屑一顾、弃之不顾。这就是关于性少数的理念。

这是今天的大纲，我大概跟大家讲四个方面的内容。第一个是性的基本概念，第二个是性系统的意义，第三个是性行为及要素，第四个是性反应的周期。我认为这些也是心理学专业的学生一定要掌握的，实际上，我是把性学中最核心的理念、概念拿出来讲给心理学的研究生听。而且我也可以和大家分享一下我的研究思路和思考问题。

首先我们来看看性的基本概念，大家一定要了解清楚这两个术语。第一个是 sex，第二个是 sexuality。后面的这些是我随便填上去的，后面我所讲的内容也会涉及这一点——性常态。什么是 sex？这上面是 sex 的英文定义，这个定义是世界性学会 2000 年在危地马拉开会后，由专家小组写了一个会议纪要决定出来的，把它翻译为中文就是：sex 是指决定人类男女两性性相谱的生物特征的总和。还有一个 sexuality 我们该怎么翻译？中文的术语与英文的术语一定要对接。我们知道，sex 这个词在 19 世纪末已经被日本人翻译成汉字的性，而在此之前，对应英文 sex 的含义，中国人另外使用了一个字，这个字大家一定知道，它就包含在《孟子·告子上》中一句妇孺皆知的话里：食色性也。在英国维多利亚时代，有一位汉学家，他是这么翻译这句话的：Food and color the nature，食物和颜色皆性也。当时我看的是一份间接的资料，所以我不太相信汉学家竟然是这个水平。结果，当我跟一个长我一辈的美籍华裔性学教授讨论这个问题时，他说是真的，他曾经看到过。

后来，2002 年去瑞典访学时，我来到瑞典的国家图书馆查阅，结果找到了翻译的资料，它确确实实是这么翻译的。而且它上面还有一个校注：色在中文里还有 sex 的含义。它不把真正的含义写到正文里，却用校注这样一种方式处理了。其实翻译的汉学家都懂的，但是他为什么不敢翻译成 "food and sex the nature" 呢？为什么要故意歪曲成 "food and color the nature" 呢？是因为他正处于英国的维多利亚时代，那是一个谈性色变的时代。在英国的维多利亚时代，他们认为钢琴的腿 "leg" 是低俗语言，"ladies and gentlemen" 是不说这个词的，而且钢琴的腿要用布给包起来，这就有点类似于鲁迅曾经批判过的：看到胳膊就想到大腿，看到大腿就想到性交。这也是一个对待性的认知问题，性本身是中性的、不带感情色彩的，问题是我们怎么去认识性。后来我们归纳总结，对待性的认识是仁者见仁、智者见智、淫者见淫。所以，我们一定要脱敏。今天我和大家讲的任何语言，都是学术的语言，丝毫不存在低级趣味，更不存在淫秽下流。我们在国外训练的时候，还要看很多很多的大概有 100 个性现象视频，看完就要写 100 篇论文，写完之后，再去欣赏自己、肯定自己。你要对着镜子脱掉衣服，看看自己的肌肉多么美，看看自己的体型多么壮。欣赏完毕之后，还会有一个研究课程小 group。男女老少，只要是这个课程的老师和学生全部要脱给人家看。你看，大家就会赞赏你以及你的形体，哪怕不美都会说你美，知道为什么？我们可以设想一下，一个裸体站在一个三岁小孩的面前，这位三岁小孩会感觉到淫荡吗？没有。他跟你们穿衣服是一样的道理。所以，幼儿和你在一起裸诚相见并没有任何的困难。为什么？因为他是纯净的。成年人为什么一看到裸体就会想到淫荡呢，那是因为他的脑袋淫荡了。所以，在这里我出示了男人体和女人体。

Sex 和 sexuality 的定义就是这么多，我不念英文，我只拿一句世界性学界认可的一个定义 sexuality，我把它翻译成不带引号的性是为了以示区别。因为我刚才讲日本人已经先入为主把"sex"翻译为汉字"性"，但随着英文的构词法出现，出现了 sexuality，sexuality 涵盖了性的所有方面，而"sex"是指人的生物方面的性，而 sexuality 是指人的一切的性。"sexuality 是指人的 sex、性别、性别认同与性身份、性取向、性爱倾向、情感依恋、性爱和生殖的核心方面，它以思想、幻想、欲望、信仰、态度、价值、行为、实践、角色与关系体验和表达，性是生物的、心理的、社会经济的、文化上的、伦理上的和宗教上、精神上总因素所相互影响的结果。"虽然性包括了这些所有的方面，但并不是所有的这些方面都必须要去体验或表达，可是，大体上人类的性是人类之所在、之所思和之所做而获得的或说表达的有关性的所有方面的总合。学心理学一定要了解 sex 和 sexuality 这两个定义，我不多展开怎么来的以及为什么、怎么认证，以后你们可以查资料，我翻译的 sexuality 的性学资料库的中文版你们可以查到来源。现在翻译有几百万字都是免费的、公益的、不取任何报酬的，从 2005 年我就开始翻译，差不多坚持了 10 年。

我们再来看性常态，因为这个涉及性的观念问题，你怎么去认识性，人类社会的文化脚本是怎么认识性的，哪些性是我们可以接受的，哪些性是一定的历史时期可以接受的。于是，在时空的两个维度里，它就定义了什么是性的常态，所谓性的常态就是指性的正常状态，是被人类定义的性的正常状态。我们来看这个图，指三个不同社会同时代什么是性常态的谱带，所谓谱带是指性现象排列成序列，这个序列哪一些范围是属于当时当地的社会所接纳的常态的性现象，所以叫性的谱带，简称性象谱。A 社会性象谱最窄，B 社会性象谱居中，而 C 社会性象谱正常，性现象是最宽泛的。那么，我认为西方目前性常态的状态的性象谱，大概是 C 社会这个状态，而中国大概是 B 社会的状态，而阿拉伯大概就是 A 社会的状态，我们粗略做出这么一个估计。

接下来我们再看同一个社会在不同的历史时期关于什么是性常态的定义。我们看 C 社会是一个较为宽泛的性象谱带，一百年前是最狭窄的性象谱带，而两千年前是最宽泛的性象谱带。我举个例子，你们就会明白。在我们现代所谓的文明社会，如果说父母、爷爷奶奶或者保姆哄孩子睡觉，孩子哭闹的时候去抚摸了孩子的外部性器官。在我们的社会里，这会被定义成什么？首先是性接触 sexual touch，继而还会被定义成什么？性侵犯。但是我告诉大家，同时代在美洲的印第安部落，他们的大人就是这样带孩子的。抚摸孩子的外部性器官，孩子就不哭了，为什么？因为抚摸让孩子感觉舒适。他们的这种行为和我们社会中哄孩子睡觉唱儿歌、唱催眠曲、拍拍他们的背或者放在摇篮里摇意义是一样的。所以同样一种现象在我们的文明社会被认为是不正常的性行为，但是在印第安部落就是正常的接触而不是性接触。

还有一个例子就是裸露上身，男人裸露上身是可以的，女人为什么不可以裸露上身？我告诉大家，可能你们忽略了，女性皮肤的性敏感区比男人面积要大要宽泛，隐秘性要比男人强很多。男人的性敏感区就是外部性器官周围的部分，其他部位基本没什么性感觉，所以男人穿着裤头就可以招摇过市，女性就不能这么穿着，因为女性要把敏感区遮掩起来。但是在非洲原始部落，女人的上半身是露出来的，在他们的社会，并没有把女人的乳房当作性器官。尽管他们也是文明社会，而我们的社会里却把女人的乳房定义为性器官。当然女人的乳房在生理上有性的反应，但我们却加入了更多文化的性的含义、文化的性的审美、文化的性的器官在里面。所以我们所谓的现代文明社会不允许成年女性袒露乳房，这就是性常态和非常态的比较。我在这里举例你们就会明白，性常态是随时空而改变的，并没有一个恒定的标准。

接下来我们来看看性系统，我相信很多同学都认为人体只有生殖系统，把生殖和性混为一谈，甚至相等同，其实他们是两个自然现象。性系统最早出现在1971年，美国内科学的一个教科书里叫"西式内科学"，同年，世界性协会定义了性系统。什么是性系统？性系统是以全身的皮肤黏膜为终末器官，以脑为中枢的功能系统。而在此之前我们的性的观念就是以生殖系统为核心，生殖系统的核心尤其是在男权社会，这个核心定义在哪里？定义在男性的阴茎，男性的阴茎也就是男根。说阴茎可能说不出口，说男根就有了点文化的味道。大家想想我们现在的男权社会是不是全部定位在男根的基础之上？我看到一张照片，这张照片我并不显示出来，我用语言描述出来，我们的男权文化的阴茎情结。

那是一个卧铺车厢，有一个吊床，一头绑在上铺，另一头绑在中铺。有一个三岁左右的男孩，下半身脱得干干净净，他的奶奶正在给他换裤子。结果在换裤子的过程中，这个男孩的阴茎就勃起来了，勃起来还不算，结果，一道抛物线，他开始尿尿了。结果，他的奶奶不但没有恼怒，反而仰天哈哈大笑。为什么？他的奶奶心里说："我的孙子真能干！"这就是阴茎情结，而男性的阴茎情节就是：我有阴茎，我自豪，我是个男人；而女性是阴茎羡慕情节。

你们有没有看过这个图像，我并不显示出来，发挥你们的想象可能会更好。两个洋孩子，一个男孩，一个女孩，女孩全身赤裸，男孩只穿着一个裤衩。然后这个男孩尽可能把裤衩拉开，这个女孩就踮着脚尖尽可能地从上面往下面看。这个女孩在看什么呢？看这个男孩的小鸡鸡。那么，这幅图反映的就是女孩的阴茎情结，就是对阴茎的羡慕。我们的文化也就是这么建立的。

我们再回到性系统的概念，性系统并不是以生殖系统为中心，而是以皮肤黏膜为终末器官，以脑为中枢功能系统。然后我们就会发现，性不只是发生在两腿之间的事情，两腿之间的皮肤黏膜只是性系统的感受器官和效应器官。那么，性系统的知觉器官在哪里？两耳之间，脑。所以我们需要定义，性不只是发生在两腿之间的，它也是指发生在两耳之间的事情。这么定义还不够，因为性必须涉及他人，哪怕你是性幻想。性幻想是什么呢？性幻想的定义是指清醒状态下对性情境的臆想。我相信，现在有些朋友可能会有性幻想。有性幻想是对的，没有性幻想反而有问题了，因为你不是从早到晚，从早上清醒，意识恢复以后，到晚上睡着前都在性幻想。那样的性幻想在心理学上是怎么定义？我们称之为"性白日梦"，你偶尔想想没关系，现在想想也没关系。为什么？因为你只是一闪念过去了。我们做研究的时候，包括心理学，都会设置这样的一道问答题：你每天想性的事情想了多少次，每一次持续多长时间。可见，设置这个题目就已经认定想性的事物以及性幻想都是正常的。并且，幻想并不是遵循现有的主流价值规律，它有可能会违背主流价值观。有些人可能会自责，我告诉你们，这样是完全没有必要的。因为我们判断人的好坏并不是基于它想了什么，而是他做了什么。我们都会有这样一个体验，当我们发怒的时候，我们心里会想：我恨一个人，我恨不得把他揍死，我恨不得揍他一顿，恨不得把他打死。可是你真的打死了吗？没有，你会想，但是你没有做，因此你依然是好人。同样，你有性幻想也是正常的，因为它能缓解你的性压力。

我们继续来谈论性系统，这个定义非常重要，因为它涉及他人，所以我们定义性不仅仅是只发生在两腿之间以及两耳之间，性也指发生在男女之间的事情，这么定义，够么？不够。同性恋的朋友们会跟我提意见：彭老师，你没有说全。那么我进一步补充，性还会指发生在人际之间的事情，这样定义好了么？好了，但是还不够。因为有的人一辈子的性都发生在人与非生命体之间，这样还不够。还有极罕见的人的一辈子的性发生在人与其他动物之间。人类的性是一件多么复杂的事情，所以建立性系统的概念是非常重要的。

所以，凡是与性活动有关的器官，都可以概括到性器官系统的范畴。就个人而言，性发生在两耳之间；从关系来看，性发生在人际之间。当今，性科学发展证明，性的中心不是身体器官，尤其不是男性的生殖器，而是以脑为中心，以皮肤、黏膜为终末器官的功能系统。因为，如果是以生殖系统为中心建立的性观念，男女则是两套性系统。本来是互补的差异性，但是我们的传统观念认定男性的生殖系统是优于女性的生殖系统的，这就是男权社会、父系氏族社会得以成立的基础，得以延续的一个定海神针。

我们把性系统从生殖系统中提炼出来，于是男女有一个共同性系统：皮肤、黏膜等外诸器官，还有脑等核心的中枢器官。而且男女性系统中的皮肤、黏膜的敏感区是有差别的。这里画了一个关于女性的性敏感区部位图：高敏感区是在性器周围的皮肤和黏膜，其次是大腿内侧，再就是下腹部，然后就是乳房、乳头，还有腋窝和颈项部，还有耳后嘴唇，甚至于膝关节的后方的腘窝部位，这些构成女性的性敏感区。那男性的性敏感区在哪里？就这一点……那么，从生理的构成上看，谁的性能力更强呢？男性？不是，是女性。从生理构成上看，女性的性感受面积大，而且灵敏性更强。于是性器官系统的概念，将从根本上破除带有性别歧视的以生殖器官为中心的传统性观念，能从根本上否定男性的阴茎优越和女性的阴茎羡慕，为男女平等在生物学乃至于在政治学、心理学和社会学方面找到基本的理论依据。所以，将来男女平等的社会，它的性观念一定是建立在对性系统的认知上面，这就是我的预测。尤其是在座的各位，如果你们以后研究女性学，而且你是女权主义者的话，一定要捡起性系统这个概念，拿起这个理论来作为你的武器。

第三，性行为及其要素，性欲行为。什么是性欲行为呢？它是指涉及身体性反应的任何行为，英文名称叫 Erotic Behavior。请注意，这里是

Behavior 而不是 Intercross。Intercross 是指针对具体某一次行为而言的，而 Behavior 则是指针对一贯性的行为举止而言的，而中文把它翻译过来全叫行为。所以，英文系统比我们精确，Sexual Behavior 与 Sexual Intercross 是不同的。这两个俗语系统是有很大差异的，所以可以说 Sexual Behavior 或者 Erotic Behavior 而不是 Erotic Intercross。这里说的涉及身体性反应的任何行为，举个例子：比如一对情侣，脉脉含情，众目凝视，暗送秋波，它激发了对方的性反应，同时也激发了自己的性反应。这种行为是什么行为呢？性欲行为。

接吻、爱抚、拥抱全都是性行为，都是满足性欲的行为，可以激发性反应的行为就是性行为。我们的学生手册里有这样古老死板的规定：禁止学生间发生性行为。笼统地说，这样的规定是不对的。因为散发着青春荷尔蒙的学生之间的性行为是禁止不了的。为什么？只要双方相互爱恋，性行为是迟早要发生的。所以，如果是我再版学生手册的话，我会把"性"改成"生殖"。

我们来看一下哺乳动物与人类的比较：你们第一眼看到这种行为，就会觉得这是性行为。但我要告诉你：不是！更贴切地来说，这是预警性行为、迎候性行为、安抚行为和等级显示行为。举个例子来说，我曾经在网上看到一幅网民转的图：两个女孩遛着各自的宠物狗相遇后，其中一只狗迅速地骑跨在另一只狗身上，并迅速地拍击其臀部。两个二十出头未经人事的女孩很尴尬地相视一笑，迅速拉着各自的狗走远了。你们看到这里，或许与两个女孩及那些网民一样，将两只狗之间发生的行为认定是性行为。但事实却并非如此，这种看似很像性交的行为其实是一种构建不同种群之间关系的行为。众所周知，动物有发情期之说。各种动物纪录片中也总会出现这样的一句话：又到了繁殖的季节。然而人类呢？或许可以这样说：人类终生都在发情。需要注意的是：发情是由大脑控制的。根据我们前面谈到的性系统，我可以下一个粗俗的断言：在座的每一位都没有发情。而得出这样断言的缘由是什么呢？是你的大脑。你的大脑在对外界条件进行分析之后，认为这是一个不适合发情的场合。于是，大脑作为一个高级中枢，会发送神经冲动到脊髓的勃起中枢来不断抑制兴奋。由此，男生可以坦然听讲，女生们可以静坐听课。但是，动物并不具有这样的控制力，它们一旦发情是一定要进行交配的。而在一年四季当中，动物们的发情时间是相对固定的。人类作为有强大控制力的种族，尽管没有所谓的发情期。然而，坐在同一个教室中的各位，彼此之间都会有色性的交往，哪怕你们并没有触摸彼此。现在，请各位吐一口气，再深吸一口气。你们闻到了什么？你们闻到了体臭，混合体臭，其中含有信息素，也叫做外激素。人在与同性同处一室的时候往往都会感到烦躁易怒，而这种信息素往往可以平衡你的身心。根据一份调查报告显示：在女子学校，女孩们月经不调、痛经的比例往往高于普通学校。月经不调、痛经的女性往往在结婚以后，其情况会有或多或少的好转。促进这样好转的是她们规律的性生活。规律又平衡的性生活往往可以让女性的内分泌系统得到很大的改善，让其处于一种正常的运转状态。

我们人类的性欲行为，只在于被性欲唤起的接吻拥抱，哪怕一个眼神，或注目凝视或暗送秋波又或脉脉含情，都可以激发性欲。人类的性欲行为已经演绎成了一种 sexual art——性生活艺术。印度的《爱经》讲的就是性生活艺术。中国的《淑女经》《皇帝内经》也是讲性生活艺术的书籍。以上都是性欲行为，不会导致生殖。

我们再来看第二种性行为——生殖行为。我给大家看段动画：这是女性仰卧位的剖面图，如图所示，男性的阴茎被女性的阴道容纳，并伴有射精动作。图上有女性的子宫、膀胱、直肠、尾椎骨以及臀部。这段动画所显示的就是生殖行为，即指可以授精的所有行为和反应。但如果这个阴茎戴上避孕套以同样的方式插入阴道，那这是性欲行为还是生殖行为？对于这个问题，你们怎么定义？大家可能会想：都已经避孕了还怎么可能授精呢？其实，我们笼统地反对男女性行为是不够的，所以我刚才调侃说："我们要反对的，是男女未婚的生殖行为。"相比于我们国家这方面的文化，西方、北欧等地区的高福利国家里，未婚生殖行为是不被反对的。比如最近一项资料显示：法国的生育人口中，58%来自未婚生育。可为什么未婚生育在我们国家就不正常呢？这就涉及各地的文化差异。所以，我们不能笼统地反对未婚性接触，而应该精确地说为反对未婚生殖行为。为什么？因为孩子的抚养问题。西方一些国家已经解决了孩子的抚养问题，在他们的国度，孩子的抚养是社会化抚养，而我们国家的社会福利体系还没有建立完整，所以我们反对婚前性接触。因为我们的福利保障硬性体系做不到，于是我们就做了一个软性的措施，那就是规定一个游戏规则：婚前男女双方进行性行为是不道德的行为。这就是我要给大家定义性行为，当然性行为还可以从其他地方去解释。

第三个内容，性行为及其要素。第一，性能力。弗洛伊德有两个定义：libido（原欲）和 sexual drive（性驱力）。那么我要问大家，如果性有驱力的话，我喝水有没有驱力？我从生理学上给你解释：我出汗了，我的血液黏稠度增加，我的血液流经我的大脑感受器，我的大脑感受到渗透压，于是产生口渴的感觉，这种感觉便自动地传到了我的意识层面，达到知觉，于是我会去主动找水喝，这就是一个刺激和反应的过程。最简单的刺激和反应就是膝跳反射，敲膝盖，然后踢腿，刺激和反应，他们没有什么驱力不驱力的问题，它是机械性刺激变成电冲动，直接到脊髓产生反应。当然，喝水的反应复杂得多，但是万变不离其基本的原理，就是刺激和反应，它不是驱力。性也是这样，性驱力应该说是一个伪概念，为什么是伪概念？因为驱力不能定量，我们无法测到它。所以，后来的改进是在性驱力的基础上把它分解掉，于是就从性驱力里面演绎出了性行为的三要素。这三要素是我归纳总结的：第一，性能力（sexual capacity），它是指发生性唤起和达到性高潮的能力；第二，性动机，它是指从事性行为的欲望（sexual motivation）；第三，性行动，它是指性行为的客观数量，这些都可以进行定量分析，性行动的英文叫 sexual performance，performance 是表演，我不能翻译成性表演，因为性表演在我们中国容易被理解成那种涉黄的 table dancers，那些在桌上跳脱衣舞的，所以我不能翻译成性表演，所以我把它翻译成性行动比较好，有点类似于 action。于是，当我们分析一个人的性行为的时候，就可以从性行为的三要素来分析。我建议心理学的硕士、博士们注意，你们以后要分析性行为，一定要从性能力、性动机和性行为这三个要素去分析，既可以定性研究，也可以量化研究。

我们来做一个初步的估计，自慰与婚内性交的年度频率统计。这个人大概十二三岁的时候就已经开始自慰，到十五六岁的时候，一年超过了900 次自慰，到十六七岁的时候自慰次数有了急剧下降，为什么会急剧下降？因为他有了人际之间的性释放，所以自慰次数就减少了。后来又上升了一下，这个上升的短暂过程可能是他人际关系之中出现了波折，女朋友跑了等等。然后又下降，他又建立起了人际之间的性接触。到了二十六七岁的时候，他结婚了。大概到了二十七八岁的时候，他就没有自慰了。新婚三年，只有婚内性交，没有自慰了。但是过了三年之后，他的自慰又开始了，这就是他性行动。我们看三十五岁到四十岁的性直方图，红色的性释放总量，下面是它的总和，灰色的是自娱，也叫自慰，也叫手淫，它从三十岁一直到六十五岁全有，我们看婚内性交也是随着年龄而下降的，婚外性交也是伴随了三十五年，三十岁到三十八岁有同性性接触，你说这个人是同性恋者还是异性恋者呢？可能是双性恋者？也不见得。

其实同性恋和双性恋没有太大的界限，自慰，成年男性百分之九十都有自慰，成年女性百分之七十都有自慰，那么他的性对象是谁？自己？自身？它也叫做自体性行为，为什么我们说有百分之九十五都是异性恋者，这么多人自慰，这么多人将自己作为性对象，你却要刨根问底追究他是异性恋者还是同性恋者，可见，异性恋和同性恋没有截然的界限，所以同学们不要在性倾向方面画一个楚河汉界。

关于人际之间的交往，一谈恋爱就有约会，那么约会到哪里去呢？我们华中师范大学的学生仿造李清照的《如梦令》，写了这样一段：昨夜饮酒过度，误入操场深处，呕吐，呕吐，惊起鸳鸯无数。这是华师的同学写的，关于谈恋爱到哪里去，我们华工的校园比华师大得多，而且树林比我们的还要茂密。我刚才讲了恋人之间的一个眼神都能勾起性唤起和性兴奋，它一定有亲昵举止，所以我们大学一定要给大学生提供恋爱的专属场所，学生活动中心一定要开辟一个大一点的地方，隔层火车座，没有人无聊跑到那里去盯人家。没地方去，如果有亲昵举止被熟人碰到了很尴尬，我就碰到过。我在华中师范大学晚上上课，下来是一个小山坡，沿着这个小径下来，两边就是一排石椅。我记得那是一个有着月光的夜晚，走近的时候可以看到各自的面貌，结果走近一看，一个女生坐在男生的腿上，两人正在亲吻，结果听到脚步声两人抬头看我，我们三个人六只眼睛对眼了。结果一看，我认识他们，他们也认识我，我就不好意思看他们，他们在左边我就只能这么走。没地方可去，没有自己的隐秘私地。所以咱们的学校要给学生开辟隐蔽场所，至少让他们有说悄悄话的地方。但是本科的女同学常常咨询我的是："在恋爱期间，不要发生最后一步。"于是我提供了我的婚恋五部曲，请注意我不是基于婚恋教育给她提供的指导意见，我是基于尊重女生的自主选择，给她们建议恋爱五部曲。第一步不要轻易确定关系。就相当于入党，先设定一个预备性，恋爱预备性。第二，在了解对方以后，如果进入恋爱，那么约法三章，表明自己的生活原则。第三，一旦确定关系，两人就会有亲密举止，如果你不想发生性行为那就巧妙回避。比如你和你的男朋友在二楼，你可以说："我口渴了，你去给我买水吧！"把男朋友支走，他出去再回来后兴奋就没有了，这样你就巧妙地回避了男友的性要求，避免正面冲突。第四，你有说"不"的权利。什么意思呢？有的男生会逼问女生"你爱我吗？"，女生回答："爱。"男生说："我怎么没有感觉到呢，如果你爱我就拿出实际行动来吧。"这是真实案例，不是我杜撰的。女生为难了问我怎么办，我告诉她要敢于说不，把皮球踢给对方。大多数男生会尊重女生，因为他爱你。但也有极少数男生不会尊重你，他会逼迫你，甚至拿分手胁迫你。这个时候你不能妥协，我建议女生该分手时就分手，你需要严肃思考你们之间的关系，他现在不尊重你，结婚以后更不会尊重你。很多女生会有思想包袱，一种男权文化的包袱。尤其是对于那些已经与男友发生了私自性性接触的女生而言，自己什么都给男友了，她觉得和男生分手的话就不纯洁了，其实这种意识完全没有必要。

由于现代社会延长结婚年龄，所以在恋人之间发生性行为是可以理解的，注意我说的是恋人之间，是基于爱而不是随意发生的，是隐蔽而自然的。已经发生了性行为怎么办？最好的避孕方法是避孕套。不要寄希望于紧急避孕药，紧急避孕药每一个月经周期只能吃一次，一年只能吃两次。这两个原则要同时满足，所以想指望紧急避孕药是不应该的。男生要珍爱自己的女友，不能让女友处于一种尴尬而危险的处境；要让女生处于一种健康的状态，就得戴好安全套。在发生性行为以后，两人应该开诚布公地谈一谈，把这个问题谈通，因为难保以后不会再发生。我建议女生向男友表明谁准备安全套的问题。不能两人都不声不响，都不讨论这个问题。因为无论是哪一方冷不丁拿出安全套都不好。假如男生冷不丁拿出安全套，女生该想："他都做好准备了！"假如女生冷不丁拿出安全套，男生可能想得更邪："原来我的女朋友是这个样子！"他可能会降低对女友的看法，因为男权社会对女性性的表达存在偏见，所以双方要谈好。因为现在本科生恋人之间发生性行为的比例高达百分之三十。怎么戴呢？大家看文字、图片，我就不念出来了。如果你从来没有戴过，我建议大家回去练一练，这个需要练习，无论男生还是女生，结婚之前都要练习，必须学会戴。女用安全套比男用安全套贵得多，至少贵两到三倍，二十年前至少贵十倍，现在我们国内也可以生产了。第四，性反应。我们刚才讲了一些性生理反应究竟是什么。

你们最近有没有看一个电视剧 *Masters of Sex* 即《性学大师》，是马斯特斯和约翰逊，他们在 1966 年发表了一本跨时代的专著《人类的性反应》。他们聘用了三百八十多名男性和三百三十多名女性，通过一万七千多次实际性行为的观察，归纳总结出人类的性反应周期。人类性反应周期分为四个阶段，第一个阶段是兴奋期，第二个阶段是持续期，第三个阶段是高潮期，第四个阶段是消退期。女性性反应在高潮之后又画了一个虚线的高潮，就意味着女性的性反应在高潮期之后还没有下降到持续期之下的生理水平时期，如果继续给她们加以有效的性刺激的话，她们可以有第二次甚至第三次高潮的潜力，而男性则没有。男性第一次高潮之后没有紧接着的第二次高潮，他们不可能连续射两次精，所以男性有不应期，女性没有不应期。从生理学反应来看，女性的性能力比男性强。

心理学的同学可能会马上有个疑问，为什么在实际夫妻之间性生活统计的时候，丈夫的性满意度高于妻子的性满意度？这是由文化因素决定的，不是由生物原因决定的。在文化的价值观念里面，对女性是抑制的、苛刻的。所以这种价值观念内化成她的人格，进而抑制了她的生理需求，抑制了她的性动机——sexual motivation。她们便没有性动机了，甚至她的性能力都有可能通过这种文化的内化而被抑制了，进而影响了她实际的性行动，降低了她的性行动。而在实际的性生理反应中间，女性的性能力比男性强，这是我要纠正的。现在我们来看女性的性高潮期，女性的性高潮期大小阴唇膨胀充血，拉长，阴道口张开，阴蒂缩回包皮，比平时大小增加两到三倍，这是外表，我们看内部。子宫本来是躺卧在膀胱的后上方，但是在高潮期的时候，子宫竖起来了，而且在收缩，是痉挛性的收缩，不是自主的收缩。我们可以看到这是一个仰卧位，这是下三分之一，这是上三分之一，这是中三分之一。为什么这么说呢，因为我们说方位的时候一定要以直立体位为标准去描述。最突出的特点是，女性在性高潮的时候阴道的下三分之一由于充血阴道壁增厚。所以使得阴道管腔变窄，变窄的过程中肌肉又痉挛性的收缩。一般可以收缩三到五次，强度的高潮可以达到八到十二次。这个收缩对阴茎起按摩作用，刺激它把精液射完。这个仰卧位就是精液，这个空间就是精池，精池实际上就是精液储留的位置。在恢复的时候，子宫下降以后，子宫恰好浸泡在精池内，就有利于受精，有利于生殖，这就是一种自然过程。

曲线 c 就是该过程的记录曲线，人在性高潮时不仅性系统会有反应，全身都会有反应：肌肉张力增强，呼吸加快，心跳每分钟可以达到两百次以上。安静时普通成年男性心跳每分钟大约 70 次，女性 75 次，而运动员的心跳每分钟约 65 次，而人在性高潮时心跳可以达到两百次以上。性高潮时会意识狭窄，意识狭窄是什么意思？那个时候就只有两个人存在，天地都不存在，全世界只剩你们两个。这种意识狭窄持续多长时间呢？大约三五秒，恰好是性高潮的时间。男性的性高潮是使阴茎完全勃起的前提，它进一步勃起，然后在性高潮到达以后，在神经机制的调控下输精管、精囊腺、前列腺甚至肛门阴茎等同步收缩，收缩的力量就会把精液排出体外，射精的远近取决于阴茎勃起和肌肉收缩的强度。

男性的性反应分为兴奋期、持续期、高潮期，然后过渡到消退期。首先男女之间的基本模式都是一样的，都可以分为兴奋期、持续期、高潮期和消退期，男女之间又存在一定差异。女性的性反应有三种模式，首先看 A 型，女性在经过兴奋期、持续期、高潮期之后再给与刺激可以达到第二次甚至第三次高潮后，再到达消退期；第二种类型 B 型，女性在兴奋期和持续期波动，再到达消退期，中间没有高潮期；第三种是快餐型，一波两折到达高潮期，然后马上消退，时间很短，这是男女性反应周期的差异性。男性有不应期，女性没有不应期，红色表示存在潜在的第二次、第三次高潮的能力。我们来看这幅图，实线是男性的性反应，虚线是女性的性反应，总共的持续时间是十五到二十分钟，男性和女性的兴奋期基本是同步的。十分钟以后，性前期时间就是兴奋期了，持续期约为五分钟，是阴茎插入阴道的时期，然后男女几乎同时到达高潮期，男性的消退期消退得快，女性的消退期消退得慢。所以，夫妻做完爱以后，丈夫不要蒙头大睡，你还要理一理自己的妻子，你还得再温存一番，不然妻子会睡不着的。

这是一种同步高潮，可遇不可求，如果特意去营造可能会难以达到，偶然碰到了皆大欢喜。还有一种是前面没有准备，没有性前戏，然后直截了当进入了，然后男性马上进入高潮，五分钟之内就结束了，而妻子连兴奋期都没有到达，还在兴奋期波动，一晚上辗转难眠。这种夫妻关系存在很大问题，这种夫妻关系一般是低文化层次比较多。比如农村，白天累得要死，面朝黄土背朝天，汗流浃背，回去睡觉的时候，黑灯瞎火连电灯都没有，然后很快就把事完成了，结果妻子不满意，丈夫很自私。这种性生活在低文化层次出现比较多，但在高文化层次就不一样了，高文化层次同步高潮比较多。

最后一种类型，调情阶段做得很充分，十分钟，男女在性兴奋期做得很充足，妻子的平淡期很短，大概不到两分钟也就一分半钟的样子就进入了高潮期。兴奋还没有降到持续期以下的时候，丈夫还继续给她刺激，然后她又有了第二次性高潮，然后消退。而丈夫太有奉献精神了，他自己却没有高潮，一晚上辗转难眠。这种性爱的模型容易出现在哪里？妻子太强势即妻管严的家庭和妻子对丈夫挑剔太多的家庭即丈夫地位比她低得多的家庭。丈夫把妻子当神一样供着，他不敢动她，他不敢有"邪念"。这种家庭是性不和谐的。还有一个差别，那就是在兴奋期，通常情况下男性兴奋期来得快，因为男性通过视觉马上就可以性反应，这就是男性喜欢看A片的原因；女性通过被动触觉才容易性兴奋，只要是她喜欢的人，她就愿意去被触觉、被触碰。所以男性的兴奋期来得快就像电灯泡，你打开电源他就亮，女性性反应兴奋期的特点就像电熨斗，插上电能慢慢地热。掌握了这些性生理反应的特点，我们就可以有自学能力了，你就知道你的性生活该如何去操控了。我相信在座的都是高水平的人，你们都会有自学能力。

性学普及型的讲课哪怕是学术性的讲课有时候也要点到为止，这叫明喻与暗示相结合的原则，你不要把什么话都说了，有些事是说得好不如做得好。

彭晓辉：华中师范大学生命科学学院教授，硕士生导师。

（第116期"心灵之约"讲座，2014.6.11）

生命礼赞——自我超越，实现生命价值

代国宏

你们来到了很好的一所大学里读书，可以实现自己很多很多的梦想。在我们那个地方，能够读大学是一件非常幸运，也是一件非常幸福的事情。像今天下午我跟来自我们北川中学的两个学弟交谈，我跟他们讲，能够从大山里的小地方考上华中科技大学，我觉得你们特别了不起，特别为我们家乡人争光。所以你们一定要努力，好好珍惜现在所拥有的一切，并且把你们的想法和未来要做的事情通过现在的努力一点一点地做到。能走多远，不是由腿决定的，而是由心决定的。这其实很直观，因为我没有了腿，我没有办法去靠走路这样一种方式爬到山的最顶端，没有办法通过跑步的方式跟别人在百米赛场上比赛。所以，我就只有不断地去思考，不断地用心去把自己能够做到的事情一点一点地做好，我觉得一切就会变得非常非常的幸福。

我今天要给大家分享的其实是我自己在长的过程中，体验生命的历程。我们先通过一个公益广告视频来开始今天的主题分享。就像我在拍这则公益广告时想到的这几句话一样：人生就是一个大大的挑战，一个大大的赛场，我们要超越的不仅仅是对手，更是新的自己。因为我们不知道自己这一生中，会遇到多大的困难，多大的事情。只有不断地去挑战它，一点点地去战胜它，才能够在自我超越中去实现生命的价值。在这个过程当中，我们有拼搏，我们有感恩，我们更加地奋进。

其实在很小很小的时候，我住过半山腰，也住过寺庙。大家可以看到，PPT 的左上角就是我们家的房子，右上角是我母亲和我们家的厨房，左下角是我的卧室和我们家在 2003 年买的第一台家用电器，右下角是我的奶奶。小时候我就在想：我要怎么样才能改变这一切、改变这贫穷落后的面貌？在我们那个地方只有一个办法，就是不断地念书，上初中、高中，直到大学，这样才有机会实现自己的梦想。所以，从小我的梦想就是要上大学，靠读书走出大山。父亲为了让我能够上大学不得不外出打工，我经常会问我妈："爸爸去哪里了？"她总会告诉我："因为你和哥哥都要上学，所以爸爸不得不出去打工挣钱。"妈妈没有太多的文化，在家种地，照顾我和哥哥。但是她从小一直教导我，遇到老师和邻居都要乐呵呵地和他们打招呼，要以礼待人。小时候我不知道这是为了什么，但我一直都像母亲说的那样，乐呵呵地去做一些事情。

在哥哥考上高中的那一年，我也考上了初中，当我把录取通知书带回家给妈妈看的时候，我第一次看到妈妈哭泣。后来我才知道，在我之前，哥哥也把他的录取通知书拿到了家里，但是妈妈不得不告诉他："你必须要放弃你的学业，把读书的机会留给弟弟。"所以母亲红肿着眼睛跟我说："国宏，你一定要好好读书。"从那个时候起我就一直有一种信念：我不能辜负哥哥不得不放弃的学业和妈妈忍着内心伤痛的抉择，我就是要靠读书来完成梦想。奶奶相信我是能改变一大家子穷了几代的命运的人，而我也做到了所有乖孩子能够做到的一切：考上了我们那个地方最好的初中，考上了我们那个地方最好的高中。就当一切都在自己预想之中，只要努力就可以进入梦寐以求的大学，然后依靠自己的努力完成所有梦想的时候，2008 年 5 月 12 号那一天，一切都变了。其实那一天特别平静，我记得寝室的同学还在一起讨论我们以后要做什么。我们寝室有七位同学，有班长、学习委员、体育委员、文艺委员，以及各科课代表，囊括了我们班所有的核心成员，每次考试的分数都会把班级的平均分拉高很多。有同学说他未来想去当老师，有的说他以后想去做记者等。因为过于激烈的讨论，检查老师还敲着我们的门说扣分了。我们当时还在商量，今天好像是该班长下午去顶罪了，可能又要去扫卫生间。

很快，到了两点十分，我们开始上课。作为文艺委员，我每天要带头起歌，所有同学都跟着一起唱。老师特别喜欢我们班唱的歌，所以他每次都会提前几分钟来到我们的教室门口。我记得，那一天，我带唱的其中一首歌叫做《相亲相爱一家人》。到两点二十七分多一点的时候，老师提了一个问题，同学们举手回答问题时。突然，整栋教学楼晃了一下。老师做了一个手势，让我们不要动，他出去看是什么情况。他走到教室门口，很快地看了两下，觉得没有什么事情，再返回讲台的途中，突然整栋教学楼摇晃得特别厉害。我当时不知道怎么办，但眼看着头上的水泥板就要掉下来，我赶紧把椅子放在课桌上面，就像老师教我们那样，躲在了桌子下面。但这个时候已经来不及了，就在这一瞬间，我脚下的地板裂开，我的脚掉下去，腿紧紧的被卡住了。但是，特别幸运的是上天留给了我一个生存空间，再往上一点或是再往下一点，我都不能活下来。我的右手也被横梁压住，不听使唤。片刻沉寂之后，三楼已经变成了一楼，一片漆黑。这时，我听到外面有人呼喊，我知道有很多同学已经离开了，还有很多同学被压在下面。我是班里的文艺委员，我就带领着全班同学一起唱歌，我们唱《倔强》《相亲相爱一家人》，我们互相鼓励，一定要坚持住，很快会有人来救我们的。慢慢的、慢慢的，埋得浅一点的同学都被救出去了。到了5月13号，我们班还有四位被埋在下面，两个男同学，两个女同学。到了13号晚上，我的同桌，一位女同学，她的呼吸有一些急促，我开始听不懂她在说什么。但仍旧拼命地用自己的左手使劲刨开一些桌椅板凳，和她一起抠出一点点。她告诉我两句："代国宏，你出去后，一定要告诉我的爸爸妈妈，我特别想念他们"和"代国宏，你一定要出去，因为你跟我是同桌，所以你记得我们谈论过的那些梦想，请你一定要记得帮忙去实现它"。然后，她的手开始慢慢变得冰凉，我在短暂的沉寂之后，开始疯狂地用头撞击那些桌椅板凳、撞击地板，我想要很快出去，想要很快把她救出去，让她亲口告诉她的父亲和母亲、告诉她的家人，她想要对他们说的话。

但是一切都晚了。也不知道什么时候，我的头已经撞得大包小包，但是一点也感觉不到疼痛。因为我当时只有一个信念：我一定要活下去！所以我开始冷静地思考自己到底该怎么办，怎么样让自己时刻保持清醒？我开始割破自己的血管，喝自己的血液。可能在这个时候，老天爷被感动哭了，他下了一场雨，雨滴能够一滴滴地滴在我后背上。因为我是趴在那个地方的，我的脖子根本转动不了。所以只有等待着它一点点浸湿到我衣领的位置，等我感觉它比较饱满的时候，我就把它吮吸了，让自己保持清醒。其实在那个时候，我已经出现了幻觉，我感觉我已经不是被埋在我们学校了，而是被埋在回家路上一座桥的桥头下面，这是我回家的必经之路。在那个地方我感觉自己的灵魂再一次出窍，身体已经轻飘飘的。当我不知道该怎么办的时候，突然就有一束光射进我的眼睛。我努力地睁开眼睛，发现救我的是重庆消防中队的消防员官兵。我不知道他们花了多少时间救我出来，当时的我时睡时醒。

如今，我每次回学校都会去一个地方祭奠我的同学和老师，当时七个最好的朋友，如今只剩下了我一个人。但只要我还活着，就不仅仅只是完成自己的梦想，我还要背负着他们的希望和梦想，我发誓我会尽自己的努力来实现这一切。但上天同时和我开了一个巨大的玩笑，本来我的梦想是和大家一样，拿到大学录取通知书，光荣地走进大学校园，没想到我第一次来到渴望的大城市竟然是作为一个病人，坐着救护车来的。

2008年5月12号，我父亲骑了40多公里的自行车来到学校找我，参与救援，但并没有找到我。5月17号，当父亲在医院找到我的时候，医生让他做了一个选择题，只有两个选项，要么你的儿子永远失去他的双腿，要么你永远失去你的儿子。我可以了解当时父亲在手术单上签字时的心情，他一定也是十分悲痛的。

截肢手术之后，由于当时绵阳医疗条件无法支持伤员数量，必须进行转移。但轮到我的时候已经没有救护车了，我又已经截去双腿无法坐在大巴的座位上。所以我垫了两床棉被，躺在过道里面，也不知道颠簸了多长时间才到达重庆一个县的医院。当他们把我抬下车的时候，看到那一幕，我不知道为什么，就觉得特别想哭。我看到有特别多的当地人，他们都提着肉、抱着大西瓜、手里拿着小的五星红旗，欢迎我们的到来。那一刻，我觉得特别踏实、特别安稳。

所以，在那个地方，我的腿虽然特别疼痛，但我当时特别想吃东西。那天晚上我特别想吃回锅肉，有一个人就赶紧到外面炒了一份回锅肉过来。我吃了两口，很快就睡着了。我记得他们还送了我们一个三十多斤的大西瓜，特别特别大。我睡着了，当我再一次醒来的时候，我发现自己不知为什么又是在救护车上面，这到底是怎么了，我还在问那个大西瓜在什么地方，我想吃大西瓜。

当时的医生告诉我，我的病情特别严重，已经出现了急性肾功能衰竭，如果不马上进行血透，很快人就没了。最终到达了重庆第三军医大学新桥医院，在这个地方每天做血透。大家可以看到我脖子上这个地方，每天要插三根小指拇这么粗的管子，把血全部都抽出来，到血透机里面洗过之后再输回去。慢慢的、慢慢的血透到一个礼拜左右，情况稍微控制一点点的时候，在一个特别安静的夜晚，我的右腿开始特别疼痛。我叫了医生，医生赶紧到病房里，他把我脚上的纱布一点一点拆开，到了最后一下的时候，大动脉的血一下子就喷到了天花板上，喷在了医生和家人的身上。幸好这个医生特别有经验，他赶紧拿了一个绷带在我腿上一勒，说马上要开始手术。这样的事情我又经历了第二次、第三次，大家看到的就像照片上这两张我的状态和当时的我是一样的。

我也不知道为什么，每天都笑嘻嘻的。我记得病情稍微得到一点点控制的时候，我的左腿肌肉全部坏死，需要每天做一到两次清创手术。清创手术就是把缝合的线拆开，把腐肉全部都剪掉直到出血为止，然后再缝合上。那个医生的脸又大又圆，我看到他就觉得很搞笑。他每次为我做清创手术时，汗水都不停地往下滴，他的助手不停地为他擦汗，我却在旁边不停地笑。那个医生的名字很有趣，叫田智标，病友开玩笑地告诉我，你要小心一点，他治标不治本，于是我就更加想笑了。后来当我的病情慢慢得到控制时，医生对我的家人说，是我乐观的性格拯救了我的性命。如果我每天不是乐呵呵地去面对这些事情，可能早就醒不过来了。这时我总会想到我的母亲，想到她对我简单而质朴的教育：任何时候都要以乐观的心态去面对遇到的人和事。母亲不仅给了我第一次生命，而且在我生命最危难的时刻，使我的生命得到了延续。

我的病情一天天得到了控制，但毕竟失去了双腿，未来的路该怎样走？我不敢思考这样的问题，当时只是在想，自己瘦弱的身体能够支撑起未完成的梦想吗，是回到学校继续念书，还是做其他的事情呢？但要回到学校，也必须要有脚啊。当时我还住在重症监护室里，有一个北京的奶奶来看望我，她说要为我跳一支舞。当她在我病床前跳舞时，我并没有觉得有什么奇怪的，但当她慢慢露出自己装有假肢的小腿时，我就惊呆了。我对医生说，我不要住重症监护室了，我要锻炼，我要装假肢，因为我想尽快走出医院，回到学校。第一次穿上假肢时，我既兴奋，又疼痛难忍。兴奋的是我想告诉一直伤心哭泣的妈妈，告诉一直关心我的人，我重新站起来了，疼痛是因为必须要把自己的肉磨成死茧，才可以真正地走起来。但是，为了不让母亲哭泣，为了自己能够早一点到社会中，去学校继续完成梦想，我觉得就算再苦也要坚持。

渐渐地、渐渐地，差不多一个月的时间，当假肢练到一定程度的时候，我的身体非常脆弱，当时只有56斤。我就在想：要回到学校吗？如果回到学校的话，家里人必须来照顾我。而且，学校到处都是坡坡坎坎，上课的地方全部都是楼梯台阶，也必须要家里人照顾我。我们家住在半山腰，如果我待在家里的话，连门都出不了，只能过衣来伸手饭来张口的日子。但我是一个性格特别要强的孩子，对于这些我坚决说不。所以我必须要找到一个让自己独立起来的办法。这样的话，家人才不会担心，才能放心地去做他们的事情，也放心我做自己的事情。

我每天锻炼得特别辛苦用功，医生建议我去学游泳，说有利于身体康复。我抱着尝试的心态去了游泳馆，其实很惭愧，有脚的时候我都不会游泳，失去双腿的我能学会游泳吗？我思考过，觉得应该先去尝试，所以我来到泳池旁。记得第一次下水的时候，两个救生员来保护我，我说："你们让开我自己来。"当他们的手松开的时候，我突然感觉自己头重脚轻，头一下子就钻到水里面去了，喝了好多好多的水。我的手、腿、全身都在不停地抖动，找不到重心和平衡在哪里，所以只能不断地喝水。我感觉到意识已经模糊，自己就要没了。这个时候，我抓住了水线，抓住水线后我还是继续喝水。

后来遇到了我的教练，也就是沈老师，他让我先学两个很基本的动作：漂浮一下，再慢慢地游。我慢慢地可以漂起来了，但是对水的恐惧还是很深。我在心里犹豫，不知道要怎么办。教练当时只问了我一句话："你愿不愿意来学？"我说："我愿意。"他说："好，只要你愿意来学，我就愿意教。"所以教练和我用了48天时间学会游泳。48天能做什么，如果我们只是去想，想必永远都不会知道。但是，我们一点一点去做，相信总会有所改变。有一天，教练在水里抱着我的腰，让我学划水和呼吸。然后，他松开了手，我开始能够游一米两米。然后，我就沉下去喝水了，直到教练把我提起来；第二次他再松开时，我可以游十米、二十五米，然后再沉下去喝水，直到被提起来；到我可以独立游完五十米的时候，我突然爱上了这种感觉。因为在水里我不需要轮椅，也不需要拐杖，我可以靠自己的力量自由地前进，我觉得这就是我一直在寻找的东西。所以要把这件事一直坚持下去，把身体练得越来越强壮。没想到这一坚持就是六年的时间。这六年里，我和教练一起游泳、睡觉、吃饭、训练、比赛。有一次我简单地算了一下，在六年的时间里，我每天游八千米到一万米，一年总共有十五天的休息时间，$8000 \text{米} \times 350 \text{天} \times 6 \text{年} = ?$ 大家可以算一算有多少个长江的距离，可以绕地球多少圈。

曾经我也不知道六年之后的自己会是什么样？但是在这六年当中，我每天都按照教练的要求在做，不断地、一点一点地去进步。仅从自己的身体情况来说，我从五十六斤到现在一百斤，变得越来越健康。进入真正的竞技体育队的时候，我才发现真的特别辛苦、特别残酷。我记得，有段时间我写了一篇日记，我说训练是枯燥乏味的、心情是极端化的，但每次点点滴滴的进步又是快乐的。

竞技体育是残酷的，跟大家举一个简单的例子。我们吃饭的地方，会分为一线运动员食堂和二线运动员食堂：一线运动员的食堂有十多个菜，你想要什么就有什么，你可以吃任何想吃的东西；二线运动员食堂就只有五六个菜，有时候一线运动员吃剩下的菜会分给他们一些。很现实的来说，如果有一天二线运动员的成绩超过了一线运动员中的任何一个人，你就下去看着他们上来。很简单，因为比赛也是这个样子，成败就在那零点零几秒之间的差距。

既然付出，我想也会收获一些你曾经都没有想过的、没有想得到的东西，它会在你努力的积蓄之后，自然而然地来到。六年的时间里，我大概获得国内外比赛9金4银3铜。其中让我记忆最深刻的是第一次拿到第一名的时候，我当时就只有一个想法，就是想要把它献给我的母校——在"5·12"汶川特大地震中饱受创伤的北川中学，我想要鼓励那个地方的学弟学妹们坚强勇敢地面对真实的人生。当校长和老师跟我说："国宏，你的出场是整个开学典礼的最高潮。"我在想，可能学弟学妹们和所有的学子们都明白了我的心意。因为金牌看似是我一个人努力得到的，但它背后的故事真的太多太多。2014年，我打破了保持了12年的全国记录，我把这块金牌也献给了我的母校。

此外，我会去参加很多公益节目，录制很多能够传递正能量的节目，所以也遇到很多人很多事。每一次很多朋友和老师都对我竖起大拇指，每次我都不知道为什么想要掉眼泪，因为我觉得背后的故事真的太多太多。

我望通过自己不断的努力去做更多的事情，所以也加入到一些有意义的行动，或是能够传递坚强与梦想的这样一些视频或队伍中。其实同学们刚刚听到很多，六年的时间说快也很快，说慢也很慢，但是你能够想象一下像我们这种身体情况的人要从六年的时间当中走过来，每天会遇到什么样的事情吗？他们每天都在经历怎样一些思考？怎样去做的一些跟大家看来特别简单而我们又必须要去做的事情？我希望通过一些简单的体验活动让大家也来触碰一次好不好？下面我想请四位同学上台来，做一个简单的小体验。

（四位同学分别体验盲人，失去双手、失去双腿等残疾人的生活，盲人走路，失去双手的人戴眼镜，失去双腿的人去楼梯。）

我们为什么要做这些体验活动？因为我想我们的一生不仅仅是在为自己而活。在生命过程当中，你会遇到很多的困惑，或者自己觉得解决不了的事情，我们可以来做这样的一次体验。因为我一直都相信，只有真正的体验才能够去触动你的心灵深处，有了触动之后才会有所感悟，有所感悟之后才会有所行动，有所行动之后才会去改变你。你内心觉得不可能的事情或者是你觉得简单的事情试着去尝试一下，一切就都明白了，真的是这个样子。又或者是在某一天你觉得自己处在生死边缘，觉得自己快要活不下去，觉得自己快要想不开了，觉得这个世界没有什么留恋的时候，你可以去坐上轮椅体验一天。想一下早上起来的第一件事情是去干吗？在医院的时候，我早上第一件事情就是特别想去卫生间，我在梦里面还是那个自由自在的孩子，还在乡间的小路上自由地走动，但当我醒来想要很快地冲到卫生间的时候，会先摔到床底下去。这个时候我发现自己没有了脚，我开始冷静下来思考，我每一天出门都会遇到很多很多各种不同的事情。当我们真正坐上轮椅之后，你要想一下，如果早上去卫生间没有马桶怎么办？我该怎样去上卫生间？如果卫生间的隔间我都进不了该怎么办？我们出门公交车坐不了，有台阶怎么办？搭车的时候司机拒载怎么办？如果我是一个女孩子，看见一件漂亮的喜欢的衣服想去买它，但是有无数个台阶，又该怎么办？我想你坐上轮椅去体验之后就明白了。你会明白我有双脚，这是幸福的，我还可以走路；我还有双手，可以写字，理发型；我还有耳朵，可以听到世界上各种美妙的音乐；我还有眼睛，可以看到好看的花，去看世界各个地方，特别精彩的风景……

曾经我也是那个总是在想却没有去体验的人。我想要去海边，想要去山顶，想要去很多有台阶的地方，我想要爬上去，但我总是在左想想右想想。当我有一天真正驰骋在海面的时候，当有一天真正爬到山顶的时候，当有一天我感觉自己又充满无限能量的时候，我才发现这都是要去做、去体验以后，才发现行动之后，自己原来可以真正飞翔。大家看到的这张图片是在南水北调的起源地丹江大坝拍的。这是我去武当山拍的，有好多台阶，但是我想去诚心地祈祷，我心里有很多愿望，想要很快去实现它，有很多台阶，我需要一步步跳上去，再一步步下来，因为中间有自己发自内心的祈愿，任何困难或者台阶都难不倒我。如果前面的台阶我们永远也不去跨越它，不去触碰它，那就永远也实现不了，就像我许的愿望一样，因为我去做了，去尝试了，所以它很快实现了。这是我的未婚妻，在去年9月18日，比赛的最后一天、最后一项比赛结束之后，我在喜爱的游泳池旁边，在所有的老师、队友还有全场观众的见证下，向我的女友求婚成功。

可能会有很多同学怀疑我未婚妻对我的真爱，怀疑她家里人会放心把她交给我这个没有双腿的人吗？我现在说你们可能不信，所以我希望你们把我在《非诚勿扰》的那期视频分享给你们的爸爸妈妈，去问一下他们放心吗。下次，我想把思妙带过来，给你们做一个分享。你们的各种问题都可以问她，相信她也会很乐意回答。

在这里我想给你们分享一个小故事，我训练的地方是在德阳什邡，她在成都，我大概两个星期回去一次，每次都会去什邡的一个客运站，到了客运站第一件事情是去买一个塑料袋，买票之后就把塑料袋套在自己腿上，爬上大巴，到了成都再跳下来划两公里轮椅到她们家。很不幸的是，她们家住七楼没有电梯。再套上塑料袋，一个台阶，两个台阶，我就往上爬，等数到一百零二个台阶的时候，我就知道，可以敲门了。我知道，她在等着我。她给我开门之后，我就把准备的礼物送给她。我会给她讲："亲爱的，我会给你，你想要的幸福。"绝不只是说说而已，我会做到的。

我想过很多次，前方的路该怎么走。曾经我也徘徊过，自己要不要再坚持一下，要不要再去做一次。后来，被埋废墟下两天两夜之后，我挺过来了；辗转七家医院，五百多个日日夜夜，我挺过来了；决赛场上冲刺的那一刻，我也挺过来了。我才发现，这就是自我超越，这就是把你曾经想过的、觉得不太可能的事情实现了，我觉得这种感觉真的太好了！如果当初第一次下水因为害怕而不去尝试，我就不会是游泳冠军；如果我永远只徘徊在台阶前，我也永远不会走上最高的台阶。这不仅仅是摆在我们眼前的这道坎儿，更是自己心里的那一道坎儿。你不主动去迈过它，那么很多事情是永远不可能实现的。如果我只是在七楼楼下大声地对她喊："亲爱的，你嫁给我吧，我会给你幸福的！"那么我的爱情可能不会来得这么幸福。人生没有那么多的如果，重要的是一步一步去做，抓住你眼前的任何一个机会。

那么该如何落到实处呢？我每天早上要做的事情就是照镜子。这并不是臭美，而是以这种方式告诉自己：我每天出门都会遇到不同的人、不同的事情，但是我可以让自己保持一个好的状态，可以给他们一个大大的微笑，我相信可以因为这一个小小的举动让身边的一切都随着改变。所以我们可以每天都用照镜子这种方式来告诫自己，可以用爱、用心去传递正能量。就像看体育比赛一样，运动员的每一个动作都很美、很优雅，但是场下他们每一个动作都会经过成千上万次的练习。相仿的是我们每天早上起来照镜子，如果我们连续照上一年，无形中就会给你自信，有时候你的能量超乎你的想象。我们可以一点一点地积蓄能量，让自己的内心更加强大。只有积蓄更多的能量之后，你才能更好地去传递更多的正能量。

我曾经作为中华人民共和国第九届残疾人运动会暨第六届特殊奥林匹克运动会的第一棒火炬手去传递火炬，我想这并不是一次简简单单的传递火炬。我为什么会成为八千多万分之一的火炬手，因为我是一个传递坚强、传递梦想的人，我可以用我的行动去传递更多的正能量。

每当讲到这里的时候，我都会想到两个问题，不知道此刻大家的内心里是否有着自己的答案。第一个问题，什么是自我超越，也就是在自我成长的过程中自己是如何体会到的。而我的体会是，每经历一次人生的转折，就像到达一次新的彼岸，我们不知道前面会发生什么，只能一直向前。就像曾经，我没想到自己会以很好的方式拿到入学通知书；来到大学以后，我也没想过会来到华中科技大学来给大家做分享，我不知道，也不可能会知道。第二个问题，什么是生命的价值。这个时候我在想，第一个问题在我内心里变得好简单好简单了，因为只要我们还活着，还健康地活着，第一个问题就可以去完成。但第二个问题呢？我们生命的价值和意义到底在哪里？就像我开始讲的那样，我们每个人都不是为自己而活，我们还可以做好多好多有意义的事情，哪怕我今天出门捡起一点小小的垃圾。以后你遇到有这样身体情况的人，你就知道应该以什么样的方式去帮助他人。这也是生命意义与存在价值的一种体现。

我现在也是跟着老师在学习生命教育这门课程，下面这句话，相信所有的同学肯定都会有所感触："在别人需要的地方看见自己的责任"，这就是我对自己的一个要求，我希望身边的朋友也可以去坚持这样一个理念。我相信所有的一切，就像我的家乡一样，都会随着我们的成长而变化。大家可以想象一下，看到的第一张图片和这一张图片，我相信很多都会是你意想不到的改变。我希望以后很多的同学都可以到我们这里来玩，我会请大家吃烤全羊。祝所有的同学都能顺顺利利、健健康康。这是我的二维码，大家可以扫一下，可以加我微信。在最后我还有一份小小的礼物要送给华科的同学们。我们都是风华正茂的年纪，所以我希望我们每一个人都可以以生命感动生命，以生命影响生命，更加可以以生命引领生命。思妙还让我带一句话给未婚的男孩子们：要想媳妇娶得好，首先要把字练好。谢谢！

代国宏：全国残疾人游泳锦标赛冠军、"无腿蛙王"。

（第 140 期 "心灵之约" 讲座，2016.3.17）

一物降一物，爱情为何物？

中南财经政法大学 何红娟

我们今天讨论的主题是"爱情"，问一个非常俗套的问题，各位你们认为，爱情和事业哪一个比较重要？有人会说，老师你这个问题又白问了，为什么？因为爱情和事业就像人的心脏和大脑一样，它是同样重要的。著名的心理学家弗洛伊德有一个理论，他说："人从生下来就有两个基本的趋利，一个是性的驱力，一个是攻击的驱力，而性的驱力升华以后就是爱，攻击的趋利升华以后就是我们的事业。"

比如说一个成年人来做心理咨询，要对他（她）进行评估，我们最早要了解的就是：第一他（她）是否有一个亲密爱人，第二他（她）是否有一份可以自食其力、能够提供他（她）基本生活保障的一份工作。如果他（她）在这两项答的都是 yes，那么我觉得他（她）的这次咨询可能就进行得比较顺利，会容易做一点。

在心理学里面爱情其实是属于深度心理学的一个范畴，在很长一段时间里面，很多心理学家其实是不关心这个话题的，更多的心理学家会把大量精力放在一些异常心理的研究上面，比如说病态心理这一类。

近几十年来，人们越来越觉得爱情是一个非常重要的议题。有句话是这样说的：天底下最重要的事情其实是人与人之间要建立一个有意义的连接。为什么这么说？美国科学家曾经做过一个实验，就是对"开心手术"群体的研究。大家知道什么叫"开心手术"？不是说他很开心，是说打开他的心脏来做手术。研究者只问他们两个问题：第一个问题是在你的身边是否有一个有意义的爱的连接可以给你力量？第二个问题是你是否可以从你的宗教信仰中得到安慰和力量？就是这样的两个问题。对这样两个问题都答"是"的人，他们在做完手术几个月后，死亡率是3%；对这两个问题都答"否"的人，他们在几个月后的死亡率是21%。所以说，这是一个7倍的差距。

在美国有一个非常著名的心理学家，叫John Gottman，他拿到了一笔很不错的资金，然后在华盛顿的大学建立了一个"爱情实验室"。大家会问，"爱情实验室？爱情能通过科学的方法来进行检测或者预测吗？"可能我们更多的是对工科的一些实验比较熟悉，实际上，他们的爱情实验室是怎样运转的呢？有很多的房间，风景很优美，他们招募很多夫妻过来进行实验，他们拎着行李就住进来了。住进来以后，基本上每天早上研究者都会对他们的尿液进行检测，从对他们尿液中某种物质的分析，会得出一个人在夫妻关系中压力值如何。实验者也会对他们的夫妻生活进行全程录像，比如说，会对他们进行一次访谈，让他们谈一谈最近夫妻俩之间发生的冲突是什么样子的。结果他们发现，这个过程中间，老公说："哼！你就这样了，上次那件事情都是你的错！"然后老婆就有一个很不舒服的表情，如果老婆说："你嘛，早就看穿你了！你也就这样嘛，这一辈子你也就这个出息，我以后跟着你怎么怎么样！"在这个过程中间研究者就会对他们的每一个表情进行监测。对话过程中被检测的夫妻手心会出汗，研究者也会给这些渗出的汗做一个化学分析，得出他们在这个过程里面的压力值。所有的这些数据加起来，研究者运用一套系统对离婚率进行预测，他们预测这些夫妻在四年以后离婚率的准确率高达96%。这个指数的确非常高，做研究的这个心理学家本人也被大家称为"婚恋的X光"，他本人通过5分钟的录像就可以预测这两个人今后的走向，准确率高达91%，所以才有"X光"之称。

在我们的生活中，经常会有学生很沮丧地问我："爱情究竟是什么呀？"

甚至还有人说："到现在我都不知道怎么去爱，我也不知道爱是什么？"我认为：爱情其实是基于我们自身的需要，或者说爱情是为了疗愈过去的情结。这句话说出来，大家现在可能觉得不好理解，我们通过一整个对爱的旅程的透视来看一下。

爱有时候是从单恋和暗恋开始的。我想问一下各位，你觉得爱人比较幸福呢，还是被爱比较幸福？爱人，被爱？有人说都不幸福，那怎样才算幸福？如果你仅仅认为爱人比较幸福，觉得他（她）爱不爱我没关系，我爱他（她）就行了的话，那么你过多地认同了母性的色彩。如果你认为被爱比较幸福，我不管怎么样，你要爱我，我被爱就好了，我嫁一个爱我的就好了，那么你有太多婴儿化的幻想。所以，爱与被爱同样重要。但是，在我们的生活中，爱与被爱总是不同步的，大家同意吗？在座的各位，玩过单恋或者暗恋吗？如果玩过，好玩吗？那单恋和暗恋是一种什么样的感受呢？那暗恋和单恋的实质又是什么呢？

我给大家讲一个案例，因为我是一名心理咨询师，平时在财大也给他们讲心理学的课程，所以我会有很多心灵故事可以给大家分享。大家听一听，可以帮助你们理解，但是不要作为茶余饭后的谈资。

有个男孩告诉我，他说他爱上了高中的化学老师，这个化学老师很年轻，是毕业没多久就到学校去的。这个男孩在高中的时候很乖，学习成绩也很好，化学老师也经常给他开开小灶。等他上了大学后看见大家都在谈恋爱，他暗自一想觉得他爱的应该是那个高中老师，于是他就真的跟老师表白了。老师当时很凌乱，就想：天哪！这孩子怎么了？于是就跟他讲他们是不可能的，她一直把他当孩子看待之类的。但是这个男孩很执着，第一个寒假他回家就到老师那里找她。老师迫不得已，觉得自己应该快谈男朋友了，不知道该怎么办。这个男孩自己也很痛苦，于是就做了很长时间的咨询，觉得要是得不到这个老师就太遗憾了。后来，我问了他两个问题。我说："第一个问题是，如果现在这个老师从你的生活中'啪'突然没有了，你的脑海里也不会有她，什么都没有了，你的生活会怎么样？"他愣了一下，然后说："这个……不太可能吧，那多无聊啊，好无聊好无聊。"他就在那搓手啊搓手："太无聊了。"接着我又问第二个问题，我说："好，如果那位美丽的高中老师现在对你说，OK，某某，我决定要和你在一起，咱们俩谈恋爱吧。嗯，你看着办，反正现在大学也可以结婚，我年纪也差不多了，什么时候咱们就结婚，早一点生个孩子也好，你觉得怎么样？"他说："啊！这个好可怕啊，这个太可怕了！"

　　大家可以看这个过程是什么样的？他自己在和自己玩。有时候我们以为我们在恋人，我们以为我们在爱人，实际上我们在干嘛？我们在自恋。单恋和暗恋的实质就是自恋。如果你喜欢一个人喜欢了很久，你都没有办法和他（她）进入到一个现实的层面，哪怕跟他（她）表白一下，或者为他（她）做一点什么事情，让他（她）知道你是喜欢他（她）的，或者你都没有想他（她）要发展恋爱关系的决心，那我可以告诉你，你在自恋。我们每个人都有自恋，我也挺自恋的，但这是一种健康的自恋。

　　那自恋到一定程度会发展成什么呢？病态的自恋。什么叫病态的自恋？有一位心理学家叫武志红，我曾经看到他写的一个案例。他说他们有一个心理热线，有一天突然有个男孩子打电话过来，很沮丧地说："我自己觉得我是一个非常优秀的人，各方面都很优秀，我喜欢上了一个同样优秀的女生。那个女生在男孩子中间是女神级别的。我花了很长时间，终于赢得了她的芳心，她做了我的女朋友。"接热线的人想：这还不错啊，那后来发生了什么呢？他说："有一天我和她两个人去逛商场，逛商场的时候她突然说'你等我一下我要上个厕所'。"说完她就进了厕所，男孩就在厕所外面等。一分钟过去了，女孩没有出来。五分钟过去了，女孩还是没有出来。男孩就开始紧张了，他心想：时间这么长，女孩是不是解决什么"大问题"去了，这么美的女孩也会这样？然后他就不再等这个女孩，自己走了，也再也不想见到这个女孩了。

　　他打电话讲述这个问题的时候接近崩溃，这么美的女孩怎么可以这样。但其实最美的女孩也是人啊，她也要吃喝拉撒的。这就是一种接近于病态的自恋，他把内心所有美好的、理想化的东西全部投射到另外一个人身上，以为她是这样的，也要求她必须是这样的。很多人在开始的时候不会有这种想法，但是当进入到一段关系的时候，他（她）会逐渐产生这样的想法。

我想问问大家，你们相信一见钟情吗？有的同学回答不信，有的回答相信。那你们觉得一见钟情靠谱吗？那以一见钟情为基础的婚姻稳固吗？一见钟情也许是这样，在遇到这个人之前，我们已经在心里有了一个架构。突然有一天，这个人出现了，我们觉得他（她）符合这个架构，因此就喜欢他（她）。但是一见钟情有一点很不好的是它加入了现实成分以后很容易幻灭，因为他（她）的身上有太多东西是你投射给他（她）的。

曾经有个女孩和我说，她出去旅游的时候，报了一个类似散客的旅行团。她上车后，一个男孩让她眼前一亮，她心想：我的白马王子终于出现了！于是她就坐在他旁边，心里美滋滋的，想着：我要开始一段恋情了！但是她突然发现这个男孩说话时方言口音特别重，她心里有点失望。过了一会儿，她又发现，男孩特别喜欢念路边的那些旅游标识，但是他又经常念错别字，她更加失望了，觉得爱情"渐行渐远"了。其实在这个过程中，那个男孩很无辜。女孩把很多对于男生的美好想象全都投射到他身上去了，只要发现他身上有任何令她失望的特点，她对男孩的"打分"就减一分，一分一分减下去，最后对这个男孩也就心灰意冷了。

所以说，爱情有时候是一种投射，把我们内心情感中向往的特质倾向于认为是对方应该有的。比如说爱上了一个非常理性的人，也许是我们把自身理性的一面投射到他身上了，觉得自己就可以做一个任性、没心没肺的小丫头。再比如说爱上一个特别感性的人，也许是我们把自身感性的一面投射到对方，从而避免自己会淹没在这种感性中。同样，我们爱上了一个特别优秀的人，也是把自己想要达到完美、却难以达到的一种心愿投射给了对方，从而让自己轻松一点。如果我们爱上了一个崇拜"我"、认为"我"很高大伟岸的人，也许是自己依赖这种他人的崇拜从而来加强自己内心不稳固的强大感。所以说，有时爱情的发生是一种投射。

　　有时候，爱情还是一种补偿，补偿是一种心理机制。举个例子，有一天，一个女孩来做咨询，在这之前她已经来过很多次了。在我的印象里，她的打扮比较中性，跟我谈论的话题也从来不涉及爱情方面。每次她关心的事是：我能不能在与男生的竞争、比赛中取得优势。而有时候，对异性的爱慕是检验性别的一种标志。在心里，我就很想提醒她：你是个女孩啊！于是有时见到她我就说："你今天的衣服很漂亮啊，我第一次看见你穿蕾丝边的衣服。"或者，"你今天的发卡好可爱啊。"她只回答："嗯嗯。"让我感觉和她在这方面的交流有点困难。但是，有一天，她突然跑进咨询室说："老师，我觉得我不需要继续做咨询了，今天是最后一次了吧。"我很疑惑，就问："为什么呢？""因为我恋爱了！"女孩说。

　　我就想，她恋爱了！这个女孩在生活中是什么样的呢？她爸爸是个军人，她妈妈是个医生，她妈妈虽然是一位医生，但是身体非常的差，经常生病，今天一个小病明天一个大病，她爸爸和妈妈感情特别的好，爸爸经常要去照顾妈妈。她爸爸从小就对这个女孩用军人的姿态说："你看你妈妈这么需要照顾，所以你要像男孩子一样坚强，要好好地照顾自己。"她回答："好，Yes, sir。"然后她就成了现在这个样子。她当时已经读大三了，班上的男生还不认识几个。有一天他们班组织春游，包了一个巴士，但是巴士上的座位不太够，需要有人站着，她像个男孩子一样马上说："我来，我站！"于是她就光荣地站起来把位子让给了别人坐。路上有点颠簸，她旁边站着一个男生，她都不记得以前和他说过什么话，颠一下那个男生就在旁边把她扶一下，再颠一下那个男生再扶一下，就这么颠了好多次，爱情就产生了。要知道，她从小到大，都没有接受过这么温暖的"颠一下就有人扶一下"的感觉，所以对男性已经关闭的心灵一下子就被滋润到了，这对于她是一种很大的补偿。有时候我们就是在找我们缺失的那种感觉，其实挺美好的。

　　还有一个例子就是一个女孩和她的男朋友的事。那段时间她觉得她的男朋友不对劲，她的男朋友突然对她说："这样吧，老实跟你说吧，在你之外我还有一个女朋友，我希望你能够接受，如果你能够接受我们就这样好下去，如果你不能接受，那我就很无奈。"一个是无奈，一个是无赖，反正这两个都适合。这个女孩说出来的时候，我就"啊"地感慨，问她是怎么想的呢？她说："我想给他三年时间，如果他能够跟那个女孩断掉的话，我就跟他继续好，如果他断不掉的话，那我也没什么办法了。"她的意思是：我也没有办法改变这些，但是我想继续和他在一起。

当大家听到这一段对话的时候，你们有什么感受？当时我想，是什么使得一个女孩在爱情中间可以如此卑微，是什么可以使一个男孩对她如此无耻？实际上这个女孩当时已经研三了，这个男生在女孩研一的时候追的她，刚开始跟这个男孩交流的时候觉得他各种不靠谱，她就没有答应做他的女朋友，只是简单的交往。那个男孩是本地的，有一个星期天，那个男孩连哄带骗地说带她出来玩，就把她骗到了他的家里。她当时在门外想了一下：算了，去一下也没什么。就去了，结果进去了之后，没想到男生的一大家人全在，除了爸爸妈妈爷爷奶奶还有七大姑八大姨。女孩一进来，阿姨就说："这就是你的女朋友呀，长得好漂亮，你真有本事，找到一个这么好的女朋友。"然后女孩就头晕了。她看到这么一大家子是如此的温暖，氛围是如此的融洽，这对于她来说是一个极大的补偿。为什么呢？因为从小她的爸爸妈妈就在外面打工，她是一个人在家里跟着爷爷奶奶长大的。大家都知道隔辈之后的交流是非常少的，她对父母那种家庭的温暖特别缺乏。就在那一天她觉得：我就跟了他吧，这多好啊。

所以，我想问一下大家，在爱情中间，我们需不需要一定的规则和底线？需要是吧。也就是说在这个底线以上你是有一定自由的，在这个底线以下我是完全不认同。有的时候建立在补偿基础上的爱情，我们是不是需要去反思一下，我们是为了爱情还是为了弥补我们曾经所缺失的需要认同的那一部分？

最后这个女孩过来了一次，她说："我跟他分手了，三个人的爱情实在是太拥挤了。"所以爱情多一个人就会很拥挤，对不对？如果你从小缺乏安全感，你可能愿意和一个厚道可靠的人获得爱情；你的生活非常贫乏，你可能会迷恋一个异常活泼很开放的女孩；你的情结越多，你对他人的依恋和需求就会越多。

这是爱情的一个开始，当爱情开始以后，会马上进入共生期，"共生"这个词大家以前听说过没有，什么叫"共生"？实际上我们最早是用"共生"来形容母婴关系的，当孩子在妈妈肚子里的时候两个人是一体的，当孩子出生以后，大概在零到一岁的时候，和妈妈就是一个共生的关系。那个时候的婴儿倾向于认为我就是妈妈，妈妈就是我，妈妈如果笑了就代表我很可爱，妈妈如果皱眉头了就代表我不被欢迎了，他们完全是不可分离的状态。

投入到爱情里面之后，这个时间可长可短，共生期的表现就是难舍难分。比如说你每天跟他煲电话粥，寝室的同学都睡着了，有一个家伙敲着自己的床说："你怎么还不睡觉呀，你都已经打了四小时的电话了！"然后你一看，你还以为只过了四十分钟呢，原来已经四小时了，就是这样一个状态。

大家知道在共生期，妈妈对零到一岁的孩子会叫什么？"宝宝，宝贝"。在共生期恋爱的恋人，旁边的人鸡皮疙瘩都掉了一地，他们还在那里"宝宝"，"宝贝"，叫得很开心。我发现很多谈恋爱的人都是这样叫对方的，而且对方说很受用。共生期的妈妈会喂饭，你们在食堂里面碰到过喂饭没有？我1999年到这个学校读本科的时候，听说武汉理工大学有一个环境不错的食堂，喂饭蔚然成风，很多情侣都每个人打一碗饭在那里喂，那些单身的人的小心脏就受不了，然后单身的人就集体向学校膳食管理处反映，说："风气不好，那个食堂里总是有人喂饭。"后来学校也没有办法，就在食堂里贴了"严禁喂饭"四个字。我认为是那些单身的同学不太懂得共生期是怎样的一种状态。

很多人回忆起爱情的甜蜜点滴，都是回忆什么时候的呢？都是回忆共生期。最傻的人，总是拿之后的生活，比如说很多婚姻生活去和共生期作比较，特别是女孩。我身边很多人向我抱怨：以前出去，我的包都是他拎着，现在却是他在前面来我在后面拎着，累得像只狗一样。我回答说：没关系，这是因为你们之前处于共生期，那个时期可能已经过去了。

如果你总是拿你后来的生活——之后的个体化期，去和那样一个多巴胺旺盛分泌的时候——共生期是多巴胺分泌最旺盛的时候作对比，那个时候人是最开心的，是最幸福的你就总觉得自己不开心，不幸福。过了共生期我们就会进入到个体化期，在这个时期你会发现原来对方也是有毛病的：他怎么这么喜欢抠脚，以前我都没能发现！这是打个比方。你会发现对方：哎，怎么会有这么多的毛病是以前没有看到的。有的人会倾向于说：我觉得你变了。其实有时候并不是对方变了，是你们到了个体化期。到了个体化期使得某样东西非常重要。

司滕伯格提出了"爱的三角理论"，他说一个完整的爱情必须要三个部分在一起，才是非常稳固的。第一个是激情，也就是当你看到这个人时，你就想要和他（她）在一起，你有性的唤起。第二个是什么呢？是友谊的部分，友情的部分，也就是说在价值观，在很多方面你们是一致的，你们可以玩到一起，你们有共同的爱好，不至于在你要干自己的事情的时候感觉对方是个负累，有很多地方可以磨合。第三个部分是承诺，大的承诺是婚姻的承诺。小的承诺是什么呢？比如我承诺保持忠贞。一个稳固的爱情必须有这三方面在一起才是完整的。所以如果两个人在这一块有共同的爱好，可以共同的生活，友情的部分在个体化期就非常重要。

很多好莱坞爱情电影之所以好看是为什么呢？因为故事在共生期之后就结束了。比如说《泰坦尼克号》《廊桥遗梦》，他们还在演共生期，然后大家就会觉得这种爱情故事特别浪漫。实际上，看完《泰坦尼克号》之后我建议大家顺便看看男女主角两个人主演的另一部电影《革命之路》。这部电影，不是讲革命故事的，是讲夫妻关系的，可能有人看过。一对夫妻在经历了那么多的浪漫之后在一起又是怎样生活的，这才算一个完整的过程。

那在共生期和个体化期这两个比较稳固的阶段，我们需要知道什么呢？首先，我们要知道爱情与控制之间的区别是什么。有人简单地把控制等同于爱。我管你，是因为爱你，我一天给你打二十个电话，因为我爱你，我不让你跟别的女生说话是因为我爱你。实际上这是什么呢？试问，如果你爱一个人，那么爱这个人给你带来了什么权利吗？第一要求他（她）也爱你吗？第二，你爱他（她），就要控制他（她）吗？他（她）的一举一动就要在你眼里吗？第三，要求他（她）照顾到你的人生快乐吗？当你在恋爱中觉得很烦恼的时候，到了你不知道该怎样相处好这段感情的时候，你可以自己这三个问题，问一下你的心情会平静很多。

我曾经遇到过很多控制欲很强的人。前面提到过的一个案例中的女孩子后来跟我说："老师，我谈恋爱了，我不用做咨询了！"后来还有一个女孩一进来就跟我说："老师，我不用做咨询了！"为什么呢？因为她又谈恋爱了，她之前来做咨询是因为她失恋了。有人说，新的恋情是失恋最好的心理安慰，是最好的忘记过去的方式。之前那个没有谈过恋爱的女生是北方人，从北方家乡坐车到武汉要很久。有一次上学跟一个高中男同学一起坐车南下，男孩只是跟她顺路，要在河南他就读学校所在的城市下车。临下车时男孩突然对她说："你干嘛现在就去武汉啊？你不是还有好多天才开学吗？要不就在河南待几天吧！我带你去爬山！"女孩同意了。于是行李安放妥当后就去爬山。爬的过程蛮顺利的，爬到了山顶上，一览纵山小，周围都十分嶙峋陡峭。就在女孩正在深呼吸享受这美好大自然的时候，突然一个声音飘过来："×××，我喜欢你很久了，做我女朋友吧！"女孩一惊，往周围一看，这个地方很危险，不适合拒绝！于是连忙说："嗯……待会儿再说，待会儿再说……"然后一转头就开始下山。下山过程中男孩就一直在后面说："你就答应我吧！我真的喜欢你很久了！"女孩边走边说："等会儿再说，等会儿再说！"到了住的宾馆，女孩刚一开门，男孩就顺势倚靠在门框上，说："你就答应我吧！"女孩这时也许觉得安全了，就直接拒绝了他："不行啊……我觉得我要是能答应你，我们早就在一起了，都认识这么多年了……"女孩进屋坐在椅子上，旁边桌上放两瓶矿泉水。男孩跟过去，扑通就跪下了，然后说："求求你答应我吧！"女孩不应。于是男孩就拿了一瓶矿泉水，拧开了盖子就把水往头上淋，说："答应我吧！"女孩还是不答应。于是又拧开了一瓶把水往头上淋，又说："你就答应我吧！"这时女孩有点动心了，连说："好吧好吧好吧……"女孩心想，这男孩心蛮诚的，暗恋了自己这么多年，又追得那么激烈。实际上这种激烈的追求方式，对有的女孩来说会很受用。就这样，在一起后度过了几天美好时光，女孩就回武汉上学了。

上学了之后女孩发现，男孩每天晚上 9 点钟准时打女孩寝室电话，白天自不必说，干什么呢？查寝！如果女孩不在宿舍，他就很着急，会打她手机，很严厉地说："都这么晚了，你一个女孩子，还在外面瞎逛什么呢？还不快回去！"女孩很抓狂，她只是在外面吃点东西，逛逛街而已。她干脆就关机了，可是关了以后，由于男孩已经掌握了女孩所有室友电话，于是男孩开始给她室友挨个打电话。后来，女孩实在坚持不下了，就提出了分手。女孩还是有一定的心理素养的，在做了一段时间的心理咨询之后说："我觉得他应该去做一些心理咨询。"大家觉得这个男生是不是应该去做一下心理咨询呢？他在爱情中有太多的控制感，而这种控制感来自于哪里呢？其实来自于自己的一种极度不安全感。

我们已经谈了爱情中的控制欲。而我们开始也提到了爱情是跋涉，是长跑，但爱情有时候更是一种重复。为什么男生内心会那么不安？我并没有见过这个男生，当然也没有和他面对面咨询过。但根据我在心理学方面的一些知识，我想我可以在他的家庭方面来做一些探讨。前面我提到了爱情是一种重复，这种重复更多的是一种亲子关系的重复。了解了这点之后，我们便了解了人际关系的精髓所在。举个例子吧，如果有一个女孩，她的爸爸嗜酒如命，而她的母亲对此深恶痛绝。那么对于这个在这样的家庭环境中成长的女孩来说，她长大之后的伴侣是酒鬼的概率相较于成长于一般环境的女孩来说是小还是大？有人说小也有人说大，我们依据大量的咨询案例，发现这个概率是变大了。你们会感到疑惑，那么我们从两种情况来进行讨论。

第一种是"拯救"情结：如果这个女孩是认同她的酒鬼父亲的，从而站在父亲的角度对母老虎一般的母亲产生了反感，认为她母亲没有给父亲温暖与理解，认为是母亲导致了父亲的借酒消愁。那么在这种对酒鬼父亲认同感的驱使下，她会很容易被和父亲一样的酒鬼所吸引，并以自己的力量来用爱情"拯救"他，避免重现父母的不幸。

这里我们提到了所谓的"拯救"情结。你们在自己或身边人的爱情里，也有这样的感觉吗？我遇到过很多人，他们在他们不同的恋爱里都只找一个类型的人，他们一直在"拯救"。

第二如果她是反感父亲的，从而站在母亲的那边，对酗酒的父亲以及像父亲一样的酒鬼产生强烈的厌恶感。而在这样的情况下，她的母亲会不停对她灌输一种"永远不要和父亲这样的酒鬼在一起"的观念。这样久而久之，这种思想会在女生心里根深蒂固，那么这个女孩长大后在找男朋友的时候，便会把"滴酒不沾"作为首要条件。然而，所谓"滴酒不沾"真的那么好办到吗？在生活中，出游朋友聚会，生意官场应酬，哪一样不要喝酒？有时喝酒不喝酒甚至和有没有男人味具不具备男子气概联系在一起。在这样的"苛求"之下，男生在成长中，可能经过了一段青春期后，便由"滴酒不沾"变成了"滴酒不漏"，除非酒精过敏。所以说，小时候的某项特定事物，会成为我们记忆里再熟悉不过的味道。而所谓安全感，其先决条件并非好坏而是熟悉陌生。那么爱情中"同一棵树上吊死"的出现，也就不足为奇了。

我们另举一个例子，有一个女孩，她有个非常有男人味儿和男子气概又大大咧咧的男朋友，可是她总会有一种游离感：担心那个男生不爱她。所以在这种情况下，她又找了一个二号男友。二号男友为人老实巴交，话也不多，对她很体贴，但女孩儿认为他有点婆婆妈妈。于是，她就在这两个男生之间犹豫不定。另外，在这个女孩9岁的时候，她的父亲带着家里的积蓄和小三儿跑了，这对她的家庭来说是一个沉重的打击。之后她妈妈对她说："你从此以后要带着对你爸爸的恨生活下去。"众所周知，作为女儿很难去恨自己的父亲，而且在她看来，爸爸更爱她一些，而妈妈则更爱弟弟一些，所以她恨不起来。我问她："你爸爸是一个什么样的人呢？"她说："我爸爸很有男人味儿和男子气概，从不斤斤计较，就是有点大大咧咧。"由此可见，她的一号男朋友是比着她的爸爸找的，所以她在和一号相处的过程中总是会感觉到不安全，会害怕被抛弃。她爸爸走后，妈妈把两个孩子丢给亲戚，自己跑到广州打工了三年。回来后几乎也不管她，而是整天打麻将。读初中那会儿，有一天放学后，她觉得很饿，回家后就对她妈妈说："我好饿啊，你给我做点饭吃吧。"她妈妈说："你是饿死鬼投胎吗？"她妈妈自我功能不太强，她以打麻将的方式来减轻自己的痛苦。后来她妈妈给她找了一个继父，继父对她很好，她的生活也因此而得到改善。我问她："你后爸是个什么样的人啊？"她说："我后爸老实巴交的，对我蛮好、蛮贴心的，就是有时候打电话说个没完，絮絮叨叨的。"说到这里想必大家也都理解了。

但是，大家都知道东窗是会事发的。有一天，她和她大男朋友去吃饭，当时他们都吃了挺多的，吃完后，她就想把剩下的饭菜打包带走，她男朋友就想：打什么包呀，吃那么多，还打包？但最后还是打了包，之后她大男朋友就把她送回实验室。她进了实验室之后，这个男孩长了个心眼，就坐在她们实验室下面的大石头上等，一直等到了下午五点多钟的时候，好戏就上演了。他看到自己的女朋友挽着她的二男朋友从实验楼里走了出来。仇人见面分外眼红，她的大男朋友和二男朋友就打了一架。后来我问她："他们两个打了一架，都有点受伤，那你更心疼谁？"她说："我更心疼大男朋友。"为什么呢？她说："我之所以这样做，是为了让别人都说他的不好，别说我的不好。"在这个过程中，可以看出这个女孩实际上还是过分认同她妈妈的，"你们都不要说是我妈妈不好，实际上是爸爸不好，是他带走了一切，给妈妈留下了这个烂摊子。"

　　大家可以看到，这就是熟悉的味道，这就是一种亲子关系的重复。但是我们通常在做这些事情的时候是意识不到的，需要外人讲明白之后我们才能更好地处理这些事情。所以有时候我们也不见得就说劈腿一定都是道德上的问题，有时候它来自于我们内心很多动力性的原因。

　　有时候这种亲子关系也会以其他的方式进行表达。我还记得以前有一个女孩找我做过心理咨询，做得非常非常艰难，艰难到什么程度呢？我每次问她："你上周过得怎么样啊？"她就一直低着头，好像没听到一样，我只好再问她一遍："你上周过得怎么样啊？"她说："啊！"我说我问你上周过得怎么样？她说："嗯，还好吧。"然后我又问她："你跟你男朋友现在关系怎么样呀？"她又是"啊？"我说我问你现在跟你男朋友关系怎么样？她说："哦，还好吧。"我就感觉到她像一个泥鳅一样滑溜。

　　后来我就问督导的老师说这种情况怎么办呀，这样的话咨询很难进行下去的。督导老师问我了解她的家庭情况没有？后来我就问了这个女孩的家庭情况才了解到，原来这个女孩的爸爸是她所读学校的校长，大家懂吗？就是你读一个学校，你的爸爸不仅是你的班主任，还是你的校长，你们体会到没有？是不是一件很恐怖的经历？她爸爸对她的要求非常严格，严格到什么程度呢？就是当她上课迟到了，她爸爸就让她爬着进教室。说："你没有资格走着进教室，你只能爬进来。"如果她的考试成绩没有达到她爸爸的目标，她爸爸就会在家拿着鞭子打她，于是她只能不停地到处躲。所以当你跟她说话的时候，你就感觉她是在玩"凌波微步"，一下子就跑了。这个时候你会发现其实这个孩子很可怜，她并不是不好交流，而是"躲"习惯了。这是一种强迫性的重复，在爱情中，有时候我们也需要去反思这些。

　　经过了我们刚刚提到的"共生期"和"个体化"期，个体化期处理得好，那这两位就结婚了；如果处理得不好，那就会分手。我们今天不特别地讲分手，我在财大专门做了一个团体的心理咨询，以后有机会我们可以探讨这方面的内容。

　　接下来我想跟大家讲一下我们在爱情之中还需要了解的——依恋类

型。当时我正在华科读书的时候，我们的老师给我们放了一段关于依恋类型的视频，当时我就觉得自己对这个非常感兴趣，于是这么多年来我就一直在这个领域进行学习研究。依恋类型是什么呢？你们认识这个人吗？他是一个生物学家，叫洛伦兹，他获得过诺贝尔奖，曾经做过一个这样的研究，当一群鸭子还是鸭蛋的时候，他想一只公鸭仔到鸭蛋边上它就用自己的体温孵着鸭蛋，等鸭子一出生的时候，第一眼看到的就是这只鸭子，于是这群小鸭子就每天跟着它，并不认自己的亲生母亲，对母鸭没有任何感觉。那如果你放一个铁环在那里，它孵出来后第一眼看到的是铁环，那铁环滚到哪里，小鸭子就跟到哪里，所以动物是有印刻的。

后期还有一个心理学家叫做哈代，他用短尾猿做了一个非常有名的实验，实验室有两只假猴子和一群小猴子，其中一只猴子是金丝绒的，另一只猴子是用钢丝做的，下面挂了一个奶瓶。人们发现当它们饿的时候就去那个钢丝做的猴子那里去吸奶，当它们饱了以后，它就去抱着那个金丝绒猴子那里取暖。这个实验最直白地证明了中国那句老话——"有奶便是娘"并不靠谱。它更依恋的对象是这只金丝绒猴子，这就说明我们每个人都需要接触性的安慰，特别是对于一个初生婴儿，他（她）需要很多抚慰和安全感。

一个人的安全感是什么？它来源于从小母亲温柔的双手的抚慰，我们的依恋对象能给予我们接触性温暖。之后，英国有位非常著名的心理学家鲍尔比，他和另外一个名叫玛丽·爱因斯沃斯的心理学家一起做了关于依恋的研究。鲍尔比更多的是提出了这个理论，而玛丽·爱因斯沃斯则做了一个非常有名的陌生情景实验，通过这个实验，他分出了四类婴儿。他如何进行这个实验呢？他招募了许多母女或母子，小孩大约一岁左右，让他们处在同一个房间里，母亲坐在旁边看小孩玩耍。然后让一些陌生人进入房间，母亲离开，留小孩与陌生人同处一室。母亲返回，陌生人离去；再母亲离开，陌生人进入……多次反复。在这个过程中，两位心理学家一直在仔细地观察小孩的反应。

实验结束后，他们把所有的婴儿分为四类。第一类是安全型婴儿。安全型的孩子在他们母亲离开时会感到不安、会哭，但是会继续做自我探索，比如玩、画画、写字。当母亲回来的时候，他们会很开心，甚至扑上去让母亲抱，但随后他们又会继续做自己的事情。安全型的孩子如果在成长的过程中没有经历大的创伤，那么长大以后一般也是安全型。这样的人在两性关系中会比较信任自己也信任他人，感情上容易与他人亲近。他（她）不会因为别人过多地要求自己与他们在一起而感到窒息，同时也不会因为别人离他（她）比较远而感到被抛弃，他（她）的安全感比较足。我们所说的安全感其实都在依恋里面。

第二类孩子，实验者称之为焦虑型，妈妈走的时候就哭啊喊啊不让妈妈走，走了之后把房间里的东西弄得乱七八糟，不能做自己的事，妈妈回来的时候就直接冲上去抱住妈妈。焦虑型的孩子长大以后可能依然还是焦虑型，童年的依恋风格和成人的依恋风格是相似的，这类孩子在两性关系里特别在意我在你心里有没有价值，爱不爱我，在不在乎我。以前有个女孩在咨询室里突然拿出一个小字条给我，她说："老师，你看下。"我就看了一下，是医院妇产科的化验单，是阳性，我说："你怀孕了吗？""你猜。"我说："这是你的吗？你真的怀孕了吗？"我就很紧张，因为女孩还在读大学，怀孕的话要面对的东西很多。她说："我就跟你老实交代吧，我没有怀孕，这是我找医院里的熟人弄的。"我说："你搞这个干吗？"她说给她男朋友看，想看看他什么反应，我说："你男朋友什么反应？"她说她男朋友的反应还是让她很满意。接着她很不好意思地说："老师，我做这个事是不是太不厚道了？"确实相当不厚道！但是这种相当不厚道的背后说明她是一个严重的焦虑型依恋风格的人，她甚至用这种方式去检验她的男朋友爱不爱她，有的女孩子一天会问十遍一百遍你到底爱不爱我，有时候半夜睡得好好的把人推醒，说我想吃蛋炒饭，那个男生没办法只好去做蛋炒饭，但做好了之后女孩只吃几口就不吃了，其实她并不是想吃蛋炒饭，她只是想检验你到底爱不爱她，做了就是爱，不做就是不爱。我曾经看到最严重的是一个女孩辞去工作跟着他男朋友去上班，她说："我必须24小时守着，不然我男朋友跟别的女生搭讪怎么办。"那个男孩子还是很厚道的，一直跟这个女生在一起，还寻求心理咨询师的帮助。医生提出的解决方法是系统脱敏，就是今天跟23小时，明天22小时，最后只跟他晚上下班的8小时，焦虑型的人总是在考虑这些事情。

第三种叫回避型。什么叫回避型？妈妈出去的时候他（她）好像没有任何反应。但是如果在他（她）脑袋上或者身上贴生物反馈仪的话，你会发现他（她）内心的感受非常激烈，但是你看不出来。等他（她）妈妈回来的时候，他（她）就看一眼，好像没他（她）什么事，继续做他（她）自己的事情。给人一种很超脱的感觉，但实际上他（她）内心感受非常丰富。回避型的孩子一般早期会对大人发出爱的邀请，小婴儿不仅仅是大人逗他（她）玩，有时候你没笑他（她）也会笑会勾引你去逗他（她）玩。如果小孩对大人发出的爱的邀请连续几次都没有得到任何回应的话，这个小孩很容易就会成为回避型。他（她）觉得我要关闭自己，我不相信外界。

有的大人会在这个过程中非常粗暴。在财大的南湖边，我见过一个家长，推着他的小孩。那个小孩老是哭。爸爸并不去安慰，而是把小孩往南湖边一推，两个轮子就悬空了，他把车抓得死死的，威胁说"你再哭，再哭我把你推下去"。小孩因为怕他，声音戛然而止，如果把一个人的神经通路一根一根连接的话，那个时候他的连接就像摊鸡蛋一样炸开了。孩子以后就倾向于不表露自己的感觉，因为表露出来原来是这样一个后果。回避型的孩子长大了以后如果还是回避型的话，在爱情中间不相信别人的感情，也很难向别人发出爱的邀请。

我曾经碰到一个男孩，他在初中高中的时候一直非常喜欢同班的一个女生，从来没有和她说过。这个男生非常非常幸运，高考的时候和这个女生考上了同一所学校的同一个专业。这个概率很小，他觉得上天都在帮助自己，要抓住这么好的机会，不管怎样都要对那个女生表个白。但是，他胆子不够大，然后他请那个女生吃饭，还叫上了同寝室的一个哥儿们。那哥儿们能说会道，长得也玉树临风，结果他哥儿们就和那个女生谈上恋爱了。男孩回去，懊恼也没办法，一脚就把寝室的门踹了。他是一个回避型的人，不善于向他人发出爱的邀请，活生生地为他人作了嫁衣。

你们觉得焦虑型和回避型哪个搞一夜情的可能性更大啊？肯定是回避型，因为一段关系搞不好，他就倾向于把这一段关系给掐断，他不擅长情感的交流，认为没有情感交流更好。

最后一个类型，就是不安全紊乱型。紊乱型就是当妈妈出去的时候就会觉得很焦虑，哭得不能自己，妈妈回来的时候很开心，然后看着妈妈张开双臂要迎接妈妈，但是让人心碎的是他（她）的脚步是往后退的，他（她）不是去扑向他（她）的妈妈，为什么呢？因为这个人他（她）又爱又怕。你们想一想这个情景，当你又爱又很怕一个人的时候是不是张开双臂又往后退的这样一个情景。紊乱型的人渴望亲密关系，但是又不敢进入到亲密关系，他（她）比较像我们经常说的边缘型的人格，非常不稳定。

以前有一个男生，长得很好看，号称咨询师杀手。他不是来做咨询的，就是来证明：你搞不定我，换一个更强的还是搞不定我，再换一个还是搞不定我。真的有这样的一个男生，有非常多的女孩子喜欢他，因为他长得很漂亮，真的是漂亮，让女孩子都觉得怎么自己长成这个样子。我对自己还是有点自信的，但是看到他就觉得我怎么长这个样子啊。有个外地的女孩为了他把工作辞了到武汉找工作，想和他在一起。那个女孩也非常好，他们俩就在一起了。但是出现了一个问题，他喜欢出去玩，比如去泡吧唱歌什么的。开始他出去的时候他女朋友经常给他打电话发短信，说你在干吗呀，你什么时候回来呀？这个男孩就会跟她说，你是我谁啊成天管我，你是我妈吗？就很烦她。那个女孩挺喜欢他的，就心想你这么烦我管你，你在外面也没搞出什么事来，那我就不管了。然后这个男孩再出去玩她就自己在家里安安心心待着。结果那个男孩回来就说："我在外面死了你都不知道！"

在这个过程中你们有什么感觉？就是无所适从，就是双缚，束缚的缚，就是没有办法，就是怎么做你都觉得不对，所以不安全型在焦虑和回避两个方面的指数都非常高，而且他（她）找不到一个合适的点安放自己。

这就是依恋的四个类型，如果大家想知道自己是什么类型的，可以到网上找一下这方面的量表。如果你找不到的话，我那里也有一个亲密关系体验问卷，里面有36道题并且附带计分方法。在我微博下面，留一个邮箱，我可以让助理给你们一起发过去，把计分方法也发给你们。我的微博是"水煮心理学"，是水煮鱼的"水煮"。就在我最新的微博，我最后一条微博，也是第一条微博下面，把你的邮箱写在下面就行了，然后回去以后就让我的助理给你们发过去。

好，这些就是关于依恋类型，大家需要了解的。

今天讲的挺多的，由于时间的关系我们就分享这么多。我今天讲了爱情关系是补偿，是投射，是对亲子关系的重复。所以如果我们更多地反观自己，体察自己，而不是局限在一个狭隘的自我关注之间的时候，就会发现爱情其实是一个千载难逢的时机。它可以让我们过去所有的心灵创伤得到医治，使我们所有心灵最深处的需求得到满足。

在最后还是感谢一下，感谢大家给我这样一个机会在这里分享，这也是我以前经常上自习的地方。我觉得对我意义非常大。我现在的研究主要集中在依恋和爱情这两个领域，所以也希望以后能有机会给大家做更多的分享。大家有什么自己的心理故事也可以通过微博跟我分享。那今天就到这里，祝各位爱情美满。

谢谢大家！

何红娟：中南财经政法大学心理健康教育咨询中心专职心理咨询师。

（第126期"心灵之约"讲座，2014.11.11）

人际沟通与亲密关系

武汉十五现代心理科学研究院 魏卓

　　我们今天的主题是关于亲密关系，我想请五位同学来协助我做一个调查，你们是否经常为自己的亲密关系苦恼？对自己的亲密关系有很大的阻力、阻碍的是哪些因素？这个亲密关系可以理解为与自己的亲密、与父母的亲密、与兄弟姐妹的亲密，甚至与同学们之间的亲密、与老师之间的亲密，而常常阻碍这种亲密关系的主要因素有哪些？

　　我邀请你们轻轻地对自己说一声："亲爱的自己，我和你在一起。"刚才大家默默地、轻声地对自己说，现在我邀请大家大声地说出来。我们就与自己在一起，进入今天的主题内容。我今天会从这几个方面给大家做一个介绍：第一，了解男生和女生有哪些差别。在亲密关系当中，大家有谈到和女朋友、男朋友的，这种亲密都很好，但前提是和对方亲密之前，一定要了解和对方的差异在哪里。第二，关于亲密关系的真谛。我们应该怎么样去把握亲密关系，我们怎么做才能获得更亲密的关系？第三，我是谁？我最近几年在学校里做这样一个演讲和分享的时候，几乎每次都会遇到这样一个问题：我是谁？

　　我们今天的主要内容是关于沟通，主要介绍沟通的模式、沟通是怎样一层一层深入的，以及如何做到非暴力沟通。男生和女生的差别，从生理上讲，这种差别大家应该都是比较了解的。我今天重点跟大家介绍心理上的差别。第一个，女生更多是感性思维，什么叫感性？男生更多的是理性思维，什么又是理性？其实女生身体里有两个中枢，中枢的第一个部分在心门这一部分。还有一部分是相当于女生的大脑，女生的大脑其实不在头上而是在肚脐以上的太阳神经丛，它是人体的一些毛细血管和神经末梢最丰富的地方。我们每个人的整体身体能量是由七个脉轮组成：顶轮、眉间轮、喉轮、心轮、腹轮、脐轮、海底轮。实际上，女生最敏感的地方是心轮和腹轮这两部分，所以女生的情绪通常会比男生多一些。女生在大脑层面和男生也是有一定区别的，女生更多是发自心轮和腹轮两个部分。这是一个新的知识，大家可能从来没有接收过，但这是现在心理学里一个很重要的概念。实质上，女生的第一个大脑、第二个大脑就是腹轮这一部分，所以女生一旦有情绪，她的腹部会首先发热。所以，女生经常说减肥，主要是减肚子，因为这个地方很敏感。那么男生更多是肌肉型、头脑型的，男生用头脑是比较多的，一方面，这跟我们中国的传统教育有关，（在传统教育中）男生难得有机会真正去表达他的情感、感受，另一方面，男生在与人连接的时候他更需要想清楚，头脑（思考时）要有逻辑、层次。所以男生基本上是肌肉型和头脑型的，这是一个区别。

第二，女生更重视安全感，而男生更注重在女生面前表现出有尊严。如果去观察就会发现，一旦一对情侣谈恋爱超过半年、一年，女生就要考虑安全感了，这是由人天生的属性决定的。在远古时代，女性的主要职责是养育孩子，当这个孩子来到她面前的时候，她首先要保证自己的安全，然后才能去保护孩子的安全。所以，一个女生去找一个男生，随着交往的越来越亲密、越来越深入，如果她感觉不到这个男生可以给她带来安全感，这个女生就会有情绪，就会去考虑一个更能给自己安全感的人，也就是大家口中的备胎。因此大家注意，如果各位想把你们的甜蜜、亲密维持更长时间，你就要想方设法让对方能有足够的安全感。同时，是不是男生就只能满足对方的安全感，自己就没有需要了？男生肯定有需要，男生最大的需要是尊严。这个尊严就是你不能在他的女朋友面前说他不行，你一定要尊重他。如果一个女生经常说一个男生不行，超过5遍以后，这个男生肯定就真的不行了，他不行的结果就是他要去找一个说他行的人，所以到那个时候亲密关系基本上就瓦解了。我们今天的女大学生走出校门后，未来几年内就会变成一个两口、三口、四口之家的带领者。所以希望你们记住魏老师的这句话，即使你老公再不行，你也要忍住，不说这两个字，而是跟他去探讨为什么不行。女生切记不要经常说你的男朋友不行，即使他学习不行、体育不行、经济状况不行，你既然爱他，既然要跟他发展亲密关系，就要尊重、支持他，这种支持、尊重就是在培养他行，这样也会使你们的关系更亲密。

第三，女生更多以陪伴为导向，特别是现代社会，我们几乎每个人都比较孤独，所以女性去找一个男性伴侣的时候，她是真的希望这个男生不仅能陪伴她一生，而且能在日常生活中需要他的时候马上出现，因而女生基本上是一种陪伴型。而男生更多的是问题导向型，也就是说一个丈夫要去对他的妻子、家庭负责，要去更深入地发展他们的亲密关系时，他一定是一发工资就会把钱都交给妻子，然后他就可以在一旁跷着二郎腿看电视，而自己的妻子去做饭。他在家里可以陪着你，但他也解决了问题。所以，男生基本上更多是问题导向型。问题导向型也决定了他在社会上要成功，首先要解决问题，解决问题就能出人头地了。

这是第三个区别，女生更多在家庭的职责是照顾孩子、分配资源。比如说她要足够细心去观察她的家庭生活，有些事情也要她去经受。男生更多是力量型、组织型、计划型。也就是说，男生要显得大气，有方向感，能够控制，有勇气。

有一个著名的心理学大师叫荣格，他首先在科学、心理学方面提出了人类的"集体无意识"。实际上，人是受这样一个集体无意识控制的。也就是说，我们外在的行为、外在的表达，其实都是受我们更深层的集体无意识的掌控。他还说道阿里玛和阿尼姆斯，阿里玛是作为一个女性，在女性的身体里实际上含有男性特质；阿尼姆斯是男人也有和女性一样的特点。

我们要发展亲密关系是因为什么？假如作为一个女性就需要发展一些

男性的特质，男性也要发展他女性的特质。而现在的心理学告诉我们，一个女人除了有 51% 的阴柔部分外，还需要有 49% 的阳刚部分。相反，男人有 51% 的阳刚外，也要发展 49% 的阴柔的部分。如果一个男人发展不出阴柔部分的时候，他就要去找一个女人。女人走到他面前，成了他的一部分。因此，他就正好就形成了 49+51，就成了一个完整的人。这也是我们中国最古老的智慧——阴阳，阴阳是真正的、最内在、最核心的本质。阴阳是要平衡的。

今天我们要讲亲密关系，那亲密关系到底是什么？是不是就是，今天刚认识，第二天就可以牵手了；过了一个星期，就可以拥抱了；再过一段时间，就可以亲吻了。如果你觉得发展确实很慢，就要跟你的女朋友说出来。你说："我们是不是发展得太慢了。我们是不是可以快一点？"但是，在所有的亲密关系里我们当初就有连接。我们最初的亲密关系是我们在妈妈肚子里的时候，我们和妈妈完全是一体的。那种连接是源自天然的连接，叫做血肉连接。慢慢分娩、断开脐带以后我们与妈妈仍然是有连接的。一个刚刚出生的孩子会吃妈妈的奶水，希望妈妈抱一下他，希望妈妈可以跟他讲一些悄悄话，去感受妈妈的体温。虽然这种连接从脐带切断了，但是我们的连接变成了一种响应。比如孩子希望通过哭泣、大声哭喊，希望妈妈有所呼应。最后，孩子长大以后要找自己的另外一半，就像你们现在一样。亲密关系永远是在连接效应和组合里不断演绎、发展，成年以后我们去找另一半。你跟另外一半确定了关系，约定要白头偕老。白头偕老的意思是说，在所有的婚姻里面，在所有的两性关系里面，我们之所以要维持这个两性关系，之所以要维持这个婚姻和这个家庭，我们是要走向更加亲密，如果你们以后的婚姻不是走向更亲，更紧，更多的亲密，这个关系就会松动，我们从一开始没有了解亲密关系，等到你匆匆忙忙的结婚以后，你就感觉到这个男人我原来真的不知道他有这么多的恶行，回家把袜子一脱就到处乱放，开始抽烟、喝酒了，你陷在这个表层的问题上面，如果你只是想说去解决他这个表层的行为和这样一个模式，你是没有真正地走到他内心去的。你要去了解，三年前他跟我谈恋爱的时候，他说过他从来不抽烟的，他现在为什么抽烟呢？你跟他探讨过没有？当你愿意去跟他探讨，你愿意去跟他更深地去发生连接和相应的组合的时候，你也许会帮助到他，否则你是帮助不到的。所以说，在所有的婚姻里面，在所有的家庭里面，我们每走一步都是为了我们更加亲密，而这种亲密就是我们不断地去亲密，不断地去感受，不断地去发现，不断地去创新我们彼此的连接与相应的组合，那个时候你才能感受到那种亲密太伟大了，真的太伟大了，那在我们每个人的一生中，我们到底有多少亲密关系？等到你成年以后，你去觉察你自己，你会发现所有的亲密关系都源于你跟你自己的亲密关系，等到你对你自己有足够的了解，这个足够的了解就是说你了解到你自己好的一面，你也能了解自己糟糕的一面，其实我们一生都是在不断地了解自己光明的一面和阴暗的一面，也就是在了解完整的自己，你能够去解开你的阴暗面和糟糕的那一面，不断地去用自己光明的面去照亮你阴暗的那一面的时候，你越来越愿意去接纳你阴暗的那一面的时候，你开始看外面的人，外面的人阴暗面也就越来越少了，所以当你觉得你这个同学不好，你的男朋友不好，就像歌里唱的："亲爱的，外面没有敌人，只有你自己。"所以首先你要去跟你内在的那个阴暗的糟糕的你和解，当你有足够的和解能力的时候，你就会发现，你的夫妻关系就会越来越好，所以我们说在亲密关系里面，首先是我们跟自己的亲密，然后再到跟我们另一半的亲密，再到跟我们孩子的亲密，再就是我们继续维持我们的孝心，我们跟自己的父母的亲密。还有我们有好朋友，女生有闺密。我们就越来越发展我们的亲密关系，所以亲密关系不是说只是躲在自己的小房间里，我就只是跟我的女朋友，跟我的男朋友亲密，其实当你们把亲密关系延伸的时候，甚至你躲到一棵树下面，你去抱一抱这一棵树；你躲到一片草丛，你可以在草地上多待一会儿，去感受草带给你的那种柔软，那种芳香，那种舒适感，你充分地去享受，然后你带着一份感恩的心，去感受，甚至可以去对话，你和万物都是非常亲密的。所以其实当我们自己愿意去接受自己的阴暗面的时候，你发展出来的所有的亲密实际上都是在成就你。莲花出水的那一部分非常的美丽，有清香，而且非常艳丽。而能成就它这一部分的是它水下的淤泥。淤泥就是我们个人的阴暗面，我们的烦恼，我们的困惑。所以，你不要怕有困惑，不要怕有烦恼。烦恼，困惑，甚至我们的苦难都是来成就你，来绽放你的。如果没有这些，你无法绽放，也不能成为荷花，只能成为浮萍，永远只是贴着水面，甚至沉到水里面的。所以，我们要学会跟自己亲密，接纳自己的阴暗面，然后不断觉察自己的阴暗面，看着它，不断地改善，去感受它的滋养，在这个时候你的亲密关系就不会有问题。

维持亲密关系的品质，可以说是亲密关系的真谛。10 个亲密关系的密码即信赖、真诚、包容、温良、喜乐、不设防、慷慨、耐心、忠诚、开放心。在所有的亲密关系里面，信赖是最基础的，也就是说，只有信赖才能产生力量和光明。我们人只有在信赖的基础上或者是唯有经过信赖才能有幸福。除了信赖自己，还要信赖生命，信赖生活，信赖当下。当你信赖在此时此刻这两个小时中，你就活在当下。当你有这样一种信赖的时候，你就会产生一种对亲密关系的稳定。这个时候，比如说你的男朋友或你的女朋友在你面前的时候，他或她也会非常信赖这样的生命，信赖这样的生活，信赖他自己，信赖当下。所以，他也最终会信赖你，最终会信赖平时我们就是一体的。所以大家一定要学会去信任、信赖。

第二个就是在亲密关系中我们要真诚。要表里如一，前后一致，也就是说，我们的思想和我们的行为做法没有任何的冲突。真正能带给你幸福和平安的是以真诚的自我去对待身边的人，真实才是最具力量的态度，一个真诚的人不会恐惧。包容是抛弃攻击性，例如习主席上一次与台湾领导人马英九会晤时，我们的安排得体又大方，态度也十分真诚。所以，我们可以与台湾人民亲密接触。当我们不能包容他人时，往往是我们自己内心的不安投射到对方身上，并不是对方有多么不可忍受。温良是一种没有伤害，没有痛苦，也没有受难的感觉。相对而言，女同志一般比较温良，因为女同志比较敏感，往往在伤害别人之前反而伤害了自己。当然，男同志也有比较温良的。

喜乐就是怀有一颗感恩的心。我们能带给身边亲人的最好的礼物就是喜乐。快乐是最高的善，最高的慈悲。假设你每天都以痛苦的心情面对某个人，那么那个人绝对不会成为你最亲密的人。当你快乐的时候，你才是最安定的；当你快乐的时候，你才是真正在爱的；当你快乐的时候，所有的恐惧都被驱散。所以，我们一定要快乐。你快乐吗？如果不，那么你每天所有的付出，所有的努力，所有的辛苦，你每天迈出的第一步都是为了什么？我们每天第一次见到我们最亲密的人时，难道不需要问一句："你快乐吗？"快乐是需要互相连接的，分享快乐是与别人连接，手舞足蹈是与自己连接。

如果你总是在自己的亲密关系中设防的话，你就会束缚他。所以，我们说的不设防就是放下你的防卫措施，让自己处在一种纯净的、单纯的、平安的、有充分安全感的状态之中。我常常说这样一句话："我们对自己最大的保护就是不保护。"在你的亲密关系里，如果你能做到这些，我就不需要在她面前保护自己，你也就可以真正地发展亲密关系。所以，对自己安全最大的保障，就是在对方面前不去想着保障自己、学会不设防、学会经常和她分享、懂得欣赏她。就像你拿两个苹果去分享，结果自己就只有一个了，自己变穷了，这是一种分享。还有一种分享是变富的分享：和她分享你的思想、你的感受、你的情绪、你的知识，当你们互相分享这些的时候，你的知识也会增加。当我们分享思想时，一种思想就会变成两种或更多思想，而我们分享苹果只能是两个苹果最后剩一个。如果只是在物质层面分享，你会越来越走向什么？如果给出去的东西不是自己真正拥有的，也就是说在亲密关系中，如果爱自己都没有力量，你再想爱到她，拔出自己的几根汗毛爱她不会是高品质的。这也是说，首先我们要能够足够爱自己。当我们的爱溢出来的时候，再去爱对方，那个时候的爱就是高品质的，分享也就是这种高品质的分享。

施与受是一回事，这是一个很深的心理学概念。施与受是一体，就像硬币有正反面一样。施与受从来就不是我施舍出来以后就没有了，而是当我在分享思想的时候还能够得到她的思想。在任何情况下，你给出去的最终都会回向自己，虽然它不是在当下这一刻，或在某一个平面上回向给你。特别是大学生和同学之间彼此的分享、彼此的尊重以及所有的这些品质都给予了对方的时候，这就是你终生的财富。比如你在大学期间对某个同学非常真诚、慷慨、有耐心，而这位同学可能在你十年、二十年或在你穷困潦倒的时候对你慷慨、有耐心。你不要以为今天自己分享了，今天给了别人一个苹果，明天就要还给我。在亲密关系中，我们要学会慷慨、懂得分享、学会有耐心。耐心就是要相信一切都是最好的安排，一切付出都是为最美好的结果而准备的，包括你们今天花两个小时在这里听我演讲。如果PPT里面的某句话、魏卓说的某个词能够让你很有耐心地听进去，也许它就会真的在以后碰到人生困惑、亲密关系问题之时会帮到你。所以，我们在亲密关系中要有足够的耐心，你要相信曾经发生的事情没有一件不曾为我们带来益处，其实所有的烦恼最终都是来成就我们的。

忠诚，亲密关系中如果一个男生对一个女生不忠诚，而这个女生发现了之后会怎么样？你既然与对方是亲密关系，就要把你的心放在正中的位置，这就是"忠"。你表达的所有言语都是来成就对方的，这就是"诚"，二者结合就是"忠诚"。

开放性就是你不要把你的罪咎投射给对方，或者用罪咎控制对方。例如有一天下雨，男生和女生约定七点见面，男生六点半带着伞到了约定地点，女生没有带伞，匆忙赶到。男生为女生撑伞，自己却淋湿了。男生对女生说："我对你多么好，我们七点约会，我六点半就赶到了，现在下雨，为了保护你，我全身都湿透了，我这么做都是为了你。"这个男生就是用使对方内疚的方法来控制对方。这是一种失衡的控制关系，时间越久，双方的关系就会越疏离。亲密关系中没有牺牲，双方都是平等的，是彼此尊重的。所以说开放性就是不投射罪咎，懂得宽恕和超越。我们每个人都有不同的信念和价值系统，但这些还不足以造成我们的分裂和隔阂。我们彼此是可以共存的，你要控制对方，其实是因为你控制不了你自己，你放不下你自己。因此亲密关系最终都是走向自我的救赎，和对方没有关系，对方只是自己的投射。

接下来回答我是谁。难道我们只是一个肉身吗，难道我们只是一个穿越时间的存在吗，难道我们只是一个赚钱的机器吗，难道我只是一个上课的学生吗？关于我是谁，有很多种答案，不同的人有不同的解答，我在这和大家分享这一个观点，我觉得这个大家更能接受。有人说"我是宇宙的中心，我是所有关系的总和"，实际上我们每个人都有自己的行为，都有自己的故事和经历。我把我们每个人比作一座冰山，所有行为、故事、经历、表达只占到内在冰山的不到百分之十。所有行为的内涵有一些核心的东西，比如每一次亲密关系互动的时候，拥抱或者吵架等行为或故事里都含有自己的应对姿态，重点是一种沟通的姿态。我今天在她面前是讨好或指责，有自己的各种应对、沟通方式，每一种沟通方式背后都隐藏着自己的情绪和感受。你的每一种应对方式其实都包含着自己的感受，甚至是你对感受的评判和定义，而你的感受是受你的观点支配的，你的观点包括你的信念、立场、对主观现实的判断和认知。所有的你以及对方的连接，如果能在观点上和对方探讨的时候，就是一个更深的了解，而且如果进一步和对方挖掘的时候，看到你的期待，对方的期待，你对对方的期待和对自己的期待以及对方对你的期待，在这一部分你就会真正更深的和对方去联结，这叫做同理，同理到对方。因为你开始懂对方，就会走到他 / 她的世界里去。而在期待下面共同存在的部分就是共同的渴望，我们每个人对爱的渴望，对安全感、归属感、自由感、价值甚至生命意义的渴望是共同的，而这种共同的东西是对方最愿意你去触摸的。我们很多的时候在观点上发生争执，感受上表达不出来或者否认对方、阻碍对方表达感受，这些都会使亲密关系发生问题。当你愿意去接纳、认同，给对方安全感，与对方的生命意义联结的时候，对方是非常开心的，因为你能了解他。

到了最后一个"我是谁"最核心的一部分，"我"是什么。"我"的核心是什么，我是有生命力的、有精神的、有灵性的，也就是说我们的本质是永恒无限、自由一体的存在。大家有没有看过《超体》，当女主角找到自己的核心的时候，和万物连接、永恒无限和宇宙一体的时候，她的能力是无限的。我们的古圣先贤讲过这些，有一位古圣先贤叫王阳明，我建议你们去看一看他的传记或者学习一些"心学"的内容，这是让你们获得力量的很好的学说。他有一句话是：我心即宇宙，宇宙即我心。当你的心全然敞开的时候，当你能看到自己的本质和核心，然后无限和外在宇宙联结的时候，所有宇宙能够完成的事情你都能做到，电影《超体》反映的就是这样的精神。关于"我是谁"这个问题大家可以参考美国著名家庭问题研究专家、家庭治疗师萨提亚女士提出的"人体内在冰山"理论，她用这套方法治疗了很多个体和家庭。后续我们还会提到如何沟通的问题，大家注意，你的亲密关系需要经常去观察，你跟对方在行为、感受、观点、期待、渴望自我的这些层面可以沟通到哪些？当你有这样的觉察时，当你和对方在越来越深的地方有所联结的时候，你就会发现你和对方的关系越来越亲密，当你和对方观点有冲突时，你可以暂时放下这个观点，然后看看对方在这个观点的期待是什么，然后再去跟对方谈，去了解核实，你就会越来越走到对方的心灵深处。

现在我们来谈人际沟通的问题，沟通是我们发展人际关系最必不可少的、最基础的一环，我们只有在沟通中才能真正了解自己，即使你现在在冥想，在打坐，你也是在跟自己沟通。所以，沟通是无处不在的，沟通一共包含三个因素，情境、自己、他人。

我们把沟通分为五种模式，讨好型——这类型的沟通者常自我贬抑、自我忽略、乞怜、让步，总是同意、感到抱歉且不断试图取悦他人，尤其是生命中的重要他人。指责型——这类型的沟通者常是忽略他人、支配、批评、攻击的，经常只会去找别人的错误，并为自己辩护，要别人为自己所承受的一切负责。超理智型——这类型的沟通者常采取如同电脑般的冷静与冷酷立场，并不在乎自己与对方的感受，随时保持理性，以避免自己情绪化。打岔型——这类型的沟通者常做的事是使自己和他人分心，多半表现出一副看起来和任何事都无关的样子，而忽略自己、他人和情境。最有力量的是一致型——这类型的沟通者常是真诚真实的自我表达者，同时也能关注对方，在适当的情境脉络中，传达直接的讯息，并且为此负责，能顾及自己、他人和情境。

一个人如果长期用这种肢体模式讨好的话，肩部和膝关节会出现一些病变，这是讨好型。"我刚才讨好了吗？"指责型会面露怒气地说："都是你的错！你看你，你从来没做对过，你还笑！"指责型则是忽略对方、盛气凌人、高高在上的。超理智的状态下头和心是隔离的，其肢体动作是忽略对方、忽略自己，忽略对方即眼睛不看对方，忽略自己即心和自己不在一起。超理智通常是用过去的经验、别人的说法，用一种比较的方式和对方进行沟通，完全不在乎别人也不在乎自己。一般来说，我们的父母和老师与我们沟通时更多的是采用超理智方式，比如，父母常会对我们说隔壁家的孩子一回来就做作业，而你一回来就看电视、玩，采取比较的方式，说你这样下去，考不上好高中，然后上不了好大学，上不了好大学以后就找不到好工作，继而找不到好老婆。这就是一种超理智状态，不适宜沟通。

还有一种最没能量的状态是打岔。因为打岔的人在沟通中，完全不处于情境中，既忽略别人也忽略自己。没有回答提出的问题，完全逃离沟通的情境，没有回应。通常说，在家庭成员里，一般是年纪大的长辈和年纪小的孩子会打岔，他们可能是因为有些东西需要掩饰，需要逃离当时的语境。

有些时候最好的沟通不一定要用语言。一致型沟通的肢体动作是两只手轻松向上，眼睛目视对方，完全放松。

现在来谈一下沟通的层次。每一个沟通的完成都要经过五个层次：第一个层次是我要去跟对方打招呼。当对方回应我们的时候，尤其是孩子，每个人现在的沟通模式都源于原生家庭，源于小时候跟父母做过的事情。如果孩子去喊爸爸的时候，爸爸一直不理他，第一次是看报纸，第二次是看足球比赛，第三次是跟人家打牌。如果这个孩子有五次跟爸爸打招呼都是这样子，孩子以后会出现自闭症或忧郁症，因为他总得不到回应。最后，他都不能表达出来，他也不愿意去表达。

所以，当一个人跟对方去打招呼、去联结，但得不到回应的时候，他会真的很受伤。他的愤怒能量一直积累在他的身体里面，久而久之，愤怒能量积累得越来越多，他的身体就会出现症状，心理创伤就是这样形成的。这种创伤存在于人际互动中，细胞记忆也是这种能量的阻碍。

我们愿意在想法上做一些探讨，不是我执着于我的想法，你执着于你的想法，我们只是分享彼此的想法，这个时候，我们都会很舒服。但在这个层面也会出现问题。如果我跟你谈想法，"爸爸"有自己的想法，他吃的盐比我吃的米还多，他的观点都是正确的，我从来都没有对过。这样，我还会跟你交流观点吗？我肯定不会了。我就走着瞧，等我以后成为一个伟大的思想家，你再来跟你这个"儿子"讨教，我现在就不认你这个"爸爸"，他也会闷闷不乐的。

所以在亲密关系里面，你是宁愿选择幸福快乐，还是宁愿选择正确？当你选择正确时，为什么你要选择这个正确？因为你认为只有在对方面前自己正确了，才是有价值的，才是被尊重的，你才能听从我的。当你选择这个所谓的"最正确"的时候，你就会失去当下与对方在一起的一体的平安和幸福。所以不要执着于你的观点、你的想法，所有的观点和想法都会随着时间的流逝、空间的变化而变化。

十年前，你们有什么观点、什么想法，与你们现在的想法和观点是不是完全不一样？所以不要执着于你的观点和想法，在亲密关系里面，最重要的一条就是你宁愿选择幸福快乐，还是宁愿选择正确。有人说"我没有选择，我都随他"，这是非常好的，说明你的价值感很高。你要有自己的觉察，而不是说没有观点。特别是在亲密关系里，你要感觉到自己跟对方失去幸福和平安的时候，有自己的觉察——我是有能力回到平安和幸福的状态的。这个时候，我是不是可以暂时放下我所认为的正确？我可以放下，但我还要回到平安和幸福的状态。这就是你的观点和想法，是第三步。

第四步，谈感受。这就是冰山的下面，学会去分享你的喜怒哀乐。在亲密关系里，往往会出现冲突或很大的彼此不接纳，因为我们只针对当时发生的事件，而没有真正回应到对方发生这个事件以后的感受。在所有的亲密关系里，你都要回到你的感受，去跟对方联结。你不要急于马上解决这件事、这个问题，你要问他："亲爱的，魏老师讲得不好，那你是什么感受呢？"不要说："魏老师讲得不好，那我明天碰到他了，我要好好批评他或我要杀了他。"这样的话，事情是解决不了的，你一定要跟他回应你是什么感受。然后你听到："我感觉这个人有热心，但是讲不出来。我也憋得慌、闷得慌，感觉不舒服。"我就会回应你："你闷得慌，心里不舒服，我心里也有一些堵。"你就跟他去共同探讨这个感受。当你们愿意去探讨感受，探讨感受下面更深的事情的时候，就会连接到过去的一些事件。比如魏老师今天在这里讲得不好，你很难受，是因为小时候你爸爸跟你讲东西讲得不好，你很愤怒，于是你把那个时候、那段记忆挖出来了，然后投射到魏老师身上。所以，大家一定要注意回应对方的感受。

最后要学会敞开自己，这是一个很深入的话题。在亲密关系里面，如果没有真正去敞开，受伤的就是你自己，只有当你真正完全敞开自己的时候，对方才真正地跟你处于合一状态。

接下来讲述非暴力沟通。在亲密关系里，有时候，我真的恨他，我真想打他一顿。但当一拳头伸出去的时候，就叫暴力。当我们跟对方总是以眼还眼、以牙还牙的时候，最后剩下的是两个都没有眼、没有牙的人。我打他一拳，他肯定要踢我一脚。所以在人际关系里面，如果总是以眼还眼、以牙还牙的话，这个世界上的人都会变成没有眼，没有牙。

非暴力沟通在我们的亲密关系之中，有着举重若轻的作用。就像现在：我在演讲，但我面前这个同学在玩手机，我在心里对他恨得牙痒痒，恨得真的想一拳打出去。当我真的打出这一拳的时候，我们的沟通方式就变成了暴力。但真的能解决我们之间问题的，是非暴力沟通。当我们执拗于和对方以眼还眼，以牙还牙时，一来一往，斗到最后，两个人都成了没眼没牙的怪人。如果我真的打了这个玩手机的同学一拳，他就会踢我一脚，可能一脚踢完他还不解气。推而泛之，当每个人都对彼此以眼还眼，以牙还牙时，这个世界就不会再有眼和牙。所以，我们需要非暴力沟通。非暴力沟通的精髓在于它的中心轴，即非暴力。

非暴力的实现有两个步骤：专注地倾听和诚实地表达。在我们讲座时，就是一个非暴力的沟通：我在很诚实地表达，你们也在专注地倾听。我很感谢你们，因为有你们的倾听和反馈，我也能倾听到了自己的表达。

三个原则：不评判、不分析和不控制。回想你们自身之间的亲密关系，是否是出现了问题就用中学时被开发得很好的大脑去评判，去分析？不评判不分析的内涵也是后话。四个要素：创造足够的时间、空间和不同于评判的观察，充分地感知，明白地表达需要以及提出请求。

印度的圣雄甘地创立了世界上第一个非暴力和解组织。他曾留下了这样几句话：人类只有通过非暴力摆脱暴力，通过爱来克服恨。我相信，这句话是不朽的真理。由剑得到的一切，也终究会失于剑。在我们的亲密关系之中，此言同理。非暴力即是以一切积极的态度对待生命里一切的善良意志。非暴力就是纯粹的爱。我在《圣经》和《古兰经》里，都曾读到过这样的道理。最古老的智慧里，都有非暴力的影子。爱只有施舍而无所求，爱只有宽恕而无所恨和报复。所以。当一个人开始崇尚暴力的时候，就是抛弃自己的牙和眼的时候。

在我们的亲密关系中，还有一种暴力，叫冷暴力。冷暴力分为四种：批评、防御、贬低和石化。比如，我们的一个同学在我的课堂上叉着腰。我就说了：有哪个学生在我们课堂上，还叉着腰的。你这样是学生吗？这是批评。防御，是不打开心房，不接你话茬儿，把自己重重地包起来，你能看到我的笑容满面，却看不到我的满腔愤恨。所以在我们的亲密关系中，当你呈现一种防御的姿态的时候，对方看不到你的恨，也会看不到你的爱。而所谓贬低，类似这样：我问在座的一个同学，你是华科的吧？他点点头说是，我脖子一扭：华科算什么东西，我斯坦福的博士。那个同学当场就懵了。这就是贬低，一种很有威力的能让你不舒服很久的冷暴力。

在亲密关系里面最严重的冷暴力就是"石化"。"石化"顾名思义，就是像石头一样的言语，就是跟对方完全没有了肢体语言的交流，亲密关系到了这种程度就是完全分裂、分离了。所以这四种冷暴力是非常强烈的。大家想想在自己的人际沟通里面是否曾经使用过，比如对自己的父母，自己的朋友、恋人。那么解决这四种冷暴力的方法是什么呢？就是当你想要去批评对方的时候，马上得有一种警醒机制：难道我又要动用过去的模式了吗？我是否应该换一种模式来解决这个问题呢？而你更应该尝试去用一种温柔的方式开始跟对方的交流与沟通。

接下来是防御，人之所以防御是因为害怕承担责任。当你要对对方进行防御的时候，比如恋人之间你就可以大胆地说："亲爱的，我爱你，无论发生什么，我都愿意百分之百地为你承担。"问题解决了，对方肯定也很开心。当你贬低对方的时候，对方肯定很不高兴。你想要充分地去表达你的感受，但是你也要知道对方需要你怎样对待他。我们去贬低对方的原因是害怕对方不尊重自己，所以我们首先来一个冷暴力，我把你框住，我贬低你，你就对我毕恭毕敬了。这个时候就需要去学会怎样更恰当地表达你的感受和需要。

专注的聆听就是指你要用肢体配合表达出你对对方的关键点的抓住，比如更靠近对方，适当地复述对方的言语，充分倾听对方的感受和需要。我们与人交流要学会以"我"开头。当你说出的话以"你"开头的时候你就处于一种分裂的状态，而以"我"来表达的时候你跟对方就是整体的。

下面我分享著名心理学家罗杰斯关于"同理心"的概念。

"同理心"并不等于同情，它不是指一个人站在比较高、比较安全的地方去同情别人，它应该是平等的，我可以暂时将自己带入你的情境、走进你的世界、经历你的情感，并且不对你的感受做出评判。如果在和别人的亲密关系中，你不知道你的另一半在以往的人生中发生了什么，或者说你并不了解你的另一半，那么你没有办法对 TA 有同理心。只有当你有了同理心，并且愿意不加评判地了解别人，去经历 TA 的恐惧、愤怒、柔弱、困惑等感受时，你才知道 TA 到底是个什么样的人。罗杰斯认为：同理心是让他人觉得，你和 TA 是站在一起的，你可以思考他所想，陪伴与支持他所感受的。举个例子，一个小孩摔倒了，非常痛，跑到教室里找老师。小孩会说："老师，我摔倒了，好痛，眼泪都要流下来了。"有三种典型的非同理心回答会是这样的：第一种会说，你怎么摔倒的，怎么这么不小心；第二种会说，没有伤到吧，还好，下次要小心，别到处乱跑，这种就是典型的"说教型"；第三种会说，摔倒嘛，小事情而已，别哭，要勇敢，深呼吸一下就不痛了，这种也带有说教的意味在里面。而具有同理心的人会这样说："来，老师看看。"然后会用手轻轻抚摸小孩的头，并且蹲下来检查摔倒的地方，接着说，"好像有一点擦破皮，看来会有点痛哦，去保健室我们看看医生好吗。"有人会觉得夸张，但我们要学会这样去做，当我们愿意尝试这样做，并把这种同理心变成习惯的时候，你就会觉得这种方式其实并不夸张。有人觉得夸张是因为我们从小没有这样被同理到，所以我们也没有习惯去同理别人。

同理心有三个原则：不评判、不分析、不控制。评判会出现"我是对的，你是错的"这种概念，你站在自己的价值观与知识系统里，评判只会满足自己，却并不能同理到对方；而当你分析时，你其实是在分裂。当你去试着分析对方或分析自己时其实是在分裂自己；而被控制是谁都不愿意的，亲密关系里没有人愿意被控制。

同理心的四要素之一——"观察"，这是由 20 世纪很伟大的哲学家克里希那穆提提出的。他说，观察就是能够不带预测地仔细关注正在发生的事情，并具体描述影响我们行为的事物。他说，人类智慧的最高形式就是能不带评论地观察，因为当你能不带评论、不带评价地观察时，表明你没有被你固有的知识框架和观念所控制。

很多时候我们会把自己的感受等同于想法，那么，什么是我们的感受，我们有哪几种基本的感受？喜、怒、哀、乐、忧、惧、伤，我们有这七种基本的感受，然后由此延伸出几十种、几百种不同的感受。但是我们的想法在每一秒钟都是不一样的。我们一定要区分开。当我和对方沟通的时候与当我要把自己的感受表达给对方的时候，我一定不是在向对方强加我的想法。我们比较容易把感受和想法混淆，所以不能识别和表达自己内在的身体真实的状态。那只是你的想法，想法是一秒钟即变的，而感受却是可以停留下来的。

现在我们来谈谈需要，需要并不是欲望。也就是说，需要并不是我们想要的东西。比如，我刚才分享的时候，非常需要一个可以和我互动的人。于是我就把你们当成可以很方便沟通的对象，所以说我需要这么一个人。但有些过程可能让你们感到很不安或受到了惊吓，我现在需要请求你们原谅我。我需要他原谅我的时候，我会很清楚而不是模模糊糊地向他表达。例如"是的，我可能有时候会造成你的惊吓，有时候造成你不开心，我不是需要你不开心，我不是需要你惊吓"，这种就没有表达清楚，我们需要直接的表达。有时候在亲密关系中，女生觉得这个男生说了很久，但并没有很清晰地表达出他的需要。同时，这也使对方看着很难受，也接受不了。我们表达请求的时候，并不是要控制对方，只是当下我请求你。比如你们刚才叉腰的时候，我请求你们叉着腰，我请求你们放松，你们回答说好，而不是说我要控制你们。如果我们把请求变成了对对方的要求，对对方的控制，对方肯定是不舒服的。比如我这样请求你："我是老师你是学生，我现在要求你坐好。"当这样去表达的时候，对方是不接受的。请求不是要求，更不是控制。最后，我请求大家来和我念这样一首诗：

语言是窗户，

否则他们是墙，

听了你的话，

我仿佛受到了你的审判，

无理可循又无从分辨，

在离开前，我想问，

那真的是你的意思吗？

在自我辩护前，

在带着痛苦和恐惧询问前，

在我用语言筑起心灵之墙前，

告诉我，

我听明白了吗？

语言是窗户，

或者是墙，

他们审判我们，

或者让我们自由，

在我说给你听的时候，

请让爱的光芒照耀我，

我心里有话要说，

那些话对我如此重要，

如果言语无法传达我的心声，

请你帮我获得自由，

好吗？

如果你认为我想羞辱你，

如果你认定我不在乎你，

请透过我的眼帘，

倾听我的痛苦的情感。

谢谢大家！

魏卓：武汉十五心理研究院院长。

（第137期"心灵之约"讲座，2015.11.5）

健康管理与生活方式

湖北省肿瘤医院 王惠芬

亲爱的同学们，大家晚上好！第一次走进华科这个高等学府的讲台，没想到现场来了这么多人，看来大家对自己的健康非常关注。今天我给大家带来的主题是"健康管理与生活方式"。

我大概会花八十分钟的时间跟大家分享大学生怎样建立健康的生活方式。因为我来自肿瘤医院，所以我会更多地从肿瘤预防的角度跟大家分享。

谈到"肿瘤"，大家可能会觉得这个词离我们非常远，实际上它离我们已经越来越近了。现在肿瘤的发病率越来越高，而且发病年龄越来越小。在我所接触的病人中，最小的病案是七岁，上小学一年级，最小的乳腺癌患者是九岁，当然还有一些白血病儿童患者年龄就更小了。我们现在的生活环境、空气污染等各方面的因素导致肿瘤的发病率越来越高，所以说肿瘤离我们其实并不远，它就在我们身边。但肿瘤的发生其实需要五年到十年的时间，从一个正常的细胞到肿瘤的长成，有一个漫长的过程。所以我们可以通过很多方法来阻断它的形成。今天我就从跟我们生活密切相关的几个方面跟大家做一个分享。

首先我们来看看《2012 中国肿瘤登记年报》，一般中国肿瘤登记年报出炉的数据会比现在的时间早两年，因为要把全国各地的数据登记在一起需要较长的时间。最近的一次统计显示，目前我们国家的癌情非常严峻。每分钟有 6 人确诊为癌症，每天有 8550 人确诊为癌症患者，每 7 人至 8

人中有 1 人死于癌症。所以说每个人都可能是癌症的候选人，癌症离我们真的不远。

从世界上肿瘤的分布情况来看，男性最易患的是肺癌和肝癌。无论是世界还是亚洲，男性高发的都是肺癌和肝癌。对于女性来说，发病率最高的是乳腺癌。所以癌症的分布和性别有关。从全球状况来看，《全球癌症报告 2014》里面显示，2012 年全球肿瘤发病和死亡病例都在不断增加，在肝、食道、胃和肺 4 种恶性肿瘤中，中国新增病例和死亡病例在不断增加，均居世界首位。有一个令人深思的问题：中国并不是肿瘤发病率最高的国家，但死亡病例却高居榜首，是什么原因？在中国，有限的卫生资源过度集中于肿瘤的治疗，而忽视了肿瘤的早期预防，公众的体检意识普遍比较薄弱。很多患者都是病情发展到中、晚期，出现疼痛、出血、明显消瘦时才引起重视，这个时候已经错过了治疗的最佳时期。

刚才讲了全球的状况，从中国的发病率来说，在《2013 中国肿瘤登记年报》中，全国肿瘤登记中心共收集 219 个登记处资料，覆盖人口约 2.1 亿人，肿瘤新发病例 49.5 万，死亡病例 30.1 万，这样一看死亡率就特别高。肺癌是我国发病率最高的，每年新发病例 60 万。每年肺癌死亡约 49 万人，其中男性占 34 万人，女性占 15 万人。在我们国家前十年里肺癌处于男性癌症发病率首位，乳腺癌位居女性癌症发病率首位，前列腺癌、淋巴癌、女性甲状腺癌处于持续高发的状态。

现在肿瘤的发展趋势也引起了国家的重视，每年四月十五日到二十一日是全国肿瘤防治宣传周，在今年 4 月 15 日那期的《新闻联播》就对肿瘤的发病状况做了一个全面的报道。大家看上面这个图是全国恶性肿瘤发病率及构成。发病率从高到低依次是肺癌、乳腺癌、胃癌、肝癌等等。死亡率第一是肺癌，第二不是乳腺癌，看来乳腺癌的治疗效果还是挺好的，排在第二位的是肝癌，第三是胃癌。从这两个图我们可以看出肿瘤的发病率和死亡率的情况。

前面提到了性别对肿瘤的影响，其实城市和农村也有区别，这主要和我们的生活方式有关。比如在城市里面发病率和死亡率最高的是肺癌，农村也是肺癌，因为肺癌无论在我们国家还是全球发病率、死亡率都挺高。但在第二个和第三个就可以看出来，城市是胃癌和结直肠癌。结直肠癌和我们的饮食有密切关系，现在大家都是高脂肪饮食，所以在城市结直肠癌的发病率是第三，而在农村就位于第四位。

接下来大家看到的是中国癌症村地图。大家可以看一下，胃癌、食管癌、肝癌，这三大癌症位于中国显著性的聚集区域。像河南食管癌发病率就比较高，这也引起了国家的重视，投入了很多资金干预和阻断。目前中国癌症村超过247个，覆盖中国大陆27个省，覆盖率特别高。

讲了全国和全球的癌症发病情况，再说说湖北的情况，这张图是湖北省肿瘤登记地区恶性肿瘤发病前十位。和全球全国有共性，第一位都是肺癌。男性里面发病率第一位的是肺癌，女性是乳腺癌。再看看我们医院的数据，和全国发病状况也是差不多。在去年收入的5610例病人中，支气管癌和肺癌的病人数量最多，第二是乳腺癌，所以我们收治的情况基本和全国情况差不多。

我们有时候说癌症有时候说肿瘤，那么肿瘤和癌症的区别是什么？肿瘤包括恶性肿瘤和良性肿瘤。恶性肿瘤就是癌症，良性肿瘤也就是大家常说的肿瘤。其实肿瘤比癌症范围更宽一些，说癌症的话就说明已经恶性了。

前面讲了肿瘤的种类，其实它们有共同的致病因素。任何一个癌症的发生不是有绝对的致病因素，一般来说是有很多因素综合在一起，最常见的我们有可靠数据证明的就是吸烟。除了吸烟，还有超重、缺乏青菜、酒精、职业因素、日晒和日光浴、感染、红肉、辐射、低纤维膳食的摄入、少动、非母乳喂养以及食盐摄入过多等等，这些因素都可能导致肿瘤。

我们把这些因素分为四类。第一类就是生活方式，生活方式占了百分之七十左右，所以我们生活中的点点滴滴都和肿瘤密切相关；环境因素很重要，现在经常有的雾霾天气，它占百分之十五到二十左右；机体自身因素会占百分之十，这个也包括遗传因素。当然也还有一些确实不知道是什么因素的原因，也有百分之五到百分之十的比例；最后还有心理因素也是很重要的一方面，占百分之一左右。

在生活方式方面，我们主要从五项来讲，因为这五项生活方式是大家经常接触的。

首先我们来看烟草，你们知不知道你们的肺是什么样的？应该是左边图片这样粉粉的、很干净的。但是吸烟之后看得清楚吗？颜色的改变你们可以通过眼睛看出来，但实质性的改变肉眼是看不出来的。吸烟的危害我们经常能在媒体广告里面看得到。烟草和很多肿瘤都有关系，比如说肺癌、口腔癌、喉癌，还有女性的宫颈癌、食道癌、膀胱癌、胰腺癌都有部分关系。所以说烟草会导致很多肿瘤，那么我不吸烟是不是就不会得肿瘤是不是？不是这样的。比如说我的先生在吸烟，我没有吸烟，但他吸烟的时候我在他旁边就等于在被动吸烟，也就是二手烟。等我们回到家里，我们的衣服上、头发上有烟里的有害物质，这时候我们的小孩就受到了三手烟的危害。自己抽烟、家人抽烟或者自己的朋友抽烟，不仅危害了自己和旁边的人，还危害了家里的人。所以在座的男同学将来最好不要接触烟草，尽管以后因为工作的压力应酬可能会有这种可能。在座有没有抽烟的？没有啊，很好，我觉得很好。只要保持终身就更好。如果某人每天抽烟二十支，超过十年，那他就是肺癌的高危人群。

第二就是酒精，大家可以想象喝酒之后酒精从口腔到消化道的过程，最直接导致的就是口腔癌、咽喉癌、食道癌、肝癌、结肠癌、直肠癌。有研究表明，大量饮酒比不饮酒者食管癌发病率高五十多倍。饮烈性酒患食管癌的危险性更大。第三就是长期饮酒者患口腔癌的几率是不饮酒的 2.43 倍。再者就是每天饮酒 100 克，二两酒，连续 5 年的话患肝病的危险性会增加，超过 10 年患肝癌的危险性更大。所以我们要离酒远一点。

第三就是每天要吃的东西，饮食是我们每天要面对的问题。现在在吃东西前真的要追问里面有没有吊白块、苏丹红、防腐剂？大家很喜欢吃的烧烤，比如铁板鱿鱼里面就很可能有甲醛，咸鸭蛋可能加了苏丹红。谈起中国人的吃，其实好像是没什么可吃的了，真的是很可怕，但是你每天必须要吃，所以我们尽量选择比较绿色的食品。像我这个年纪的人以前住校的时候一个星期带一罐咸菜，一罐咸菜管一个星期，只有周六周末回家才能吃上新鲜的蔬菜。其实我们那时候也是高危人群，因为我吃咸菜吃了六年，初中三年加高中三年。还有就是花生和玉米当中的黄曲霉素，花生和玉米长霉了之后是一定不能吃的。再者就是油煎油炸的食品，这类食品一方面是烧烤之后本身就含有致癌物质，另一方面就是油脂类东西过多，会导致大肠癌、高血脂、心脑血管疾病。这跟乳腺癌和前列腺癌也是相关的。在饮食方面还有第三个需要注意的地方就是盐，大家觉得盐是我们每天必须要吃的，太普通了，不吃盐哪有劲儿，但实际上吃盐也是有限制的。国家标准是每人每天不能超过六克，六克是多少呢？啤酒瓶的盖子一盖的量。如果算起来的话，大家每天摄入的量可能严重超标。国家统计，现在人均摄入量已经超过了12克，翻了一倍。所以我们尽量要让自己的饮食清淡一点，因为盐对我们的血压、心脑血管，包括我们的胃都是有直接影响的。

还要注意的是为什么现在外面的菜都很好吃，自己做的菜不好吃呢？因为外面的菜放的佐料特别多，尤其是味精，味精对身体有什么影响？会导致膀胱癌。不是说不要吃，但一定要少吃，而且要买品质好的。再一个就是低蔬菜水果，现在大家都在学校食堂吃饭，基本上饮食自己搭配一下是能够满足营养要求的。我想做一个调查，有没有每天能吃到一斤蔬菜的同学？不是说一餐吃那么多，是三餐一共。看来还没有人达到这个水平。我们国家推荐的是每个成人每天一斤蔬菜、半斤水果、六两牛奶。但现在基于学校这种状况，可能大家都达不到这种水准。甚至有些人都不愿意吃蔬菜，就只喜欢吃肉吃鱼。比如我家的小孩就是这样很喜欢吃肉吃鱼，所以我每天就强行规定只给他那么多，里面有肉有豆腐有青菜，他必须吃掉，不然就没有吃的。

还有一个问题和我们在座的也很相关，那就是睡眠。睡眠跟肿瘤也是有很大关系的，大家每天能不能睡够六小时？很多人都喜欢熬夜，尤其是晚上十一点到三点之间。很多人说自己不到十二点睡不着，甚至有的人到了一点两点才睡觉。现场有没有这样的？你们住在学校有统一规定还比较好，但希望上班之后就不要这样了。不管工作压力多大，晚上十一点到三点之间四小时的睡眠一定要保证。为什么呢？晚上十一点到一点是我们的肝运行的时候，肝是主目的。大家看我的眼袋就知道我是经常熬夜的，虽然我也知道需要休息，但有的时候工作来了你必须要完成，白天还有别的事。所以从今年五月份开始，我就建立健康的生活方式，每天尽量督促自己早点睡觉。每天一点到三点之间是胆经运行的时候，胆管消化系统都在运作。如果这四小时你没有好好睡觉，最容易出问题的就是你的消化系统。所以这四小时是我们的黄金睡眠时间，大家一定要注意。还有就是睡眠过程中频繁地醒来，也会增加癌症的风险。比如有的人为完成某项工作，这几个小时有空就睡一会儿，任务一来就赶紧工作。像你们处于研究生阶段，做课题写论文或者考试的时候就不能保证完整的睡眠，支离破碎的睡眠也会影响我们的免疫系统来处理癌症的方式。

除了睡眠，还有肥胖，在座的应该都不存在这个问题，我看大家都蛮瘦的，不管是男生还是女生身材保持得都蛮好的。目前我们国家不管是儿童还是成人超重比例越来越高，它和乳腺癌、大肠癌还有胰腺癌也是有直接关系的。

还有一个就是人造光：灯泡以及电脑、手机等电子装置的屏幕发出的光。长期暴露于人造光中的人，前列腺癌危险大增，女性乳腺癌危险甚至会增加 60%，同时还会导致睡眠问题、胃肠疾病、情绪恶化及心血管疾病等诸多问题。所以我们要尽量减少电脑、手机等电子产品的使用，或者使用两个小时就离开一下，不要长时间地接触。

以上提到的是生活方式与肿瘤的相关性，第二个是环境因素。环境因素包括三个方面，首先是物理因素：比如紫外线可引起皮肤癌；还有一些电离辐射防护不当也会导致皮肤癌；以及矿物纤维和石棉可使肺癌和恶性间皮瘤的发病率增加。再一方面是化学因素：比如氮芥、联苯胺、石棉，还有存在于咸菜中的亚硝胺等。另外一方面是生物因素：比如鼻咽癌和EB病毒相关，女性的宫颈癌与乳头瘤病毒有关，乙肝癌和乙肝病毒相关。我们国家是一个肝癌大国，其中75%的肝癌患者都有乙肝病史，尤其是慢性乙肝病史，所以乙肝病毒携带者一定要进行早期的干预。然后，幽门螺杆菌和胃癌也有关系，还有一些像血吸虫，跟肝癌等也有关系。再者，我们经常看到的大气污染（PM2.5等）、化工污染、水源污染，包括炒菜做饭产生的厨房油烟等也是影响发病率的环境因素。

第三个是机体因素。机体因素主要包括三个方面：第一是遗传因素；第二是免疫因素；第三是内分泌因素。

第四个是心理因素。虽然心理因素只占总影响因素的1%，但是它确实与肿瘤的发病有关：人的情绪、性格、工作压力及环境变化等，可通过影响人体内分泌、免疫功能等而易诱发肿瘤。流行病学调查发现，经历重大精神刺激、剧烈情绪波动、抑郁者较之其他人群易患恶性肿瘤。而且通过研究发现，存在一种"癌前期性格"，即心理学上的C型性格。这种性格的人主要表现为容易焦虑、爱生闷气、不善于疏泄负性情绪等。这类人高兴时自己偷着乐，苦闷时也自己一个人扛着，像这种性格的人就比较容易患肿瘤。另外，脾气火爆、凡事追求完美的A型性格的人，则更容易患上高血压等心脑血管疾病。而知足随和、适应力强的B型性格的人，则较为长寿。性格，可以不断地改变与完善，所以大家也可以通过不断地调整自己，远离病魔。

癌症高发的前十位分别为：肺癌、胃癌、肝癌、乳腺癌、结直肠癌、食道癌、宫颈癌、前列腺癌、甲状腺癌和淋巴瘤。在此，我选择发病率排名前两名的肺癌和胃癌，简单地给大家做一个关于它们的介绍。因为肺是一个开放性的器官，是人体的"窗口"，所有通过呼吸道的有害物质首先跟它进行接触，所以肺癌是发病率最高的癌症，危害性也非常大。究其发病原因，其一即是吸烟。吸烟确实跟肺癌有明确的相关性，吸烟者比不吸烟者患肺癌的发病率高10~20倍，死亡率高10~30倍；被动吸烟超过10

年的人的患癌概率也会高出常人。第二则为空气污染，最主要的是室外的空气污染——最广泛传播的一类致癌物，以PM2.5为主的空气污染已成为肺癌高发的最重要诱因。此外还有室内空气污染，室内空气污染的"大户"包括室内装修、厨房油烟以及烟草烟雾。比如现在很多人买房子装修时，装修材料里面也含有致癌物质，其含有的氡、甲醛、苯等都是隐形杀手。室内还有一个污染就是厨房的油烟。厨房应保证好的空气对流，抽油烟机不能无力，或者做饭时戴上防护口罩。因为煎炸炒产生的油烟里面也含有致癌物质，而且煤、天然气等燃料的火焰也会释放出有毒物质。我们做过一个实验：在十平米的房间里点燃四支烟，那么它产生的PM2.5的最高浓度是点烟前的10倍，烟草烟雾的危害显而易见。

常见的肺癌高危人群有以下这些：40岁以上的男性；吸烟每天20支以上，连续吸烟10年以上者；肺癌高发地区人群；长期接触致癌物质且工龄10年以上的职工，如炼焦油工人、石棉矿工人、接触放射物质者等；有肺癌家族史而又吸烟和长期接触致癌物质，年龄在40岁以上者；有慢性肺病史患者；密切接触厨房油烟者；戒烟时间在15年以内者。（如果戒烟时间没有超过15年的人，应该每年定期体检，检查一下肺部问题。）与此相对的肺癌的常见症状有咳嗽、痰中带血、发热以及呼吸气短。

那么，如何进行肺癌的预防呢？首先要远离烟草。香港早已用立法的形式进行控烟，所以在10年的时间内，香港的肺癌发病率呈直线下降。第二就是保持室内通风。第三则是在空气不好的时候出门戴口罩。第四为少开车，从自身做起。再就是保证厨房内抽气通畅，以及使用环保装修材料。所以我们要在尽可能早的时间内把肺癌拒之门外。

接下来我给大家介绍一下胃癌。胃癌是最常见的恶性肿瘤之一，占全球癌症死亡第二位，我们国家是胃癌的高发区。胃癌在任何年龄段均可发生，以40~60岁多见，有年轻化趋势，我在病房见到的最年轻的胃癌患者是一位19岁的大学生。胃癌的发病原因也有很多，首先是生活方式：饥一顿、饱一顿；一天三餐没有规律；喜欢吃烫食和烧烤；同时抽烟、喝酒加熬夜，综合在一起胃癌患病率就会增加。第二就是环境因素：比如油煎的食物、熏制的鱼肉、发霉的食物、腌制的蔬菜等。第三则是精神心理因素：长期紧张、焦虑、生闷气、抑郁和疲劳的人易诱发胃癌。我们经常会说胃是人的晴雨表，有时候一个人情绪不好就会觉得胃不舒服，比如说你们面临考试，如果很紧张的话，就会觉得胃不舒服。第四个是遗传因素：胃癌家族史直系亲属胃癌发病率比正常人群明显高。还有一个就是胃部疾病史：比如说患有长期的慢性胃溃疡、胃腺瘤性息肉、慢性萎缩性胃炎等的人一定要到正规医院进行早期干预和治疗。

胃癌的高危人群主要有：年龄在 40 岁以上者；超过正常体重 20~25 公斤的男性、吸烟和饮酒的男性；有长期反复胃部不适等上消化道症状者；感染过幽门螺杆菌者；有肿瘤家族史者；有胃息肉或胃部手术史者；经过确诊的经久不愈的胃溃疡、长期的慢性萎缩性胃炎患者、胃粘膜巨大皱襞症者；经常食用腌制食物和烟熏鱼肉者；水土中过多的硝酸盐、微量元素失衡等；胃镜检查发现不典型增生、长期随访的患者。与之相对应的常见症状有：持续的胃灼热和消化不良；上腹部疼痛或不适；不能解释的体重下降或食欲减轻；少量进食即有饱腹感；全身疲乏；便血；脸色苍白灰白；常伴有嗳气和恶心。早期胃癌的病情较为隐蔽，导致我国早期诊断率非常低。因为有时候大家会觉得是因为没休息好而身体不舒服，认为过几天就会好起来，从而容易把自己的早期症状给忽略掉。其实，胃癌是可以预防的。比如说生活规律、合理的饮食（少吃刺激性的食品，多吃蔬菜水果）、禁烟限酒、适当运动、不熬夜、心理平衡等都可以预防胃癌。癌症是一种慢性常见病，医学界流传一种说法：三分之一的肿瘤可以被预防，三分之一可以被治愈，还有三分之一则可以通过一些生活改善来延长生命。马云在第十三届中国企业家年会上就曾提到：鉴于中国目前这种状况来看，十年后有三大癌症将困扰中国的每个家庭，分别是：肺癌（跟空气有关）、肝癌（跟水有关）、胃癌（跟食物有关）。他还说："大家现在拼命挣钱，可能十年后你就把这些拼命挣的钱全砸进了医院。"所以说现在的健康并不等于一辈子的健康。

因为肿瘤的发病是一个漫长的过程，包括其他疾病的发生，都是从健康到亚健康然后再到疾病的状态。所以对于现在的年轻人来说身体是最重要的。实际上，健康需要科学的方法来管理。那么，什么是健康？健康是指一个人在躯体、精神和社会行为方面都处于良好的状态。它包含了身体的健康和心理的健康。健康这个概念的发展也经历了一个过程：1984年，世界卫生组织提出健康不仅仅是没有疾病和不虚弱状态，而是身体、心理和社会适应能力上三方面的完美状态；1990年，世界卫生组织在84年定义的基础上，加入了道德健康概念；2000年，又加上了生殖健康概念。所以，健康是包含了生理、心理、社会和道德在内的概念。所谓健康管理，即古人所说的养生——保养生命。养生作为人类生存的智慧，已渗入人们的日常生活之中，成为人类探索的永恒主题之一。如今，养生保健知识日益普及，大家都知道，为了健康和长寿，在生活中要注意调节情绪，积极运动、讲究饮食，保证睡眠等等。金钱的多寡、地位的高低，某种程度上皆是身外之物，健康才是实实在在的"财富"。这个财富是没人能从你身上抢走的，也没有什么能替代你的健康。有人曾经将健康比作1，其他的学识、才华、金钱等均为"0"，没有了"1"，后面的"0"都毫无意义。这就是人生的基本道理：去健康，一切为零。乔布斯也曾说："人会老，老而终将死。这是自然规律。不论你怎么做，没有人能停止衰老的过程，'万寿无疆'叫得再多也没有用。不管你是谁，不管你是生活的幸运儿还是人世间的倒霉蛋，对绝大多数人来说，有一件事是人人平等的：每个人都拥有或拥有过健康的身体财富。但是随着岁月的逝去，健康财富也会流失。"这就是进行健康管理的意义所在。

那么，作为大学生，我们应该如何去管理我们的健康呢？接下来，我为大家做一个综合的概述。如前面提到的，从健康到疾病的发生是有一个过程的，首先你得意识到自己是否处于低危险中，如果是，那么此时你就应该开始进行干预。大学生常面对熬夜、拖延症、饮食不规律、不注意个人卫生、缺乏运动、长期久坐、工作压力大等问题。针对这些问题，我们要做到的健康管理的措施之一就是合理膳食。每天大家都要根据膳食宝塔来调节自己的饮食，尽量多吃鱼少吃肉、运动并且保证水的饮用。俗话说：要吃好。那么怎样才叫吃得好？不是说你吃得饱、吃得有营养，就等于吃得健康，现在好多的速食食品，真的就是垃圾食品。我的孩子小时候他也吃，后来我就跟他说，麦当劳、肯德基就是垃圾食品，是美国人来残害我们中国人的，所以他现在不吃了，包括一些饮料他也不喝了，我觉得很好。其实孩子的生活方式家长是可以去影响的。所以垃圾食品太多，绿色食品太少了，我们每年的饮食量大概就能达到一吨了，大家想想还是会觉得很可怕的，我们一年能吃进去这么多的东西！但是有多少东西是对你有益的，有多少是垃圾的呢？所以大家每天吃的时候也要反思一下了。那我们怎么样吃得好呢？第一条就是食物要多样，谷类为主，粗细搭配，这一点对我们学校生活来说，就是每天点菜的时候自己去搭配一下，回家了以后，你们就要用自己学过的知识去指导你们的父母，包括你们以后成家了以后，自己怎么做，这些都要注意。我们说吃的东西品种越多越好，我们经常给我们肿瘤康复期的患者以及他们的家属讲课的时候，我就建议他们每天必须吃 30 种以上的食品，尤其是粗粮要加量；第二个就是要多吃蔬菜、水果和薯类食品，这个之前也提到了；第三个就是每天吃奶类、大豆或其制品，有条件的话建议还是酸奶或者牛奶每天能够保证一杯或者一袋；第四个就是要常吃适量的鱼、禽、蛋和瘦肉，尽量少吃烟熏的肉，像我们恩施和宜昌的人很喜欢熏制香肠、肉、鱼之类的，其实这些东西要少吃。我们民间有种说法就是：一把蔬菜一把豆，一个鸡蛋加点肉，五谷杂粮要吃够。这样其实就很好了；第五个就是要减少烹调油，吃清淡少盐膳食。这个因为你们现在不做饭，都是师傅给你们做好了，你们也没办法控制，但你在点菜的时候还是要尽量点清淡的菜，因为盐的摄入量过高的话，跟高血压是有关联的，而且现在高血压的患病率越来越高，也越来越年轻化，其实并不只是胖的人容易得高血压，有时候长期紧张的人，饮食什么的调节不好，即使是很瘦，他也会得高血压的，所以大家也要注意这一点。我们学校都是有校医院吧？有时候大家觉得最近没有休息好，觉得头疼头晕呀，脸上有潮红呀什么的，都可以去量下血压，看看血压是不是有点高，当然前提是你们要知道自己基础血压情况；第六个就是三餐分配要合理，零食要适当。我想做个调查，经常不吃早餐的举一下手，男生女生差不多的。因为我们曾经在两个学校做调查就发现女生不吃早餐的特别多，现在我发现不吃早餐的男生和女生差不多。其实不吃早餐危害是非常大的，后面我会讲到。不仅要吃早餐，而且早餐一定要吃好，中午要吃饱，晚上要吃适量。下面我们来看一下不吃早餐的危害：长期不吃早餐，一个是容易造成低血糖，一个上午精神都不好，学习效率不高；第二个是让你反应迟钝，严重影响记忆力；第三，不吃早餐易患胃炎、溃疡病等慢性疾病，还容易诱发胆结石，很多大学生毕业的时候就已经有胆结石了，这跟他不吃早餐都有很大的关系；不吃早餐有的人是因为想减肥，其实不吃早餐反倒容易让你长胖，如果想通过饮食减肥的话，最好的就是控制一下饮食量，然后增加运动量，特别是晚餐要少吃点；第七个就是要每天足量饮水，合理选择饮料。我曾经在武汉明志学院里面讲课，我看到上课的时候同学们带进去的全都是可乐、雪碧等饮料，很少自己带杯子的，我觉得自己带杯子这种习惯非常好，不过最好是带玻璃杯子。然后现在很多人吃饭的时候都会在旁边放一杯饮料，特别是可乐，这个我们在后面也会提到，可乐的 PH 值其实是非常低的，它是强酸性的，对我们，尤其是男生不好，为了我们国家的后代，我建议我们男生一定从现在开始不要喝可乐了，大家可以在网上查一下可乐的危害；第八个就是饮酒要适量，这个可能离我们比较远，学生一般都不怎么喝酒的；第九个就是要吃新鲜卫生的食物。

关于食物营养认识误区，因为你们现在不做饭，你们现在吃东西只是一种被动的选择，食堂做好了你们来选，只是注意一下搭配就行了。那我们来看一下这个："洋快餐"。这个是年轻人特别喜欢吃的，我之前也提到了，它有哪些危害呢？一个就是三高：高热量、高脂肪、高蛋白质；还有就是三低：低矿物质、低维生素和低膳食纤维。所以这个食品对我们中国人来说真的就是一个垃圾食品，而且它还具有成瘾性，容易诱发肥胖。有人说我不吃菜，不吃饭，我就去吃个汉堡就够了，好像你吃进去的量很少，实际上它产生的热量比一碗米饭高得多。大家可能都看过《来自星星的你》，都很感兴趣这个炸鸡配啤酒，可是这个炸鸡块，中央电视台也报道了几次了吧，它里面是含有致癌物质丙烯酰胺的，它是一种容易诱发基因突变，导致肿瘤的物质，而且含量还很高，超出 WHO 规定 100 多倍。炸鸡啤酒吃多易得胰腺炎，胰腺炎是可以要人命的一种疾病，另外，炸鸡配啤酒吃了还容易上火，有热气，再就是冬天吃这个的时候我们的肠胃是受不住的，因为我们肠胃的温度也要与外界的温度相适应。所以我还是建议大家不要轻易去尝试，你偶尔吃一点点可以，但不要去嗜好这个东西，好像为了追时髦，或者谈朋友的时候，就去吃这个，其实不能这样，为了自己的健康，为了自己心爱的人，还是不要吃这个比较好。然后我们来看一下可乐，前面也已经说过它危害很大了，其实大家在网上也可以搜到它的危害的，大家可以看一下。我在上营养课的时候，老师曾经教过我们自制果汁，就是那些橙汁呀、西红柿汁呀，还有超市里面卖的那些饮料什么的，广告上说起来是好像多少水果才能合起来制成这一杯饮料，实际上我告诉大家，这些都是用调制品配置的，我们当时用了十四支试管，都是不同的化学物质，在安全范围内，每种加一滴，最后再兑上水，就成了一杯饮料，亲手制作之后我们就再也不敢喝了，并且他们工厂批量制作的话，追求的是利润，不可能像我们自己做的时候控制得那么严格。所以大家要知道，外面买的饮料，很少有纯果肉果汁的，除非是你自己在家里现榨的，所以我建议大家不要轻易去买外面的饮料喝。还有一点就是很多人都会买矿泉水喝，我想现场做一个调查：买了矿泉水之后，有多少人会把矿泉水瓶子拿到自来水管下面去冲洗之后再喝的？有多少人？没有，没有。这很正常，大家都习惯了，一打开就喝了。但其实你看，这个矿泉水的瓶口，都是暴露在外面的，它是用那种塑料纸包装的，里面是通透的，那么你就难保它在运输的过程中有没有老鼠？有没有老鼠的排泄物？这不是吓唬大家，曾经新闻上有报道说有个人曾经喝那个罐装的饮料，结果后来出事了。因为老鼠的排泄物里面是存在有毒物质的，所以我建议大家买了矿泉水以后，一定要找一个有自来水的地方冲洗，最少冲洗 15 秒钟，然后再喝，这是为了大家自己的健康。好，我们再回到可口可乐上来，可口可乐是一个酸性的饮料，包括百事可乐，它的 pH 值只有 3.4，你们都是学理科的，3.4 应该差不多算强酸性的了吧？你看，我们一个人，如果死了以后，埋在土里面，他的尸体都会腐化，最后只剩下骨头和牙齿了是不是？有时候即使是几百年骨头牙齿都还在，但是如果说你把人的骨头牙齿放在可口可乐里面浸泡，大家有兴趣的话可以自己去试一下，比如说你掉了一颗牙齿什么的，可以放进去试一下，它是可以被溶解的，所以这就足以说明它的腐蚀性有多强，你把它喝到胃里面去，对你的胃和肠道的腐蚀性到什么程度，大家展开你们丰富的想象力，就知道它的危害有多重，并且它对男性的精子的活力也有影响，所以为了健康，真的还是要远离可口可乐的。

再就是我们的运动。每天要有 6000 步以上的运动量，尤其是在学习很紧张的时候，更要增加运动，不能长期就坐在教室里面，抱着书本。比如说打打篮球，打打羽毛球，跳跳舞，做一下日常的家务等都是可以的。运动要掌握几个原则："3、5、7"，我现在在做健康管理的时候，比如说我的客户来了，他的血脂已经到了临界值了，我也会建议他一定要坚持"3、5、7"。你们现在可能还意识不到这个问题，像到了 30 岁以上的男性，或者女性，如果不注意控制的话，血脂都会超标，我们也做过实验，通过坚持"3、5、7"的运动一个月，我们的血脂都可以降到正常的范围，所以说这是非常有效的，但是一定要坚持。就是"3"：每天步行约 3 公里，时间在 30 分钟以上。这个步行指的是快走，或者慢跑；"5"：指每周要运动 5 次以上，规律性运动；"7"：指运动后心率加年龄约为 170，中等度运动量，要达到这个程度才能是有效果的。

最后一个问题就是心理的健康。这个我想很好理解，就是说让我们每天保持心情愉快、放松。我们有一个生理学家做了一个很有趣的实验，是一个关于情绪管理的。就是将玻璃管插在摄氏零度、冰和水混和容器里，收集人在不同情绪呼出的"气水"。结果发现：悲痛时呼出的水汽冷凝后有白色沉淀；心平气和时呼出的气，凝成的水澄清透明、无色、无杂质。如果生气，则会出现紫色的沉淀。然后将"生气水"注射到白老鼠身上，老鼠居然死了。由此我们可以看出来，情绪对我们的健康还是有很大影响的，所以我们每天都要保持开朗的心态。比如说，你遇到表扬的时候，你就清醒点，不要一表扬就飘飘然了；遇到批评的时候也要想开点，不要老想着怎么今天又被老师批评了呀，我不开心都闷在心里呀，因为我们之前也提到了，老是闷在心里的话，对身体也是有害的；再比如说，遇到矛盾的时候要冷静一点等等。我想，这个心理的平衡大家应该是都能做得到的也要争取能够做到，尽量让自己的心理平衡，调节好。睡眠的话，前面我们也提到睡眠不足的危害了，我们还是提倡大家尽量地少熬夜，因为有一个黄金睡眠时间就是晚上 11 点到凌晨 3 点，所以尽量少熬夜，熬夜会带来很多的负面影响，对身体不好。另外还有一个提醒一下大家就是一定要注意避免久坐，同时要避免坐的姿势不正确，一定要有这种意识。因为你的坐姿不好的时候，从大脑到斜方肌、脊椎、腰椎、你整个的腿、包括你的腹部等都会有影响的。像我们长期坐办公室的人，到了四十岁左右的时候，其他的部位都不会有明显变化，就是臀部、腹部就变化很多。现在颈椎病的患者越来越年轻化了，现在很多年轻人长时间看书或者上网之后，就会觉得颈部不舒服，意识到不舒服之后就赶紧拿手搓热以后把后面按一下，然后做一下伸展的运动。一定要注意自己的坐姿，因为时间长了以后颈椎和腰椎都会慢性疲劳，这对将来你的负重呀，工作呀等等都会有影响。而且如果锻炼不够，颈椎增生的话，将来对你的血压，脑供血都会有影响的。归根结底，对你的身体有影响就是对你将来的工作有影响，对你的家庭有影响。

所以综述我们前面讲了一个多小时的内容，其实归根结底就是四大块的问题，就是我们健康的四大要素：第一个就是运动，第二个就是休息，第三个是心态，第四个是营养。所以说我们健康的生活方式离不开我们健康的四大要素：适当的运动、充足的休息、乐观的心态、均衡的营养。所以健康管理要从现在开始，要从我们的吃、睡、动和心情开始。当然还有一个关键词要送给大家，我们所有的这一切都关乎我们的平衡，包括身体的平衡、心理的平衡，我想你只要任何一方面都做到平衡，那就是最佳的状态了。

谢谢大家！

王惠芬：时任湖北省肿瘤医院体检中心主任。

（第 124 期"心灵之约"讲座，2014.11.5）